KB071286

생각이 사라지는 사회

한 그루의 나무가 모여 푸른 숲을 이루듯이
청림의 책들은 삶을 풍요롭게 합니다.

생각이 사라지는 사회

한국의 디지털 아노미 현상

이정춘 지음

청림출판

서문

디지털미디어의 변화에 어떻게 대응할 것인가?

컴퓨터, 인터넷, 스마트폰 등 다양한 정보화 기기(機器)를 사용하게 된 우리는 더 똑똑해지고 우리의 삶은 얼마나 행복해졌는가? 결론부터 말하자. 우리는 더 멍청해졌고, 행복하지 못하다.

컴퓨터, 인터넷, 스마트폰 같은 디지털기술의 공통된 속성은 '빠름', '빠름'이다. 사람들은 어디를 가도 스마트폰과 쉼 없이 소통을 한다. 사람들은 길을 걸으면서도, 버스나 지하철 공간에서도 주변을 아랑곳하질 않고 스마트폰과 대화를 나눈다. 예의 없다는 생각이 든다. 그러나 그 근본은 그 빠름으로 사람들을 참지 못하게 만드는 것에 있다. 그리고 참지 못한다는 것은 남에 대한 배려가 줄어들고 깊이 있는 사유가 없다는 것이다.

우리는 디지털 기술이 모든 것을 구현할 수 있다고 믿고 있다. 공간을 초월한 소통도 가능하게 해주며 종이책을 대신해서 손안의 도서관을 구현해준다. 그러나 디지털미디어 환경은 조용한 명상과 사색에 쓰이던 책 읽기의 시간을 몰아내고 우리의 뇌 회로들을 해체시키고 있다.

외부의 보조장치를 통해 인간두뇌의 능력을 향상시키려는 시도는 오래전부터 논란의 대상이 되어왔었다. 일찍이 문자 사용이 생활화되기 시작하자 머리에 생각을 넣어두는 기억력 훈련을 하지 않고 문자에 의존함으로써 바보가 될 것이란 우려가 제기됐었던 때도 있었다. 1762년 교육소설 『에밀』에서 루소(Jean-Jacques Rousseau)는 교육적으로 볼 때 아이들에게 책을 읽혀서는 안 된다고 주장했었다.

오늘날 인터넷의 이용이 보편화되면서 사람들은 이제 인터넷을 '외부기억은행'으로 간주하고, 우리의 기억체계는 '무엇'보다는 '어디에 있는지'를 우선 기억하는 방식으로 바뀌었다. 이와 함께 우리는 엄청난 양의 정보를 다루기 때문에 실제로는 어리석으면서도 스스로는 많은 지식을 갖췄다고 착각할 수 있다.

디지털기기의 도움으로 심층적 사고력이 훼손된다는 주장은 인간의 인지능력과 정보기술의 딜레마적 관계에 깊은 성찰이 요구되는 대목이다. 예컨대 인터넷이 '발달된 책'이라는 관점은 정당성을 갖고 있다. 그러나 디지털, 하이퍼텍스트 그리고 멀티미디어의 수용은 종이책의 선형적 독서에 요구되는 집중력을 능수능란한 정보검색능력이 대신하는 이른바 '과잉주의'(hyper attention)를 요구할 뿐이다. 인간이 선형적 독서를 통해서 사고(思考)하지 않고 과잉주의에 길들여져서 사고력을 잃는다는 것은 눈으로 보지만 이해하지 못한다는 것이며 보면서도 사고하지 않는다는 것이다. 과잉주의에 익숙해지면

마치 항공기 조종사처럼 동시에 수많은 정보기기들을 읽어내는 '공간인지력'이 개선되지만 추상적 어휘, 반성, 연역적인 문제해결, 비판적 사고, 상상력과 같은 고도의 인지구조는 약화된다.

필자는 미디어생태학(Media Ecology)을 연구하는 학자로서 인터넷의 단문정보나 화보와 텔레비전 영상물의 범람으로 점차 거대담론이 실종되어가는 우민화사회에 비판적이다. 그러나 정보화의 거대한 물결을 결코 거부하고자 하는 것이 아니다. 다만 지식이 정보에 매몰되지 않고 정보를 옳게 선별하고 평가할 수 있는 능동적 수용자에 관심을 가져야 한다는 것이다.

문명사적으로 미디어생태의 변화는 단순히 하나의 기기만의 변화가 아니라 경험의 시공간을 재구조화함으로써 의식과 행동에 영향을 미치는 인간 환경의 총체적인 변화였다. 구텐베르크(Johannes Gutenberg)의 활자미디어가 구두미디어를 대체하고, 전자미디어가 활자미디어를 대체하였듯이 디지털미디어는 전자미디어를 대체하였다. 오늘날 우리는 디지털미디어가 우리의 행동 방식과 지각, 감정, 사고, 사회생활을 어떻게 변화시키는지를 파악하지 못한 채 디지털미디어에 도취해 있다.

오늘날과 같은 디지털미디어 환경의 격변시대에 변화를 예측하고, 이에 대처해가는 일은 참으로 중요한 의미를 갖는다. 교사, 학부모, 종교인들은 물론 이 사회의 정치인들과 지식인들은 미디어 환경의 중요성을 인식하고 우리의 자녀들이 '인간성(humanity)이 살아 숨 쉬는 착한 스마트(smart)사회'인 '휴마트(humart)사회'를 지향하는 삶의 원형을 찾도록 해야 할 때이다.

이 책은 우리의 디지털 환경에서 우리의 삶의 원형을 되찾는 데 기여하고자 한다. 세월호의 침몰로 슬픈 시간을 보내면서 그동안 우리가 디지털기술의 '빠름'에 매몰되어 많은 것을 되돌아보질 못하고 살아왔다는 생각이 든다. 배려와 예의, 기다림 그리고 철학적 사유 같은 것 말이다.

그동안 이 책의 집필이 가능하도록 뒷바라지를 해준 사랑하는 아내 서경숙에게 감사한다. 그리고 우리 부부에게 예쁜 손녀 '윤슬'을 안겨준 장남 정인이와 며느리 경미에게도 감사한다. 무엇보다도 문학평론가로 등단도 했고 이제 막 박사 학위를 받은 정현이에게 용기를 갖고 인문학의 발전에 정진해줄 것을 부탁한다.

끝으로 이 책의 출판을 흔쾌히 받아준 청림출판사의 고영수 사장과 고병욱 본부장, 그리고 최두은 편집장에게 감사드린다.

CONTENTS

차례

03 디지털시대의 독서

04 미디어와 사회갈등

05 디지털시대에 살다

1

유비쿼터스 세상

1
멀티테스킹 사회

"500만 년 동안의 인류역사를 단 한 달[月]로 줄인다면, 이 중 29일 22시간이 유목민생활이고, 1분 30초가 산업사회의 생활이며, 전자정보시대는 불과 12초에 지나지 않는다. 순간에 불과한 오늘의 정보사회는 인류역사상 그 어느 시대와도 비유할 수 없는 급격한 변화가 이루어지고 있다."
— 조지프 펠턴(Joseph N. Pelton)[1]

유비쿼터스 환경

오늘날 정보통신기술은 세계의 지리적 복합성을 지금 여기에서 경험을 할 수 있게 해주는 시대를 도래시켰다. 이른바 유비쿼터스(Ubiquitous) 사회다. 라틴어의 유비쿼터스는 '언제나 어디에나 존재한다'는 뜻을 가지고 있으며, 흔히 '5-Any'로 표현된다. 즉, 언제나(anytime), 어디서나(anywhere), 어떠한 네트워크나 기기로(any network, any device), 누구와도(anyone), 무엇(anything)이든 할 수 있다는 것을 뜻한다. 그래서 유비쿼터스 사회란 고도의 정보기술을 기반으로 시간과 공간의 속박에서 벗어나 언제, 어디서나 소통이 가능한 사회를 가리킨다.

한 시대의 주류를 이루는 새로운 소통미디어의 대두는 하나의 기기의 변화만을 뜻하는 것이 아니라, 인간의 의식과 행동을 조성하는 경험공간을 재구성하는 것을 의미한다. 오늘날 인간의 경험은 대부분 미디어의 매개를 통해 이루어지고 매개된 경험은 인간의 오감에 작용하는 미디어의 특성에 따라 경험의 폭과 내용이 결정된다는 것이다.

이 시대의 주류 미디어는 단연 스마트폰이다. 스마트폰은 삶의 편리성만 가져온 것이 아니라, 우리의 사고방식과 의식까지도 뒤흔들어 놓은 생활혁명을 가져왔다. 2013년의 세계 휴대전화 출하대수는 18억 1000만여 대에 이르고 이 중 스마트폰이 10억 5500만여 대로 스마트폰의 출하대수가 피처폰을 웃돌았다. 그리고 이는 2014년에는 20억 400만여 대, 2018년에는 26억 7500만여 대로 아시아·오세아니아 지역이 견인하며 향후에도 계속 확대 기조를 이어 갈 것이다. 국내 휴대전화 이용자는 5450만 명이 초과하였고 이 중 스마트폰 이용자가 이미 4300만 명에 이른다.[2]

한국은 세계에서 가장 앞선 유비쿼터스 환경을 갖고 있다. CNN 인터넷판은 한국의 인터넷 보급률과 스마트폰 이용률을 보도하면서 "미래가 어떤 모습인지 궁금하면 한국행 비행기 표를 끊으라"고 조언해주기도 한다.[3] 카메라, MP3, 전자수첩, 위성항법장치(GPS), 내비게이션, 주식거래, 홈쇼핑, 홈뱅킹 기능까지 가능한 편리성으로 휴대전화는 이미 우리의 생활세계에서 없어서는 안 될 필수 기기가 된 것이 사실이다. 최근 SKT 이동통신망의 장애는 스마트폰에 의존적이었던 사람들을 얼마나 무력하게 만드는지를 보여주는 좋은 계기였다. 이동통신망이 마비된 6시간 동안 환자가 위급한데 의사와 연락을 할 수 없었고, 문자·모바일메신저·검색 불통으로 약속이 줄줄이 펑크 났으며, 스마트폰 내비게이션 정지로 길을 헤맸으며, 대리기사들은 황금시간대에 부름을 하나도 못 받아 하루 벌이를 망쳤다. 이같이 우리는 스마트폰이 없으면 생활 자체가 마비되는 시대에 살고 있다.

엄지세대의 탄생

디지털 환경은 호모디지쿠스(Homo Digicus)의 '신(新)인류'를 등장시켰다. 오늘날의 청소년들은 너나할 것 없이 책을 들추기보다 손바닥보다 작은 화면의 스마트폰 자판에 얼굴을 묻은 채 두 개의 엄지로 문자를 주고받는다. 이들은 더 이상 수동적으로 지식을 주입하는 선생님의 목소리를 들으려 하지 않고 교실에 앉아 있는 것조차 견뎌내기를 어려워한다.

현대 프랑스 철학의 거장으로 꼽히는 미셸 세르(Michel Serres)[4]는 이들을 '신인류'로 표현한다. 이들에게 스마트폰은 사람들과의 관계를 유지하는 데 반드시 필요한 통신수단이다. 90년대만 해도 통신교류는 '삐삐'와 '전화'로 이뤄졌었다. 전화하는 사람들은 목소리를 통해 상대방의 설렘과 슬픔과 기쁨 등 다양한 감정을 공유할 수 있었지만 음성을 대신하는 문자 메시지는 120자 이내의 글자로, 감정은 수많은 이모티콘으로 대체되었다. 문자를 통해 관계를 유지하고 개선하고 끝내는 이른바 '디지털문자 전성시대'가 된 것이다.

남녀노소를 불문하고 문자 메시지를 주로 사용하는 사람들은 '편리성'과 '즉시성'을 만끽하고 있다. 모두가 바쁜데 꼭 만나서 이야기를 하기보다는 문자로 처리한다. 할 말만 하면 되니까 시간도 단축되고 간편하다. 직장에서도 모두가 스마트폰을 사용하기 때문에 소셜네트워크서비스(SNS)를 통해 회의를 하는 경우가 늘어가고 있다. 문자 소통은 사제(師弟)나 가족을 불문하고 이뤄진다. 공부를 하다 모르는 내용이 나오면 SNS를 통해 교사와 학생들 간에 질문과 답변이 오가기도 한다. 하지만 면대면 접촉보다 간편하고 신속한 사이버 접촉이 늘어날수록 사회의 이면에는 고립과 연대감의 상실이 커지게 된다.

그런데 미셸 세르는 스마트폰을 들고 사는 '엄지세대'가 단순히 집중력이 부족한 철부지가 아니라 인류의 탄생 이후 가장 상상력이 뛰어난 세대로 세상을 열어가는 용감한 '개척자들'로 칭송한다. 이들의 특성은 24시간 멈춤이 없이 누군가 혹은 무엇인가와 연결되어 있는 것이다. 인터넷이라는 무궁무진한 정보의 바다와 마치 탯줄처럼 이어진 이들은 결과적으로 '생체적인 뇌'와 인터넷이라는 '기계적인 뇌'를 동시에 활용하고 있다. 미셸 세르가 엄지세대의 잠재력을 높이 평가하는 것은 이들의 기계적인 '두 번째 뇌'의 활용도가 높아지면서 생체적인 첫 번째 뇌가 더욱 창의적이며 인간적으로 쓰일 수 있는 여지가 넓어진다고 보기 때문이다. 또한 엄지족은 공간의 구속에서도 해방된다고 하였다. 누구도 독점적으로 소유하지 않고 정보의 진정한 평등을 이루는 '두 번째 뇌'를 통해 세상과 소통하는 엄지족은 이미 기성세대와 달리 뛰어난 정보수집능력을 자유자재로 구사한다. 이들은 테러리즘, 기후변화 등 전 지구적인 이슈에도 관심을 갖고 소셜 미디어를 통해 다양한 계층, 종교, 연령대의 사람들과 관계를 맺는다. 이들에게 강의실이나 교수의 연구실에 묶여 있을 이유도 사라졌다. 그야말로 지금까지 없었던 '신인류'의 등장인 것이다.

이들에게 무엇을 교육하고 어떻게 지식을 전수할까? 미셸 세르는 그럴 필요도 없이 인터넷과 사방에 널린 지식이 이미 전수되고 있다고 말하고, 전문가와 결정권자의 시대가 끝났음을 선포한다. 그리고 이 세대에게 미래를 전적으로 맡기라고 말한다. 역사상 늘 우매하고 권력자의 지배가 불가피한 '대중'을 지식의 민주화로 해방시킨 이들이 만들어나갈 세상은 지금까지와는 완전히 다를 것이기 때문이라는 것이다.

전문가시대의 종말?

미국의 뉴미디어 전문가 데이비드 와인버거(David Weinberger)[5]에 의하면 2008년 미국인들이 소비한 정보량은 3.6제타바이트이다. 이는 킨들의 2메가바이트짜리 전자책인 톨스토이(Lev N. Tolstoy)의 『전쟁과 평화』를 몇 권이나 담을 수 있는 용량일까? 두께 15cm의 『전쟁과 평화』로 가정하고 쌓으면 756억km 높이이고, 바닥에서 꼭대기까지 가는 데 걸리는 시간은 2.9광일이 걸리는 양이라고 한다. 그러나 실제로 얼마나 큰 것인지를 감을 잡을 수 없는 경우이다.

오늘날의 지식과 정보는 네트워크로 연결돼 있다. 거의 모든 사람들이 포털 사이트로 접속해 뉴스를 읽고, 쇼핑을 하고, 검색을 하며 산다. 검색어만 입력하면 수천 수백만 건의 검색 결과가 나오지만 그중 태반은 쓰레기 같은 정보라 걸러내는 데 시간이 더 걸린다. 이러한 엄청난 양의 정보를 소비하는 경우 우리의 관심은 분산되고 많은 젊은이들이 실제로 책과 신문을 읽지 않으며 서서히 인내하며 숙고하는 내성을 잃게 된다.

와인버거는 인터넷은 열정적인 혹은 광신적인 아마추어들을 중심에 세우고 전문가를 몰아내고, 진실은 오르지 올라간 손가락숫자로, 지혜는 클릭의 횟수로, 지식은 재미에 따라 판단하는 멍한 표정의 자위행위자들의 시대가 되었다고 말한다. 이는 네트워크의 발달로 지식이 과거 어느 때보다 다양성을 잃게 할 수도 있다는 우려이다. 인터넷은 끼리끼리 비슷한 사람들만 모이는 일종의 '반향실'(echo chamber)을 만들어 우리의 사고 폭을 좁게 가두게 한다. 그리고 멍청한 생각을 갖고 있는 사람도 교육과 훈련을 받은 사람들처럼 자기주장을 펼 수 있도록 만들어 주고, 말도 안 되는 각종 괴담과 유언비어가 난무하여 정치적 의도를 가진 사람들이 그럴듯해 보이는 이야기를 만들어낼 위험도 생긴다.

그러나 와인버거는 이런 지식의 네트워킹이 대재앙이 아니라 축복이 되기 위한 5가지 솔루션을 제시한다. 우선 접근을 용이하게 할 것, 자료의 방대함 때문에 생기는 문제해결을 위해 메타 데이터를 제공할 것, 하이퍼링크로 모든 자료를 연결할 것, 기존의 모든 지식을 인터넷으로 옮길 것, 그리고 마지막으로 인터넷 사용방법과 지식의 평가방식, 특히 서로 다름을 받아들일 수 있는 방식을 모두에게 가르치는 것이다.

또한 와인버거는 디지털기기의 보급과 이용으로 우리의 두뇌나 도서관과 같은 기관들은 더 이상 지식을 담기에는 충분하지 못하게 되었고 이제 지식은 네트워크의 소유가 되었다고 선언한다. 지식은 책이나 머리가 아닌 네트워크상에 존재한다는 것이다. 지식이 더 이상 개인 것이 아닌 네트워크 지식이 된 것은 이젠 전문가의 정의도 바뀐다는 의미이다. 많은 논문들과 좋은 글들을 잡지와 저널에 싣는 사람들을 전문가라고 불릴 수 있지만 동료 학자들은 물론 일반인들도 실시간으로 논문에 이의를 제기할 수 있다. 이같이 아마추어와 전문가의 경계가 허물어지는 상황은 더욱더 가속화될 것이다.

인터넷은 전통적인 방식과 다르게 새롭고 때로는 이상한 형태로 지식을 축척해낸다. 수많은 대중의 지식이 모여 새로운 지식을 만들어 내고 이것을 대중이 사용하는 등, 새로운 방식의 지식축척과 소비가 가능해지고 있다. 와인버거는 이처럼 지식의 인프라 변화가 지식의 형태와 본질을 바꿔 놓고 있기 때문에 그 전모와 향후 전개될 방향도 알 수 없다고 다음과 같이 말한다.

"지식이 네트워크의 소유물이라는 사실은 대중들이 특정한 환경 속에서 어떤 종류의 지혜를 가질 수 있다는 것 이상을 의미한다." "지식이 네트워크화될 때 가장 똑똑한 사람은 앞에 서서 우리에게 강의를 하는 사람이 아니다. … 또한 방 안에 있는 사람들의 집단 자체도 아니다. 방에서 가장 똑똑한 것은 '방' 그 자체, 즉 방 안에 있는 사람들의 생각을 묶어주는 네트워크다."[6]

이는 과거엔 어떤 주제에 대해 최종 결정을 내린 전문가가 권위를 인정받았지만 오늘날에는 그것을 가장 먼저 제기한 사람이 힘을 갖는다는 것이고, 갈수록 아마추어와 프로의 구분은 약해지고, 학교와 대학 강단도 존재 근거를 잃어간다는 것이다.

우리는 이미 엄청난 혼돈을 겪고 있다. 책에서 정보를 얻고, 도서관에서 자료를 찾으며, 교실에서 강의를 통해 습득한 지식이 점점 더 그 의미와 힘을 잃어가고 있기 때문이다. 그러나 기존의 지식에 대한 사형선고를 어떻게 받아들일 것이냐는 각자의 다른 시각과 방식으로 진단되어야 할 것이다.

사색이 실종된 사회

앞에서 언급했듯이 현대 프랑스 철학의 거장 미셸 세르는 '엄지세대'를 "새 세상을 열어가는 용감한 개척자"들로 칭송한다. 또한 미셸 세르는 이들이 인터넷 혹은 컴퓨터와 휴대전화이라는 '기계적인 뇌'의 활용도가 높아지면서 이들의 창의적인 잠재력을 높이 평가한다. 그리고 데이비드 와인버거 역시 『지식의 미래』에서 지식 인프라의 변화로 지식(인)의 형태와 본질을 바꾸고 우리의 두뇌나 도서관과 같은 기관들이 더 이상 지식을 담기에는 충분하지 못하게 됨으로써 이제 지식은 네트워크의 소유라고 규정한다.

그러나 비판적인 시각에서 볼 때 네트워크에 의존적인 호모디지쿠스의 사회는 사색적 주의(注意)가 실종된 멀티태스킹(multitasking)

의 사회이다. 개인은 더 이상 자율적인 의식을 상실한 단말기와 같은 역할에 충실할 뿐이다. 네트워크에 의존적인 멀티태스킹이란 컴퓨터를 사용할 때 한 가지 작업에서 다른 작업으로 왔다 갔다 하면서 동시에 여러 가지 일을 할 수 있는 '다중과업화'(多重課業化)라고 한다.

기술의 발달로 초기의 컴퓨터 성능과는 달리 컴퓨터 하드웨어의 처리속도와 메모리 용량이 증대되어 여러 작업을 동시에 하는 멀티태스킹이 가능하게 되었다. 사이버공간에서의 멀티태스킹은 한 사람이 소통하는 관계의 양과 범위가 그만큼 넓어지고 복잡해지며 주의를 다양하게 분산할 수 있다. 이는 의식의 조절 없이 자동으로 신속하게 이뤄지는 인지작용을 말한다. 사람얼굴을 보고 그 사람의 인상에 대한 판단을 내리는 데는 0.1초도 걸리지 않는다. 이러한 자동처리는 수백만 년에 걸쳐 진화된 뇌의 기능이다. 그러나 자동인지작용은 동시에 여러 가지 작업을 해도 별 문제를 일으키지 않지만, 그만큼 깊은 사색에 잠긴다는 것은 불가능해진다는 것을 의미한다.

이러한 멀티태스킹은 인간만이 갖추고 있는 능력이 아니다. 멀티태스킹은 동물들이 야생에서 생존을 위한 필수적인 기법이다. 약육강식(弱肉强食)의 야생에서 동물들이 잡아먹히지 않기 위해서 그리고 먹이를 획득했을 경우에도 다른 동물들의 접근을 막기 위해 경계를 늦추어서는 안 되고 새끼들도 보호하면서 짝짓기 상대도 시야에서 놓치지 않아야 한다. 이는 먹이를 먹을 때도, 짝짓기를 할 때도 마찬가지이다.

네트워크세계의 멀티태스킹과 같은 주의구조도 야생동물의 경계태세와 크게 다르지 않은 주의구조를 생산한다. 동물이 배경의 사태를 계속 정신적으로 처리해야 하기 때문에 마주하는 대상에 사색적으로 몰입할 수 없듯이 언제나 정보사회의 멀티태스킹이라는 주의관리기법은 인간사회를 점점 더 수렵자유구역과 유사한 곳으로 만들어간다. 작게는 집단 내 다양한 따돌림과 같은 환경에서 우리의 주의구조 변화는 사색의 실종(失踪)이다.[7]

이러한 사색이 실종된 주의구조에서는 자율적인 의식을 가진 자아는 소멸하고, 개개인은 단말기와 같은 존재의 역할에 충실하게 된다는 사실이 호응을 받고 있다. 정신과의사 에드워드 헬러웰(Edward Hallowell)은 멀티태스킹으로 인해 뇌가 과부하 상태에 놓여 여러 가지 부정적인 심리현상을 보인다고 말한다. 그는 일중독에 빠져 있으면서 '주의력결핍증세'(ADT, Attention Deficit Trait)를 호소하는 환자들이 최근 10년 사이 10배나 증가했다고 밝혔다. '주의력결핍증세'를 호소하는 환자들은 대체로 초조한 성격 때문에 치밀함이 떨어지고 생산성도 떨어진다. 주어진 일에 적절한 사고를 하기 보다는 흑백논리적인 의사결정을 하거나 깊이 생각하지 않고 함부로 말을 하거나 행동하는 경향이 있다. 왜냐하면 일을 빨리 마무리해야겠다는 강박관념을 갖고 있기 때문이다.

미국 스탠포드대학 커뮤니케이션학과 클리포드 나스(Clifford I. Nass) 교수팀은 미디어를 과도하게 멀티테스킹 할 경우 주의조절능력이 떨어진다고 하였다. 나스 연구팀은 실험 참가자들을 주로 사용하는 미디어의 수와 사용시간을 조사해 과도한 멀티테스커와 그렇지 않은 집단을 구분한 후 100명의 학생을 대상으로 3가지 다른 방법으로 '주의조절과제'를 수행하도록 했다. 그 한 방법은 참가자들에게 빨간색과 파란색 사각형이 있는 이미지를 보여주고 파란색 사각형을 무시하라고 한 다음 두 번째 이미지를 보여주고 빨간색 사각형의 위치가 달라졌는지를 물었다. 멀티태스킹을 많이 하지 않는 사람들은 이 시험에 별다른 어려움을 느끼지 못했지만 멀티태스킹을 하는 사람들의 대다수는 파란색 사각형 때문에 주의가 분산돼 빨간색 사각형의 변화를 제대로 파악해내지 못했다. 두 번째 시험은 기억력을 시험했고, 세 번째는 한 가지 작업을 하다가 다른 작업으로 얼마나 잘 전환하는가를 시험했는데, 멀티태스킹을 하는 사람들은 모두 비슷한 결과를 보였다.[8]

과학자들은 멀티태스킹을 하는 사람이 단일 작업만을 하는 사람보다 집중력이 강하다고 생각해왔었으나 이 연구는 멀티태스킹을 많이 하는 사람들이 항상 자신 앞에 있는 모든 정보를 받아들이지만 멀티테스커들은 불필요한 정보를 걸러내는 능력이 떨어졌다는 사실을 밝혀낸 것이다.

스마트시대의 겸손

'스트레스'라는 단어는 외래어이다. 그런데도 우리는 어린아이에서부터 상노인들에 이르기까지 스트레스라는 말을 입에 달고 산다. 이는 일상에서 그만큼 스트레스를 받고 산다는 의미일 것이다. 현대는 무한경쟁사회다. 살아 남기 위해서는 남을 밟고 올라서야만 한다. 어려서는 학교에서, 성년이 되어서는 사회에서 동료들을 딛고 올라야 등수가 오를 수 있고 진급을 할 수 있는 약육강식의 사회이다. 이러한 환경에서는 매순간 정확한 정보를 바탕으로 한 자기결정을 이룰 수 있어야 살아갈 수 있다.

스마트폰 등장 이후 일과 사생활의 경계가 무너지고 있다. 직장인들은 시도 때도 없이 들어오는 업무 메일을 확인해 즉각 대응해야 하고 퇴근 후에도 일손을 놓지 못하는 날이 잦아진 것이다. 따라서 서로 다른 여러 형태의 일들에 '번갈아' 주의를 기울이면서 하는 '분할 주의력'과 동시에 여러 종류의 일들을 하는 멀티태스킹의 주의기제(注意機制)를 갖추어야 존립이 가능한 사회가 된 것이다. 이는 동물세계의 멀티테스킹의 행위와 비유될 수 있는 것이다.

우리는 자신의 휴대전화를 잠시라도 놓칠 못하며, 휴대전화이 없으면 두려움을 갖게 되는 이른바 노모포비아(Nomophobia)증후군을 가지게 될 정도로 사색적 '머무름'을 잊은 지 오래이다. 그러나 인류의 문화적 업적은 깊은 사색적 머무름에 힘입은 것이다. 문화는 깊은 사색을 할 수 있는 환경을 필요로 한다.

그러나 이러한 깊은 사색은 산만한 '과잉주의'로 대체되어가고 있다. 다양한 과업, 정보원천과 처리과정 사이에서 빠르게 초점을 이동해야 하는 것이 이러한 산만한 과잉주의의 특징이다. 이는 창조적 과정에 중요한 의미를 지니는 '심심한 주의'를 허용하지 않는다. 이러한 점에서 기계적인 뇌의 활용도가 높아지면서 '엄지족'의 생체적인 뇌는 더욱 창의적이 된다고 극찬하는 프랑스 철학자 미셸 세르의 주장이나, 지식의 본질이 변하여 우리의 두뇌나 도서관은 더 이상 지식을 담기에는 불충분하기 때문에 이제 지식은 네트워크의 소유라고 보는 데이비드 와인버거의 규정에 동의하지 못하는 이유이다.

벤야민(Walter Benjamin)은 "꿈의 새가 깃드는 이완과 시간의 둥지가 현대에 와서 점점 사라져가고 있다"고 한탄한다. "잠이 육체적 이완이라면 '깊은 심심함'은 정신적 이완이다. 단순한 분주함은 어떤 새로운 것도 낳지 못한다. 그것은 이미 존재하는 것을 재생하고 가속할 따름이다. 존재를 의지로 대체한 니체도 인간에게서 모든 관조적 요소가 제거된다면 인간의 삶은 치명적인 과잉활동으로 끝나고 말 것임이라고 했다."[9]

한국 사회는 그 어느 나라보다도 짧은 기간에 압축 성장을 이룬 성과사회이다. 그러나 정보 과잉으로 우리가 생존을 위해 지속적으로 경계 태세를 취해야 하는 수렵자유구역의 동물들과 같이 멀티스태킹을 강요받는 것은 아닌가? 세계 제일의 자살율과 가장 낮은 출생률은 '평온의 결핍'과 '활동하는 자들', '부산한 자들'만이 높이 평가받는 극단적 피로와 탈진상태의 산물이 아닌가?

우리는 그 어느 때 보다도 자아의 내면을 관조할 수 있는 '머무름'이 요구되는 사회에 살고 있다. 디지털시대의 우리네 삶에서 '사유'란 하지 않아도 상관이 없는 '권리'가 아니라 반드시 수행해야만 하는 '의무'임을 깨달아야 한다.

우리는 진도 앞바다에서 300명이 넘는 생명들을 수장시킨 세월호의 침몰현장을 빤히 바라보면서 어느 누구도 도움을 줄 수 없었던 무력감을 실감했다. 스마트 네트워크에 의존하는 삶이 항상 스마트한 것인지도 따져 보고 '스마트시대의 겸손'을 배워야 한다.[10] 즉, 우리 삶의 대부분 문제엔 여전히 '앱'이 없으며, 단 한 번 말하고, 생각하고, 버튼 누른다고 해결될 수 있는 문제도 그리 많지 않고, 인생에 정말 중요한 문제들은 대부분 무료로 해결할 수 없으며, 최악의 상황을 대비해 피눈물 나는 준비를 되풀이해야만 최고의 결과를 낼 수 있고, 준비는 가능하지만 기적은 너무나도 힘들다는 것을 알아야 하는 스마트시대의 겸손이라는 것이다.

2

연결의 과잉-관계의 결핍

엔딩노트와 무연사회

죽음을 앞둔 사람이 어떻게 살 것인가를 다룬 영화 두 편을 며칠 간격을 두고 감상할 수 있었다. 영화 「버킷리스트」와 「엔딩노트」다.

'죽기 전에 꼭 하고 싶은 것'이라는 '버킷리스트'는 서로가 살아온 방식이나 환경이 전혀 다르지만 6개월 시한부 인생을 살고 있는 자동차 정비사 카터와 재벌 사업가 에드워드에 대한 이야기이다. 카터는 대학 수업 당시 과제였던 버킷리스트를 떠올리지만 지금 이 순간 이는 단지 종이에나 적어놓을 수밖에 없는 실현 불가능한 것이라는 사실에 씁쓸해 한다. 그러나 에드워드는 그것을 실행하자고 한다. 재력이 있는 그에게는 큰 문제로 생각하지 않았던 이들은 병원을 나와 버킷리스트를 하나씩 실행해간다. '스카이 다이빙하기, 카레이싱, 북극 하늘 비행하기, 문신하기, 가장 아름다운 소녀와 키스하기, 인도 타지마할 사원 가기, 중국 만리장성에서 오토바이 타기, 아프리카 사파리에서 모험 즐기기, 화장한 재를 깡통에 담아 경관 좋은 곳에 두기 등….' 카터가 먼저 세상을 하직하고 에드워드는 6개월이 아닌 15년 뒤에 생을 마감한다. 그리고 항상 따라다녔던 에드워드의 비서가 카터를 에베레스트 정상에 묻어준다.

누구나 한번은 죽음을 맞이하기 마련인데 이들은 이를 통해서 삶의 종말을 기쁨으로 맞게 되었을까? 그리고 이를 바라보는 보통사람들은 이들의 삶을 행복한 삶이었다고 생각하였을까? 이 영화가 후회스런 인생을 살기 싫고 기쁨만을 만끽하고 살고 싶다는 생각을 갖게 해주었지는 몰라도 인생에서 또 다른 중요한 삶의 형식을 남들에게 주었는가를 생각하면 또 다른 가치의 버킷리스트도 생각해봄 직하다.

두 번째 영화는 일본의 「엔딩노트」다. 「버킷리스트」는 뻔한 상황 설정하에 흥미 위주로 제작된 상업용 극영화이다. 이 영화가 관객으로 하여금 하고 싶은 것을 후회 없이 다 해보고 싶은 욕망을 재생산해주는 것이라면 「엔딩노트」는 죽음을 앞두고 가족과 이별을 어떻게 맞을까를 숙고하게 해주는 다큐멘터리이다.

「엔딩노트」의 줄거리는 정년퇴임 후 안정된 가정생활을 이어가던 69세의 스마다 도모아끼 씨 자신의 죽음을 준비하는 과정에 대한 이야기이다. 그는 정기건강검진에서 말기 위암판정을 받는다. 그는 6개월의 시한부 삶을 기정사실로 받아들이면서 어떻게 가족들과 이별하고 잘 죽을 수 있을까를 생각하고 삶의 밀린 마지막 숙제로 엔딩노트를 작성한다. 그리고 자신이 작성한 다음과 같은 비밀 프로젝트를 죽음을 맞을 때까지 하나씩 실행해간다. ①평생 믿지 않았던 신(神)을 믿어보기 ②손녀들 머슴노릇 실컷 해주기 ③평생 찍어주지 않았던 야당(野黨) 찍어주기 ④꼼꼼하게 장례식 초청자 명단 작성하기 ⑤소홀했던 가족과 행복하게 여행하기 ⑥빈틈이 없는지 장례식장 사전 답사하기 ⑦손녀들과 한 번 더 힘껏 놀기 ⑧나를 닮아 꼼꼼한 아들에게 인수인계하기 ⑨이왕 믿는 신에게 세례받기 ⑩쑥스럽지만 아내에게 사랑한다고 말하기 그리고 ⑪죽은 후에 엔딩노트 남기기.

중산층 가정의 가장 스마다 도모야끼 씨는 이러한 자신의 엔딩노트를 하나씩 실행하면서 죽음을 준비해갔다. 그의 죽음은 슬프지만 가족의 사랑으로 외롭지 않게 가족을 떠날 수 있었고, 남편과 아버지 그리고 할아버지로서 그의 영혼은 가족들의 가슴에 영원히 새겨지게 될 것이다.

「버킷리스트」와 「엔딩노트」는 같은 시한부 인생을 각기 다른 방법으로 맞이하는 스토리 텔링을 갖고 있다. 과연 행복한 인생을 산 사람은 누구였을까?

특히 「엔딩노트」는 일본에서 심각한 사회문제로 대두되고 있는 무연사회(無緣社會)의 고독사(孤獨死)와는 대조를 이루는 내용이었기 때문에 큰 반향을 가져왔었다. 무연사회는 혼자 살다 혼자 죽는 사회를 의미한다. 2010년 초 NHK의 '무연사회' 기획 프로그램 시리즈가 일본뿐만 아니라 한국에서도 큰 반향을 가져왔다. 이에 의하면 연간 무연사가 3만 2,000명이나 된다는 사실과 함께 1인 가구가 2030년에는 40%에 이를 것이고 50세 남성의 3분의 1, 여성의 4분의 1이 미혼인 사회가 된다는 것이다. NHK의 프로젝트팀은 무연사회가 초래된 이유로 개인주의, 독신가족 증가, 비정규직 증가, 핵가족 사회의 추세 등을 들었다. 「엔딩노트」의 스마다 도모야끼 씨의 죽음에서 보듯이 예전에는 3대가 같이 살면서 누군가가 아프거나 도움을 받아야 할 처지가 되면, 서로가 도와주었다. 그렇지만 오늘날은 핵가족을 넘어 독신주의가 팽배해지고 있어서, 가족의 의미가 약화된 것이 사실이다,

무연사회의 증후군은 단지 일본 사회만이 아니라 한국 사회도 초고령화 사회로 가고 있는 일본보다 출산율이 더 낮고 만혼, 미혼 추세가 급증하고 있다. 통계청이 발표한 '2010~2035년 장래가구추계 보고서'는 2012년 현재 1인 가구 비율이 전체 가구 중 25.3%로 처음 1위로 올라서고, 2035년에는 34.3%에 달할 것이라고 밝혔다. 특히 급속한 노령화로 65세 이상 가구주 가구는 2010년 17.8%였지만 2035년 40.5%로 2.9배나 증가할 것으로 내다봤다. 이는 젊은 층의 미혼·만혼, 저출산과 고령화 등의 복합적 결과다.

그러나 무연사회의 주인공들은 역시 독신 고령자들이다. 노인 빈곤율이 경제협력개발기구(OECD) 1위라는 통계가 말해주듯이 사회안전망이 상대적으로 부실한 한국의 현상은 일본보다 더 심각하거나 앞으로 훨씬 심각해질 것으로 보인다. 특히 대도시 독신 고령자의 사회적 고립이 제일 심각한 문제가 되고 있다.

필자가 무연사회를 언급하는 것은 정보통신기술의 인프라가 세계제일인 한국에서 무연사회의 새로운 '관계맺음'을 활성화 시킬 수

있을까에 대한 생각에서이다. 가족 관계마저 끊긴 채 고립된 삶을 이어가는 사람들이 늘어나는 무연사회에서 스마트폰을 통한 소통이 과연 생활세계의 소외된 인간관계를 복원할 수 있을까?

유비쿼터스 사회의 관계 맺음

미래창조과학부는 제1차 정보통신전략위원회에서 '초연결 창조 한국'을 전망으로 내세운 「정보통신진흥 및 융합 활성화 기본계획」을 발표했다. 핵심은 모든 사람과 사물, 기기를 정보통신 네트워크로 연결하는 '사물 인터넷'과 스마트 네트워크의 활용이다. 예를 들면 스마트 네트워크를 통해 길을 건너려는 사람의 위치 정보 등이 근처를 지나는 차량의 운행 정보와 연동되어 보행자가 길을 건널 수 있도록 부드럽게 교통 흐름이 조정되고 모든 개인이 집 안에서도 맞춤형 건강관리 서비스를 받을 수 있다. 혼자 있다가 사고를 당해도 부착된 감지기가 실시간으로 근처 병원 응급실에 연락하여 구급차가 즉시 출동할 수 있게 해준다.

정부는 최근 일련의 금융 사고를 통해 부각된 개인정보 보호의 문제를 제외하면 이러한 '초연결사회'에서 우려할 점은 없다고 생각하는 듯하다. 그리고 우리도 스마트 네트워크를 활용하면 이 세상에 해결하지 못할 것이 없다는 착각에서 살고 있다.

고도의 정보기술기반으로 시간과 공간의 속박에서 벗어나 언제, 어디서나, 어떤 기기로든 소통이 가능해진 유비쿼터스사회에서 인간관계는 '인공적인 이웃들'로 대체되고 있다. 트위터의 팔로잉과 팔로어, 페이스북과 카카오톡의 참여자들은 계속 늘어나고, 지구 반대편 사람들과 쉽게 접속하여 친구를 맺을 수도 있을 정도로 소통의 길은 무한히 넓어졌다. 휴대전화와 페이스북에 친구들이 넘쳐나고 미디어 이벤트에 집단적으로 열광하며 가끔 정치적 함성이 광장으로 모여들기도 하지만, 일상의 사람들은 저마다 '방콕'하기(골방에 갇혀 지내기) 일쑤다.

이러한 소외와 단절에서 우리는 손가락만 움직이면 바깥세상의 모든 정보를 바로 접할 수 있는 빠른 속도감에 편승하면서 스마트폰을 가족보다 더 가까이 여기게 된다. 이러한 환경에서 디지털 기술은 지금까지 경험하지 못했던 매혹적인 존재이기 때문에 사용자가 통제력을 발휘하기 어려운 게 사실이다. 이쯤에서 이제 SNS 이전 시대로 역행할 수는 없을 것이고 SNS는 더욱 확산되어 나갈 것이다. 따라서 진정한 소통, 성숙한 SNS의 발전을 위해서는 '능동적 이용자'의 시각이 필요한 때가 되었다.

과거 과도한 텔레비전 시청으로 가족의 대화가 실종되는 우려 때문에 '텔레비전 없이 살아보기'에 대한 관찰연구들이 많이 이루어졌었다. 당시의 관찰연구에 참여한 피실험자들은 공통적으로 '텔레비전 없는 일상'을 체험하니 머릿속이 조용해지고 시간이 많이 생겼다는 것이다. 이로 인해 신문, 라디오 등 다른 미디어를 찾게 되고 미루어두었던 일들을 할 수 있었으며 가족이 함께하는 시간을 갖게 되어 대화를 더 많이 할 수 있고 아이들은 공부와 책 읽는 시간을 많이 갖게 되었다는 것이다.

텔레비전만 있던 시절에는 텔레비전 중독, 인터넷이 발달하면서 인터넷 중독 그리고 휴대전화가 생기면서 문자 중독이 생기더니 이제 스마트폰이 생기고 나서 스마트폰 중독에 빠져버렸다. 인기 개그맨들이 출연하는 KBS 2TV의 「인간의 조건」에서 4부작으로 휴대전화, 인터넷, 텔레비전 없이 생활한 일주일을 체험하는 리얼 다큐 체험프로그램을 흥미 있게 시청한 적이 있다. 바쁜 개그맨들에게 정말 필수품이었을 휴대전화, 인터넷 그리고 텔레비전 없이 생활하는 모습을 24시간 밀착 취재하여, 우리에게 이러한 문명의 이기들이 어떤 의미인지 그리고 우리가 모르는 사이에 어떤 영향을 끼치고 우리에게는 어떤 변화가 생기는 것인지를 담아내는 매우 시의성 있는 리얼 체험 개그프로그램이다. 인기 개그맨 김준현, 김준호, 양상국, 허경환, 박성호, 정태호가 출연하고 나영석, 신미진이 연출한 이 프로그램은 예능프로그램의 격을 높여준 프로그램이다.

7일간의 합숙과 디지털 세계와의 단절은 어떠한 변화를 가져왔을까? 다음의 5가지 효과는 제작진도 예상치 못한 상황이었다고 한다. 첫째로 단 한 사람의 소중한 연락처를 찾아낸다. 둘째로 사람을 보고 사람을 반가워한다. 셋째로 함께 할 것을 찾는다. 넷째로 자신도 모르게 스스로가 삶의 주체가 된다. 다섯째로 불편했던 관계가 수면 위로 드러나고 화해도 한다.

먼저 휴대전화 속 수백 개의 연락처, 수백 명의 사람들과 단절되었을 때 느끼는 소외감으로 인하여 단 한 명의 의미 있는 전화번호를 찾아낸다는 것은 본능적인 반응이다. 그리고 텔레비전, 휴대전화, 인터넷을 생활에서 빼버리니 그제야 사람이 보이고, 그제야 사람이 그리워지는 것도 마찬가지 이치다. 평소 휴대전화의 편리함 때문에 누구와도 쉽게 대화를 할 수 있을 것 같지만 우리는 진정한 대화를 하지 않았던 것이다. 또한 휴대전화, 텔레비전, 인터넷과 단절되어 시간을 보낼 방법을 모르고 무료해지면 기타를 치며 함께 노래하고 친구를 만나고, 새로운 취미를 발견하고, 홍대거리 할로윈파티도 다녀오고, 그동안은 각자 해볼 기회가 없었던 것을 함께 찾는 새로운 모습도 발견하게 된다. 결국 시간이 흐를수록 휴대전화, 인터넷, 텔레비전이 그리워지지만 이제는 조금 더 능동적으로, 적극적으로 삶을 만들어가기 시작한다. 야구가 보고 싶다면 야구장으로 가고, 영화가 보고 싶다면 영화관으로 간다. 그리고 스스로의 삶을 조금 더 책임감을 갖고 영위하며 더 소중하게 생각하게 된다. 그리고 휴대전화, 인터넷, 텔레비전 없이 6명의 개그맨이 함께 살아가는 중에는 오랜 시간 개그맨 선후배로 지내며 미묘한 갈등이 수면 위로 드러나기도 하고 어렵게 진정한 화해의 기회를 맞기도 한다.

인터넷과 스마트폰을 40일 동안 끊고 살아본 독일 언론인 크리스토프 코흐(Christoph Koch)는 처음엔 불안과 조바심에 시달리다 우울증과 화병도 앓았고 휴대전화이 없는데도 허벅지 부분이 부르르 떨리는 '유령 진동'도 느낄 정도라고 했다. 그는 40일 실험을 견뎌낸 뒤 안정과 집중, 드디어 시간을 찾았다며 체험기를 책 『아날로그로 살아보기』[11]로 남겼다.

미국에서 휴대전화 없이 석 달을 살아낸 청년 제이크 라일리의 경험이 화제가 된 적이 있다. 시카고에서 전문대에 다니는 라일리는 하루 평균 1시간 30분 동안 페이스북에 매달렸었고 매일 트위터에서 접촉하며 지낸 사람이 250명에 이르렀다. 그런 그가 석 달 동안 SNS와 이메일을 비롯한 디지털 소통을 과감하게 차단했다. 처음에 그는 동네 병원의 공중전화를 빌려 쓰며 외부와 소통했다. 학교에선 1층 승강기 옆에 '벽보'를 붙여 친구들에게 메시지를 전했다. 그러던 중 그는 스스로 놀랄 만한 변화가 이루어지게 되었다. 그는 대화를 하기 위해 자전거를 타고 친구 집에 가 직접 얼굴을 마주 보고 대화를 즐기게 됐고 여자 친구 집 앞에 '하고 싶은 말'을 분필로 쓰는 로맨틱한 남자가 된 것이다. 집에서는 디지털기기와 함께 빈둥거리는 시간이 줄었고 도서관에서 밤늦게까지 공부를 했다. 더 자유로워지고 홀로 글 쓰는 시간이 늘었다. 전자파 소음을 끈 덕분에 얻은 고요함 속에서 자기 자신을 제대로 만난 셈이다.[12]

이러한 결과에서 우리가 생각해보지 않을 수 없는 것은 사이버 연결의 과잉은 공동체의 관계가 인공적 이웃으로 대체되는 '무연사회'의 촉매가 되고 있다는 것이다. 언제 어디서나 SNS를 통해 지인들의 소식을 접하게 되면서 실제 만남이나 통화는 사라졌고 현실에서는 관계가 단절되어 있는데도 우리는 오히려 넓어진다고 착각하며 살고 있는 것이다.

정보소비자의 선택능력

지금은 계몽된 정보소비자의 선택능력이 요구되는 시대이다. 개인의 이름 대신 익명성 뒤에 숨은 군중만이 존재하는 사이버세계에서 괴담은 기승을 부리게 마련이다. 지성과 이성을 가진 정상인들이 왜 근거 없는 소문과 단체의견으로 휩쓸리고 마는가? 정보소비자는 SNS와 연대하여, 충동에 휘둘리는 비합리적 대중이 아니어야 한다.

SNS를 통해 퍼지는 온갖 루머와 괴담들은 데이비드 리스먼(David Riesman)의 『고독한 군중』을 상기시킨다. 우리는 무연사회에서 홀로 남겨지는 것에 불안해하고 소통에 대한 욕구 때문에, 집단에 소속되기를 원한다. 그러나 리스먼에 의하면 이 소속감은 인간의 고독을 오히려 증폭시킨다. 자신이 남들에게 어떻게 비치는가에 과민해하면서, 타인의 곤경에는 지극히 무심하다. 타인의 시선으로 삶을 바라보고 타인의 척도로 판단하고 자기 자신마저도 타인의 기준으로 평가하는 개인은 스스로 소외된 존재이며 그렇기 때문에 절대적으로 고독하다는 것이다. 그래서 리스먼은 타자지향적인 인간유형을 '고독한 군중'이라 칭한다.

그러나 우리는 개인이 있어야 전체도 있다는 것을, 그리고 개인은 개인으로서 존엄하다는 것을 알아야 한다. 즉, 자기 자신과의 대화가 트위터보다 더 생산적일 수 있고, 나를 발견하는 것이 어딘가에 소속되어 있다는 안정감보다 더 중요할 수 있으며, 자신을 찾는 것은 고독한 군중이 아닌 고독한 개인에게서 나온다는 것을 인정해야 한다. 디지털 문명은 '머무름'의 '사색'을 허용하지 않는 터다. 생각하는 동물의 상상력은 '머무름'과 '사색'에서만 나래를 펼 수 있다. 아이들은 인터넷을 통해 아무런 '생각 없이' 과제를 해결하고, 대학교수들은 컴퓨터 자판을 두드리며 논문을 손쉽게 표절하는 시대다.

인터넷과 스마트폰은 언제, 어디에서나 대인소통, 정보·지식 찾기,

구매, 관람, 감상 등 해결해주고 일상의 스케줄과 다이어리가 되어주고 아침잠에서 깨어나게 해주는 친절한 자명종의 역할까지 해준다. 또한 이들은 많은 정보와 지식을 기억해주는 대리 뇌가 되어주고 고독한 사람들에게 각종 음악과 동영상을 들려준다. 특히 매체의 속성상 멀리 떨어진 지역주민들의 현실을 외부 세계와 연결시키고, 또한 외부 세계의 현실을 고립된 지역민들에게 전달시키는 역할을 담당하는 소통을 가능하게 해준다. 그러나 이는 '인공적 이웃들'의 양산이기 때문에 지역적 또는 사회적 소외자들을 더욱 고립시켜온 것은 아닐까?

역사상 어떠한 미디어도 오늘날의 스마트폰처럼 인간의 깊숙한 욕망을 만족시켜준 예를 찾아볼 수 없다. 특히 외로운 노인들과 활동이 자유롭지 못한 장애인들에게는 고독을 달래줄 수 있다.

그러나 이들의 고독은 구조적으로 고착되어 있기 때문에 급박한 경우 응급처치의 수단이 될 수는 있어도 '생동감 있는' 사회적 접촉을 '인간-기계 상호작용'이 대체할 수도 없다. 따라서 인간의 상호작용은 기술적으로 매개된 소통으로 감소된다는 이야기는 이미 진부한 이야기다.

이미 잘 알려진 대도시에서의 고독, 인간의 접촉 결핍 및 개인의 안녕을 위해 필요한 사회적 접촉의 결여는 광범위한 인공적인 이웃들의 생산에 의해서 개선되지 않고 오히려 심화되고 있다. 만일 에리히 프롬(Erich S. Fromm)의 말처럼 인간의 기본욕구가 '분리되어 있음'의 느낌을 극복하는 데 있다고 한다면, 인공적인 이웃들은 결국 대용물로서 소위 살아 움직이는 존재들 사이의 생동하는 조응이 결여된 일시적인 대체물에 불과한 것이다. 그러나 원격소통의 지지자들은 스마트폰이 외부와 나를 잇는 '전자 탯줄'이며, 개인으로 있고 싶은 욕망과 군중으로 함께하고 싶은 욕망을 자유자재로 충족시켜주고 있다고 강조한다.

스마트폰 없는 날?

프롬에 따르면 인간은 자주적인 인물로서 자신에 대한 의식, 자신의 짧은 일생을 갖고 있으며, 자신의 의지와는 무관하게 출생했고, 죽을 것이라는 것, 사람은 홀로 그리고 고립되고 자연과 사회의 힘에 무력하게 내맡겨진다는 것 등, 이 모든 것은 자신을 고립된, 고독한 존재로서 이 감옥에서 풀려나지 못하고 어떠한 형태로든 자신의 손을 다른 사람들에게로 뻗쳐 닿지 못하면, 그리고 자신을 자기 외부세계와 합치할 수 없는 경우에 이르면 정신착란에 빠지게 된다. 따라서 환경과의 조응에서 인간의 가장 심오한 바람은 자신의 고립을 타파하고 고독의 감옥에서 뛰쳐나오는 것이다

인간은 또한 이 같은 공생적인 존립의 가능성만큼이나 타인들과의 경계가 요구되는 존재이다. 인간은 고립되어 있음에 대한 앎을 통해서 타인들과의 '경계설정', '개체화' 그리고 '나-느낌'의 형성과정을 경험하게 된다. 그러나 고립에 대한 극복 요구는 확고하지만 성숙한 인간은 두려움의 원인을 떨쳐버리기 위해 타인과의 경계를 설정한다.

미디어에 의해 매개된 경험은 사실적인 경험인가? 미디어는 우리가 사실적으로 쌓은 경험들만을 기억하게 하는가? 그러면 어떻게 경험들을 얻어야만 하는가? 이 같은 문제들의 해결에 결정적인 것은 인간들의 상호작용에서 이루어진 경험들이다. 두려움의 근원, 즉 고립되어 있다는 느낌은 오직 인간들을 통해서 치유되고, 다른 사람들과의 경계 구분은 다른 사람들과의 대화를 요구한다. 그러므로 고독은 미디어를 통해서 치유되는 것이 아니라, 사람과의 접촉을 통한 사실경험에 대한 기억들을 환기시킬 수 있을 때 고독을 떨쳐버릴 수 있는 것이다. '나-느낌'은 텔레비전이나 컴퓨터와 스마트폰을 마주해서 생겨날 수가 없다.

그러나 새 기술을 성찰적으로 접근하기보다는 무조건 빨리 받아들여 성장하고 보자는 미디어문화에서 SNS는 분명 더욱 확산되어 나갈 것이다. SNS의 역기능이 아무리 심각하다 해도 SNS 이전 시대로 역행해 갈 것 같지는 않다. 그 역기능을 보완하는 방안이 마련되어야 한다. 우리나라가 디지털 선진국이라는 사실은 자타가 공인하고 있는 사실이지만 디지털 기술에 대한 유별난 애착만큼이나 이의 역기능에 대한 법제도의 정착이나 디지털문화에 대한 미디어교육에는 후진국이다.

지금 당장 해볼 수 있는 조처는 바로 일주일에 하루만이라도 스마트폰이 없는 날로 정해보는 것이다. 스마트폰이 없이 살아보는 날을 경험하면서 많은 것을 새롭게 생각하게 하고 비유할 수 있게 해줄 것 같다.

3

미디어세계와 현실세계

하이퍼리얼

사람이 옷을 입은 채로 세탁에 들어갔다 나오니까 옷이 깨끗해진 텔레비전의 세탁기 광고를 모방한 어린이가 옷을 입고 세탁기에 들어가 화를 입을 뻔했다는 뉴스를 들은 바 있다. 그 이전에는 컴퓨터게임에 심취한 학생이 자신의 동생을 살해한 끔찍한 일도 벌어졌었다. 이 밖에도 세상에 밝혀지지 않은 유사한 사건들이 많을 것으로 생각된다. 이러한 사건들이 발생하게 된 이유는 바로 어린이 청소년들이 가상의 미디어세계와 현실세계를 구분하지 못한 결과인 것이다.

오늘날 현실은 그 자체로 하이퍼리얼(복제된 과잉 현실)한 것이다. 보드리야르(Jean Baudrillard)에 의하면 '왜곡되지 않은 의사소통'의 욕구는 '진정한 것'에 대한 갈망이다. 예를 들어 텔레비전 뉴스를 시청하는 사람들은 거기서 접하는 기호가 그 배후에 있는 실체, 즉 '세계에서 벌어지고 있는 것'을 나타낸다는 가정하에 시청한다. 그러나 조금만 생각해보면 우리가 보게 되는 뉴스는 여러 사건들에 대한 하나의 견해, 즉, 언론인들의 접촉범위와 가용성, 도덕적 가치, 정치적 성향 그리고 사건에 대한 접근에 의해 형성된 것이라는 것을 알 수 있다.

그러나 텔레비전 뉴스가 '실체'가 아니라 모사(模寫)라는 것을 전제하고 본다면 사람들이 기호의 실체에 대해 회의적일 수 있다. 이러한 통찰이 오늘날에는 모든 사람이 기호가 시뮬라시옹(Simulation)에 불과하다는 것을 알게 한다는 것이다. 즉, 실재가 실재 아닌 파생실재로 전환되는 작업이 시뮬라시옹이고 모든 실재의 인위적인 대체물을 시뮬라크르(Simulacra)라고 부른다. 이제 재현과 실재의 관계는 역전되어 더 이상 흉내 낼 대상, 원본이 없어진 시뮬라크르들이 더욱 실재 같은 극실재(하이퍼리얼리티)를 생산해낸다.[13]

실제 우리는 로맨틱한 사랑을 하는 것이 아니라 텔레비전 드라마를 보고 눈물을 흘리고, 전쟁을 실제로 겪는 것이 아니라 영화를 보고 전쟁 장면을 감상한다. 진짜 싸움 대신 컴퓨터 게임으로 싸움을 하고, 실제 모험을 하는 것이 아니라 만화에서 모험을 감상하거나, 스포츠게임을 보면서 짜릿함을 느낀다. 이같이 현대인에게 삶이란 실제가 아니라 항상 재현(re-present)되는 것이다. 어린이들은 기차나 비행기의 장난감, 그림, 영상을 보고 자란다. 나중에 충분히 성장하면 실제 기차나 비행기를 보고 비로소 기차나 비행기를 실감한다. 모든 것이 본래의 사물들이 아니라 시뮬라시옹으로서 존재하는 세계,

즉, 이미지가 지배하는 현실세계를 이렇게 개념화한 것이다.

인간은 태초부터 그림이나 글로 자신의 삶을 재현해왔다. 그러나 텔레비전의 사극은 역사 이해의 좋은 교육자료가 되는 시뮬라시옹이었으나 오늘날의 시뮬라시옹의 세계는 사실에 바탕을 두지 않는 것 같다. 예를 들어 사극은 고증을 바탕으로 해야 한다고 했지만, 오늘날에는 아무런 책임감이나 자책감도 없이 작가의 픽션물이 되고 말았다. 실재와 허구를 구분할 능력이 없는 시청자들은 이 픽션을 진짜로 받아들이고 역사를 왜곡해서 이해하게 된다. 따라서 역사의 이해까지도 허구를 기정사실화하는 반(反)실재가 판치고 있는 것이다.

미디어를 통해 매개된 가상을 현실로 착각하게 만든 예들은 역사적으로 다양하게 사례들이 있어왔다. 미디어를 통해 매개된 가상을 현실로 혼동하게 했던 극단적인 사례들을 예로 들어보자.

화성인의 지구 침입?

미디어연구사에서 가상을 현실로 혼동하게 만든 첫 번째 사례로 아직도 자주 회자되고 있는 '화성인 지구착륙'의 라디오 드라마 사건일 것이다. 1938년 10월 30일 저녁 미국의 CBS방송은 H. G. 웰스(H. G. Wells)의 소설 『세계대전』을 임의로 번안한 「화성인의 침입」[14] 이라는 라디오 드라마를 방송했다. 유명한 성격배우 오손 웰즈(Orson Welles)가 나레이터를 맡아 미국의 전형적인 댄스뮤직을 배경음악으로 깔고 화성인의 모습을 묘사하였다. 웰즈는 갑작이 가상 긴급뉴스로 "신사 숙녀 여러분, 국제 라디오 뉴스로부터 입전된 긴급뉴스를 알려드리기 위해 음악을 중단합니다. 지구가 현재 화성인으로부터 침략을 받고 있습니다"라고 위급하게 전하고 과학자들의 인터뷰 내용과 함께 화성인을 직접 목격했다는 어느 농부의 목격담도 소개했다. 물론 프로그램 시작과 도중에 이는 가상 상황이라는 멘트가 세 차례 들어갔다. 그러나 다른 프로그램을 듣다 채널을 돌린 청취자들은 이것이 실제상황으로 착각할 수밖에 없었다. 처음부터 방송을 듣던 사람 중에도 실제상황으로 착각한 이들도 있었다. 실제로 많은 청취자들이 극도의 공포감에 사로잡힌 나머지 거리로 무작정 뛰어나오고, 친구에게 전화를 걸어 조심하라는 경고도 하고 밖에서 이 드라마를 듣고 있던 사람들은 아내와 아이들을 피난시키기 위해 자동차를 거칠게 몰아 집으로 급히 돌아가기도 했다.

미국의 미디어학자인 캔드릴(Hadley Candril)은 "1938년 10월 30일 저녁 우리의 전체 문명을 위협하는 화성인들이 침범한 것처럼 보도하는 한 라디오방송을 들었을 때 수많은 미국인들은 공포에 휩싸였는데, 지금까지 다양한 직업들과 지역들의 많은 사람들이 이같이 오늘 저녁처럼 갑작스럽고 크게 놀란 적은 아마도 없었을 것이다"라고 기술하였다.

여러 가지 다양하고 스펙터클한 미디어 사건들에 익숙해져 있는 오늘날의 사람들이 보기에는 이 같은 보도와 앞에서 설명한 반응들은 이상하고 순진하기만 한 것으로 생각될 수 있다. 그럼에도 불구하고 흥분된 「화성인의 침입」의 라디오 드라마 사건은 미디어연구의 역사에서 오래 잊히질 않고 있다. 이는 미디어들이 '대중 히스테리

(패닉)'에 이르기까지 모든 것을 움직일 수 있다는 것을 알게 해주었기 때문이다.

중요하게 생각해 보아야 할 것은 이 방송의 많은 청취자들이 분명한 가상을 실상으로 착각하였다는 점이다. 알다시피 1938년은 독일 나치의 불안한 낌새가 감지되던 시기였다. 즉, 전쟁 발발을 겁내던 시기에 '화성인의 내습'이라는 상황에 대한 아주 그럴 듯하게 사실적으로 진행되는 라디오 방송은 분명 전쟁이 터질 것으로 단정을 하고 불안해 하던 상황에서 합리적인 판단마저도 유보해버리게 된 경우였었다. 물론 너무나 사실적으로 제작되어서 사람들이 가상인지를 깨닫기 위해서는 주의를 기울여야 했지만, 미디어를 통한 경험과 실상의 차이를 알고 있다면 금방 인식할 수 있었다. 즉 미디어의 경험은 실상과는 다르다.

미디어가 만든 이미지

그로부터 약 60여 년 이후인 1997년 8월 31일 영국 웨일스의 왕녀 다이애나 스펜서(Diana Spencer)[15]가 자동차 사고로 파리에서 죽었을 때 영국인들은 물론 세계인들이 슬픔을 금치 못했었다. 다이애나의 장례식이 치러진 웨스트민스터 대성당 주변에는 보기 드문 장면이 연출됐었다. 100만 명이 넘는 인파가 몰려들어 꽃다발과 촛불을 들고 "우리는 당신을 사랑해요"라고 외쳤다. 울고 싶어도 울지 않고 감정을 드러내지 않는 것이 미덕이라고 가르치는 영국의 전통이

슬픔에 압도당하는 순간이었다.

그녀는 당시 새로운 연인인 재벌 2세 도디 알 파예드(Dodi al Fayed)와 함께 이들을 끈질기게 추적하는 파파라치 사진사들을 피하려다가 교통사고를 당했던 것이다. 이러한 결과를 두고 당시 상업화된 언론에 대한 비판과 다이애나와 언론의 끝없는 악연이 그녀를 죽음에까지 이르게 했다는 여론이 팽배했었다.

그러나 전기 작가인 앤소니 홀더(Anthony Holder)는 그녀가 언론 때문에 살았고 또한 언론에 때문에 죽었다고 하였다. 이는 무슨 의미일까 좀 더 자세히 살펴보자. 그녀가 언론 때문에 살았다는 것은 자기를 나타내는 데에 미디어를 이용하였다는 것이다. 다이애나는 모든 젊은 여성들의 선망의 대상이었던 찰스(Charles Windsor) 왕세자의 부인이 되었을 때 미디어로부터 축하를 받았고, 찰스 왕세자와의 이혼 시에는 미디어의 논쟁대상이었다. 이후 에이즈 예방과 걸인들 보호에 관심을 쏟고, 지뢰제거에 앞장서는 여성으로서 새로운 역할을 찾으려 했었을 때에는 미디어의 중요한 뉴스 원이었다.

그녀가 이혼하였을 당시 영국에서 실시된 여론조사에 따르면 응답자의 75%가 '왕실의 푸대접과 찰스 왕세자의 탓'이라고 응답했다. 이같이 미디어들은 영국 국민들이 그녀의 입장을 옹호하도록 만들었던 것이다. 다이애나는 찰스 왕세자와 별거를 시작한 1992년 이후 별거수속을 밟은 사람이 자신이 아닌 찰스라는 사실을 누누이 강조했었다. 또한 1995년 11월 BBC와 인터뷰를 했었는데, 인터뷰 중에 카메라 앞에서 다이애나는 그녀의 남편과 황실에 이별을 고했다. 여기에서 그녀는 경직된 귀족적 예절의 고난에서 해방되고, 국민을 위한 마음의 여왕이고 싶어 하는 동정받는 여인으로 부각되었었다. 또한 그녀는 지뢰제거운동이나 에이즈 퇴치운동과 같은 새로운 공적 역할을 수행하였을 때에 적지 아니한 재치로 미디어를 이용했었다.

다이애나는 실제로 유치원 보모에서 황홀한 자태의 왕녀가 된 동화 속의 신데렐라로서 왕자와 결혼을 했으나 불행해지고, 자신의 불행을 의지로 헤쳐나간 평범한 여인, 자신의 인생에서 새롭게 사랑한 사람과의 재혼을 앞둔 상태에서의 불행한 죽음으로 일생을 마칠 때까지 다이애나의 삶은 한 편의 멜로드라마와 같았다. 그녀가 연인인 파예드와 함께 지낸 마지막 몇 주간의 행복한 이야기는 일종의 멜로드라마적인 감동이었다. 그러나 멜로드라마의 종말과 같이 파국과 좌절이 이미 내재되어 있어, 그녀의 삶은 그야말로 멜로드라마의 본질을 보여준 것이 아닐 수 없었다.

다이애나가 큰 인기를 얻을 수 있었던 것은 바로 미디어에 의해 대중에게 매개된 다이애나의 상(像) 때문이다. 그녀는 바로 왕녀였을 뿐만 아니라 현실적인 평범함 인물인 동시에 텔레비전에 나오는 스타의 모습을 다 가지고 있다. 다이애나는 실존 인물인 동시에 이상적인 드라마의 등장인물과 같이 대중의 은밀한 욕구와 소원의 투영판이었다. 영상 속에서 묘사되는 다이애나의 어떠한 모습이 스타적인 것이고 어떠한 것이 일반인의 것인지 구별되어 수용자에게 부각되지는 않는다. 또한 수용자들은 다이애나의 어떠한 모습이 동경이고 어떠한 것이 내재화(內在化)되어 있는 것인지를 알 수 없다. 그러나 미디어에 의해서 매개되어 대다수의 평범한 사람들에게 각인된 다이애나의 일생은 논픽션적인 멜로드라마였고, 그녀의 이미지는 만인의 여왕이고 만인의 연인이며 만인의 스타가 된 것이다. 특히 전 세계에 매개되는 거대 미디어 네트워크의 형성으로 미디어가 창출한 사건은 이제 다이애나는 세계인들의 기억에 마음의 여왕으로 영원히 살아있게 되었다.

그러나 여기에서 우리가 주목해야 할 점이 있다. 바로 우리가 인식하는 다이애나는 사실 그대로를 경험한 사람이 아니라 메스미디어의 매개를 통해 듣고 본 의사(pseudo)세계의 인물일 수밖에 없다는 것이다. 이는 특정 인물과 상황이 사실경험을 통해서 터득되는 것이 아니라 타인의 손을 거친 간접경험이며 간접경험이 직접경험으로 전화되어 현실상황의 인식을 조건 지어 준다는 말이다. 세계인에게 마음의 여왕으로 부각된 비련의 주인공 다이애나 스펜서의 이미지는 미디어산업이 만들어낸 허상인지도 모른다. 이는 현대사회에서 뉴스까지 오락화(Info-tainment)하는 미디어의 상업주의화된 현실에 대한 우려이기도 하다.

루마니아의 원격혁명

또 다른 사례는 루마니아의 원격혁명(Tele-Revolution)[16]이다. 1989년의 성탄일에 루마니아에서 미디어 역사에 기록될 만한 혁명이 일어났었다. 방송을 장악한 혁명군은 국내 미디어들을 통해서 루마니아의 혁명을 실황중계로 방송하도록 하였다. 당시 독재자 차우세스쿠(Ceausescu)의 실각과정을 루마니아인들만이 아니라 주변국들이

루마니아 라디오와 텔레비전의 뉴스를 통해서 추적하였다. 독일 뮌헨시 동남유럽연구소의 가르바니(Anneli Ute Garbanyi)는 이를 다음과 같이 설명하고 있다. "이 '원격혁명'은 지금까지 역사상 그 선례가 없었던 것으로 라디오와 텔레비전 마이크 앞에서 그리고 공중이 보는 앞에서 이루어졌다. 방송국 건물은 국민의 편에 있었던 혁명군본부로 기능을 바뀌었고, 방송스튜디오는 드라마에서와 같이 혁명이 진행되는 드라마의 무대가 됐었다. 포고문이 낭독되었고, 새로운 지도부의 지도자가 등장하여 도주한 독재자들의 운명에 대해서 보도하였다. 때로는 체포된 독재자 차우세스쿠 일당의 구성원이 끌려오고, 전투 장면, 파괴된 수도 부카레스트의 정경, 승리에 도취된 사람들의 모습과 전사 장면이 보였다. 그리고 텔레비전 화면은 독재자의 교수형이 집행되는 법정되 됐었다."

분명히 전대미문(前代未聞)의 사회적 변화와 사건의 보도는 미디어의 과제이다. 이미 산업화 이전 시대에는 구전인(口傳人)들이 이러한 사건에 대해 보고를 해왔다. 그리고 인쇄술의 발명 이후로는 인쇄매체가 그 역할을 해왔으며, 이제 전보, 전화, 그리고 텔레비전의 전자미디어들의 등장으로 인해 이 같은 사건들은 좀더 빠르게 그리고 세계 곳곳으로 전달하는 역할을 해오고 있다. 맥루한의 '지구촌으로서 세계'라는 말은 그 의미를 더하게 된 것이다.

텔레비전은 루마니아의 원격혁명이 보여주는 것과 같이 시간적, 공간적 지연 없이 루마니아의 혁명을 전 세계에 전달해주었다. 또한 텔레비전의 영상은 현실적 그리고 직접 추적되는 사건에 대해 신빙성을 제공해주었으며, 시각에 소구하는 인쇄미디어와 청각에 소구하는 라디오에 비해 영상적 연출로 더 진한 감동을 전해주고 생동감을 더하여 준다. 사람들은 차우세스쿠의 아들이 수감되어 텔레비전에 출연했을 때 그의 겁먹은 얼굴 표정, 그리고 움직임을 느낄 수 있었다.

그러나 이 사례에서 생각해볼 것은 바로 현실과 인공적 현실과의 관계이다. 그라바니는 부카레스트에서 격렬한 전투가 벌어지고 있는 동안 텔레비전 스튜디오 내에서의 전투가 일어나고 있다고 느낄 만큼 보도와 사실 사이의 경계가 혼동되곤 했다. 루마니아 텔레비전 방송국의 첫 국장이었던 몬테나우(Aurel-Dragos Munteanu)는 '텔레비전이 혁명을 만들었다', '텔레비전은 혁명이다'라고 규정하였다.

이는 분명히 미디어가 현실의 중심이 된다는 것을 보여주고 있다. 궁극적으로 인공적 현실과 허구성에 대한 표현은 그 의미를 갖지 못하고 이것들의 관계는 어느 정도 전도되었다. 허구성이 현실을 점령해버린 것 같이 보인다.

이제 실제경험을 대신할 수 있는 범위는 전 세계적이다. 이른바 루마니아의 원격혁명에서 나타나듯이 전 세계인들이 루마니아의 혁명에 참여하게 된다. 또한 그 경험이 실제사건인지 아니면 만들어진 사건인지에 대해 판단하기는 더욱 어렵게 되었다.

미디어교육의 필요성

화성인 지구침공의 라디오 드라마 사건이나 미디어에 의해 영원한 마음의 여왕이 될 수 있었고 미디어에 의해 죽은 '다이애나의 생애' 그리고 루마니아의 원격혁명 같은 경우는 우리가 실제로 경험한 듯한 느낌을 갖게 해주고 때로는 지루한 생활의 윤활유가 될 수도 있다.

특히 텔레비전영상은 현장성 있는 생동감을 보여줄 수 있다. 시청자들은 스키 경기, 축구 경기, 록음악 연주, 정치적 정상회담들 등과 같은 전체 세계의 사건의 현장에 참여할 수 있다. 그리고 광고영상을 마주보고 있으면 실제 상품의 현물보다 더 분명하고 자세하게 볼 수 있다. 록 콘서트의 관중들은 무대장면을 멀리서만 관람하는 경우가 대부분이지만 생중계방송의 시청자들은 공연과 함께 연주자들과 청중들을 확대하거나 축소해서 그리고 빠른 동영상이나 또는 느린 동영상으로 재생해주는 장면들까지 시청할 수도 있다. 자기 편의 축구팀이 꼴을 넣는 순간을 느린 장면으로 여러 차례 다양한 각도에서 반복하여 시청할 수 있고 기뻐하는 선수들의 모습을 확대해서 시청할 수가 있다.

그러나 자기 집의 거실에서 텔레비전을 통해 외부의 사건들을 접하는 시청자들은 현장에 있지 않아도 현장경험과 동일하게 느낄 수 있는가? 그리고 이러한 '매개된 경험'과 '현장 경험'의 차별화가 있다면 무엇이 문제시되어야하는가? 여기에서 분명한 것은 직접 참여하지 않는 원격 시청을 통한 간접적인 참여와 운동장의 선수들과 관전자들인 '현장-공동체'의 능동적인 참여에 의한 경험 내용들이 동일하지가 않다는 것이다.

오늘날 공중파방송과 유선방송 그리고 위성방송은 물론 컴퓨터를 비롯한 이동통신기기 등 각종 멀티미디어에 의해 우리의 생활세계가 식민화되었다. 미디어는 사회적 소통수단이면서 경험과 정보를 제공하며, 사상과 가치를 전달하는 사회화를 담당하는 미디어이지만, 분명 미디어는 실제와 다른 미디어 세계를 만들어 제공하고 있으며, 이를 대하는 사람, 특히 성장기의 어린이들과 청소년들은 미디어의 세계와 실제세계를 구분하기 어렵다.

이미 성장한 성인들조차 미디어가 매개한 실제세계를 왜곡해서 받아들이기도 한다. 상업화된 방송국들의 시청률경쟁은 화려한 상품세계의 유혹을 각인시키는 데 충실하기 위한 경쟁이다. 시청률경쟁은 시청자들의 욕구충족을 자극하여 프로그램의 저질화를 심화시키고, 점점 더 저급한 내용들이 소위 황금시청시간대의 단골 프로그램이 되고 있다. 교육 전문가들은 특히 어린이와 청소년들에게 아무런 보호 없이 매일 화상매체들을 통해 매개되는 엄청난 메시지들의 '자극범람'을 우려한다.

따라서 자극범람은 비판적 '미디어능력'(Medien kompetenz)[17]의 신장을 위한 미디어교육이 필요한 이유이다. 인간의 미디어능력은 선천적으로 타고나는 것도 아니고 발달단계에 따라 자연스럽게 능력이 향상되는 것도 아니다. 따라서 우리가 살고 있는 '미디어사회'에서 미디어 능력은 아동기부터 읽기, 쓰기, 셈하기와 더불어 하나의 필수적인 문화기술로 교육되어야 한다.

미디어능력이라는 용어는 하버마스(J. Habermas)의 커뮤니케이션적 능력(Kommunikative Kompetenz)의 개념을[18] 바케(D. Baacke)가 인용함으로써 처음으로 학술용어로 수용되었다.[19] 미디어능력은 그 내용을 일반화해서 규정된 체계로 이해할 수 없음에도 불구하고 결코 공허한 것으로 포기되어질 수 없는 중요성을 갖는다.

이는 미디어 능력의 개념이 중요한 목적지향성들과 강조점들을 갖고 있기 때문이다. 최소한 미디어 능력은 교수법적인 매개의 개념으로서가 아니라, 이를 발전시켜야 하는 사람들이 구상하고 배우는 사람들이 미디어접근에서 스스로 개발시켜가야 하는 일련의 능력들로 고안되어야 한다. 즉, 생각, 학습 그리고 지식습득 등은 사전 규정된 것을 답습하는 것이 아니라 스스로 자기 것을 구성하는 것이다. 또한 미디어 능력은 사람들이 미디어에게 단순하게 내 맡겨지는 것이 아니라, '권한을 갖고' 그리고 자주적으로 미디어들을 대할 수 있음을 말한다.

대부분의 부모들과 교육자들은 정보사회의 구조변화에 대한 몰이해 내지는 무방비성으로 인해 어린이와 청소년들에 미치는 미디어의 부정적 영향에 대해서 걱정과 두려움을 갖는지도 모른다. 그러나 오늘날의 어린이들과 청소년들은 부모세대들보다 훨씬 큰 순진성과 능력 그리고 침착성으로 새로운 미디어들에 접근하는 실질적인 전문가들인지도 모른다.

1992년 세계적인 미디어그룹 베르텔스만(Bertelsmann)의 본사가 있는 독일의 소도시 귀터슬로(Gütersloh)에서는 미국과 캐나다 그리고 독어권 국가들의 학자들이 참여하여 '학교와 교육에 대한 요구로서 미디어능력'이라는 주제의 국제세미나가 개최된 바 있다. 이 세미나의 참여한 미디어교육 전문가들은 미디어능력을 일반적으로 '미디어 수용자의 질'로 파악하였다.

미디어교육의 이론적 토대와 각 국가들의 미디어교육의 실태에 대한 논의는 또 다른 연구를 통해서 제시되어야 할 부문으로 필자의 저서 『미디어교육론 - 미디어 시대에 살다』(집문당, 2004)를 참조하기 바란다.

4

중독사회

아노미사회

19세기부터 서양 사람들도 한국을 '조용한 아침의 나라'(the land of morning clam)로 불렀다. '조용한 아침의 나라'는 조선(朝鮮)의 번역으로 알고 있다. 그러나 지금은 세계에서 가장 바쁘고 요란한 나라가 되었다. 우리는 스스로를 잘 인식하질 못하고 살았으나 한국을 경험해본 외국인들에게 '빨리빨리'의 일상이 가장 인상적으로 부각되는 모양이다. 그리고 외국인이 우리나라에 와서 가장 먼저 배우는 한국말이 '빨리빨리'이고, 외국 관광지에서도 상인들이 한국관광객을 끌기위해 '빨리빨리'를 외쳐댄다. 언제부턴가 '조용한 아침의 나라'에서 '빨리빨리'가 우리 문화의 특징이 된 것이다.

강준만 교수는 「한국인을 질식시키는 속도 전쟁」이란 칼럼[20]에서 결혼과 출산률 하락 그리고 자살률 증가를 놓고 "한국 사회를 움직이는 근본 원리의 효용성이 그 어떤 한계에 다다랐다는 걸 말해주는 신호"라고 하였다. 그는 한국인들이 너무 빨리빨리 바쁘게 사느라 고독을 경험해볼 기회가 거의 없었고, "역설 같지만, 그래서 고독한 사람들"이라고 규정한다. 그래서 한국의 성장산업도 '고독으로부터의 탈출'을 도와주는 '고독 산업'이고, 한국의 대표적인 고독산업인 엔터테인먼트·게임·도박 산업이 세계 최고 수준이라는 것이다. 그의 주장에 따르면 세계 최첨단인 한국의 인터넷·휴대전화 산업도 고독 산업이고, 한국이 인터넷을 고독 퇴치를 위한 용도로만 사용하는 데에 세계 1위일 뿐 인터넷 강국이라는 건 실없는 농담에 지나지 않는다는 것이다.

고독은 중독을 수반하기 마련이다. 한국인의 '일 중독'은 세계에서 가장 빠른 경제발전을 가능케 했지만 스트레스·음주·섹스·자살 등 중독현상이 심각하다. '사행산업통합감독위원회'의 조사에 의하면 우리나라 국민의 도박중독 유병률은 7.2%로, 외국의 1.3~3.4%보다 2~3배가 높다. 그리고 정부 추정에 의하면 2012년 카지노·경마·경륜·복권·스포츠토토·소싸움 등 7개 합법 도박 규모가 20조 원인 반면 불법 도박 규모는 무려 이것의 4배에 가까운 75조 원에 달한다고 한다. 불법 도박이 이렇게 큰 것은 인터넷·스마트폰 같은 온라인 도박이 급증했기 때문이다. 온라인 도박은 도박장까지 찾아갈 필요가 없고 얼굴을 노출시키지 않고 실제 현찰이 오가지 않아 판돈에 대한 감각까지 무뎌지게 된다. 온라인 도박의 중독성이 카지노 도박의 중독성보다 10배나 된다는 연구결과도 있다.[21]

여기에 술, 마약, 성형 등 여러 분야에 걸쳐 지나친 중독현상을 보이고 있다. 외모지상주의는 성형중독에 빠지게 하는 원인이다. 성형은 한국의 의료관광에 도움이 되는 면도 있지만 지나친 성형 부작용으로 삶을 황폐하게 만들고 결국 극단적인 결정(자살)을 하는 상황에까지 이르기도 한다. 쇼핑중독은 정신질환이 아니지만 쇼핑으로 만족감을 느끼고 공허한 마음을 보상받고 싶어 하는 데서 비롯된다. 갖고 싶은 물건이 생기면 훔쳐서라도 꼭 사야 할 만큼 자신을 억제하기 어려운 경우의 중독은 일종의 충동조절장애로 정신과의 상담치료와 약물치료를 병행하여 치료를 받아야 된다고 한다. 알코올 중독치료 전문가들은 담배는 본인 의지대로 끊을 수 있겠지만 마약과 알코올은 의지만으로 끊을 수 없고 병원치료가 중요하다고 말한다.

중독이란 쾌감을 얻기 위해 일상생활을 소홀히 하면서까지 뭔가에 홀리듯 빠져버린 상태를 말한다. 국민 8명 중 1명이 이런 중독 상태에서 헤어나지 못하고 있다면 금전 손실 이전에 개인과 가정이 무너지고 그 결과 사회의 근본이 흔들리는 '아노미' 상태에 들어섰다는 말이다.

한국은 '자살 1위' 국가다. 지난 10년간 자살사망률은 인구 10만 명당 31.2명으로, OECD 국가들 중 단연 1위다. 노인 자살률도 인구 10만 명당 79.9명으로 세계 1위다. 흔한 자살보도에는 자살한 사람이 평소 우울증을 앓았다는 내용이 따른다. 전문가들도 우울증은 누구나 조금씩은 앓고 있지만 심해지면 자살로 이어질 수도 있다고 말한다. 2011년 정부의 정신질환 실태조사 결과에 의하면 18세 이상 성인 중 519만 명이 평생 한 번 이상 정신질환을 경험했다. 우울증

등 주요 정신질환 유병율도 2006년 12.6%에서 2011년에는 14.4%로 늘었다. 한 언론사가 인터뷰한 미국 자살예방 전문가 최재동 씨는 교통사고 사망보다 자살이 3배나 많은데도 자살예방에 이토록 둔감한 나라가 신기할 정도라고 말한다.[22] 한국 사회는 분명 아노미사회이다.

아노미(anomie)는 그리스어 아노미아(anomia)에서 유래된 용어로 사회적 규범의 동요·이완·붕괴 등에 의하여 일어나는 혼돈 상태 또는 구성원의 욕구나 행위의 무규제 상태를 말한다. 중세 이후 사용되지 않다가 뒤르켐(E. Durkheim)이 『사회분업론』(1893)과 『자살론』(1897)을 통하여 근대 사회학에 부활시켰다. 뒤르켐에 의하면 사회적 분업의 발달이 사회의 유기적 연대(有機的 連帶)를 강화하지만, 이상 상태에서는 사회적 의존관계가 교란되어 무규제·무통제의 분업이 사회적 아노미 상황의 원인이 된다고 했다. 뒤르켐 이후에도 아노미의 개념은 현대 사회학에서 사회해체현상을 분석·기술하는 유효한 개념으로서 사용되기도 한다. 뒤르켐에게 자살은 인간 삶의 내재적 무의미성을 보여주는 집단적 우울증의 징표이다.

게임 중독의 후유증

미래창조과학부 등 8개 관계부처가 합동으로 만 5세 이상 49세 이하 인터넷 이용자 1만 5,000명을 면접 조사한 「2013년 인터넷중독 실태조사 결과」를 보면 중독자가 이용자의 7.0%에 이르고 있다. 이

중 성인은 5.9%, 청소년은 11.7% 그리고 유아동은 6.4%로 나타나 청소년의 인터넷중독의 수위가 가장 높은 것으로 밝혀졌다. 또한 스마트폰 중독위험군은 스마트폰 이용자의 11.8%에 이르고 이중 청소년 중독위험군은 25.5%로 성인 8.9%의 약 2.9배에 이르고 있다. 청소년 5명 가운데 1명 이상이 하루 평균 5.4시간을 스마트폰을 사용하는 데 쓰고 있다는 것이다.[23]

그러나 게임이 아이들의 창의력과 운동능력을 키운다는 긍정론과 아이의 뇌가 게임으로 망가진다는 부정론이 팽팽하게 맞서왔다. 2010년 미국의 대법원에서까지 논쟁이 벌어졌지만, 아동의 뇌에 장기적인 악영향을 미친다는 과학적 증거가 없다는 이유로 결론이 나지 않았다.

그러나 2013년 11월 유력 과학전문지인 「네이처」가 발행하는 정신의학 전문저널 「트랜스레이셔널 사이키애트리*Translational Psychiatry*」에 게임 중독에 빠진 청소년의 뇌가 마약중독에 빠진 것처럼 변했다는 연구결과가 실리면서 상황은 달라졌다. 비디오 게임이 뇌를 바꾼다는 사실이 과학적으로 처음 규명된 것이다.

인터넷게임 중독이 마약·알코올·도박 중독 증상이 거의 같은 뇌의 기제(機制)에 따른 결과라는 연구가 연이어 나왔다. 영국 BBC방송에 따르면 벨기에·독일·영국 출신 연구팀이 베를린에 거주하는 14세 중학생 154명(남 72명, 여 82명)을 대상으로 게임시간과 뇌구조의 연관성을 조사하였다.[24] 이 연구진은 주당 게임시간의 중간치인 9시간을 기준으로 9시간 이상 게임을 하는 학생(76명)을 '자주 오래 게임을 하는 그룹'으로, 9시간 미만(78명)을 '그렇지 않은 그룹'으로

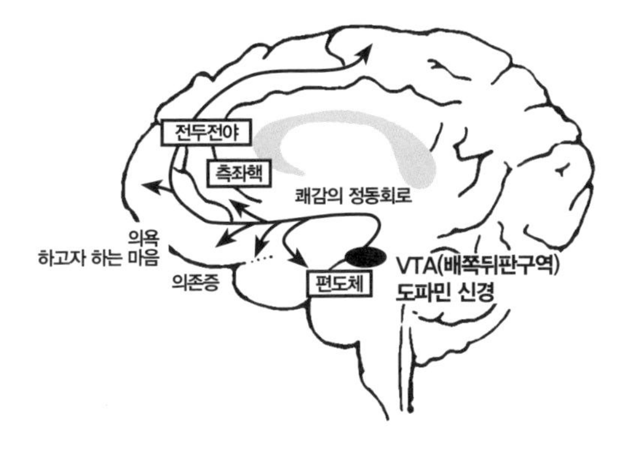

분류했다. 실험 대상자들의 일주일 평균 게임시간은 총 12.1시간으로, 주중에는 하루 1.5시간, 주말에는 하루 2.3시간 꼴로 게임을 한 셈이다. 연구결과 게임을 오래하는 학생은 줄무늬체에 도파민을 보내, 위 그림에서 신호를 전달하는 '배쪽뒤판구역'(VTA, ventral tegmental area. 뇌의 보상 회로인 도파민 신경영역)이 더 크게 나타났다. 게임에 빠진 사람들의 VTA가 활성화된다는 것이다. VTA는 뇌의 보상 회로의 중추 영역으로 꼬리핵이나 의지핵을 포함하는 줄무늬체에 도파민을 보내 신호를 전달한다. 결국 게임이 보상 체계, 즉 쾌락 신경계의 작용이라고 할 수 있다. 의지핵을 포함한 배쪽줄무늬체는 VTA에서 분비되는 도파민에 의해 활성화되어 목적 지향적인 행동을 조절한다.

연구진은 이 영역이 "주변 환경에 대해 긍정적 영향을 기대하거나 돈, 맛있는 음식, 섹스 같은 즐거움을 경험할 때 활성화되는 부분"이라고 설명했다. 또 이 영역은 약물 중독과 관련돼 있다고 밝혔다.

국내에서도 2009년 비슷한 연구결과가 나왔다. 김상은 분당 서울대병원 교수는 게임 중독자는 코카인 중독자처럼 전전두엽 피질(prefrontal cortext)의 기능에 이상이 있음을 밝혔다. 김 교수는 "전전두엽 피질은 합리적 의사결정·충동성 조절과 밀접한 관계가 있는 영역"이라며 "게임이나 마약중독자는 이곳에 이상이 생겨 미래를 생각하지 못하고 당장의 이득만 추구하게 된다"고 말했다. 그러나 이런 뇌구조의 차이가 장시간 게임을 한 결과인지, 더 오랜 시간 게임을 하게 만드는 원인인지는 밝혀지지 않았다. 연구진은 "이 결과가 의미를 갖기 위해서는 시간을 두고 뇌구조를 관찰해야 한다"고 말한다. 인터넷게임 중독은 무수한 현대인의 인격을 파괴하고 있다. 중세에 페스트가 창궐하면서 많은 인명을 앗아갔듯이 인터넷게임 중독은 일상생활에 심각한 사회적·정신적·육체적·금전적 '지장'을 받고 있기 때문이다. 이를 근거로 의사나 심리학자들은 인터넷 중독을 약물 중독·알콜 중독 또는 도박 중독과 비슷하게 자기 파괴적이고 소모적인 성격이 있다고 진단하고 있다.[25]

그중에서도 인터넷게임 중독의 가장 큰 피해자는 청소년이다. 우리 사회에서 컴퓨터게임으로 인해 학교폭력과 집단 따돌림, 청소년 가출, 대학 입시 실패는 물론이고 부모가 스마트폰을 압수했다는 이유로 자살을 택하는 청소년, 인터넷게임에 중독된 자신을 나무라는 어머니를 목 졸라 살해하고 스스로 목숨을 끊은 중학생 등은 우리 사회의 아노미가 그 위력을 더해가고 있음을 느끼게 하는 것들이다.

그러나 게임 중독 내지는 인터넷 중독의 실체가 아직 명확하지 않다는 점이 논쟁을 불러일으키고 있다. 세칭 '인터넷 중독'이 세상에 알려지게 된 것은 1990년대 중반으로, 아직 20년이 채 되지 않았다. 우리나라도 이 시기부터 일부 학교와 연구소에만 보급되던 인터넷망이 가정에도 깔리기 시작해 인터넷 보급률이 95%가 넘는 세계 최고 수준의 IT 강국이 되었다. 하지만 게임이나 인터넷채팅 등에 지나치게 빠져들면서 일상생활에 문제가 생기고 사회에 적응하지 못하는 사람들이 속출하는 부작용 또한 발생했다는 점을 부인할 수 없다.

청소년의 게임 중독

인터넷게임 중독은 이제 일부 가정이나 개인의 문제를 넘어섰다. 이것은 개인문제가 아니라 국가의 미래를 좌우할 큰 사회적 문제이다. 게임 속에서 그들이 경험하는 세계는 어디까지나 가상의 세계이다. 게임 중독자들에게 가장 무서운 것은 그들이 게임에 빠질수록 점점 더 가상과 현실을 구별하지 못하게 된다는 것이다. 가상의 세계에서 사는 사람들은 현실에서 살아갈 능력을 상실하고 자폐적인 성향을 갖게 된다. 그들의 내면을 지배하는 것은 살인과 폭력 그리고 성적 자극이다. 그들은 점점 더 강한 자극을 원하게 되고, 그 자극이 없으면 긴장감도 사라져 생의 모든 것이 무의미하게 느껴진다.

우리는 모두 경쟁하며 산다. 경쟁은 한국의 발전을 이룬 원동력이라는 사실을 인정한다. 누구나 경쟁에서 이기고 싶어 한다. 그러나 경쟁에서는 소수의 이긴 자와 다수의 패배자가 양산되기 마련이며 불행을 느끼게 된다.

부모들은 자기 아이들이 학교에서 우수한 학생이기를 원한다. 아이들은 어려서부터 그런 경쟁의 궤도에 뛰어든다. 그리고 그 치열한 경쟁 때문에 많은 아이들이 진짜 삶을 잃어버리기도 한다. 바로 게임 중독은 현실세계에서 뒤처진 패배자들이 게임 속 캐릭터로 '대리만족'을 느낄 수 있게 해준다. 게임 속에서는 자신이 높은 레벨과 고가의 장비를 착용하고 있어 많은 사람들이 아첨하며 영웅대접을 하는 데 만족한다. 이는 현실에서 뒤처졌어도 게임 속 캐릭터는 영웅도 될 수 있다는 이야기다.

한국에 거주하는 한 외국인의 글은 청소년의 인터넷게임 중독 원인이 바로 우리사회의 심각한 구조적 모순에 있음을 다시 한 번 생각하게 해주고 있어 여기에 옮긴다.

> "인터넷게임 중에는 분명 도박처럼 요행을 바라게 하고 일확천금을 꿈꾸게 하는 것이 있고, 술이나 마약과 같이 명료한 의식을 빼앗아 장애를 일으키는 것도 있습니다. 한 가지 슬픈 사실은 술, 마약, 도박은 소위 '어른들의 중독물질'인데 청소년이 주로 이용하는 인터넷게임에도 비슷한 특성이 있다는 것입니다. 학교-학원-야간 자율학습-독서실, 교과서-학습지-문제집-인터넷 강의로 이어지는 무자비하고 비인간적인 날들의 연속, 교육을 빙자한 '인간 하향평준화의 컨베이어벨트' 위에서 고통받는 우리 청소년들에게 인터넷게임은 국부마취 효과를 주고 있으니 이것은 어른에게 술과 같습니다.
>
> 나아가 현실에서 날지 못하는 하늘을 날고 얻지 못할 쾌감을 얻게 하니 이는 일시적으로 정신을 현실로부터 도피시키는 마약과 같고, 대입시험을 망치면 인생이 끝난다고 협박당해온 젊은이들이 요행과 운을 좇아 도박성 짙은 인터넷게임에 빠지는 건 놀랄 일이 아닙니다. 결국 문제는 (인터넷이 아니고) 인생을 자기완성의 여정이 아닌 도박판으로 인식하게 만든 현실에 있는 것입니다."[26]

게임규제의 찬반론

2014년 4월 헌법재판소는 16세 미만 청소년에게 자정부터 오전 6시까지 청소년들의 온라인게임 이용을 차단토록 한 '셧다운제'에 대해 7대 2로 합헌 결정을 내렸다. 이는 그동안의 셧다운제에 대한 사회적 논란이 청소년 건강과 게임 중독 예방 등을 위해 이용제한 조치가 정당하다고 결론을 내린 것이다. 헌법재판소는 셧다운제가 과잉금지냐 아니냐에 대해 "청소년의 높은 인터넷게임 이용률과 중독성 강한 게임의 특징을 고려할 때, 이로 인한 사회문제를 방지하기 위해 도입된 셧다운제가 과도한 규제라고 보기는 어렵다"고 판단한 것이다.[27]

그러나 합헌 결정은 셧다운제의 법률적 정당성을 확인한 것일 뿐 실효성을 입증한 게 아니다. 2011년 11월 20일부터 셧다운제가 실시되어왔지만 실제로 청소년 게임 중독문제는 크게 개선되지 않은 것을 보면 이 제도가 만능이 아닌 것도 분명하기 때문이다.

셧다운제 합헌 결정에 게임업계와 시민단체는 "일반적인 사회현상이나 과학적, 의학적으로 검증되지 않은 '중독성'이 셧다운제와 같은 과잉규제를 정당화하기에는 부족한 논리·근거"라며 우려를 표명했다. 그리고 이들은 "게임을 중독 물질로 보는 건 인류 문명에 대한 도전이자 모독"이며, "셧다운제는 청소년들의 문화적 자기결정권을 침해한다"고 비판했다. 그러나 셧다운제의 시행이 탄력을 받을 수 있는 것은 청소년·학부모·교사 등의 지지이다. 한 조사에 따르면 게임업체 규제가 필요하다는 청소년과 교사는 각각 79.7%와 87%, 부

모는 95.3%에 달했다.[28]

강제적 셧다운제의 실효성은 매우 회의적이다. 먼저 막는다고 못 할 청소년들도 아니지만 인터넷게임 중 규제대상은 10% 미만이고, 당초 모바일이 셧다운제 적용 대상에서 빠졌다. 이는 모바일 보급이 덜 됐다는 이유 때문이었는데 지금은 청소년 스마트폰 보유율이 82%에 이른다. 또한 외국 업체 게임은 공급에 제한이 없어 국내 게임업계에 대한 역차별이라는 항의가 제기되기도 한다.

게임을 알코올·마약·도박과 함께 4대 중독물질로 규정한 「중독 예방·관리 및 치료를 위한 법률안」을 놓고도 찬반 의견이 충돌하고 있다. 이 법안은 알코올·마약·도박과 함께 인터넷게임도 중독을 일으킨다고 못 박고, 그 생산·판매에 대한 관리와 광고·판촉 제한을 규정하고 있다. 한국중독정신의학회가 법안 지지성명을 내자 게임 업체 단체인 한국디지털엔터테인먼트 협회는 반대 서명운동을 벌였다. 중독 물질로 분류한 게임을 다른 나라들이 수입하겠느냐며 일부 게임 업체들은 아예 회사를 외국으로 옮기겠다며 반발한다.

규제 일변도의 정부 정책이 국내 정보기술(IT) 산업의 중핵을 차지하는 게임 산업의 위상을 떨어뜨릴 것이라는 우려도 당연한 것인지도 모른다. 게임은 미래 성장력이 가장 큰 산업이기 때문이다. 인터넷게임이 10만 명의 일자리를 만들고 연 매출액이 8조 8000억 원에 이르는 산업으로 성장하였다. 2012년 한 해에 우리나라가 게임 수출로 번 돈이 2조 8000억 원으로 전체 콘텐츠 수출액의 57%나 된다.[29]

게임은 콘텐츠산업 전체를 견인하는 수출 효자 품목이고 박근혜 정부의 창조경제에도 부합한다. 박 대통령의 주도하에 개최된 규제

개혁 끝장토론에서도 '셧다운제'는 중요한 논제 중의 하나였었다. 그러나 이 끝장토론에서 정부가 건의된 규제 52건 중 41건을 개선키로 후속조치를 발표했지만 셧다운제는 장기과제로 남았다.

휴대전화 규제

흔히 스마트폰에 중독된 뇌를 '팝콘 브레인'(popcorn brain)이라고 부르기도 한다. 오랫동안 스마트폰 게임의 강한 자극에 노출된 뇌는 현실에 무감각해지고 주의력이 떨어지는 증상을 보인다. 깜빡거리는 불빛에 맞춰 손뼉을 치거나 발을 구르도록 한 실험에서 스마트폰에 중독된 어린이들의 뇌는 일반 어린이보다 많이 빠르거나 느리게 행동하는데 팝콘처럼 강한 자극에만 반응하는 이른바 팝콘 브레인을 가지게 되는 것이다. 스마트폰을 사용하는 초·중등학생이 크게 늘면서 짧고 단편적인 정보에 지나치게 노출돼 독해력이 저하되는 '팝콘 브레인'의 부작용에 대해서는 대부분의 국가들에서 받아들이고 있다.

국내외적으로 시행되고 있는 학교와 가정에서 휴대전화의 사용을 규제하는 방안으로는 학교에 휴대전화를 갖고 등교하는 것을 금지하거나 공동으로 담임선생에게 보관했다 하교 시에 되 돌려받는 방안, 그리고 가정에서는 일정시간이후에 부모에게 휴대전화를 맡기는 것을 의무화한 방법이다.

미국 캘리포니아 주 로스 앨토스에 있는 발도르프 초등학교는 우리가 흔히 말하는 '실리콘밸리'에 있는 학교다. 그런데 이 학교의 학생들은 컴퓨터나 스마트폰을 학교에 갖고 들어갈 수 없다. 이 학교는 컴퓨터가 창의적 사고와 인간적 교류를 막고 주의력을 훼손한다고 보기 때문에 교육과정에서 IT기기를 최대한 배제하고 있는 것이다. 이 학교의 학부모들 또한 자녀들이 IT에 의존하는 삶을 살아가기를 원하지 않기 때문에 최소한 어린 시절에는 IT기기의 자극에서 아이들을 떼어놓고 있는 것이다. 그러나 이 학교 학부모의 절반 이상이 구글·애플·야후·이베이·휴렛팩커드 등에 다니는 IT전문가라니 아이로니컬하지 않을 수 없다.[30]

일본의 초·중등학교는 이미 휴대전화 학내 반입이 금지돼 있다. 그 규정을 어길 경우에도 교사는 문제의 휴대전화를 학생이 아닌 부모에게 반환하게 돼 있다 한다. 이러한 일본에서 최근에는 아이치현 가리야 시의 초·중등학교는 학교별로 학부모 회의를 개최, 2014년 4월부터 밤 9시 이후 학생 휴대전화는 학부모가 보관한다는 결의를 하였다. 수업시간 이외에도 규제하겠다는 이 같은 조치는 게임에 중독되거나 문자나 이메일에 제때 답하지 못해 친구들 사이에서 따돌림을 당할까봐 한밤중에도 휴대전화를 끼고 사는 아이들을 구제하기 위한 정면 돌파 카드였다는 것이다.[31]

이러한 조치를 주도한 일본의 오바시 후시토시(大橋普支俊) 가리네 중학교 교장은 "사용 자체를 금지할 방법이 없는 만큼 사용시간제한을 통해 학생들에게 올바른 사용법을 알려주고, 부모가 자녀에게 좀 더 관심을 갖는 계기를 마련할 수 있을 것"이라고 했다. 가리야 시의 학교들은 이와 함께 학부모들에게 필요 없는 휴대전화는 사주지 않으며, 휴대전화 계약 시에는 부모와 학생이 사용에 관한 약속을 정하고, 해로운 사이트 열람을 제한하는 '필터링' 서비스를 받도록 요청했다. 오바시 교장은 이러한 조치를 "스마트폰의 잘못된 사용으로 인한 피해를 막기 위한 첫걸음"이라고 했다.[32]

우리나라의 학교교실에는 교탁 옆에 30여 개의 스마트폰이 가지런히 꽂혀 있는 가방을 볼 수 있다. 디지털시대에 우리나라의 학교교실에서만 볼 수 있는 풍경이다. 현재 학교마다 학교장 방침으로 휴대전화 사용금지에 대한 학칙을 만들고 학생이 휴대전화를 갖고 등교할 수는 있으나 수업시간 중에는 담임이 학생의 휴대전화를 수거하여 보관하도록 하고 있다. 그러나 수업 분위기를 생각하면 휴대전화를 보관하는 것이 옳지만 한꺼번에 비싼 휴대전화 수십 개씩 보관하다보니 학교와 교사가 느끼는 부담이 크고, 실제로 분실·도난 사고에 대비한 규정이 없어 교사들이 그 책임을 져야 했다. 그래서 교과부의 새로운 조례안을 마련하고 2014년 1월부터 휴대전화, 태블릿PC 등을 학교에서 일괄 수거한 후에 성실히 관리하였으나 분실된 물품에 대하여 학교당 2000만 원 이내에서 지원하도록 했다.

그러나 이러한 강제적 규제들이 마련되었다고 해서 인터넷게임의 중독이나 스마트폰 중독 현상이 사라지는 것은 아니다. 가장 중요한 것은 부모와 자녀가 함께 변모된 미디어 환경과 이의 문제점들에 대해서 서로 대화를 나누고 부모들이 솔선수범하여 책 읽는 가정의 분위기를 만드는 일이 중요하다. 책 읽고 사색하며 글 쓰고 산책하는 것으로 대표되는 정신적 성숙의 방법이 스마트폰에 밀려나서는 안 된다.

5
나쁜 것이 좋은 것?

슬리퍼 커브?

어린이, 청소년에 미치는 게임, 텔레비전, 인터넷, 영화 등 대중문화의 영향에 대해서는 부정적인 시각이 지배적이다. 그러나 스티븐 존슨(Steven Johnson)은 게임, 텔레비전, 인터넷, 영화의 영향을 긍정적으로 보는 연구 결과를 제시하여 주목을 받았다. 그의 연구 결과는 우리나라에서도 『바보상자의 역습』[33]으로 번역되어 출판되었는데, 존슨의 대중문화에 대한 기존의 비판에는 도덕성의 함정이 깔려 있다고 주장한다. 즉, 건전한 내용들을 전달하는 대중매체가 좋은 매체라는 말은 매체평가에 단지 '어떤 메시지를 보내느냐'만을 가지고 평가하는 것이다. 존슨은 새로운 평가를 위해서는 새로운 기준과 시각이 필요하다고 주장한다. 이는 대중매체를 인생 교훈의 전달자가 아닌 두뇌훈련소로 보아야 한다는 것이다.

그가 주장하는 바는 명료하다. 그간 문화를 하향평준화하고 어린이들을 폭력과 외설에 무차별하게 노출시켜왔다는 평가를 받아온 대중문화가 실제로는 뇌활동을 더 활발하게 만들어 사람들을 더욱 똑똑하게 만든다는 것이다. 존슨은 이러한 상황의 트렌드를 '슬리퍼 커브'(Sleeper Curve)라고 명명한다.

슬리퍼 커브는 우디 앨런(Woody Allen) 주연의 공상과학영화 「슬리퍼」에서 따온 말이다. 「슬리퍼」에는 2173년 미래에서 현대로 온 과학자들이 크림 파이와 핫 퍼지를 다이어트의 적이라고 무시하는 인간들을 보고 충격을 받는 장면이 나온다. 지금은 진정한 가치를 평가받고 있지 못하지만 미래에는 그 가치를 제대로 평가 받는 영화 속의 크림 파이나 핫 퍼지와 같이 지금의 대중문화도 미래에는 그 가치가 달라질 수 있으며, 그 속에는 우리가 모르는 가치가 숨어 있을 수도 있다는 것이다. 나아가 존슨은 대중문화를 평가할 수 있는 새로운 기준이 필요함을 역설하고자 한다.

지금까지 대중문화에 대해서 비판적인 논지의 글들은 언제나 상징적인 분석에 입각한 것이었다고 존슨은 지적한다. 주로 학계의 접근이 그러한 방식을 취해왔으며, 한 시대의 정신과 문화의 상징적 관계에 대한 평론들이 이러한 예에 속한다. 그러나 존슨은 자신의 저서를 상징적이라기보다는 체계적이고, 은유적이라기보다는 직설적인 방법으로 서술되었기 때문에 시집보다는 물리학 서적에 더 가깝다고 말하고 있다.

존슨은 대중매체들의 역기능성에 대한 비판이 단지 '어떤 메시지를 보내느냐'만을 평가의 기준으로 삼고 있기 때문에 새로운 평가의 기준과 시각이 필요하다고 말한다. 즉, 대중매체를 인생 교훈의 전달자가 아닌 두뇌훈련소로 보아야 하며, 메시지만큼 중요한 것은 그 문화적 경험을 이해하기 위해 어떤 사고과정을 겪느냐를 중점적으로 살펴야 한다는 것이다. 이는 존슨이 보기에 오늘날 대중문화가 우리가 가야 할 길을 가르쳐주는 것에는 서툴지 몰라도 우리를 똑똑하게 만들고 있다는 점은 분명하기 때문이다.

미디어의 역습

대부분의 학부모나 교육자들은 책을 읽는 사람과 책을 읽지 않는 사람 사이에는 사회적 격차가 존재하며, 책을 멀리하는 사람의 정신적 발달이 지체될 것을 우려한다. 따라서 이들은 게임-텔레비전-인터넷-영화에 의해서 독서량이 전반적으로 쇠퇴하는 현상을 우려한다. 맥루한은 기존의 것에 비해 새로운 것의 결함과 불완전함에 대한 우리의 편견이 가장 큰 문제라고 지적했다. 스티븐 존슨은 바로 게임-텔레비전-인터넷-영화야말로 이러한 편견의 희생양이라고 말한다.

존슨은 오늘날 대중문화는 우리를 똑똑하게 만들고 있다는 점은 분명하다고 말한다. 이는 이미 언급하였듯이 대중매체를 인생교훈의 전달자가 아닌 두뇌훈련소로 보는 것이고, 메시지만큼이나 중요한 것이 그 문화적 경험을 이해하기 위해 어떤 사고과정을 거치느냐를 전제하는 것이다.

그에 따르면 대중매체의 효용성은 전적으로 두뇌활동에 있다. 책은 단순히 종이에 단어가 나열된 것에 불과하며, 책을 읽으면 만성적으로 감각기능이 저하되지만 게임은 영상과 음향효과로 복잡한 근육활동을 촉진한다. 또한 책을 읽는 동안 우리 뇌는 문자를 해독을 통하여 극히 일부가 활성화될 뿐이지만 게임을 할 때 뇌는 감각과 운동에 관여하는 광범위한 부위가 모두 사용된다.

존슨에게 독서란 상상력을 키워주는 것이 아니라 아이들을 고립시킨다. 1000만 명의 미국인이 난독증으로 고생하고 있는데 이는 인쇄매체가 등장하기 전에는 존재하지 않은 병이었다. 책 읽기는 능동적 행위가 아니며 참여를 유도하지 않는다. 독서는 순종적 행위며 책 읽는 아이들은 줄거리를 자신이 써나가는 대신 남의 줄거리를 따라가는 법을 배우게 된다.

텔레비전의 빠른 보급과 발달은 전국을 같은 문화권으로 묶는 역할을 했을 뿐 아니라 시청자들의 안목과 사고를 폭넓게 하는데 일조했다. 하지만 언제부턴가 그 일방적인 정보전달 기능 때문에 '바보상자'라는 부정적인 애칭이 따라다니기 시작했다. 그러나 존슨은 텔레비전을 통해 우리의 머리가 점점, 똑똑하게 변하고 있다고 강조한다. 텔레비전 시청이 '채워 넣기'의 사고를 유도한다는 것이다. 즉, 이야기를 이해하기 위해서는 분석 작업을 실시하여 작가가 의도적으로 비워놓은 부분을 시청자들이 '채워 넣어'야 하기 때문이다. 텔레비전 드라마의 내용은 점점 더 복잡해졌다. 서로 다른 여러 개의 가닥이 꼬여서 하나의 이야기를 만들고 주요 등장인물의 수도 늘어났다.

책을 통해 개인의 인생사를 통찰하고, 신문의 논평을 통해 토론능력을 키울 수 있으나 텔리비전이 감성지수(EQ, Emotional Quotient)를 측정하기 좋은 매체라는 것은 프로그램의 복잡한 연결고리를 파악하는 것이 뇌의 특정부위가 활성화하기 때문이다. 리얼리티 프로그램이나 인기드라마를 분석하면 거미줄처럼 얽힌 인간관계를 던져놓고 시청자들로 하여금 그 관계를 풀어가도록 한다. 시청자가 이러한 인간관계를 이해하고 풀려면 집중이 요구되며, 집중하다 보면 사회적 네트워크를 담당하는 우리 뇌의 특정부위가 활성화 된다는 것이다.

인터넷 역시 양방향 커뮤니케이션이라는 것 외에 다른 장점은 이메일을 작성하고 메신저에서 대화하고 포토로그를 만들고, 어제 방송된 프로그램에 대한 분석과 감상평을 올리는 데 이르기까지 온라인에서 이루어지는 거의 모든 활동은 사용자의 참여를 유도하는 장점을 갖고 있다. 온라인 콘텐츠의 절대다수를 차지하는 것은 개인적인 이야기, 소소한 일상을 다룬 온라인 일기다. 이러한 점은 자신을 투영하고 삶의 이야기를 펼쳐나가는 장으로 사용한다는 것이다. 대부분의 블로그에게 인터넷이라는 새로운 자기 표현방식은 삶의 활력소가 되고 있다.

존슨에 의하면 영화는 게임이나 드라마 그리고 인터넷에 비하여 현대적인 특수효과와 빠른 전개의 편집 등에도 불구하고, 그리고 관객의 집중력과 분석을 요하는 작품의 수가 급격히 증가하였음에도 불구하고 우리의 두뇌에 별달리 영향을 끼치고 있는 것 같지는 않다. 이는 우선, 텔레비전이나 게임에 비해 영화는 역사가 오랜 장르이기 때문이다. 영화가 장르로 발전하면서 영화는 마치 지난 30여 년간 텔레비전과 게임이 그래 왔듯 관객의 두뇌를 크게 자극해왔다. 하지만 영화가 가지는 시간적인 제약으로 인해 관객의 두뇌에 자극을 주기에선 어려운 점도 있다.

플린효과

스티븐 존슨은 자신의 주장을 증명하기 위해 게임, 텔레비전, 인터넷, 영화 등의 예시적 내용을 점 더 구체적인 분석으로 소개하였다. 그러나 여기에서는 존슨이 인용한 일명 플린효과(Flynn Effect)만을 소개하고자 한다.

플린효과란 세대의 진행에 따라 IQ가 높아지는 현상을 말한다.[34] 70년대 말 미국의 철학교수 겸 시민운동가인 제임스 플린은 기존의 IQ 테스트가 문화적인 편견에 사로잡힌 것이며 인종간의 IQ 차이는 생물학적이 아닌 역사적 요인에 좌우된다고 전제하면서 미국인들이 그동안 얼마나 똑똑해졌는가를 실증적으로 보여주고 있다. 그의 연구를 수치화한 결과 46년간 미국인들의 IQ가 평균 13.8점 상승하였음을 확인할 수 있었다. 이는 10년간 3점씩 상승함을 의미하는 것으로 계층, 인종, 교육 수준과 상관없이 미국인들은 시간이 흐르면서 똑똑해졌다는 것이다.

어떻게 보면 대수롭지 않은 이런 수치가 의미가 있는 이유는 IQ 점수는 그 기준이 되는 평균지능을 가진 사람의 점수가 100점이 되도록 조정되어 왔다는 데에 있다. 따라서 출제기관에서는 시험의 난이도를 서서히 높이고 있었으며, IQ 점수만을 놓고 본다면 지난 세기 동안 아무변화가 없어 보이는 이 수치는, 사실은 시험의 수준을 감안하였을 때 테스트를 받는 사람들의 지능이 향상되었음을 알 수 있다. 이를 '플린효과'로 부른다. 1920년대에 IQ 점수가 상위 10% 이내인 사람이 시간여행을 통해 80년 뒤 미래세계에 도착해 IQ 시험을 다시 치른다면 이런 '플린효과'에 따라 이 사람은 하위 30%에 해당될 것이라는 해석이 가능하다.

플린에 의하면 사람들이 똑똑해진 이유는 영양 상태나 교육수준이 높아져서가 아니라 우리의 두뇌활동이 좋아졌기 때문이다. 100년 전 10세 어린이가 학교 밖에서 하는 두뇌활동, 즉 놀이를 생각해보면 책을 읽거나, 장난감을 가지고 놀거나, 공차기나 깡통 차기를 하며 또래와 어울렸을 것이고, 아마도 대부분 시간을 집안일을 거드는데 보냈던 것에 비해, 오늘날 10세 어린이는 10개가 넘는 프로스포츠 팀에 대해 줄줄 꿰차고, 전화에서 메신저, 이메일로 끊임없이 친구들과 대화하고, 가상세계를 탐험하고, 새로운 기술을 두려움 없이 시도하고 스스로 익혀나간다. 삶의 질이 향상되면서 아이들은 100여 년 전에는 상상도 할 수 없었던 다양한 일을 할 수 있게 되었고, 학교 밖의 고도의 문제해결 능력을 요구하는 새로운 기술과 매체에 둘러싸여 두뇌를 단련시킨다. 한편, 게임을 포함한 양방향 매체의 등장과 더불어 텔레비전과 영화에서 보이는 사회적, 화법적 난이도 상승과 대중오락프로그램의 중독성까지 여러 가지가 복합적으로 작용해 문제해결 능력을 향상시키는 환경을 조성하게 되었다.

우리는 너무 오랫동안 대중매체가 문화를 하향 평준화시킨다는 가설 속에 살아왔고, 하류라는 편견의 잣대를 당연시 하였다. 플린 효과라는 미시적인 트렌드를 제외하고 새로운 문화가 인간 두뇌에 미치는 순기능에 대한 자료는 거의 없는 것이 사실이다. 따라서 시간과 돈을 투자하여 게임이 사람들로 하여금 복잡한 환경에 대한 대처에 어떻게 작용하였는지, 그리고 텔레비전 드라마와 인간관계 파악 능력의 상관관계에 대한 실제적인 연구가 이루어져야 한다. 그리고 이 플린효과는 고급문화의 몇몇 엘리트 계층이 아닌, 대중문화의 평범한 사람들에 대한 것이기 때문에 어떠한 문화적 르네상스나 과학혁명을 가져오거나 하지는 않는다. 대신, 일상에서 복잡한 기술을 다룬다든지, 미묘한 이야기의 구조를 잘 파악한다든지, 혹은 고난이도 비디오 게임을 한다든지 등을 통해서 두뇌 단련 정도를 알아보는 것이 가능할 것이다.

먼저 대중문화는 다양한 슬리퍼 커브의 동력들을 어떻게 제공해 주는가? VCR이 대중화되고 점차 케이블과 DVD 수익이 극장 수익을 추월하면서 이제는 재방송이 본방송보다 더 수지맞는 장사가 되었다. 그리고 이와 같은 시스템하에서는 '반복'이 매우 중요한 요소로 떠올라 어느 한 프로그램을 여러 번 다시 보게 하기 위해서 자연적으로 내용구성이 복잡해졌다. 재방송을 통해 특정 프로그램이 인기몰이를 한다면 그것은 다섯 번 이상 볼 때까지 지겨워지지 않기 때문이라는 것이다. 대중문화의 수준 저하를 말할 때 빠지지 않는 것이 넘쳐 나는 재방송이지만 실제로는 이런 대중문화가 점점 똑똑해지는 데 큰 역할을 하고 있었던 셈이다.

이에 대해 70년대 말, 당시 NBC 방송국 임원이었던 폴 클레인(Paul Klein)은 '불쾌감 최소화 프로그램'(LOP, Least Objectionable Programming)전략을 해왔다고 말했다. LOP전략은 하향평준화의 전형적인 모델로 '머리 아픈 내용'이나 '교육적인 내용'의 기미가 조금이라도 보이면 시청자들이 경쟁사로 채널을 돌려버릴 것이라는 두려움 때문에 프로그램을 초, 분 단위로 만든다는 것이다. 이에 반기를 들고 나타난 것이 바로 '반복성 최대화 프로그램'(MRP, Most Repeatable Programming)[35]전략이다. MRP전략은 초 단위가 아닌 연 단위로 프로그램을 제작한다. 즉, 가장 성공적인 프로그램은 방송이 된 후 3년이 지나도 다시 보고 싶어지는 프로그램을 말한다. 그리고 DVD를 사게 하려면 지금부터 4년이 지난 후에도 소장할 가치가 있고 계속 돌려볼 만한 것이라야 한다는 것이다.

따라서 텔레비전, 영화의 경제학에서 가장 큰 변화는 '일회성'에서 '두고두고 꺼내 보고 싶은 것'으로의 이동이며, 이는 곧 LOP에서 MRP로의 이동을 의미한다. 이 때 그 내용은 처음 볼 때 머리를 쥐어짜야 내용을 이해할 수 있도록 플롯을 복잡하게 만들어 그 내용이 끝날 때에 자신이 놓친 내용이 무엇인지 궁금해 참을 수 없는 사람이 DVD나 비디오테이프를 구매하여 처음부터 다시 보고 싶어 하게 만들어야 한다. 이를 통해서 시청자는 똑똑해진다는 것이다.

한편 인터넷의 부상은 팬 사이트라는 인터넷 커뮤니티를 탄생시켜 시청률을 벗어나서 수백 개의 팬 사이트와 토론방을 통해, 드라마를 매회 분석하고 해석할 수 있는 공간을 제공한다. 그리고 이는 마치 탈무드 경전의 해석을 놓고 벌이는 학자들 간의 열띤 토론과도 같다. 이제 연예가(演藝街)의 이야기는 저녁식사 시간이나 회사, 학교에서 쉬는 시간 삼삼오오 벌어지는 잡담 수준이 아니라 공론화되고, 격론되어진다. 따라서 이런 팬 사이트는 슬리퍼 커브의 계속 높아지는 난이도를 해독하는 중요한 열쇠가 된다. 그들은 엄청난 양의 글을 쓰고 인터넷에 올리며, 에피소드 가이드나 FAQ(잦은 질문게시판), 프로그램 뒷이야기에 이르기까지 여러 문서자료와 자신들의 생각을 조합해 프로그램에 숨겨진 미묘한 의도를 파악하기 때문에 난이도가 높아져도 벽에 부딪히는 일이 없다.

새로운 문화상품을 홍보하기 위해 브랜드를 알리고 상품이 가능한 많은 사람에게 자주 노출되게 하는 과거의 고전적 방법에서 벗어나 영화나 책, 텔레비전 프로그램처럼 문화가 개입되어 '이게 재밌다더라'라는 입소문이 생겨나는데 이에 남들보다 열심인 사람들이 바로 초기 수용자(early adoptor)이다. 이들을 유혹하기 위해서는 전문가의 해설이 필요할 정도로 상품이 어려워야 한다. 왜냐하면 이들은 문화의 가장 최전방에서 트렌드를 주도하고 있는 여론선도자들이기 때문이다. 그러니 이들의 해석능력을 시험할 만한 것을 던져주고 능력을 과시할 만한 것을 던져줘야 한다. 바로 이런 시스템에서는 평범함을 거부하고 고도의 집중력을 요하는 작품이 환영받는다.

새로운 기술의 등장이 더욱 빨라지면서, 복잡한 시스템을 숙지하기 위한 두뇌활동 역시 배가되었다. 10세 어린이가 어른들보다 새로운 전자 제품을 더욱 잘 다루는 것을 우리는 주변에서 쉽게 볼 수 있다. 이러한 현상은 아이들이 특정 시스템의 복잡한 작동 규칙이 아니라 복잡한 시스템에도 적용할 수 있는 추상적인 원리를 터득했기 때문이다. 인지과학의 전문가들은 이러한 어린이들의 학습 능력은 이미 알고 있는 것을 기반으로 하면서, 동시에 새로운 문제 해결 능력을 키워줄 만큼 어려울 때 가장 효과적으로 신장된다고 말한다. 게임은 이러한 학습 효과가 고스란히 담겨 있다. 게임의 단계별 난이도는 게임을 하는 사람들의 능력한계를 벗어나지 않을 만큼만 어렵다. 따라서 게임을 비롯한 현대의 매스미디어들은 이러한 능력체제에 콘텐츠를 제작하기 때문에 많은 사람들이 쉽게 접근하고 금세 흥미를 가질 수 있게 한다.

나쁜 것이 좋은 것?

지난 수십 년간 대중문화가 실제로는 우리를 똑똑하게 만들고 있다는 사실은 대중사회에 대해 우리가 갖고 있는 부정적인 생각을 되돌아보게 한다. 실제로는 신경과학의 발전을 통해 우리는 인간의 뇌가 새로운 도전과 경험을 추구하고 반응하는 시스템을 가지고 있음을 알게 되었다. 만약 인간의 두뇌가 복잡하고 어려운 것이 아닌 단순하고 생각이 필요 없는 것을 추구하고 반응하는 시스템을 가지고 있다면 현대 매스 미디어의 발전은 지금과 같은 복잡한 형태가 아니라 갈수록 단순해지는 형태로 발전했을 것이다.

새로운 환경에 직면하면 우리 뇌는 변화를 추적해 정황을 파악하거나, 바탕에 깔려 있는 논리를 분석하려 한다. 부모들은 종종 텔레비전 앞에서 최면에 걸린 듯 앉아 있는 아기를 보고 '텔레비전이 우리 아이를 바보로 만들고 있다'고 생각하거나, 주위에 신경 쓰지 않고 게임에 몰두해 있는 초등학생 자녀를 보고 비슷한 생각을 한다. 하지만 존슨에 따르면 이는 정신적 퇴화의 조짐이 아니라 오히려 집중하여 새로운 자극에 반응한다는 표시이다. 평소와 별반 다를 바 없는 집 안에서 같은 사람들을 보는 아이들에게 텔레비전 화면 속의 말하는 인형과 게임속의 복잡한 내용 전개는 아이가 속한 환경에서 가장 놀라운 일이고, 조사와 설명이 필요한 자극이 된다는 것이다. 따라서 일반적인 가정에서 가장 다양하고 놀라운 자극을 선사하는 것은 텔레비전이고 게임인 셈이다.

지금까지의 논의에서 대중문화는 난이도 증가와 두뇌자극 강화를 가져왔고 이는 우리의 IQ 상승과 상관관계를 나타내고 있음을 주장했다. 그러나 대중문화는 저급화 일변도로 진행되는 것은 아니지만 원치 않는 부작용 또한 존재한다. 인터넷이 새로운 주류로 떠오르면서 이메일과 인터넷 서핑을 자주 접하고 다루게 되고 우리가 접하는 문서의 길이가 짧아진 것은 사실이다. 한 자리에서 엄청난 분량의 내용을 따라가야 하는 '책'읽기가 확실히 줄어들었다는 것이다. 대중문화가 일방형의 장문 활자 이야기에 익숙해지도록 우리 두뇌를 훈련하지 못한다는 점에서, 이제 부모는 아이들이 어릴 때부터 책을 읽는 즐거움에 눈을 뜨게 해주어야만 한다.

한편, 대중문화의 폭력성은 또 다른 부작용을 가져온다. 폭력은 예전부터 이야기의 단골 양념이었지만, 이제는 50년 전에 비해 상상하기 조차 어려웠던 사실적 묘사가 가능해졌다. 특히 컴퓨터 그래픽 기능이 눈부시게 향상되면서 비디오 게임은 유혈장면을 더욱 사실적으로 묘사할 수 있게 되었다. 문제는 대중문화의 폭력이 우리의 정신에 영향을 미치는가에 대한 여부이다. 텔레비전 드라마도 이전에는 시도된 적이 없는 방법으로 시청자들에게 복잡한 상황을 분석하게 하고, 인간관계를 추적하고, 제작자들이 숨겨둔 정보를 스스로 채워 넣기 위해 생각을 하도록 유도하는 경우도 있다.

존슨이 궁극적으로 주장하는 것은 무엇이 우리의 두뇌를 살찌우고 무엇이 불량식품으로 작용하는가를 결정하는 기준이 바뀌어야 한다는 점이다. 이러한 주장은 아이들이 여가시간에 무엇을 하던 내버려 두라는 것과는 다르다. 단순히 폭력적이고 천박한 텔레비전 내용이나 쇼 프로그램의 노출과 비속어를 걱정하는 대신 그 특정 프로그램이 우리 두뇌를 자극하는지 혹은 가라앉히는지 살펴봐야 한다는 것이다. 이것이 LOP인가 MRP인가? 30초마다 예측 가능한 기승전결의 단순구조인가 아니면 얽히고설킨 인간관계를 보여주는가? 화면 속 인물은 닥치는 대로 총질을 해대고 있나 아니면 문제를 해결하고 자원을 관리하는가? 존슨은 이러한 것들을 생각하다보면 대중문화가 그 자체로 엄청난 양의 두뇌훈련을 가능케 한다고 말한다.

현대사회에 대해 우리가 너무나 쉽게 단정 지은 것들은 틀릴 수도 있다. 하향 평준화되는 대중문화는 결국 지어낸 이야기에 불과하다는 것이다. 우리를 둘러싼 대중문화는 갈수록 정교하고 복잡하지고 있으며, 고난이도의 문화를 우리 뇌는 기꺼이 받아들이고 있다. 시간이 지날수록 대중문화가 멍청해진다는 통념은 틀렸으며 현재 정반대의 현상이 일어나고 있음을 볼 수 있고 앞으로 얼마나 더 많은 긍정적 트렌드가 생겨날지 모르는 일이다.

그러나 이러한 존슨의 주장들을 우리는 어떻게 받아 들여야 하나?

먼저 존슨은 대중매체의 기능적인 측면만을 긍정적으로 수용하고 있다는 점을 지적하지 않을 수 없다. 그의 주장은 프로그램의 내용이 가치관과 도덕적 기준에 대한 고민이 없이 아이들이 똑똑해질 수 있다면 여가시간에 게임에 중독되어도 그리고 텔레비전 드라마의 폭력성이나 예능프로그램의 비속어도 문제시할 필요가 없다는 것과 같다. 무엇이 우리의 두뇌를 살찌우고 무엇이 인성발전에 불량식품으로 작용하는가에 대한 존슨의 기준은 가치무관적인 논리에 집착된 발상이 아닐 수 없다. 지금 우리는 미디어연구가 청소년들의 인성발달에 미치는 미디어의 영향과 함께 사회적 합의를 도출해주는 소통의 매체로서 미디어의 역할에 관심을 갖지 않을 수 없는 미디어시대에 살고 있음을 명심해야 한다.

6

미디어이론으로서 속도론

비릴리오의 속도론

속도는 모든 것을 변화시킨다고 주장하는 학자가 있다. 프랑스의 철학자 폴 비릴리오(Paul Virilio)다. 비릴리오는 미디어역사, 군사학, 도시학 그리고 물리학의 영향을 받은 자신의 지식영역을 속도론(Dromology)이라고 통칭한다.[36] 그의 속도론은 영어로 'race'라는 의미의 라틴어 'dromos'에서 연유한 것이다. 비릴리오는 철학자이기 전에 스테인드글라스 공예가, 건축이론가, 도시계획자, 영화비평가, 군사역사가, 미디어연구자, 큐레이터 등 다양한 명칭들을 갖고 살았다. 그러나 이러한 직함들 때문에 그는 서구 지성계의 '카산드라'(Cassandra)라는 별명을 갖게 되었다.[37] 카산드라는 트로이의 멸망을 예언한 그리스 신화의 예언자로서 아폴론의 저주 탓에 아무도 그 예언을 믿지 않게 된 불운의 예언자이다.

역사전환의 논리로서 그의 속도론은 지구적 재앙이라는 비관적인 결과를 예언한다. 그러나 그의 예언은 단지 지적 스캔들이라는 죄목으로 빈번히 무시되어왔으나 90년대에 들어서야 서구의 지성계에 알려지기 시작했다.[38] 그의 논리를 통해서 우리의 세상을 들여다보자.

비릴리오는 부(富)와 권력까지도 속도에 달려있다는 도발적인 주장을 한다. 예를 들어 산업혁명도 기술적 개혁들에 의해서 이루어졌지만 궁극적으로는 '속도의 혁명'으로 이해된다. 또한 시민국가의 권력혁명도 속도혁명이다. 이미 우편비둘기들과 함께 정보는 금(金)보다 더 중요하게 되었다. 비둘기의 속도가 금은 아니지만 이윤을 가져오기 때문이다. 그러나 '농부들이 비둘기장을 가질 수 있는 권한이 없었다. 비둘기장은 말하자면 영주의 통신터미널이었기 때문'이다.[39]

비릴리오는 자동차도 역사를 설명하고 분석하는 중요한 근거가 된다고 하였다. 자동차는 소비자의 욕구를 바꾸었고, 지속적으로 도로를 확대시킴으로써 영토를 완전히 개조시켰으며, 사회적 격식(格式)과 시민들의 생활 방식도 바꿔놓은 혁명의 촉매제인 것이다.

비릴리오는 속도의 다양한 질서들을 시대별로 구분하여 3대 속도혁명에 대해서 언급하였다. 19세기 교통수단의 혁명과 20세기 광속의 전자미디어의 혁명 그리고 미래의 이식(Transplantation)혁명이 바로 그것이다. 그는 속도의 개념을 이같이 폭넓게 해석하여 여성도 인류의 운송수단으로 이해하였다. 이는 여성이 인간출생의 수단이며 또한 특히 남성 사냥꾼과 전사(戰士)에게 자유 활동을 가능하게 해주고 후손과 음식물, 짐의 운반을 돌봄으로써 남성에게 움직임과 영역

확대의 속도를 갖게 하였기 때문이다.[40]

전쟁은 전술과 전략이 개선되어가면서 운반동물, 마차, 수레, 도로망과 같은 운반체들을 지속적으로 발달시키게 된다. 첫 번째 혁명인 운송수단의 혁명은 증기기관의 발명으로 도래한 산업혁명과 함께 이루어졌다. 증기기관은 철도라는 새로운 운송수단의 발명으로 이어졌고 이러한 운송수단의 혁명은 속도를 스스로 생산하고 엄격한 통제를 가능하게 해주는 기계들의 발달과 함께 새로운 질주가 시작하게 했다. 그리고 이같이 속도의 발달은 서구인의 희망이 되었다.

그러나 한번 탄력을 얻은 속도는 그 가속화를 멈추지 못한다. 비릴리오는 핵무기의 등장으로 전쟁의 속도는 '절대속도'가 된다고 하였다. 즉, 핵무기의 등장은 1차 속도혁명의 결과로 '속도의 희망'이 '속도의 악몽'으로 뒤바뀌었음을 보여주는 것이다.[41]

비릴리오에 의하면 두 번째 전자미디어(라디오, 텔레비전 그리고 비디오, 인터넷)의 혁명은 새로운 세계질서를 이루게 하였다. 이 새로운 세계는 광속(光速)으로 인간의 모든 공간적 거리를 뛰어넘을 수 있고 신체적 움직임이 불필요한 절대속도에 의존한다. 이 속도는 자동차 혁명이라기보다 시청각혁명이다. 전자 미디어는 인간신체의 확장이라고 주장하는 맥루한의 논의와는 반대로, 비릴리오는 미디어기술들에 의해서 우리들이 소외되고 우리들의 생존이 약탈된다고 하였다. 비릴리오는 예를 들어 전화를 원거리에 이르게 해주는 목소리의 연장이 아니라 "여기-지금"에서, 구체적으로 참여하는 상대로부터, 육체적-감각적 친밀성을 배제시킨다는 것이다.

광속의 시청각 미디어들은 인간이 자기 지역 밖에서 현실적으로 벌어지고 있는 사건현장에 있었던 것과 같은 상황을 제공한다. 인간이 인지하는 것은 실제 공간에서만 일어나는 것이 아니라 더 이상 가속될 수 없는 광속의 시간인 '실시간'(echte Zeit)에 일어나는 모든 일들이다. 따라서 점증하는 속도의 역사는 종점에 이르게 된다. 이는 모두가 이젠 '지금'이기 때문이다.[42]

마지막 혁명은 이제 속도혁명에서 이식혁명으로 전개된다. 이식혁명은 우리의 신체가 내부에 이식된 미세계기에 의해 작동되도록 해준다. 지구가 지속적으로 황폐화되어 아무도 생존할 수 없게 된 후에도 과학기술이 착취할 수 있는 마지막의 '영토'는 인간의 생체이다. 극소전자기기들은 생체 내부에 '이식'됨으로써 인간의 생체는 소위 커뮤니케이션-극소기계를 위한 최우선적인 실험장이 되고 원격조정을 통해서 우리들의 행동에 영향을 미치게 할 수 있다.[43]

인간의 자연적 감각과 인지가 이미 전자미디어들에 의해서 해체된 이후 인간의 육체는 특히 생물공학의 침투에 노출되어 있다. 우리가 새로운 혁명으로 경험하고 있는 것은 사람이 생체기능을 촉진시키는 기술에 의존해서 살아가게 하는 '이식'으로 심각한 변화를 경험하게 된 것이다. 즉, 인간은 점차 기계로 대체되고, 생체는 이식된 불완전한 미세기계들에 의해서 동력을 공급받는다. 이로서 문제가 되는 것은 신체가 기계에 적응하는 것이 아니라, 기억력이나 상상력을 촉진하여 감각 자체를 재구성되는 신경기능들이 기계에 적응하는 것이다.

현대의학 이외에 가장 결정적인 학술적인 변화를 가져오게 한 것은 사이버네틱스(Cybernetics)이다. 비릴리오에 의하면 사이버네틱스는 지능적 기계들을 통해서 눈에 띄지 않게 인간의 조정에 몰두한다. 따라서 사이버네틱스는 컴퓨터와 인간의 공생을 촉구함으로써 순수한 '인간적인 것'을 은폐하고 가치절하를 한다. 전쟁이후 사이버네틱스는 인간두뇌를 컴퓨터의 구성내용들과 동일시하는 것으로 바뀌었다.

전쟁과 시각기계의 혁명

비릴리오가 보는 현대사회는 '극의 관성'이 이루어지는 사회이다.[44] 극의 관성이란 극한에 다다른 속도에서 이뤄지는 지리적 공간이 소멸되는 상황을 뜻한다. 전혀 움직일 필요가 없는 열차의 여행승객, 사무실에 앉아서 전 세계의 주식시장을 넘나들 수 있는 투자자, 전선(戰線)이 사라지고 기마병이 비행편대로 대체되는 현대전의 군인들이 바로 이러한 상황의 단적인 예라고 할 수 있다. '극의 관성'은 무엇인가를 하기 위해 한 지점에서 다른 지점으로 굳이 이동할 필요가 없게 된 상황으로 인간의 시각을 대신하는 '시각기계'의 발달로 인해 초래된 결과이다. '극의 관성'의 상태인 오늘날의 상황을 비릴리오는 '소멸'이 발생하는 상황으로 인식하였다. 즉, 그는 이전과 다른 새로운 기술이 새로운 지각(知覺)방식과 세계 질서를 만들지만 그것이 파국적인 변화를 필연적으로 가져올 수밖에 없다는 것이다.

그에 따르면 전자정보매체의 혁명과 더불어 우리는 완전히 새로운 '세계질서'에 마주치게 되었다. 이 새로운 세계질서는 빛의 속도,

즉 절대적인 속도에 기초한 것으로서 사람들의 물리적 운동으로는 도저히 따라잡을 수 없다. 따라서 아예 공간은 해체되고, 사물은 '사라짐' 속에서만 나타난다. 모든 것이 너무 빨라서 인간은 그것을 지각할 수 없다. 따라서 지금-여기의 현존감이 사라진 '소멸의 미학'을 이루고 있는 세계는 더 이상 현실감이 존재하는 세계가 아니며, 시각기계가 인간의 눈을 아예 멀게 만들어 버렸다고 말한다. 즉, '극의 관성' 상태가 구현되는 전자통신미디어는 인간의 인지능력을 변화시키는, 혹은 상실하게 만드는 것이다.[45]

비릴리오는 오늘날 속도가 추월되었다고 말하는 것은 반어법이라고 말한다. 이미 하워드 휴즈(Howard Hushes)는 기술문명의 미래를 몸으로 연기했다. 강렬한 빛의 속도를 위해서 몸의 속도를 포기하는 게 휴즈의 '침묵의 마임'이었다.[46] 휴즈는 영화 「에비에이터」의 실제 인물로서 휴즈공구회사의 소유주이자 영화제작자였으며, 91시간이라는 세계일주 비행기록을 세운 비행사로도 유명하다. 그는 당시 매스미디어에 의해 끊임없이 보도되는 인물이었는데 사적인 삶은 47세부터 24년간 유폐생활을 하면서 세간의 궁금증을 일으키기도 하였다. 유폐 생활 중 휴즈는 오로지 전화선만으로 세계와 소통하면서, 좁은 방안에 스스로를 가두었다. 유폐 기간 중의 휴즈는 시간의 지배자로서 휴즈에게 존재하는 것은 머물지 않는 것이며 끊임없이 이동하는 것이었다. 이를 위해 그는 자신을 어느 한 장소에 고정시키지 않았다. 휴즈는 무의 존재이며, 아무도 아닌 자이고, 도처에 있으면서 또한 어디에도 없는 '동시편재적 부재'를 충족시키는 인물이었다.[47]

비릴리오에게 영화는 열정적 광기요, 의식의 장애이고, 프로파간다 목적의 마취제였다.[48] 영화는 유럽의 군주들과 제국들이 붕괴되고 신의 총애를 멀리하였을 때 새로운 프로파간다의 대체 숭배물이 될 수 있었다. 산업화 된 영화예술과 함께 새로운 허상들과 환각영상들이 판매됐고 전 세계적으로 상영됐었다. 대중은 새롭고 신비스런 형식의 감동적인 암시에 굴복하였다. 속도를 생산하는 영사기는 이해의 대상이 아니라 보고 믿는 새로운 꿈의 그림들을 공급한다. 비릴리오는 신전(神殿)과 성당(聖堂)들과 같이 빛이 강렬하게 숨어든 영화관을 '빛의 성당'이라고 비유하였다. 디지털미디어 혁명으로 인해 이미 우리는 모니터에서 명멸하는 디지털이미지들을 저장하고 분해할 수 있게 되었고, 가상현실의 발전은 시각과 청각에 제공하는 기존의 미디어 수준을 초월해 오감을 충족시킬 수 있는 수준으로 향상될 날도 멀지 않았다. 이처럼 미디어의 발전은 우리 자신의 실존을 직접 느끼게 해주는 의식을 소멸시키게 될 것이다.

비릴리오는 우리의 존재와 의식이 영상적 인지의 가속과정을 통해서 어떻게 무력화 되는지를 역사적인 사례들로 실증해주고 있다. 영상적 인지를 가속시킨 미디어기술의 발전은 역사적으로 볼 때 전선(戰線) 또는 적군의 활동들을 보다 구체적이고 빨리 탐지할 수 있는 군사적 목적에서 이루어 졌다. 무기는 특히 눈[眼]과 서로 불가분의 관계이다. 전쟁은 무엇보다도 훔쳐보기(Voyeur)이기 때문이다. 훔쳐보는 사람은 다른 사람들보다 더 잘 보고 싶거나 다른 사람들 보다 더 빠르고자 하는 사람이다. 따라서 말[馬]이나 언덕, 감시탑과 높은 건축물은 시각적인 인지영역의 확보를 위한 초기의 미디어들이었다. 『손자병법(孫子兵法)』의 '지피지기(知彼知己)면 백전백승(百戰百勝)'이라는 주장은 속도의 문제를 최초로 제기한 것으로 '전쟁은 훔쳐보기'라는 주장과 일맥상통하는 것으로 보았다.[49] 전시(戰時)에 적군에 대한 정보, 혹은 전장(戰場)의 정보를 수집하는 것에 미디어를 사용하는 것은 오래전부터 행해진 전술의 일환이었다. 앞서 언급한 바와 같이 중세시대의 마천루나 망루는 이미 적군의 동태를 살피기 위해 사용된 하나의 미디어였다.

제1차 세계대전에서는 망원경을 그리고 제2차 세계대전에서는 항공 정찰시 필름이 사용되었다. 항공사진은 전투의 조직화와 대량파괴 무기의 목표조준에 필요한 지형지표들을 제공하였다. 이제는 전자미디어의 발달로 현장에 가보지 않고도 실시간으로 현장 경험이 가능하게 되었다. 오늘날에는 특히 위성기술과 디지털 시각미디어 기술이 접목되어 빛의 속도로 실시간에 지구촌 모든 곳의 영상정보를 직접 그리고 바로 받아 볼 수 있게 되었다. 비릴리오는 이러한 광속을 불[火] 이후 가장 중요한 인류의 발명으로 보았다.

포스트 모던한 전쟁은 전적으로 미디어 전쟁이고 '탑승병력이 없는 전쟁'이다. 비릴리오가 지적한 탈 현실화는 '커뮤니케이션 무기들'이 사용되는 현대전에서 극명하게 나타난다. 이 무기는 더 이상 탄환이 장전되지 않고 빛으로 만들어진 것이다. 예를 들어 오늘날 미국의 총사령관이 이라크나 시리아 등 지구촌에서 일어나고 있는 상황을 마치 현장에 있는 것처럼 실시간에 시시각각으로 첩보위성을 통해서 '훔쳐' 볼 수 있고, 이에 대한 대처를 원격작동(tele action)하게 한다.[50]

2011년 5월 1일 오후 4시쯤, 트레이닝 점퍼와 와이셔츠 차림의 버락 오바마 대통령이 백악관 상황실에서 빈라덴 사살 작전의 현장이 중계되는 모니터를 응시하고 있다. 조 바이든 부통령, 힐러리 클린턴 국무장관, 로버트 게이츠 국방장관, 마이크 멀린 합참의장, 윌리엄 데일리 백악관 비서실장 그리고 국가안보회의(NSC) 주요 인사들의 시선 역시 모니터에 고정돼 있다.

전쟁에서 승리하려면 적군을 시야에서 놓치지 않아야 하며, 보여진 것은 이미 패배한 것이나 다름없다. 현대전의 '훔쳐보기'는 전적으로 '시각기계들'에 의존하게 되었다. '시각기계들'은 초고속으로 우리들의 생리학적 영상수용력을 대체해준다. 통제수상기들은 무기의 형태, 성능 그리고 파괴력에 대해서 즉시 정보를 제공하며 그리고 다양한 통제수상기들이 한데로 합쳐진 곳이 최고의 지휘본부이다. 따라서 확인과 조정의 커뮤니케이션과 방해(저지)와 파괴의 수단은 전쟁의 승패를 결정하는 요소이다.[51] 이같이 포스트 모던한 전쟁은 전적으로 미디어 전쟁이고 과거의 국지전, 혹은 보병들에 의해 전개된 전쟁과는 다른 양상을 보여준다.

지금은 오사마 빈라덴의 사살장면도 실시간으로 볼 수 있는 시대이다. 미 CIA 안보팀이 10여 년을 추적해온 오사마 빈라덴의 제거 순간을 현장요원들의 헬멧에 달린 카메라로 실시간 중계한 것이다. 백악관에서는 미국의 최고 실력자들이 한자리에 모여 이 상황을 지켜본 것이다.

시각기계의 마술적인 연출

전쟁은 물리적 폭력의 현상으로만 다가오는 건 아니다. 비릴리오는 자신의 저서 『전쟁과 영화-지각의 병참학』에서 전쟁을 통해 속도와 테크놀러지의 문제를 바라볼 것을 권하고 있다.

그는 히틀러가 통치를 하였다기보다 오히려 마술적인 연출을 하였다고 말한다. 그리고 가장 중요한 수단의 하나는 바로 미디어였다. 예를 들어 히틀러의 프로파간다는 그의 놀라운 무대지식, 연출효과, 특히 다양한 조명기술에 대한 이해가 없었으면 불가능했다.[52] 히틀러는 당시 뉴미디어인 영화의 중요성을 재빨리 의식했었고, 이를 최대한으로 활용했었다. 뉘른베르그(Nürnberg) 시에서 거행된 나치의 창당기념행사를 담은 리펜스탈(Berta Helene Amalie Riefenstahl)의 기록영화 「의지의 승리」는 영화사적으로 최대의 그리고 최초의 프로파간다 기록영화였다.[53] 나치의 창당일 기념행사는 시작부터 스펙터클한 대중 집회만이 아니라 영화제작을 위해 계획됐었다. 독일 '주간영상뉴스'(Wochenschau)를 위해서 카메라맨이 히틀러의 모든 움직임

기록영화 「의지의 승리」와 리펜스탈의 연출장면 그리고 괴벨스-히틀러-리펜스탈이 함께 찍은 사진

을 따르게 하여 영화, 통치자 그리고 프로파간다가 항상 일체를 이루도록 했다.

비릴리오의 표현에 의하면 할리우드가 전혀 따라잡을 수 없는 초대형 작품으로 전쟁은 국민에게 대단한 구경거리로 판매되었다. 이를 통해서 전쟁은 일반국민들을 위한 영화관의 밤의 열병(閱兵)과 같은 성격을 갖게 되었다. 또한 거대한 과밀지역들에 대한 연합국의 공중폭격은 '미래의 희생자들'이 지옥장면들을 시청하도록 만드는 엄청난 불꽃과 비유됐었다. 히틀러가 총애했던 건축가 스페어(Albert Speer)는 다음과 같이 언급하고 있다. "베를린 공습은 대공 포대에서 보면 잊을 수 없을 그림을 연출하였으며, 그리고 이 그림에 매혹되지 않으려면 처참한 현실을 항상 되새길 필요가 있다. 베를린 시민들이 크리스마스 나무라고 부른 조명탄의 불꽃, 불기둥을 이루는 폭죽이 뒤따르고, 셀 수 없을 만큼 많은 서치라이트들, 비행기가 포착되면 이를 피해가려하고, 포화가 불을 뿜고 비행기에 명중하면 불기둥이 솟는 장면은 흥분되는 놀이가 아닐 수 없다."[54]

미디어로서 영화는 이같이 처음부터 시청자의 의식적 인지를 해체시키고 자연형상과 대조되는 빛의 형상들에 모든 이의 눈을 현혹시킨다. 보이는 것은 확인될 수 있어서 믿을 수 있는 것이다. 그러나 영상 미디어의 영상들은 기본적으로 촬영자에 의해 의도적으로 선택되고 조절(혹은 조작)된 현실들이지 실제의 현실을 그대로 반영하거나 재현한 것이 아니다.

거짓 정보의 예들은 오늘날에도 얼마든지 찾아 볼 수 있다. 특히 걸프전쟁은 흔히 첫 번째의 '텔레비전 전쟁'으로 평가되는데 이것은 생방송으로 이스라엘과 사우디아라비아에 대한 미사일공격들을 CNN이 중계하였기 때문이다. 그러나 놀라운 사실은 이 전쟁이 영상보도에 의해서 거의 비디오 게임의 복사판과 같이 실재 인간의 핏자국이 없는 깨끗한 전쟁으로 보였다는 점이다.

정보기술의 발달에 힘입어서 이 같은 폭격의 위성중계 보도는 시청자들로 하여금 마치 컴퓨터 게임의 모의훈련과 같이 잔인한 전쟁에 대한 이미지를 오락처럼 생각하게 만들었으며, 궁극적으로 전쟁의 참혹성을 은폐하였다.[55] 걸프전쟁 이후 언론보도를 이용하여 최첨단 무기들의 효능을 신화화하는 데에도 거짓 정보의 정형을 찾을 수 있다. 미사일 공격의 경우 한 치의 오차도 없는 적중률로 적군의 군사시설만을 파괴하고 민간인들에게는 피해를 주지 않는다는 것은 바로 미사일공격을 정당화하는 경우이다.

속도혁명과 원격작동

커뮤니케이션 미디어는 오늘날의 전선을 두 개로 분리시키는 결과를 가져왔다. 즉, 오늘날의 전쟁은, 실제 교전지대에서, 그리고 거실의 텔레비전수상기에서 동시에 발발하게 된 것이다. 이처럼 전쟁이 올림픽 경기의 중계처럼 각 가정에서 중계되는 상황을 비릴리오는 원격작동(tele-action)이라 명명했다. 여기서는 특정한 이념의 확산이라는 의미의 프로파간다가 더 이상 문제시되는 것이 아니라 '거실 효과'가 문제시된다. 비릴리오는 안방에 중계되는 전투장면을 광고장면처럼 '영상'이 아닌 '시그널'이라 주장하였다. 여기에서 중요한 것은 원격작동이 사람들을 텔레비전 수상기를 통해서 하나의 공중으로 결집시킨다는 것이다. 그리고 방송의 프로그램 형태와 전략들을 수용하도록 강요할 뿐 아니라 미디어 시장의 명령에 수용자들을 종속시키고 있다는 것이다.

집안의 거실에서 즐기는 '전쟁놀이' 게임의 소프트웨어들은 군수산업에서 유래된 것이다. 리얼한 전쟁과 폭력적인 게임영상에 의해 이성적인 판단력을 상실하게 하는 '기억부재증'(picnolepsy)의 쇼크상태가 오기도 한다. 청소년들과 어린이들은 전적으로 소멸과 제거의 가상성에 의존하는 단순한 반응게임들의 결과에 이미 길들여져 있다.[56]

실제 미국인들의 눈앞에서 펼쳐졌던 9.11 뉴욕세계무역센터의 테러는 영화보다 더 스펙터클한 장면을 심어주었다. 특히 두 번째 빌딩에 비행기가 부딪치는 순간은 텔레비전으로 실시간 방송됐다. 이후 무너져 내리는 빌딩과 아비규환의 순간들은 모두 생중계되었다. 영화보다 더 영화다운 테러장면이었다. 적어도 과거의 전쟁이 피와 살을 튀기며 우리의 시각을 자극했다면, 지금의 전쟁은 이미지로 날아들어 우리의 두 눈에 파고든다.

사이버스페이스 상의 '원격현존'(Tele-Presence)에 대해 긍정적 평가를 내린 대표적인 학자로서 마노비치(Lev Manovich)에 따르면, 원격현존은 이미지를 통해 원거리에서도 물리적인 현실을 실시간으로 조작할 수 있는 능력을 제공한다. 즉, 원격행위자의 몸은 실시간으로 다른 장소로 전송되어 그를 대신해서 그곳에서 실제 작업을 하게 되는 것을 뜻한다고 할 수 있다.[57] 그러나 비릴리오가 지적하는 원격현존의 개념은 이와는 상이하다. 마노비치의 논의에서 원격행위자는 인터넷(혹은 네트워크로서의 사이버스페이스) 이용자 일반을 지칭하며, 이용자들의 미디어를 매개로 한 현실 제어를 뜻하는 것이다. 이에 반해 비릴리오의 '원격현존' 개념은 실제 참여할 수 없는 경험을 미디어를 통해 간접적으로 경험하게 되는 것으로서 텔레비전 시청자들이 원격행위자의 역할을 맡게 되는 것이 아니라 미디어(혹은 미디어 조직의 종사자, 미디어 조직 자체의 논리)가 시청자들을 특정한 방향으로 편향된 느낌을 갖도록 만드는 원격행위자로 기능하게 되는 것이다. 이로써 시청자들은 미디어의 이러한 원격행위에 의해 통제되는 대상으로 전락하게 된다. 이로 인해서 비릴리오는 우리 자신의 실존을 우리에게 알려주는 현상들을 우리가 직접 체감할 수 있는 현실인식이 소멸될 것이라고 경고하였던 것이다.

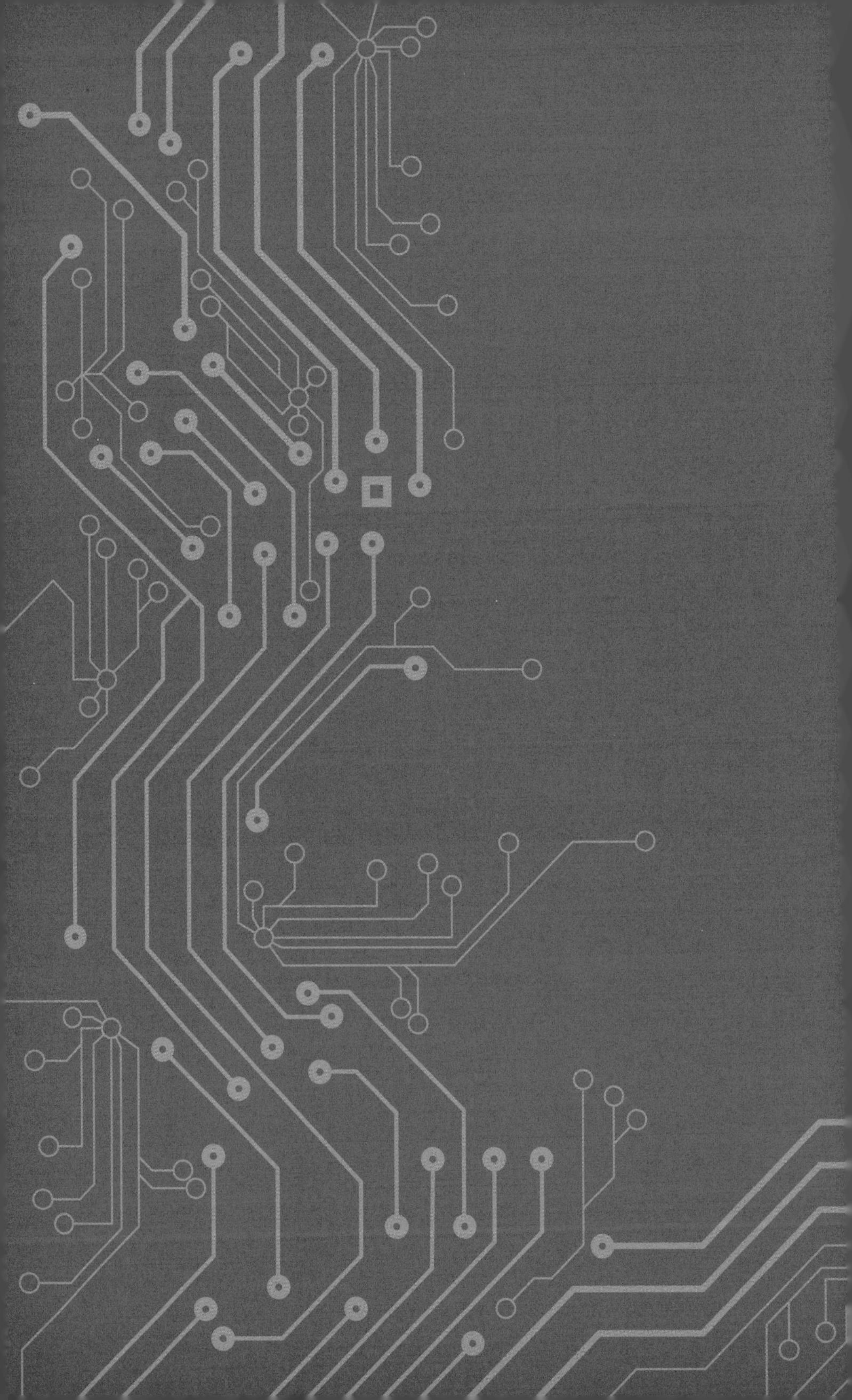

2

미디어 룩키즘

1

성형공화국

성형공화국 대한민국

한국은 명실상부한 성형공화국이다. 각종 통계수치들이 이를 입증해주고 있다. 국제미용성형수술협회(ISAPS)에 따르면 성형수술 건수 세계 1위는 미국이지만 단위 인구당 성형수술 건수가 가장 많은 나라는 1,000명당 16명이 수술을 받는 한국이다. 현재 성형 시술을 집도하는 병·의원은 전국 4,000여 개로 추정된다. 서울의 이른바 '뷰티벨트'라 불리는 강남 거리를 걷다보면 한 집 건너 하나씩 성형외과 간판이고 건물 전체를 성형외과가 통째로 쓰는 곳들도 있다. 한국이 성형공화국임을 실감하게 해주는 모습이다. 통계에 따르면 강남의 성형외과는 366곳이지만 월급 의사까지 합치면 1,000명이 넘는 의사들이 강남에서 활약하는 것으로 추산하고 있다.[1]

이들 병원들이 경쟁 체제에 돌입하면 고객 유치전에 열을 올릴 수밖에 없고 자연히 성형 효과에 대한 거짓·과장 광고들이 난무하기 마련이다. 우리가 더욱 걱정하게 되는 것은 고객들을 유혹하는 부풀린 광고 문안들이다. "세상이 나에게 친절해졌다", "시선이 즐겁다"와 같은 광고 카피는 매우 얌전한 편이고 "5살이나 많은 여자한테 내 남자를 뺏겼다", "모태미녀 좋아 하시네 거기 사진 있더라!", "前과 後, 결혼 다이아 크기가 달라진다", "걔가 성형한 거기" 등 성형을 유혹하는 각종 광고 문안이 버스와 지하철 그리고 길거리에 넘치고 있다. 그런데도 성형에 대한 도덕적 비판이 이젠 많이 수그러들고, 어떤 성형상품을 골라야 하는지를 알려주는 정보성 기사까지 많아졌다.

특히 수능이 끝난 직후가 성형수술의 성수기라고 한다. 쌍꺼풀 수술은 대학 입학기념, 코 성형은 대학 졸업기념, 주름살 제거는 이직기념으로, 또한 어버이날 효도선물로는 보톡스 주사가 인기란다. 이러한 성형열풍으로 한국의 성형시장 규모는 한 해 5조 원에 이르고, 이중 성형수술 환자의 50%가 여대생들이라고 하니 한 해에 딸을 둔 부모가 2조 5000억 원을 성형수술비로 내놓은 셈이다.[2]

이렇게 10대부터 70대에 이르기까지 성형수술을 스스럼없이 해대는데 가장 큰 공헌(?)을 하는 이들은 연예인이다. 성형마케팅이라는 신조어가 나올 만큼 연예인은 각종 예능-오락 프로그램에 출연해 어디 어디를 수술했다고 밝혀 솔직함으로 호감 도를 올린다. 특히 외모나 스타일을 변신시켜주는 변신 포맷 방송 프로그램이 케이블 채널 최고의 효자 콘텐츠가 되었다. 이제 성형은 '힐링' 열풍과 결합하여 더욱 사회적으로 개과천선(改過遷善)하는 수단이 된 것 같다.

무력한 비포와 당당한 애프터

원래 변신 포맷의 프로그램 장르는 어떤 대상을 개선해가는 과정을 다루는 자기계발을 위한 프로그램이었지만 국내에선 주로 외모와 스타일을 변신시켜주는 것이 되었다. 이 장르를 국내에 본격적으로 정착시킨 것은 2003년 동아텔레비전에서 처음 방영된 「도전, 신데렐라」이다. 이는 미국 방송의 포맷을 수입한 것으로, 성형수술과 각종 몸 관리를 통해 일반인 참가자들의 외모를 변신시켜주는 쇼였다. 이 쇼가 큰 인기를 모은 데에는 그 당시 우리 사회의 자기계발 열풍과 함께 여성들 사이에 불어온 「섹스 앤 더 시티」 류의 칙릿(Chick-Lit, 젊고 생기발랄한 싱글 직장여성의 성공과 사랑을 다루는 장르)의 유행 역시 이에 일조했다.

그로부터 10여 년이 지난 최근의 성형 쇼에서는 성형이 아니고서는 절망의 근본적 치유가 불가능한 시대임을 모두가 인식하도록 해준다. 자기계발 열풍은 적어도 개인의 노력으로 이룰 수 있는 성취에 대한 긍정과 희망의 매시지를 주었었다. 그러나 '도전' 대신 '기적'이란 말이 자주 등장하는 성형 쇼는 그 희망마저 좌절된 시대의 방증이 된 것이다.

최근 이른바 '성형쇼계'의 블록버스터로 화제를 모은 프로그램은 스토리온 채널의 「렛미인」이다. 이 프로그램의 성공이후 이와 유사한 쇼 프로그램들로 패션N 채널의 「미스 에이전트」, KBS W의 「손태영의 W」 등이 생겨났었다. 이들은 성형이란 단순한 외적 변신이 아닌 내면의 치유를 포함한 총체적 힐링으로서 인생 대반전의 계기임을 강조한다. 특히 정신과 전문의가 포함된 힐링 멘토 의료진까지 내세워 외모 때문에 좌절된 꿈이나 관계의 상처 같은 심리적 문제들의 힐링에 초점을 맞추기도 한다. 그러나 이러한 프로그램들의 배후에는 성형수술 홍보라는 거대자본의 욕망이 도사리고 있음을 누구도 부인할 수 없다.

한국의 성형 열풍은 새로운 '에프터' 종족을 탄생시켰다. 사람들의 통행이 잦은 길거리에는 쉽게 볼 수 있고 다이어트를 책임진다는 간판과 현수막이나 지하철에서 예외 없이 마주하는 성형광고에는 한결같이 '비포'(before), '애프터'(after)를 비교해서 보여주는 성형사진이 있다. 화장술만으로도 성형효과를 준다는 메이크업 성형, 나아가 사진 이미지를 조작하는 디지털 성형, 외과적 수술에 이르기까지 모두 S라인에 맞추어져 있다.

성형의 유행으로 외모를 판박이처럼 찍어낸 탓인지 거리엔 '김태희들'이 넘쳐나는 것 같다. 작고 귀여운 눈, 복스러운 코, 네모난 턱 등은 '죄'가 되고 크고 동그란 눈에 V라인 얼굴이 모범답안이 되는 대한민국이다. 미래에는 의학 발달로 마치 자동차의 부품을 바꾸듯 우리 몸의 일부를 인공제품으로 바꾸는 것이 일상화될 수도 있다. 이쯤 되면 "당신은 몇 % 인공입니까?"라는 질문을 하게 될지도 모른다. 본질, 내용, 진짜를 볼 줄 알고 그것을 기준으로 평가하고 평가받는 사회가 되기를 바라는 마음이 간절해진다.

증기기관의 발명이후의 속도혁명과 전자미디어의 혁명은 이제 새로운 이식혁명이 이루어지고 있다고 했다.[3] 기술이 발전할수록 진짜와 더 구분하기 힘든 가짜가 양산되기 쉽고, 더 진짜처럼 보이는 가짜에게 사람들은 더 쉽게 매료된다.

이젠 우리 사회의 여러 영역에 진짜와 가짜가 혼재돼 있는 상태가 신뢰사회를 가로막고 있는 것은 아닌가 하는 생각이 든다. '외모성형'에서 '학력성형'이나 '이력성형'이 적지 않은 사회적 물의를 일으키고 있기 때문이다. 스펙도 자기계발을 위한 것이 아니라 남에게 보이기 위한 것이고 보면 유사한 범주에 해당한다.

연예사회

오늘날 대한민국은 연예(演藝)사회다. 그리고 예능-오락프로그램이 텔레비전을 점령한 지는 오래다. 지금은 우리의 생활세계가 대중매체에 식민화되고 모든 대화는 시나브로 예능-오락으로 수렴되어 거대 담론은 밀려나는 시대인 것이다.

여기에는 나름대로 배경과 원인이 있는 것 같다. 우선 이념적 대립과 사회적 갈등에 치여 분열과 분노가 가득한 세상이고 보니 모두가 지쳐있다. 뉴스를 접해도 객관적 평가나 판단 대신 내편을 위해 반대편을 비틀어대는 기사들이 넘치고, 하나같이 화를 낼 듯한 행인들의 표정들에서도 우리사회의 삭막해진 모습을 읽는다. 수용자들이 그나마 편하게 보고 웃을 수 있는 것을 찾다 보니 소위 예능-오락 프로그램들이 전성기를 맞게 된 것이다.

연예의 사전적 의미는 방송, 대중음악 및 영화와 같은 활동 무대에서 대중에게 보여주는 기예(技藝)를 일컫는다. 그러한 분야를 연예계라고 하고 그곳에 종사하는 사람을 연예인이라고 부른다. 연예사회의 주역은 단연 인기를 먹고 사는 스타들이고, 이들에게 인기는 곧 정의이자 진리로 통한다. 인기를 먹고사는 스타는 시류에 영합하고 대중에게 아부하지 않을 수 없다. 연예사회는 스타가 지배하는 사회이고 '즐길 거리'가 넘쳐나고 진지함과 지성을 일깨우는 거대담론이 잠식되는 외화내빈(外華內貧)의 사회이다.

이에 지식인들은 이러한 사회분위기에 서로 함구(緘口)하는 분위기다. 교수만큼 스스로를 잘났다고 생각하는 사람도 없다는데 어찌된 일인지 교수와 법률가, 작가와 시민운동가들이 개그맨, 배우, 가수가 뒤범벅이 되어 연예사회를 향유하고 있는 것 같다. 또한 이름만으로 누구나 알 수 있는 유명 배우, 가수, 개그맨들도 겸임교수, 초빙교수, (정)교수, 명예교수, 석좌교수 등으로 대학에 진출하여 교수를 부업으로 삼고 있다. 한국의 대학에는 교수 종류만 30~50가지의 명칭이 있다고 하니 연예사회에서는 대학도 '연예화'되는 것 같다.[4]

세상이 힘들고 어려울수록 사람들은 스타들에게 일시적인 위로를 찾고 있는지도 모른다. 한국 청소년들의 절반이 연예계 스타가 되고 싶어 하는 이유가 바로 이러한 스타만능의 연예사회에 원인이 있는 것 아닐까?

많은 사람들로부터 박수를 받고 환호의 대상이 되기 위해서는 예뻐야 한다. 예뻐야 눈에 띄기 마련이고, 눈에 띄기 위해서는 건강을 해치더라도 예뻐져야 한다. 영어학원 강사로 있는 외국인의 인터뷰 기사를 읽어본 일이 있다. 자기에게서 영어를 배우는 학원의 여자아이 대부분이 비행기 승무원이 꿈이라고 하는데, 그 이유는 예쁜 여자들만 뽑히기 때문이란다. 이쯤 되면 한국에서 미모는 주요한 '스펙'이 되고 신체는 자본이고 권력이다. 연예인뿐만 아니라 보통 사람들이 자발적으로 얼굴, 가슴, 볼록 배를 성형하려는 이유는 바로 미모의 권력을 얻고 싶기 때문인 것이다.

『외모 꾸미기 미학과 페미니즘』이란 책을 펴낸 김주현 교수는 성형공화국의 결과를 이렇게 한탄한다.[5] "화장처럼 쉽게 시행되는 성형수술로 놀랍게도 전 국민이 미모의 평준화를 이룬다면 '마침내 외모의 민주주의를 이룩한 자랑스러운 대한민국'을 위해 만세라도 불러야 하는가. 다양성, 풍부함, 역동성에서 시작된 미적 권리의 결과가 획일화라면 뭔가 이상하다. 이 사회의 진리이자 당위로서 의심의 여지가 없었던 외모 꾸미기는 어느새 대중의 자발적인 미적 권리의 발현이 아니라 강력한 미적 압력으로 변질되어 버린 듯하다."

룩키즘 연구

외모를 중시하는 룩키즘(Lookism)은 한국어로 '외모지상주의' 또는 '외모차별주의'로 번역된다. 룩키즘은 1978년 미국의 '비만 인정 운동'(Fat acceptance movement)에 참여했던 사람들이 처음 만든 용어로 외모가 사람을 차별하거나 편견을 갖게 한다는 의미를 지닌다. 이용어가 알려지게 된 것도 같은 해 「워싱턴 포스트 매거진」이 이 운동을 취재한 기사에 인용하면서 부터이다.

그러나 룩키즘 연구에 학계의 관심이 고조된 것은 2000년대에 들어와서 부터이다. 2000년 새파이어(William Safire)가 「뉴욕타임즈」에 게재한 칼럼에서 인종-성별-종교-이념 등에 이어 새롭게 등장한 차별요소로 룩키즘을 지목하면서 보편화 되었다. 신(新)인종주의로 이해되기도 한다.[6]

룩키즘을 학술적 영역으로 끌어들인 분야는 문화연구와 경제학이다. 문화연구에서는 룩키즘을 성(gender) 역할과 기대, 미에 대한 선입견, 외모에 대한 문화적 고정관념과 관련된 개념으로 수용하였다. 경제학에서는 외모에 따른 소득수준의 차이, 회사 동료의 외모 평가와 직원의 생산성 관계 등에서 이 개념이 사용되고 있다. '미인경제학'을 제창한 대니얼 해머메시(Daniel Hamermesh) 미국 텍사스대 경제학 교수는 외모가 좋은 사람이 취업도 잘 되고, 업무 성과도 좋고, 돈도 많이 벌고, 대출 받기도 쉽고, 협상에서 유리하고, 멋지고 고소득을 올리는 배우자를 만난다고 주장한다. 그는 예로 외모와 소득의 상관관계에 "얼굴이 평균보다 잘생긴 사람이 그렇지 못한 사람보다 평생 2억 5000만 원을 더 번다"는 것을 실증적으로 제시하고 있다.[7]

미디어포화상태의 사회에서 룩키즘 연구는 당연이 '미디어 룩키즘'에 대한 연구이다. 또한 미디어 룩키즘이 어떤 메커니즘을 통해서 발생하고 미디어는 이러한 현상들과 어떤 관련성을 갖고 있는가 등에 대한 미디어 룩키즘에 대한 연구는 사회구성주의적 관점에서 이루어지고 있다. 이는 미학사(史)를 통해서 확인할 수 있듯이 미에 대한 개념은 시대별로 차이가 있으며, 미에 대한 정의와 미를 구현하는 대상의 조건도 시대적 상황에 따라 변하기 때문이다.

현대인들이 신체의 아름다움을 가꾸기 위해 노력하는 이유는 신체미가 경쟁사회에서 하나의 경쟁력으로 작용하고 있음을 경험하기 때문이다. 의학, 심리학, 사회학 등 다양한 분야에서 진행된 실험 연구결과들은 한결같이 신체의 아름다움이 사회적 경쟁력을 확보하는 수단이며, 권력이 될 수 있다고 하였다. 이는 신체를 가꾸려는 노력, 신체미를 이용한 성공 욕망, 외모에 의한 차별 등을 연구하는 데 주요한 단서가 된다.

사회적 의미의 수용체로서 신체(미)에 대한 연구들은 더글라스(A. Douglas)의 인류학, 푸코(M. Foucault)의 권력 그리고 고프만(A. Goffman)의 사회적 상호작용 등을 흔히 인용되어왔다. 그러나 이들의 연구는 신체에 대한 학문적 발전의 계기가 될 수 있어도 미완의 신체를 스스로 개발하는 개념으로 이동시켜 이루어지는 룩키즘 연구로 확대하기에는 한계가 있다. 그러나 신체자본과 페미니즘에서 진행했던 부르디외(P. Bourdieu)의 연구들은 룩키즘 연구에 밑거름이 될 수 있다.[8]

현대사회에서 가치 담지체의 역할을 하는 신체가 상품화되는 다양한 방법을 분석한 부르디외는 신체가 상품화된다는 의미에 신체가 노동력의 매매와 맺는 밀접한 관계뿐만 아니라, 신체가 자본이 되는 방법까지 포함한다. 즉, 신체가 권력, 지위 구별의 상징을 소유하고 있다는 것으로서, 사람들은 사회내에서 자신의 가치를 인정받을 수 있는 방식으로 신체를 개발한다는 것이다.

또한 부르디외의 스포츠 사회학을 통한 신체의 자본화에 대한 논의는 페미니즘 연구자들이 주목하는 부분이기도 하다. 페미니즘 연구자들은 스포츠 및 신체적 문화 분석에서 부르디외의 자본, 장(field), 실천감각(Habitus) 등을 핵심적인 개념으로 사용되고 있다.[9]

부르디외의 연구가 페미니즘과 결부되는 또 하나의 지점은 소비자 문화이다. 생산중심의 자본주의 체계가 소비중심으로 재편되는 과정에서, 사람의 신체는 상품화의 대상이 되어 상품의 위계질서에 편입된다. 페미니즘 이론에서 다루는 주제는 매우 다양하지만, 대표적인 연구주제는 차별(discrimination), 고정관념(stereotype), 객관화(objectification), 억압(oppression), 가부장제(patriarchy) 등이다.[10]

한국 사회의 자존감 위기

최근 룩키즘 현상이 증폭되고 있는 것은 외모가 연애나 결혼처럼 사적인 관계뿐 아니라, 취업이나 승진 같은 공적인 관계에서도 영향을 미치기 때문이다. 이같이 외모에 대한 인식이 사회적 관계로 확대되어 개인의 삶을 좌우하기 때문에 한국인들은 외모를 가꾸는 데 시간과 자본을 기꺼이 투자하게 된다.

특히 한국에서의 성형은 단순한 미용의 차원을 넘어 '치유와 생존'의 서사적 기능까지 담당하는 단계에 이르렀다. 실제로 많은 젊은이들은 어학연수나 자격증을 따는 데 돈과 시간을 투자하는 것보다 성형수술로 예뻐지는 것이 취업이나 결혼에 훨씬 유리하고 현대사회에서 가장 손쉽게 신분상승의 욕구를 채워주는 것이라고 생각하는 것이 사실이다.

통칭 미남미녀(美男美女)는 대체로 인구의 5%선이라 한다. 뛰어난 균형미로 나머지 95%와 차별화된 행운아들이다.[11] 그러나 연예인들은 물론 거리의 젊은 여인들도 모두 성형수술로 제2의 김태희나 전지현의 짝퉁이 되어가고 있다. 중년층들도 보톡스, 주름제거술과 지방이식으로 '젊어지기'에 목숨을 건다. 그만큼 우리사회에는 외모와 관련된 신조어들도 활성화되고 있다.

20세기에는 얼굴이나 몸매가 아름다운 사람을 지칭하는 용어로 조각 미인, 서구적 미인 등이 통용되었으나, 21세기 들어서는 얼짱, 꽃미남, 몸짱, S라인, 완소남, 완소녀 등의 다양한 신조어들이 등장한다. 최근에는 신체 전반이 아닌 특정 신체 부위를 세밀하게 지칭하는 꿀벅지, 황금골반, 초콜릿 복근, 꿀피부 등의 신조어들까지 등장하고 있다. 이는 바로 사회문화적으로 외모를 중시하는 룩키즘 현상이 더욱 강화되고 있다는 것이다.

미용성형은 신체에 대한 부정적 경험으로 자아 존중감이 매우 낮은 여성들에게 자아 존중의 회복을 위한 대안이 될 수 있다는 긍정적 측면이 있으나, 이러한 한국의 외모지상주의는 한국 사회가 겪고 있는 자존감 위기의 다른 표현이기도 하다. 이는 명품 집착이나 해외 조기유학 열풍과도 무관하지 않다. 내면이 황폐한 사람들이 외모·명품·학벌·재력·권력으로 치장하려 한다.

장자(莊子)는 '겉을 중시하는 자의 내면은 졸렬하다(凡外重者內拙)'고 했다. 고쳐야 하는 건 얼굴이 아니라 마음이며, 성형 미인보다 아름다운 건 사람의 그윽한 향기다.

그래서 장자는 '덕이 장차 그대를 아름답게 할 것(德將爲汝美)'이라고 했다.[12] 이것이 최소한 공영방송만이라도 추구해야 할 이 시대의 미디어 철학이어야 하지 않을까?

2
명품 비틀기

명품 신드롬

우리사회의 두드러진 또 다른 문화현상 중 하나는 명품 신드롬이다. 구찌 가방 하나쯤은 있어야 하고, 짝퉁이라도 아르마니 재킷 하나쯤은 입어야 멋쟁이 소리를 들을 수 있는 세상이다. 「월스트리트 저널」이 한국을 '세계에서 명품에 가장 호의적인 나라'로 지칭할 정도이다. 수년 전 모 백화점 강남점에 문을 연 샤넬은 오픈 당일 하루 매출이 4억 5000만 원에 달했다고 한다. 이는 샤넬 130년 역사상 오픈 당일 매출 기록으로 프랑스 샤넬 본사도 놀랐고 기네스북에 오를 정도였다.[13] 1000만 원대 시계 브랜드 '예거-르쿨트르'의 경우 이 브랜드가 진출한 40여 개국 중 한국이 매출 성장률 1위를 기록하며 스위스 본사로부터 상을 받기도 했다고 한다. 왜 이러한 명품시장이 활성화되고 있는가?

원하던 명품을 구매하면 세상을 다 가진 것 같은 기쁨을 준다고 한다. 이 때문에 1회로 끝나는 것이 아니고 지속이 되는 것인지도 모른다. 또한 명품의 소비계층은 소수의 몇몇 사람에게 제한되는 것이 아니라 시간이 흐르면서 상층에서 중간층으로, 중간층에서 하층으로 점점 넓게 퍼져 하나의 신드롬이 된다.

이젠 '중고 명품족'까지 등장하고 명품구매가 재테크의 수단까지 되고 있다. 예를 들어 1년 전 해외여행에서 250만 원에 산 샤넬 가방을 일 년을 사용하고도 350만 원에 다시 팔 수 있는 기이한 현상이 실제로 벌어지고 있는 것이다. 이같이 쓰다가 중고품으로 내놓아도 구입가보다 높은 가격에 팔 수 있게 됨으로서 '샤넬+재테크'의 합성어인 '샤테크'라는 신조어도 등장했다. 지금은 중고명품 가게들이 서울 강남 압구정동 일대에만 30여 개가 몰려 있으며 전국적으로 100여 곳이 넘고 중고명품 시장규모는 1조 원대(2010년)에 육박하는 것으로 보도되고 있다. 중고 명품 시장은 불황도 비켜간다고 한다. 불황기에는 잠자던 명품을 들고 와 현금화하는 경우가 늘어나고 신제품구매에 경제적인 부담을 느끼는 구매력이 있는 골드미스가 중고 명품 시장에 몰려들기 때문이다.

이러한 우리사회의 현상은 '파노플리 효과'(effet de panoplie)를 생각하게 한다. 파노플리 효과란 소비자가 특정제품을 소비하면 유사한 급의 제품을 소비하는 소비자 집단과 같아진다는 환상을 갖게 되는 효과를 말한다. 프랑스의 철학자 장 보드리야르는 아이들이 경찰놀이를 하면서 자신이 경찰인 것처럼 착각하여 행세하는 것처럼, 소비사회에서는 사람들이 고급 브랜드를 구입함으로써 스스로 상류층 인 양 착각하게 한다고 주장한다.

참으로 허탈한 것은 명품 브랜드로 돈을 버는 유럽에서는 정작 명품 족을 실제로 볼 수 없다. 유럽 대도시의 명품가게에는 중국인, 한국인 그리고 일본인 관광객들이 항상 붐빈다. 특히 이들은 대부분 단체관광객들이고 씀씀이가 크다. 명품브랜드를 판매하는 명품가게들은 관광객들이 몰려다니는 명품거리(?)에 있기 때문에 이러한 진풍경을 쉽게 발견할 수 있다. 그리고 이들을 맞이하는 명품가게의 점원들도 현지어와 모국어를 구사하는 현지의 한국인과 중국인 그리고 일본인들이다. 명품가게의 서양인은 지배인뿐인 경우가 많고 고객과 점원 대부분이 아세안인 것은 아이러니한 광경이 아닐 수 없다.

상징의 소비와 방송

한국이 세계에서 명품에 가장 호의적인 나라가 된 것은 연예인 놀이터가 되어버린 방송의 영향도 크다고 생각한다. 서울의 백화점 명품코너에 가보면 과연 이러한 물건을 구입하는 사람들이 있을까 생각이 들 정도로 값이 비싸지만 방송에서는 에르메스, 구찌, 루이비통처럼 명품 명가들이 만들어내는 여성용 명품 가방이 등장한다. 모 종편채널에서는 연예인들이 소장하는 명품과 진품을 전시하고 전문가가 소위 짝퉁으로 판정하면 작두로 조각내는 프로그램도 있다.

소위 명품가방들은 바늘 한 땀, 실밥 한 올, 염색 하나도 장인 정신이 빚어낸 작품들로 '짝퉁'들과는 차원이 다른 것임에는 틀림없다. 그러나 명품브랜드가 '턱없는 가격'으로 중산층의 얄팍한 계층의식을 자극한다. 백화점 명품관에는 일반 경제학으로는 설명할 수 없는 마케팅 전략이 있다. 일반인은 값이 쌀수록 많이 사지만 상류층은 값이 비쌀수록 많이 산다는 것. 상품을 사용가치로 소비하는 것이 아니라 신분과시를 위한 일종의 기호로 소비한다는 점을 겨냥한 전략이다. 명품은 상류층이 자신을 하류층과 구별하는 기호다. 자신이 중산층이라고 생각하는 사람은 언젠가 상류층으로 도약하고 싶어 한다. 명품은 그 꿈을 실현시켜주는 요술방망이 역할을 하는 것이다.

광고업자들이 제작한 상품광고를 전달하는 대중 매체는 가장 극명하게 자본의 전략에 일치하는 소비주체의 욕구를 재생산한다. 특히 텔레비전 브라운관을 통해 인기 스타들이 선보인 의상, 액세서리, 헤어스타일 등은 순식간에 이미테이션으로 시장에 등장한다. 포스트먼(N. Postman)은 텔레비전이 우리의 생활세계에 영향을 미치기 시작한 이후 정치, 종교, 뉴스, 스포츠, 교육, 교역 등 공공 담론이 모두 쇼 비즈니스화되어 현대인들은 '죽도록 즐기기'만 하고 있다고 하였다. 이목을 끌어야 살아남을 수 있는 쇼 비즈니스 사회에서는 악명(惡名)조차 자산이 된다. 연예계 흥행 공식인 노이즈 마케팅은 이런 쇼 비즈니스 사회의 축도에 불과하다.[14]

이는 실력 있는 사람이 시쳇말로 뜨게 하는 것이 아니라 유명한 사람이 곧 실력 있는 사람으로 여겨지게 하는 것이다. 쇼 비즈니스 사회는 정치인과 철학자조차 연예화(演藝化)로 몰고 간다. 한국의 방송은 연예인들의 놀이터이고 선전장이 된 지 오래이다. 드라마들의 내용들은 사치스러운 의상, 고급승용차, 고급가구와 주방기구들의 협찬으로 명품을 걸치고 명품만 쓰고 사는 사람들을 보여주며 구매를 부추기는 꼴이 되고 있다.

요즈음 대세를 이루고 있는 예능프로그램에는 연기자, 가수, 운동선수, 개그맨, 아나운서 그리고 최근에는 그들의 어린 자녀들까지 출연시켜 모두가 연예인으로 통합된 것 같다. 출연자들 중 가수가 많아서인지 새 음반 홍보가 많고 연예인의 속도위반 이야기, 호사스런 결혼식, 자녀의 백일파티, 살림집 등을 소개하는 프로그램들로 넘쳐나고, 연예인의 고부갈등까지 예능프로그램의 소재가 되고 있다. 그래서인지 한국 어린이들의 장래희망은 연예인이 1위이다.

이것이 오늘의 한국의 민낯이다. 그리고 이는 한국이 세계 최고 성형공화국인 된 것이나 교육내용보다 학벌을 우선하는 것과도 맥을 같이하는 것이다. 자본주의 시장경제가 지배하는 지구촌에서 화폐가 물신(物神)이 된 대표적 공간이 한국 사회인지도 모른다. 고등학생의 47%가 '10억 원이 생긴다면 1년 교도소에 가는 것도 괜찮다'고 대답하는 게 오늘의 현실이기 때문이다.

보드리야르의 말처럼 현대사회의 소비는 상징의 소비이다. 그는 특정한 사물의 '결여 감정'에 의해서 생긴다는 전통적인 자연적 욕구개념을 환상이라고 비판한다. 모든 욕구는 '사회적으로 구성된 것'이라는 것이다. 인간은 본질적으로 자율적인 존재이지만 단지 '기호의 의미망(網) 속'에서 상징을 소비할 뿐 기호체계를 벗어난 의미의 탄생은 있을 수 없다. 즉, 순수한 사용가치 혹은 순수한 욕구의 주체는 없다는 말이다. 이처럼 소비욕구는 바로 자본의 세 가지 전략, 즉,

낭비의 미화, 미적 혁신, 유행체계를 통해서 끊임없이 재생산된다.

자아실현욕구

김난도 교수는 자신의 책 『사치의 나라, 럭셔리 코리아』[15]에서 부유층들의 전유물이었던 사치가 현대 사회에서는 소비의 평등화가 이루어져 누구나 누릴 수 있는 것으로 만연하고 있다고 하면서 사치의 네 가지 유형을 소개한다. 첫째로 주로 부유층이 자신의 신분을 과시하고 다른 계층과 자신을 구별하기 위해 사치품을 소비하는 '과시형 사치', 둘째로 부유층을 시기하고 부유층과 똑같이 사치품을 구매하는 유형인 '질시형 사치', 셋째로 명품을 소비하면 자신이 다른 자아로 변할 수 있다는 환상에서 사치하는 '환상형 사치', 그리고 넷째는 주위 사람들이나 스타가 사용한다는 이유로 덩달아 고가품을 구매하는 '동조형 사치'이다.

명품 구입은 무엇보다 '과시형 사치'가 가장 보편화된 유형이다. 이는 흔히 부자들이 계급적인 특성을 의식해 구입하는 것을 의미한다. 자본주의 사회에서 부를 소유한 자들은 스스로를 특별하고 남들과 같다는 것을 거부한다. 그래서 이들의 사치는 부를 과시하기 위한 것이다.

물론 '질시형 사치'도 명품을 구입하는 중요한 유형의 하나이지만 가짜부자들이 진짜부자를 흉내 내기 위한 사치다. 이들은 부자들을 질시하면서 무시당하지 않기 위해 여력이 없어도 사치를 포기하지 않는다. 이러한 소비심리를 놓치지 않는 마케팅전략은 부자만을 대상으로 하지 않고 인간의 허영심을 꼬드겨서 부자들을 질시해서 사치를 하도록 유도한다.

명품을 구입하는 유형들 중에 사회적으로 심각한 문제가 될 수 있는 것은 '환상형 사치'다. 이는 초라한 것을 두려워하고 변신을 꿈꾸는 일종의 강한 나르시스적 환상에서 무리해서라도 비싸고 유명한 것을 소유하고 싶어 한다. 이들은 또한 소비를 덕으로 믿고 중독으로 이어질 수 있는 우려스러운 사치형이다.

그리고 청소년들에게 흔히 나타나는 것은 '동조형 사치'이다. 이것은 친구들이나 주변 사람들에게서 따돌림을 당하지 않기 위해서 수준을 맞추려고 구매하는 경우다.

미국의 심리학자 매슬로(Abraham Maslow)는 뇌에선 다섯 가지로 구별되는 욕구가 단계별로 형성된다고 주장한 바 있다.[16] 기본적으로 식욕, 성욕 같은 '생리적 욕구'가 충족된 다음에는 위험에서 보호받으려는 '안전욕구'에 집착한다. 그다음 단계로 '애정욕구'와 '존경욕구'가 뒤 따르고 욕구의 피라미드 맨 상층에 '자아실현욕구'가 나타난다. 그러나 자아실현이란 결과가 아니라 인간이 추구하는 궁극적 목표로서 어느 누구도 완전한 자아실현을 할 수는 없다.

매슬로는 일상생활에서 우리가 맛볼 수 있는 최상의 경험을 '결정경험'이라 하고 이러한 결정경험을 얼마나 많이 갖느냐에 따라 자아실현의 정도를 가늠할 수 있다고 하였다. 즉, 어려운 문제를 풀고 난 후의 기쁨, 어려운 사람을 진심으로 도와주고 난 후의 만족감, 열심히 땀 흘려 일하고 그 대가를 받았을 때의 기쁨 등을 갖는 정도에 따라 자아실현이 얼마나 이루어졌는가를 알 수 있게 된다는 것이다.

그러나 명품 구매를 통해서 자아실현이 과연 이루어지는 것일까? 어차피 명품 구매는 상징구매로서 불변적인 절대가치의 실현이 아니라 인위적 가치의 구매이고 보면 객관적 현실에서 자아를 들여다볼 수 없는 허구행위일 수밖에 없다.

짝퉁의 반란—명품 패러디

짝퉁이란 "고급 브랜드의 상품을 모방하여 만든 가짜 상품을 속되게 이르는 말"이다. 명품만큼이나 자주 회자되는 말이지만 짝퉁을 예찬한다면 언어도단(言語道斷)이다. 이는 마치 권력의 횡포에 맞선 아나키스트의 등장에 비유될 만하기 때문이다. 그러나 오죽하면 짝퉁예찬론이 나오겠는가?

몇 해 전 한 케이블 방송에서 명품 수집벽이 있는 이른바 '4억 명품녀' 이야기가 공론의 대상이 됐었던 적이 있었다. 일정한 직업도 없는 20대 명품녀는 2억 원 상당의 다이아몬드 키티 목걸이, 3000만 원 이상을 호가하는 버킨백(에르메스), 700만 원 상당의 재킷을 착용하고 있었다. 그가 부모에게 받은 가장 비싼 선물은 벤틀리 스포츠카(3억 원 상당)라고 했다.

이 방송이 나가자 네티즌들의 분노가 확산됐고 국회에서 이 문제가 언급됐으며, 국세청이 세무조사를 할 의향을 밝히기도 했다. 그러나 그녀는 자신의 미니 홈피에 "에라이 실컷들 나불대라. 난 내일 롯

본기힐즈(일본의 명품매장 밀집 번화가)나 가서 실컷 놀다 올 거다. 아무리 열폭('열등감 폭발')을 해도 눈 하나 깜짝 안 하는 게 나니까"라는 글을 올려 맞대응했다고 한다.

그러나 그녀의 방송 내용은 대부분 거짓인 것으로 드러나 명품녀는 짝퉁녀가 되었지만 여론의 비판이 일자 방송사와 '짝퉁녀'간에 책임공방이 다시 사회적인 화두가 됐다. 사실여부와 무관하게 짝퉁녀의 방송은 시청률 끌어올리기에만 전력해온 한국방송의 환부를 보여주는 한 사례였다.

명품을 모조한 짝퉁은 불량품으로 호도되고 대대적인 압수와 제재를 당하고 기업 간의 소송이 자주 벌어지는 보도들을 국내에서도 심심치 않게 볼 수 있다. 그러나 짝퉁이 아닌 모조 브랜드로 명품에 도전하는 합법적인 패션이 있다. 일명 '페이크(fake)패션'이다. 2012년 힙합 뮤지션들의 패션 아이템으로 시작하면서 대중에게도 알려지기 시작한 페이크패션은 의도적으로 명품의 로고를 위트 있고 재밌게 비꼬아 패러디 한다. 짝퉁은 불법이지만 페이크패션은 합법적으로 모방이 당당히 이루어진다. 물론 명품 업계는 페이크패션이 자신들의 브랜드 이미지를 악화시킨다는 이유로 강력히 반발하고 있다. 그러나 페이크패션이 이미 패션업계에 인기 있는 아이템으로 자리를 잡았고 저렴하고 스타일리쉬 하며 위트 있는 발상으로 연예인들도 즐겨 입는다.

페이크패션이 우리의 관심을 끌고 있는 이유는 명품 브랜드의 가방이나 옷이 지나치게 넘쳐나게 하여 명품으로서의 희소성이 사라질 수 있게 할 수 있기 때문이다. 예를 들어 페이크패션인 '진저 백'

(ginger bag)은 나일론 천에 해외 유명브랜드 가방 사진을 프린트한 것인데, 자세히 보지 않으면 원본과 구별이 되지 않을 정도로 똑같다. 앤디 워홀(Andy Worhol)의 통조림 수프 그림과 같은 팝아트적인 아이디어에서 시작된 것이다. 진저 백은 에르메스(Hermes)를 호미(Homies)로, 셀린(Celine)을 펠린(Feline)으로, 구찌(Gucci)를 부찌(Bucci)로 바꿔 프린트한 페이크패션이다.

진저 백의 '진저'라는 브랜드 네임도 우디 알렌의 영화 「블루 재스민」에서 출연하는 진저(Ginger)에서 유래한 것이다. 뉴욕에서도 손꼽히는 부촌인 '햄튼'의 저택과 명품 매장이 즐비한 맨해튼 5번가 등 화려한 상류층 1%의 생활을 누리던 재스민이 이혼 이후 빈털터리가 되어 뉴욕에서 정반대되는 서부의 샌프란시스코에 머물고 있는 여동생 진저를 찾아 생활하면서 극과 극의 상황을 통해 가장 소박한 매력들을 부각시켰다.

이러한 알 만한 명품브랜드에 대한 패러디풍조는 소비자들이 과시욕보다 실속을 따지는 가치 소비를 선호하기 시작했다는 증거이고 물질 만능주의에 대한 비판으로 새로운 짝퉁의 합법적인 반란이기도 하다. 또한 이러한 풍조는 사치를 바로잡을 수는 방법으로도 기대가 된다. 보드리야르는 이같이 우리를 구속하는 상징가치의 구조적 법칙을 전복하기 위해서는 '상징적 교환의 회복'이 이루어져야 한다고 한다.[17] 여기에서 상징적 교환의 회복이란 기호의 질서에 의해서 교환될 수 없는 자의적인 교환이고 가역적인 교환을 통해서 이루어지는 '의미의 역전'을 의미한다.

필자는 계절과 옷차림에 따라 패션시계처럼 바꾸어 차고 다닐 수 있는 패러디 상품을 갖고 있다. 말하자면 '짝퉁'을 갖고 있다는 이야기다. 물론 명품시계를 진짜처럼 차고 다니고 싶은 생각은 전혀 없다. 그러나 패러디를 통해서 상징을 소비하는 인간심리를 확인하고 싶은 장난기가 가끔은 발동한다. 자신의 가치를 명품과 동일시하고 싶은 사람들에게서 "우린 모두 바보야!"를 확인하는 것이 결코 기쁜 일은 될 수 없지만 그렇다고 싫지도 않은 일이다. 우리는 물건의 사용가치에 의한 구매가 아니라 상징가치를 구매하는 '우둔한 현자(賢者)'들이 아닌가.

미디어 문화 자체는 기존의 사회조직에 순응하도록 개인들을 유도하기도 하지만 그 사회에 대한 개인들의 저항력을 길러주는 자원들을 공급하기도 한다. 요사이 젊은이들에게 인기 있는 텔레비전 개그프로그램에 명품소비풍조를 꼬집는 풍자가 많았으면 좋겠다. 그것도 소위 짝퉁을 소재로 한 개그였으면 좋겠다. 지금은 점점 더 지성적 저항력이 허용되는 여지가 줄어들고 오히려 '쇼비지니스'화된 미디어의 풍자적 웃음이 저항력을 가질 수 있는 사회가 아닌가?

3

미디어과잉사회의 국민건강

비만과의 전쟁

지금 이 순간에도 매초 5명의 아기가 태어난다. 이는 하루 40만 명 정도로 유엔은 세계 인구가 2025년 80억 명에 이르고 2100년 100억 명을 넘어설 것으로 전망한다. 그런데 세계 인구 70억 명 시대에 7분의 1인 10억 명이 굶주림에 시달리고 그보다 많은 15억 명이 비만으로 고민하고 있는 것은 아이러니가 아닐 수 없다.[18]

기관마다 통계에 차이가 있겠지만 미국 질병통제예방관리본부(CDC)의 발표에 따르면 2012년 미국 성인의 35.7%, 어린이는 17%가 비만이다. 한국도 예외가 아니다. 성인 비만율이 1998년 26%에서 2012년 32.4%로 역대 최고치다. 특히 고도비만(체질량지수 30 이상) 인구는 같은 기간 2.3%에서 5%가 됐다. 한국보건사회연구원 추계에 따르면 비만이 야기하는 사회경제적 비용이 연간 5조 5981억 원(2010년 기준)에 달한다.[19] 그런데 미국에서는 줄어드는 어린이의 비만 증가율이 우리나라가 세계에서 제일 높다는 기사에 놀라지 않을 수 없다.

교육부가 발표한 「2013년 학교건강검사 표본조사결과」에 따르면 국내 초중고생의 비만율이 15.3%로, 지속적인 증가세에 있다. 어린이 비만의 원인은 주로 식습관 및 생활습관 등 환경 요인에 의한 것이다. 서구화된 식습관으로 영양가는 적고 열량만 많은 음식을 많이 먹고, 끼니를 거르거나 폭식을 하거나, 텔레비전이나 컴퓨터 앞에 오래 앉아 있는 것은 비만의 원인이다. 여기에 많은 어린이들이 학습부담 가중에 따른 수면시간의 부족과 가급적 덜 걷고 뛰며, 불안이나 고민, 억압 등 각종 스트레스에 시달리는 것도 비만의 원인이다. 그리고 사회경제적 배경이 열악한 가정의 아이들일수록 그런 상황에 노출되기 쉽다. 과보호가 과식으로 이어지기도 하지만, 무관심이 불량한 식습관으로 이어져 비만을 유발하기 때문이다. 2010년 조사에선 빈곤층이 많은 서울 중랑구(16.5%)가 서초구(11.34%)보다 5%포인트 이상 비만율이 높았던 것으로 나타났었다.

어린이의 비만율은 부모의 권위주의와도 관계된다. 캐나다 맥길대 연구진은 6~11세 아이 3만 7,000여 명의 부모들을 대상으로 아이 교육방식을 조사한 결과 부모가 권위주의적 성향이 강한 자녀의 경우 2~5세는 30%, 6~11세는 37% 정도 비만인 아이가 더 많았다.[20]

외부활동이 어린이의 비만과 직접적인 상관관계가 있다는 것은 상식적인 이야기이다. 동일본대지진 이후 피난생활과 옥외활동의 제한된 상황이 길어진 데 따른 운동부족과 스트레스로 후쿠시마 현의 비만 어린이가 급증한 것으로 나타났다. 일본 문부과학성은 2012년 학교 보건통계 조사 결과에 의하면 후쿠시마 현 어린이의 비만도가 전국에서 가장 높았다. 특히 5~9세, 14~17세의 비만도는 후쿠시마가 전국 1위고, 10~11세는 2위로 나타났다.[21]

국민의 지방과다증과 텔레비전 시청과의 상관성에 대해서 50개의 다양한 기업체들 남자직원들 6,000명 이상을 조사한 투커(Tucker)와 프리드만(Friedman)에 의하면 매일 3시간 이상 텔레비전을 시청하는 사람들은 매일 1시간 이하로 시청하는 사람들보다 두 배 이상 지방과다에 시달리고 있다.[22] 그러나 지방과다가 높은 텔레비전 시청의 결과인지 또는 높은 텔레비전 시청도가 지방과다를 가져오게 되는지를 밝힐 수 없다. 물론 텔레비전 시청과 같이 수동적인 여가시간의 양이 많으면 많을수록, 그만큼 스포츠와 같은 능동적이고 활동적인 여가시간활동은 줄어들게 되고 간식을 먹을 수 있는 시간은 많아져서 체중이 증가하는 결과가 수반된다는 것을 알 수 있다.

세계보건기구(WHO)는 비만을 '21세기 신종 전염병' 중 하나로 비만을 유발하는 건강 유해식품을 강력하게 규제해야 한다고 권고한 바 있다. WHO 연구결과를 보면, 전 세계적으로 과체중과 비만으로 심장질환을 앓는 사람은 연간 1700만 명에 달하며, 이로 인한 사망자수가 2005년 260만 명에서 2010년 340만 명으로 증가했다. WHO는 2015년에는 전 세계 비만 인구가 23.4%에 이를 것으로 내다봤다. OECD 회원국 중 비만치료에 건강보험을 적용하지 않는 나라를 찾기 힘들다.[23] 우리도 비만과의 전쟁을 선포하고 국가적인 비만 대책을 세워야 할 때다.

비만과 생활방식

텔레비전 시청이 국민건강에 미치는 영향에 대한 연구들은 주로 미국에서 많이 이루어져왔다. 미국이 세계 제일의 비만국가가 된 데에는 어린이들과 청소년들에게 겨냥되는 대중매체의 프로그램이나 광고들이 어린이 청소년들의 영양과 양육에 직접적인 영향을 미치기 때문으로 보고 있다.

텔레비전 프로그램들은 정상적인 식사시간을 매개해주는 경우가 드물고, 주로 간이식사 장면들이 사회적 활동의 효율성 때문에 수용자들에게 보여지게 된다. 자주 텔레비전에서 즐겨 먹는 것으로 비쳐지는 식품들은 편식하지 않는 식사, 정상적 몸무게의 유지, 지나친 지방, 포화한 지방산 그리고 콜레스테롤 피하기, 적절한 양의 탄수화물과 기타 혼합요소들을 섭취하기, 많은 설탕과 나트륨을 섭취하지 않기 등과는 전혀 상반된 것들이다.

미국의 한 연구에 의하면 4세에서 8세까지의 어린이들은 대부분 '정상적 아침식사'의 내용에 대해 아무것도 모르고 있으며, 흑인 어린이들은 건강을 유지하기 위해서는 광고에서 보았던 의약품을 먹어야 하고, 비타민을 먹고, 콜라를 마시고 인스턴트식품을 먹어야 하고 10명 중 7명의 어린이들이 인스턴트식품은 집에서 먹는 음식보다 더 건강하다고 생각한다는 결과를 보고하고 있다.[24] 이는 어린이들이 간식과 음료를 선택할 때 바로 텔레비전의 영향을 크게 받는다는 것을 확인해주는 것이다.

미국 텔레비전의 스폿광고의 절대 수치는 한 광고의 평균길이가 약 20초에 지나지 않으나 한 시간의 프로그램 중 평균 12분이 광고로 채워진다고 한다. 일 년 단위로 보면 이는 4만 개의 스폿광고가 방송된다는 통계이다. 그리고 어린이 프로그램에서 10개의 광고들 중에 8개는 장난감, 콘플레이크, 당분과 간식 그리고 간이음식식당들이 차지하고 있다. 특히 크리스마스 전 8주에서 12주 동안은 장난감 광고가, 그리고 이외의 기간에는 식료품 광고가 주류를 이루며, 토요일 아침 10개의 광고 중 6개가 식료품과 관계되는 상품광고이다. 여기에서 어린이들이 시청하게 되는 대부분의 식료품들은 당분이 함유된 콘플레이크, 생과자, 사탕, 단 음료 그리고 과자와 같은 과다한 당분 상품들이다. 오늘날 영양에 대한 참고사항들에서는 인공설탕의 소비를 줄일 것을 권장함에도 불구하고, 어린이들을 겨냥한 스폿광고들은 70%가 과당류, 고단위 지방, 콜레스테롤, 염분성이 포함된 식품광고들이고, 이와 반대로 30%만이 채소와 과일들에 대한 상품들이었다는 것이 확인되고 있다.

이러한 식품소비의 권장은 광고만이 아니라 프로그램 내용에서도 볼 수 있다. 주 방송시간대와 주말의 어린이 프로그램 시간의 경우 매 시간 9번을 먹거나 또는 먹거리에 대해서 이야기되었다는 사실이 확인되고 있다. 모든 텔레비전 출연자들의 3/4 정도가 매일 밤 먹고, 마시거나 이에 대해서 한 번 이상 이야기를 하고 있다. 부가적으로 주말의 낮 프로그램에서는 매시간 평균 4번을 먹었는데, 이는 주 방송시간대 비율의 절반에 해당하는 것이었다. 이 밖에도 간이식사를 하는 경우는 39% 정도이고, 42%가 아침식사와 점심 그리고 저녁식사에도 동일하게 자주 대두되었다. 주말의 어린이 프로그램에서는 간이식사는 더욱 중요한 역할을 하며(먹고 마시는 모든 경우의 45%), 그리고 정식 식사시간들은 더 적었고(24%), 반대로 과일을 먹는 경우는 전체 먹고 마시는 시간의 단 3~4%에 지나지 않았다.

음료와 관련해서 주 방송시간대의 프로그램들에서는 대부분 알코올을 마셨고, 커피와 차를 그 다음으로 마셨다. 만일 같은 시간에 먹고 마신다고 할 경우에는 50% 이상의 경우가 커피, 차 또는 알코올이 식사에 곁들였다. 이러한 방송 프로그램들은 당연히 미국을 최대의 비만국으로 만든 이유가 아닐 수 없다.

한국의 먹거리 방송

저녁 6시경이 되면 한국의 방송프로그램들은 음식점과 먹거리를 소개하는 내용들로 도배된다. 늘어난 여가시간과 풍족해진 생활 속에서 '먹거리'나 '건강'에 대한 관심이 높아진 생활상의 반영이라고 볼 수 있다.

대도시의 먹자동네나 관광지의 음식점들에는 XXX방송에서 방영된 명품 음식점임을 선전하는 간판과 현수막들이 널려있다. 이는 그동안 방송국들이 전국 방방곡곡을 찾아다니며 많은 음식점들을 소개해왔음을 알 수 있게 해주는 것이다. 한국에는 음식점 수가 80명당 1개꼴로 세계에서 가장 많지만 음식점 관련 프로그램들도 지나칠 정도로 많다는 생각이 든다.

그러나 이들 프로그램들의 수준은 소득 2만 6,000불 시대 문화수준에 미치지 못한다는 생각이 든다. 음식 소개 프로그램의 대부분이 싸고 맛있고 특이하다는 것만 강조되고 어떤 위생시설에서 어떤 차림을 한 조리사가 요리하는지 전혀 문제 삼지 않는다. 시끄럽고 지저분한 식당에서 식사예절이란 말은 거론도 할 수 없는 상태에서 마구잡이 식사를 하며 식사 후의 난장판 식탁까지 그대로 보여주고 있는 실태이다. 또한 입안에 가득 음식을 넣은 상태로 '맛있다'거나 '둘이 먹다 하나가 죽어도 모른다' 등의 아주 천박하면서도 천편일률적인 대답을 요구하는 경우가 없어야 할 것이다. 그 많은 음식과 맛집 관련 프로그램을 통해서 시청자들이 음식문화와 위생관념 그리고 식사예절까지도 배울 수 있는 수준의 프로그램들이 제작되어야 한다. 한편에서는 소비자보호를 위한 위해 상품들과 먹거리들에 대한 고발 프로그램들이 관심을 끌고 있는데, 다름 한편에서는 무책임한 음식점과 먹거리 프로그램들이 마구잡이로 제작되는 경우는 대조적이 아닐 수 없다.

그러나 이는 대부분 한국 음식과 음식점 소개 시에만 볼 수 있는 문제들이다. 양식과 일식당 소개 시에는 조리공간과 복장을 제대로 갖춘 음식점이 등장한다. 드라마에서도 중요한 모임이나 연인들의 만남은 일식집과 양식점에서 이루어지고 한국음식점은 그저 한 끼 식사를 때우는 공간 이상으로 등장하지는 않는다.

이같이 괴리감이 심한 두 방향의 프로그램들을 보고서 우리의 전통 음식문화에 대한 찬양과 세계화의 꿈은 요원하고 우리의 의식은 저소득 후진국을 벗어나지 못하고 있다는 느낌이 든다. 우리 고유 음식과 문화의 우수성을 세계에 알리고 싶다면 현재 우리 식문화의 위생의식과 예절문화부터 바로잡아야 할 것으로 생각된다.

방송은 음식과 음식점을 다루는 프로그램에 관한 가이드라인이 만들어져 장바구니를 들고 장보기의 생활화에서부터 맛 위주만의 소개를 벗어나 친절도, 주차, 위생상태, 가격까지 고려해야 한다. 뿐만 아니라 구체적으로는 손톱에 매니큐어를 칠하고 반지를 낀 상태로 재료를 만지거나 플라스틱 바가지로 끓는 음식을 휘젓고 양파 망에 재료를 넣어서 우려내기 등 환경호르몬과 위생을 고려하지 않는 상태로 조리하는 음식점을 소개해서는 안 된다.

특히 요즘 '유전자 재조합 식품'(GMO)의 표시제에 대한 보도가 자주 나오고 있으나 GMO에 대한 위해성 여부는 전혀 확인해주지 않고 있다. 이미 프랑스에서는 GMO의 재배조차 금지한 상황이고, 기아에 허덕이는 아프리카에서도 식용으로 주겠다는 GMO를 거부하기도 하였다. GMO는 사람이 먹고 난 후 신체적 위해성에 대한 내용을 보도해주는 것이 우선일 것이다.

체중의 양극화 현상

과거에는 부유한 인물들을 묘사할 때에 비만한 체형으로 그리는 경우가 많았으나 이제는 우리의 체형이 많이 변해 비만의 문제가 고

소득층만의 문제가 아니라 국민 전체의 문제로 발전하였다. WHO는 비만을 '세계적 전염병'으로 규정했다. 20세기 후반 인류건강을 위협하는 최대의 적이 에이즈였다면 21세기엔 비만이 그 자리를 차지할 거란 분석이 나오는 판이다. 이에 '비만과 전쟁'이 낯설지 않은 말이 되었고 나라마다 비만을 줄이기 위하여 다양한 정책을 펴고 있다.

듀크대 에릭 핀켈슈타인(E. Pinkelstein) 교수는 통계를 기초로 2030년이 되면 미국 비만 인구가 전체의 42%에 달할 것이고 그에 따른 의료비용은 20년간 660조 원이 더 들 것으로 전망했다. 그러자 미국 언론들은 "비만이 미국 경제의 발목을 잡고 말 것"이란 비관적 분석을 쏟아내기 시작했다. 지금은 폐지됐지만 덴마크는 2011년 지방 함량 2.3%를 초과하는 고지방 식품에 대해 포화지방 1kg당 16덴마크크로네(약 3,400원)의 비만세를 세계 최초로 부과했었다. 국민의 47%가 과체중이고 13%가 비만인 상황에서 고지방 식품에 세금을 부과해 섭취를 줄이려는 의도였다.[25]

오스트레일리아 콴타스 항공의 수석 이코노미스트를 지낸 토니 웨버(T. weber)는 2000년 이래 성인 승객의 평균 몸무게가 2kg 늘었다고 분석했다. 에어버스 A380 기종으로 치면, 시드니에서 런던까지 비행하는 데 472달러어치 연료를 더 썼다는 뜻이다. 이 구간을 1년 동안 하루 3차례 왕복한다면 1만 달러어치의 연료가 더 들어가는 셈이다. 이러한 몸무게나 짐무게에 따른 추가 요금 제도는 '처벌'의 의미가 아니라 다른 승객에게 전가된 비용을 본인에게 되돌리는 것이다.[26] 비행기 연료 소비의 증가는 단지 수익을 따지는 문제만도 아니다. 지구온난화를 부르는 환경 문제이기도 하다.

삼성경제연구소는 2012년 『비만의 사회경제적 위협과 기회』[27]라는 리포트에서 한국은 비교적 비만도가 낮은 국가군에 속하지만 과체중과 비만 비율이 상승하는 추세이고 특히 아동비만 문제가 갈수록 심각해지고 있다고 밝혔다.

오상우 교수 연구팀이 12년간의 국내 인구의 체중 변화를 살펴본 연구결과도 흥미롭다. 최근 일반적인 비만인구는 늘지 않지만 고도비만 인구가 급속히 늘고, 반면에 특히 젊은 여성을 중심으로 저체중 인구도 급속히 늘고 있다는 것이다. 즉 고도비만과 저체중이라는 양극단의 현상이 생긴 것이다. 이 연구에 따르면 우리나라에 비만이 늘어난 원인은 1980년대 후반부터 다양한 패스트푸드가 국내에 보급되기 시작하였고, 이와 비슷한 시기에 자동차를 비롯한 교통수단, 컴퓨터, 게임기 등이 비만 유발 요인들이 우리 주변에 확산되었기 때문이다. 그리고 고도비만이 급증한 것은 바로 이 시기에 청소년이었던 사람들이 이제 비만 유발 유전자를 가진 성인이 되면서 급격하게 늘어나게 되었다는 것이다.[28] 고도비만은 유전적인 요인과 함께 주변의 환경적인 요인도 크다. 비만 유발 유전자를 가졌다고 해서 직장인이 회식에 빠질 수 없고, 밤늦게까지 맞벌이해야 하는 부모의 자녀가 건강식을 골고루 챙겨서 먹을 수 없는 것이 현실이기 때문이다.

반면에 여성의 경우 저체중 인구가 늘어나게 된 것은 마른 체형을 선호하는 잘못된 사회적 인식과 편견 때문으로 보고 있다. 비만은 자기관리의 실패이며 마른 체형의 여성들이 더 쉽게 직장을 구할 수 있고 적극적인 사회생활을 할 수 있다고 생각하는 것이 일반적이다. 저체중이 늘어나고 있는 것은 상대적으로 비만에서 자유로운 사람들까지도 과도한 체중 관리를 하기 때문이다. 이러한 저체중과 고도 비만체중의 양극화 현상은 다양한 질병에 걸릴 위험뿐만 아니라 스트레스와 우울증 등의 정신적인 문제를 유발하고 심각하게 삶의 질까지 떨어뜨린다.

여기에 저체중의 현상은 미디어에 의해 촉발된 'S라인'의 신드롬 때문이기도 하다. S라인은 외모지상주의의 미디어 룩키즘의 산물이다. 거의 모든 텔레비전의 등장인물들은 날씬하고, 이상적인 몸무게와 날씬한 몸매를 갖고 있다. 미국의 경우 텔레비전 연기자들 중에 뚱뚱한 몸매의 인물은 남자의 경우가 6% 이하 그리고 여자들은 2%에 지나지 않으며, 여성출연자들의 75%는 말랐으나, 5%만이 뚱보로 뚱뚱한 여인은 스테레오 타입에만 한정되어 있다고 한다.[29]

또한 「플레이보이」와 같은 인쇄매체들은 이 잡지의 모델들뿐만이 아니라 미스 아메리카에 당선되기 위해서 지원하는 여성들도 점점 더 마르고 있다는 사실을 확인시켜주고 있다. 이는 한국도 예외는 아니다. 여성독자들에 소구(訴求)하는 여성잡지들의 메시지들은 날씬해지는 것은 미(美)를 위한 절대조건이며, 광고에 출연하는 마르고 날씬한 여성상은 유행하는 옷과 화장품 그리고 다이어트를 통해서 얻어진다는 것을 강조하는 것이다. 또한 케이블 방송에서 흔히 볼 수 있는 늘씬한 모델들의 워킹은 여성시청자들이 날씬한 몸매를 유지하기 위해 다이어트를 하게 만든다. 이뿐만이 아니라 피트니스 센터마다 다이어트를 권하는 전단지를 뿌리고, 지하철 역사에는 성형외과 광고가 난무한다. 비포(before), 애프터(after)로 보여주는 성형광고 사진은 '애프터 족'이라는 신조어를 탄생시키기도 했다.

이러한 환경은 사춘기의 청소년들과 특히 젊은 여성들이 비만에 대한 두려움으로 먹는 것을 거부하는 거식증의 원인이 대중매체의 영향이라는 데 이의가 있을 수 없게 되었다. 거식증은 의학적으로 신경성식욕부진이다. 이렇듯 에스라인은 건강을 해치더라도 획득해야 한다는 고강도의 사회적 스트레스로 작동한다. 오늘과 같은 미디어 포화상태의 사회에서 특히 공영미디어만이라도 비만과 국민건강에 대한 경각심을 갖게 해줄 수 있어야 한다.

4

청년실업과 방송의 계몽성

직업시장 변화와 방송

직업의 종류는 몇 개나 될까? 미국 노동성이 확인한 직업의 수는 2만 5,000개 정도이고, 한국의 직업 개수는 1만 3,000개에 이르는 것으로 알려지고 있다(2013년). 앞으로도 기술의 발전과 사회의 변화에 따라 수많은 직업들이 사라지기도 하고 새롭게 생기기도 할 것이다.

미래의 선호직업으로 새롭게 부상하고 있는 직업들은 매우 다양하다. 인간의 학습능력과 추론·지각능력 등을 로봇 같은 컴퓨터 프로그램에서 실현시키는 인공지능 전문가, 세계적으로 예술의 한 분야로 부상하고 있는 타투이스트(문신사), 항공편과 숙박지 예약, 워크샵 장소 물색 등 기업 활동에 필요한 제반 업무를 대행해주는 기업 컨시어지(집사), 기업 간 온실가스 배출권 거래의 중개자인 탄소배출권거래중개사, 환자와 가족들의 가족력, 병력 등 유전질환에 대한 이해와 적절한 대응 방법을 선택할 수 있도록 돕는 유전학상담 전문가 등 매우 다양한 분야가 새롭게 부상하고 있다.[30]

한국고용정보원을 비롯한 전문기관들도 미래 유망 직업으로 해상변호사, 숲치료사, 빅데이터 전문가, 건물에너지평가사, 탄소배출권거래중개사, 기업 컨시어지, 유전학전문 상담사, 소셜미디어 관리 전문가, 원자로 조종사, 영화 컴퓨터그래픽 디자이너 등을 꼽고 있다. 미래 선도적 기술들은 계속해서 수많은 직업들을 생겨나게 할 것이다. 예를 들어 IBM에서 2013년에 발표한 '미래 기술 트렌드' 보고서에 따르면 빅데이터와 클라우드 컴퓨팅 그리고 모바일-소셜 비즈니스가 미래시장을 주도할 핵심 기술로 선정됐다.[31] 3D 프린터의 판매, 제품 원료, 관련 서비스를 아우르는 전 세계 시장 규모가 2018년에는 162억 달러로 커질 것으로 내다봤다.

이러한 직업의 변화와 함께 '직업 바꾸기'를 시도하는 직장인들도 많아졌다. 우리나라 직장인 5명 중 3명(62%)은 현재 두 번째 혹은 세 번째 직업을 갖기 위한 준비를 하고 있는 것으로 알려지고 있다. 잡코리아가 남녀직장인 743명을 대상으로 '두 번째 직업 준비'에 대해 조사한 결과이다. 우선 '평생 몇 개의 직업을 갖게 될 것이라 예상하는가'에 대해서 조사한 결과, 1개라고 답한 직장인은 6.7%에 불과했고, 3개(35.3%) 혹은 2개(28.5%)를 예상하는 직장인들이 많았다. 그리고 목표로 하는 두 번째의 직업을 생각하고 있다는 응답자가 82.1%로 5명 중 4명 이상으로 많았다. 현재 두 번째 혹은 세 번째 직업을 위한 준비를 하고 있냐는 질문에는 62%인 절반 이상이 '준비하고

있다'고 답했다.[32]

이와 같이 직업의 유형이 다양하게 진화되고 이에 따른 '직업 바꾸기'가 대세인 시대에 방송은 특히 청소년이나 젊은 구직자들에게 자신이 선호하는 직업을 갖게 하고 미래의 직업에 대한 진로정보를 제공해줄 수 있는 일차적인 통로의 역할을 할 수 있어야 한다고 생각한다. 그러한 역할을 하는 독일방송의 예를 들어보자.

독일의 최장수 프로그램

독일의 제1텔레비전(ARD)의 「나는 누구일까요?*Was bin ich?*」라는 직업 알아맞히기 프로그램은 최장수 방송프로그램이었다. 필자가 독일에 유학하여 처음 대했던 이 프로그램은 그 후 여러 차례 방문교수로 독일에 체류 할 때에도 방영되고 있었으나 사회자 램브케(Lembke)의 사망 이후 종영된 것으로 알고 있다. 이 프로그램은 우리나라에서도 한때 라디오를 통해 인기를 모았던 「스무고개」와 같이 퀴즈박사들이 출연자의 직업을 알아맞히도록 진행됐다. 그리고 시청자들에게는 미리 제작된 출연자들의 직업세계를 소개하였다. 지금 생각해보니 그동안 이 프로그램에 출연했던 직종들은 매우 다양하다. 미장이, 목수, 제빵사, 광부, 재단사, 유리창 청소부, 보석감정원, 주류감정원, 폭파전문인 등 이루 헤아릴 수 없이 다양한 수준의 직업인들이 출연했었다.

독일인들의 이름에는 직업 명칭 자체가 선조부터 내려온 성(이름)

인 경우가 많다. 제빵사(Backer), 백정(Metzger), 재단사(Schneider), 대장장이(Schmied), 마부(Kutsch), 망치(Hammer), 양배추(Kohl), 어부(Fisher)등은 생각나는 대로 적어본 독일의 역대 총리들과 정치인들 그리고 유명한 교수들의 이름이다. 이러한 이름들은 과거 농공행상(農工行商)을 천민으로 치부해온 우리사회에서는 하층민의 이름일 수 밖에 없다.

이같이 직업지향적인 현실성을 띄고 있는 독일인의 이름과는 대조적으로 우리나라 사람들은 대부분 자연 회귀적 심성(心性)을 담은 정적인 이름들을 갖고 있다. 유교문화의 유산이다. 이름만이 아니라 우리의 언어는 예의범절이나 존칭과 인척관계를 나타내는 친족 언어가 발달한 것도 유교문화의 유산이다. 반면에 직업과 관련된 전문용어는 미진하기 이를 데 없다. 지금도 우리는 직업세계에서 사용되는 전문용어들이 외국어로 사용되는 경우가 많다. 예를 들어 토목이나 복식업과 같은 수공업에는 대부분 일본어와 불어가 사용되고 있는 경우이다.

언어는 각기 다른 사회문화적이고 자연적인 환경에서 오랜 세대를 거처 생성된다. 예컨대 핀란드의 추운 북쪽 지방 라플란드의 언어에는 '얼음의 얼고 녹는 것'을 표현하는 단어가 20여 개나 되고, '추운'이라는 형용사도 11개, '눈'의 종류는 21개, '눈이 온다'는 동사는 26개나 된다. 아랍에는 낙타의 혈통, 임신주기, 담당하는 일 등과 관련되는 단어가 6,000여 개나 되고, 아프리카의 카퍼(Kaffer)족의 언어에는 가축의 색깔과 무늬에 대해서만 26개의 표현법이 있으며 마오리(Maori)족은 3,000여 개의 이름으로 색조를 표기한다. 이집트의 베두인(Beduin)족은 모래의 종류를 10가지로 표현하고 하우사(Hausa) 흑인들은 사슴 종류를 90여 개로 표현한다. 이는 유교적 전통에서 친족어와 예의범절에 대한 언어가 발달한 경우와 같이 언어가 자연적인 환경과 사회문화인 환경의 영향을 받아 오랜 세대를 거처 생성된다는 것을 말해주는 것이다. 우리나라의 경우에는 유교문화의 영향이외에 역사적으로 아픔을 견디어온 민족이어서 아픔을 표현하는 언어들이 발달되어 있다고 한다. 예를 들어 한국인 환자가 "춥고, 떨리고, 메스껍고, 오싹하고 한전난다"는 아픔의 호소를 외국어로 표현하기는 어렵다는 것이다.

「나는 누구일까요?」라는 직업소개 프로그램이 독일에서 오랫동안 시청자들의 사랑을 받았던 이유는 무엇일까?

독일인들의 직업관은 기독교사상에 뿌리를 둔 것이다. 그들에게 직업세계에서의 성공은 '하나님이 정해 준 자기직업(Calling)'에 최선을 다하여 장인(Meister)이 되는 것이다. 이러한 독일인들에게 직업현장의 일상과 직업교육과 유관된 유익한 내용이 담겨 있는 방송프로그램을 모든 가족이 함께 시청할 수 있는 소위 황금시간대에 방영함으로써 부모와 자녀들이 미래의 직업선택과 직업교육에 대해 대화를 나누 수 있게 해주기 때문이다.

최근 정보사회로의 진입과정에서 새로운 직종들이 많이 생겨나기도 하지만 지금 까지는 인기가 없었던 직종이 다시 인기를 얻기도 한다. 직업의 유형은 과학기술의 발달로 변모되어가는 사회에서 미처 젊은이들이나 부모들이 파악할 수 없을 정도로 다양하게 생겨나고 있다. 「나는 누구일까요?」라는 프로그램은 당연히 옛날의 직업

군(群)에는 없었던 새로운 직업들을 소개했을 것이다. 우리의 방송들도 이같이 급속하게 사회적 변화와 더불어 변모되는 직업세계를 오락성을 곁들여 홍보할 수 있는 장수 프로그램들을 정착시킬 수는 없을까?

한국의 최장수 프로그램

한국의 최장수 프로그램은 어떠한 특성과 사회문화적인 배경을 갖고 있을까? 한국의 최장수 프로그램은 KBS의 농촌드라마 「산 너머 남촌에는」이다. 이 프로그램은 1990년 9월부터 방영된 「대추나무 사랑 걸렸네」의 후속으로 잠시 중단되었다가 2007년 10월부터 방송되었으니 24년째의 최장수 프로그램인 셈이다. 지금은 종영되었으나 이보다 앞선 최장수 프로그램은 MBC의 「전원일기」였다. 전원일기 역시 산업화로 변모되어가는 농촌의 모습을 담은 농촌드라마로 1980년 10월에 첫 방송된 이래 2002년 12월에 종영되어 만 22년간 인기리에 방영됐었다.

이러한 전원프로그램이 오랫동안 인기를 누릴 수 있었던 것은 나름의 이유가 있다고 생각된다. 「전원일기」나 「대추나무 사랑 걸렸네」는 과거 농촌의 향수를 자극하는 것이었다면 지금 방영되고 있는 「산 너머 남촌에는」은 변모된 농촌사회의 모습을 통해서 사회를 보는 시청자의 시각을 계몽시켜주는 프로그램이기 때문이다. 도시에서 농촌으로 귀농(촌)하여 뿌리내리고 사는 사람들, 동남아 신부와 '결혼한 다문화 농촌가정들, 그리고 이들 가정에서 태어난 코시안(kosian) 등이 서로 융화되어 정착해가는 다양한 이야기가 전개되고 있다.

이같이 우리 방송의 최장수 프로그램은 시청자들의 고향에 대한 향수를 자극하면서도 시대의 변화에 민감하게 반응하며 진화하는 농촌사회를 보여주고 있다. 전형적으로 농촌이라고 하면, 노후 된 낡은 집, 불편한 교통, 유행에 떨어진 의상 등 도시와는 동떨어진 모습으로 그동안 그려져 왔다. 하지만 「산 너머 남촌에는」은 과거의 농촌이 아니라, 현대의 그리고 미래의 모습을 그려나가겠다는 기획의도를 담고 있다. 그래서 이 드라마에는 주인공들의 삶의 모습이나, 집 내부의 모습 등에서 도시와 그다지 다르지 않은 현대 농촌의 모습을 그려내고 있다.

그러나 「산 너머 남촌에는」은 농촌드라마로 불리기에는 어설픈 점도 있다. 농촌드라마가 가져야 할 지향점이 우리 농촌의 있는 그대로의 모습과 고민들을 담아내는 것이어야 하지만 고부간의 갈등, 사돈 간의 갈등을 첨예하게 보여주고 있어서 일일드라마와 아침드라마의 갈등구조와 다르지 않아 보이는 것은 유감이다.

한국의 농촌은 산업화로 인구가 줄어들고 고령화되었다. 2012년 전체 인구 중 농촌 인구는 5.8%이고 농가는 전체 가구 중 6.4%에 지나지 않는다. 농가구당 평균 식구는 2.5명이고, 농촌의 고령화는 65세 이상이 51.3%로 심각한 문제로 부각된 지 오래다. 그래도 우리의 농촌인구의 비율은 일본의 2.1%, 프랑스의 2.0%, 독일의 1.6% 그리고 미국의 1.7%에 비하면 상대적으로 높은 편이지만 한국은 가장 짧은 기간에 대다수의 농업인구들이 농촌을 떠나 도시의 근로자로 이주하여 도시인구밀도가 급격하게 증가한 나라이다.

그나마 희망을 갖게 하는 것은 최근 경제가 어려워지고 실업인구가 늘어나면서 40대 이하의 귀촌인구가 늘어나고 있는 것이다. 통계청 자료에 의하면 2013년 도시를 떠나 지방에서 새 삶을 찾으려는 귀농 가정 수가 역대 최다를 기록하여 가구 수로 3만 2,424가구, 사람 수로는 5만 6,267명에 이른다. 이같이 도시에서 농촌으로 귀농하여 뿌리내리고 사는 사람들은 고부가가치 농업 등에 대한 관심이 높아지면서 40대 이하 젊은 층과 은퇴를 앞둔 베이비붐 세대(1955~1963년 출생)의 움직임이 두드러졌다. 2000년 이후 귀농은 베이비붐 세대가 주도했으나 최근 들어 40대 이하가 지난 3년 만에 6.7배로 늘어나서 50대보다 많다.[33]

그리고 최근에는 성냥갑 같은 아파트생활을 벗어나려는 욕구가 반영되어 평일 닷새는 도시에서 직장생활을 하고 주말엔 전원주택에서 보내는 '5도2촌' 생활을 하거나, 역으로 평일에는 전원주택에 살다 주말엔 도시를 찾는 은퇴자의 '5촌2도' 생활 방식이 늘고 있다. 토지주택연구원에 의하면 국민의 57.8%가 이러한 라이프 스타일을 위해 세컨드 하우스를 구입할 의향을 갖고 있다. 이런 삶의 실천은 국민의 행복 증진과 도농 결합, 지역 재생, 은퇴자의 안정된 생활, 친환경적 자원 순환에 도움이 된다. 이젠 도시와 농촌의 결합을 새로운 차원에서 지원해 자원이 순환하는 삶의 방식을 확대하여 자연생활을 통해 도농이 혼합된 라이프 스타일이 보편화될 수도 있을 것 같다.

그러나 여전히 도시생활에 길들여진 대다수 도시사람들에게 농촌생활이란 먼 나라의 이야기쯤으로 생각하게 되었지만 그래도 도시인들은 잊혀가는 농촌에 대한 향수를 갖고 있으며 언젠가는 농촌생활로 되돌아가고 싶은 것이 도시인들의 로망이기도 하다. 이는 시청자들이 농촌사회를 배경으로 한 전원드라마를 선호하는 이유인 것이다. 필자 또한 전원드라마를 통해서 충청도 계룡산 자락의 고향마을에서 보냈던 어린 시절을 행복한 추억으로 떠올리기도 하고 변모되어가는 오늘의 농촌사회를 이해하고 있다.

방송의 직업교육적 계몽성

한국은 '잠재적 일자리 위험 국가'이다. OECD 주요 회원국 가운데 한국의 일자리 창출 경쟁력은 하위권에 머무는 것으로 조사됐다. 현재 한국의 청년 일자리 창출력은 조사 대상 20개국 중 16위이다. 한국은 산업구조 부문에서 20개국 중 11위에 올랐지만 직업교육(16위), 정부제도 및 규제(18위) 부문은 하위권으로 처졌고 고용구조와 사회문화 인프라 부문은 20위로 꼴찌였다.[34]

청년 일자리 창출 경쟁력에서 1위는 스위스, 2위는 독일 그리고 3위는 네덜란드가 차지했다. 스위스는 탄탄한 제조업 및 낙농업 기반 위에 관광, 금융업 등 서비스업이 고루 발달되어 있고, 독일은 수출주도형 산업구조와 기업 주도의 효율적 직무교육 체제를 갖춘 반면에 네덜란드는 제조업 및 운송업이 균형 있게 발달하고 높은 고용률을 보였다.

양질의 새 일자리를 만드는 일은 중요하면서 그만큼 쉽지 않은 일이다. 기술의 발달과 함께 직업의 종류도 새롭게 진화하여 더욱 다양해지고 또한 그만큼 '직업 바꾸기'를 시도하는 직장인들도 많아졌다. 그런데도 불구하고 일자리 창출이 여전히 어려운 것은 여러 가지 원인들이 있을 것이다. 특히 청년 실업률의 해소를 위해서는 현재 당면한 현실에 초점을 맞춘 정책과 프로그램도 필요하지만 미래의 성장동력과 연계된 새로운 직업시장의 변화와 직업교육에 대한 정보가 충분하게 확산되어야 한다. 따라서 방송도 일자리 창출의 중요성에 주목하고 특히 미래의 주역인 청소년들과 학부모들에게 미래의 직업에 대한 진로정보를 제공해줄 수 있는 일차적인 통로의 역할을 할 수 있어야 한다.

요람에서 무덤까지 미디어문화의 세례를 받으며 살아가는 현대인들에게 미디어환경의 변화는 생활양식의 변화이자 새로운 환경과의 조우(遭遇)이다. 텔레비전은 비록 현실의 단면만을 모사(模寫)할 수밖에 없지만 이러한 직업의 진로와 직업교육에 대한 통로로 작용할 수 있다고 생각한다. 이미 소개한 독일의 최장수 프로그램인 「나는 누구일까요?」는 현재의 직업세계와 미래의 직업시장 변화를 '정보적 오락'(Infortainment)과 '교육적 오락'(Edutainment)의 형식으로 알려주는 프로그램이다. 이 프로그램은 시청률이 가장 높은 골든아워에 방영되어 부모와 자녀가 함께 시청하면서 꿈나무들의 진로에 대하여 자연스럽게 대화를 나누게 해주고, 청소년들이 미래의 직업에 대해서 꿈을 갖게 해주는 계몽성 있는 프로그램들의 좋은 예가 될 것이다. 물론 많은 사람들이 방송은 계몽성에서 자유로워야 객관적이고 공익적일 수 있다고 말하지만 오히려 미래를 예측하고 적응해갈 수 있는 지혜를 줄 수 있는 방송프로그램들이 많았으면 한다.

최근 KBS에서도 매주 일요일 이른 오후에 실업 고등학생들의 취업프로그램인 「스카우트」가 방영되고 있다. 「스카우트」는 3년 동안 취업을 위해 특성화 교육을 받은 특목고 학생들이 바로 취업을 할 수 있게 한 방송으로 디자이너, IT개발자, 여행기획자, 마케팅 등 출연 기업이 원하는 전문 분야의 학생들이 오디션에 참여하는 방식으로 진행되고 있다. 그러나 프로그램의 형식이 경쟁에서 스카우트되는 극적 재미를 추구하고 출연 기업의 홍보성 연출과 출연자들의 가정사를 들추어내는 구성은 바람직하지 못하다. 앞으로 공영방송의 프로그램답게 「스카우트」는 정보적 오락성과 교육적 오락성의 지혜를 발휘하여 재미있으면서도 계몽성을 구현해주기를 바란다. 특히 새로운 직업정보들과 함께 학생들과 학부모들이 직업교육현장과 기업현장에 방문함으로써 다양한 직업세계에 대한 체험기회를 제공하고, 이들이 프로그램 이후에도 자녀의 진로에 대한 대화를 풍성하게 만들 수 있었으면 좋겠다.

우리의 방송은 지나치게 오락성에 치우쳐 있는 것이 사실이다. 특히 텔레비전의 오락프로그램들은 마치 연예인들의 놀이마당과 홍보수단으로 전락되었다. 이제 공영방송만이라도 현란한 조명 속에 국적 없는 춤과 노래로 청소년들을 현혹시키는 프로그램들 대신에 웹매니저, 전자상거래상, 패션머천다이저, 캐릭터디자이너, 컬러리스트, 공인환경평가사, 환경영향평가사, 디지털제어산업기사, 전자회로설계사, 기상예보기술사, 항로표지기사, 소비자전문상담사 등 전도유망한 새로운 직업현장과 종사자들이 출연하는 프로그램을 정착시켜서 청소년들과 학부모들이 직업세계에 대한 새로운 정보와 안목을 갖게 해줄 수 있어야 할 것이다.

지금은 미디어시대이다. 방송은 공익성에 좀 더 충실하여 청소년들에게 미래의 직업정보를 제공해주고 자신이 선호하는 직업에 대한 꿈을 갖게 해주는 통로의 역할을 할 수 있어야 할 것이다. 이젠 사회적 파급효과가 큰 공영방송은 더 이상 하위문화의 메카가 아니라 모든 문화를 규정 짓는 상위문화의 메카로 자리매김되어야 한다.

안정적인 일자리의 확보는 중요한 국가적 과제이다. 최근 정부는 정년 연장, 청년실업 해소, 경력단절 여성의 취업 등을 고려하여 근로시간 단축과 양질의 시간제 근로 활성화, 여성·청년 등 비경제활동인구의 고용가능성 향상, 중소기업 투자 확대, 이공계 대졸자 취업지원 등 다양한 방안을 마련하고자 한다. 그러나 정부의 노력에도 불구하고 미래의 주역인 청년의 취업문은 더욱 좁아지고 있다. 정부는 2013년 예산 11조 원을 일자리 만들기에 쏟아부었음에도 불구하고 청년고용률은 사상 처음으로 30%대로 주저앉았다. 기획재정부는 청년고용률이 낮은 이유를 높은 대학진학률에 따른 취업 눈높이가 상승하고, 대기업·공기업 등 안정적 일자리를 선호하는 경향이 커졌고, 여기에 정년연장으로 고령층 일자리가 유지된 반면 고학력자가 많은 청년층에 걸맞은 노동 수요는 그만큼 줄었기 때문에 고용률은 정체되어 있다는 것이다.

기간방송인 한국방송공사도 이제 시대적 요구에 부응하여 직업교육과 재교육 그리고 직업전환교육에 대한 관심과 함께 고용창출을 위한 직업정보의 제공에도 관심을 가져야 한다. 특히 교육방송(EBS)은 입시 위주의 방송에서 직업교육과 사회교육 방송으로 위상 전환이 이루어져야 한다.

5

사회투자광고

광고의 홍수

우리는 광고의 홍수 속에서 광고를 산소처럼 마시고 생활한다. 거리에 나서면 무질서한 간판들과 전광판 광고나 영업용 택시와 버스 그리고 지하철 역 플랫폼에 부착된 각종 광고들이 우리의 눈을 현란하게 한다. 또한 출근 전 아침신문을 펼치면 지면마다 깔려 있는 광고들이 어지럽고 간지로 끼어 있는 광고전단들로 간이 쓰레기통이 그득해진다. 텔레비전을 켜면 바르고, 먹고, 입는 광고 그리고 신뢰를 과시하듯 중견연예인들을 등장시킨 보험광고와 전자기기들의 경쟁적인 광고들이 아우성이다. 여기에 3류 극장을 방불케 하는 프로그램 예고방송들까지 시청자들을 짜증나게 하는 것들이다. 일상적으로 접하는 인터넷에 들어가면 여기저기 유저들의 눈길을 끌려는 얄팍한 광고들이 무단(?) 침입한다. 인터넷 포털의 광고 방법은 기묘하여 어떤 때는 육두문자까지 나올 지경이다. 클릭을 해야 할 부분에 광고가 겹쳐서 광고를 보지 않을 수 없게 만들고, 갑자기 큰 사진이 요란한 배경음악과 함께 눈앞에 다가와 잠시 놀라게도 한다.

그뿐인가 전국 방방곡곡 거리와 산야, 교회·사찰·국립공원·관공서·(대)학교에도 온갖 선전과 계몽의 구호들이 담긴 간판들과 현수막들로 뒤덮여 있다. 무얼 그토록 간절하게 알리고 싶을까? 각종 정당의 정치적 구호들, 교통 캠페인, 구청과 동사무소 그리고 경찰 등의 각종 관공서 현수막들과 사람이 오르내리는 구름다리에 내걸린 연예인 콘서트 현수막들이 사람들의 눈길을 끌어들인다.

대학캠퍼스도 일 년 내내 현수막잔치를 벌이는 것 같다. 각종 입시 현수막, 학술대회나 문화공연, 체육행사에서부터 각종 집회, 취업설명회, 유학박람회, 동아리 회원모집, 배낭여행 등에 이르기까지 홍보와 광고 현수막들이 난장을 이룬다. 여기에 각종 국가고시 합격자를 일일이 열거하는 학교 당국의 과시성 현수막도 한 목 한다.

이와 같이 한국은 광고의 나라이고, 구호의 나라이고 표어의 나라이며, 선전의 나라이고 계몽의 나라이며, 과시의 나라이고 절규의 나라이다. 이러한 광고와 홍보물의 아우성은 후진국의 징표다.

통계적으로 잡히지 않는 거리의 간판들이나 관공서의 각종 입간판과 현수막들은 제외하고 대중매체를 통한 상업광고에 쏟아붓는 비용은 연간 10조 원에 이른다(2013년 총 9조 7706억 원). 매체별로는 인터넷이 1조 9540억 원(20.0%), 지상파텔레비전 1조 9307억 원(19.8%), 신문 1조 6543억 원(16.9%), 케이블텔레비전 1조 3218억 원

(13.5%) 등의 순이다. 2013년 가장 주목한 광고시장의 이슈는 모바일 광고시장의 급성장이다. 스마트기기의 대중화로 모바일 광고시장은 2012년보다 100% 가까운 성장세를 보였기 때문이다. 앞으로도 텔레비전과 신문 등 전통매체들은 역성장을 벗어나기가 쉽지 않을 것으로 전망된다.[35]

착한 광고

광고는 필요한 것이다. 대량생산과 대량소비가 이루어지는 자본주의 사회에서 생산자와 소비자를 잇는 광고는 소비자가 자신이 원하는 상품을 구매할 수 있게 해주는 것이다. 따라서 소비자 입장에서 좋은 광고는 상품의 정보를 과장 없이 알려주고 만족할 만한 구매가 이루어지게 해주는 '착한 광고'일 것이다.

그러나 기업의 입장에서 '좋은 광고'는 판매고를 신장시켜 시장점유율을 높여줄 수 있는 광고일 것이다. 특정 브랜드에 대한 소비자의 욕구를 자극하여 구매하도록 하는 상품광고는 흔히 과장되고, 시장경쟁으로 과대한 광고비를 지출하는 브랜드의 광고는 바로 소비자의 부담으로 귀결되는 '나쁜 광고'일 수 있다.

최근 몇 년 동안 대중매체들이나 인터넷 기사에서 부쩍 '착함'이라는 단어를 자주 보게 된다. 한때 골목 상권을 침해하는 대형마트에 대한 논란과 경제 민주화를 요구하는 분위기에서 기업의 사회적 책임(CSR)이 보다 강조되었다. 착한 가격, 착한 먹거리에까지 착하다는 단어를 갖다 붙이는 것을 보면 얼마나 착하지 못해서 이러한 현상이 나타난 것일까? 여기에 '착한'이라는 말은 부적절해 보이는 단어와 결합돼 쓰이는 경우도 점점 많아지고 있다. 하청업체와 돈독한 협력 관계를 유지한 대기업을 '착한 기업', 기름값이 싼 주유소를 '착한 주유소', 물건을 구입하면 수익금의 일부가 자동으로 기부되는 경우를 '착한 소비', 지구촌 빈민들의 생활환경을 개선하는 기술을 '착한 기술', 노약자나 장애인들을 배려한 제품의 디자인을 '착한 디자인'이라고 한다. 뿐만 아니라 여성의 신체 부위까지 적용하여 착한 몸매, 착한 허벅지, 착한 가슴 등 새삼 언어의 확장력과 창조성이 감탄스럽기까지 하다.

우리 사회가 이 같은 '착한 신드롬'에 빠지게 된 것은 각박해진 삶에서 오는 역반응일 것이다. 사람들이 치열한 경쟁에서 살아남기 위해서는 강하면서 좀 모질어져야 하는 각박한 삶의 방식에 대한 반작용으로 양보하고 배려하는 따뜻한 마음의 착한 사람이 그리워지게 된 것이 아닐까? 착하다는 말에는 남에 대한 헌신, 희생, 배려 등이 담겨 있는 것은 물론 선하다는 윤리적 의미도 담겨 있다.

'아름다운 가게'의 초콜릿 제품인 '초코렛' 광고의 경우를 예로 살펴보자. 광고가 초콜릿을 많이 먹지 말라고 하는 카피로 광고를 하는 경우이다. 그야말로 거짓말 없는 광고, 기름기가 없이 고객과 민낯으로 만나는 광고이다. '초코렛'은 대기업이 소득수준이 낮은 후진국의 노동력으로 값싸게 수입 제조하는 비공정성을 비판을 받는 제품이고 보면, 초콜릿을 많이 먹지 말라는 광고의 카피는 제품의 특성과 맞아떨어지기 때문에 반전의 효과가 있다고 생각된다. 그리고 광고

주 또한 '아름다운 가게'라는 상당히 착해 보이는 분들이시기에 이러한 광고가 가능하지 않았겠는가?

'아름다운 가게'는 우리나라의 대표적인 사회적 기업이다. 사회적 기업은 고용 없는 성장, 양극화의 심화, 수직적 갑을 문화로 우울해진 우리 사회에서 저소득층에 일자리를 제공하며 수익은 다시 소외계층을 지원하는 착한 기업이다.

최근 들어 사회적 기업에 대한 관심이 늘었지만 우리는 아직 걸음마 수준이다. 2007년 「사회적 기업 육성법」을 만들었을 당시 50개이던 사회적 기업이 2012년 말 774개로 늘어났고 마을기업이나 협동조합도 늘어났으나 이들을 모두 합쳐도 3,000개에 불과하다. 우리도 이제는 '사회적 경제'에 본격적으로 눈을 돌릴 때가 왔다. 재벌 대기업이 주도하는 수출 중심의 성장전략에 궤도수정이 불가피하기 때문이다.[36]

스페인의 '몬드라곤'(Mondragon Cooperative)이라는 협동조합은 협동조합이라고 하기에는 규모가 엄청나게 크다. 일하는 사람만 8만 4,000여 명이고, 매출이 140억 유로(19조 원)에 이르는 스페인에서 7번째로 큰 기업이다.

지금은 기업윤리와 윤리경영의 중요성이 매우 중요하게 부각되고 있는 시대이고 우리 사회에서도 특히 대기업의 사회공헌은 하나의 기업문화로 자리 잡아가고 있는 것도 사실이다. 대다수 국민들은 기업의 사회공헌 활동이 무엇인지 인지하고 있고, 사회공헌 활동을 열심히 하는 기업의 제품을 구매하는 것으로 알려져 있다. 실제로 우리 기업들의 연간 사회공헌 지출 규모가 이미 3조 원(2011년)을 넘어섰을 뿐 아니라 사회공헌 가치체계 정립을 위한 노력도 포착되고 있다. 그러나 이러한 노력에도 불구하고 대기업에 대한 사회의 평가는 여전히 냉소적인 것이 사실이다. 이런 상황에서 기업의 사회공헌이 늘어나고 국민들의 기업 인식이 정적 관계가 될 수 있도록 보다 스마트한 '착한 기업의 사회공헌 전략'이 필요한 시점이다.

광고를 통해서 기업이 추구하는 사회공헌의 가치를 대중과 공유할 수 있고 사업에 대한 대중의 지지를 확보할 수는 없을까? 기업의 사회공헌과 경제적 이익을 연결하는 기제로 발전할 수 있는 광고가 바로 '사회성 기업광고'라 생각한다.

사회성 기업광고

광고인들이 알면 무식하다고 할 만치 필자는 평소 상업광고에 대해 삐딱한 생각을 갖고 있다. 광고란 좋게 이야기해서 상품정보를 소비자에게 전달하여 생산과 소비자를 연결해주는 가교 역할을 하지만, 나쁘게 말하면 특정 브랜드의 상품을 선호하도록 소비자의 구매심리를 꼬드기는 '조작'에 지나지 않는다고 생각하기 때문이다. 시장점유율을 높이기 위한 경쟁적인 상품들의 소모적 광고경쟁은 결국 소비자가 비싸게 상품가격을 지불하게 한다고 생각하면 열심히 보던 프로그램 중간에 광고가 튀어나올 때에는 나도 모르게 육두문자가 튀어나오고 만다.

그러나 가끔은 광고 내용이 예술보다 더 예술 같고 많은 것을 생각하게 하는 광고 콘셉트를 발견하게 될 때는 감탄사가 저절로 나올 때가 있다. 그야말로 잔재주를 빼고 비싼 연예인 모델도 출현하지 않는 창의적 아이디어만이 번득인다. 그 대표적인 예가 베네통(United Colors of Benetton) 광고이다. 베네통 광고는 자체가 꽤 자극적이고, 무엇보다도 패션기업 광고에 담아내기에는 무거운 사회적 메시지들을 전 세계 소비자에게 전달하고 있다. 인종 차별, 기아, 전쟁, 에이즈, 여성 폭력, 사형 문제 등을 주제로 짧지만 강력하게 사회를 비판하는 광고이다.

배네통이 제품이 아닌 이미지를 광고하면서 세상의 부조리나 사회문제를 세상에 전달할 수 있었던 것은 올리비에로 토스카니의 광고사진이 매우 큰 힘을 작용할 수 있었다. 신부와 수녀가 키스하는 사진, 백인, 흑인, 황인이 피부색은 다르지만 심장은 모두 같다는 사진, 정치적으로 적대적 관계의 국가원수들의 키스 사진들을 보여주며 인종 차별 문제와 인간애를 전달하고 있다.

이러한 베네통 광고는 어쩌면 제품광고 사진으로서는 전혀 어울리지 않지만 독자적이며 유행에 따르지도 않고 단순히 제품을 위한 의도적 표현을 담으려하지도 않고 창의력으로 표현된 기업의 내력과 정신이 담긴 표현이라고 볼 수 있다. 이러한 베네통 광고는 엄청난 명성과 함께 독자적인 광고 세계를 구축하게 하였다.

한정된 시간에 최대의 광고효과를 얻기 위해 대기업들이나 웬만한 중소기업들은 엄청난 광고비와 제작비를 투자하고 있다. 상업광고는 대행사가 전담하여 과학적인 소비자 분석과 함께 전문가들의 세밀한 전략적 '콘셉트'가 이루어지고 대부분 인기 있는 유명 인사나 연예인을 모델로 등장시켜 제작된다. 그러나 대중매체에서 매일 쏟아내는 상업광고들의 패턴은 그 소구 형식에서 다양성이 없다. 다양성이 없는 광고의 홍수 속에서는 아무리 차별화된 '콘셉트'를 내놓아도 부처님 손안의 손오공에 지나지 않는다.

단번에 대단위로 쏟아내는 대형 광고들도 당장 높은 인지도를 갖게 해줄지는 몰라도 소비자들에게 광고는 공해일 수도 있고 빨리 뜨거워져서 빨리 식어버리는 냄비효과만을 가져올 수도 있다. 그러나 착한기업의 이미지를 통해 국민들로부터 공신력을 얻는 전략은 먼저 광고효과에 무게를 두기보다 지속적인 사회공헌에 이바지할 수 있어야 한다. 그렇다고 자신의 부의 상당 부분을 사회에 환원하는 빌 게이츠, 워런 버핏, 조지 소로스 등의 정신만을 배우라는 것은 아니다.

사회투자광고?

필자는 소비자의 신뢰성을 높여 기업이익을 가져오게 하는 '좋은 광고'이면서 사회적으로는 '착한 광고'가 될 수 있는 '사회투자광고'(social invested Advertising)를 생각해보았다. 광고가 사회성과 연계된 기업의 사회영향투자(social impact investing)가 될 수 있는 방안이다.

그러나 사회투자광고는 정부가 주도하는 공익광고와는 다르다. 기업의 이름으로 특정 캐릭터를 개발하여 사회문화적인 이슈들을 광고에 담아내는 것이다. 사회투자광고가 중요하다고 생각되는 것은 기업 활동이 경제적 이익과 사회적 가치를 통합하는 공유가치를 창출할 수 있다는 점이다.

기업이 지속적으로 성장하려면 이젠 사회적 공유가치를 창출할 수 있는 경영패러다임으로 변화해야 한다. 공유가치 창출이란 기업 자신의 경쟁력을 증진시키는 동시에 공동체의 사회적 여건을 개선시키는 것을 의미한다. 사회투자광고는 공유가치를 구현하기 위한 광고혁신이며 '착한 광고'일 수 있다고 생각된다.

기업들은 뉴스 보도나 기업광고, 언론사의 기획기사 등을 통해 대중 인지도 확산 노력을 기울이고 있지만, 시장점유율을 높이기 위한 제품의 인지효과만을 지향하는 광고들이 봇물을 이루고 있다. 꼭 광고에만 적용되는 실험결과는 아니지만 미디어효과론에 '가수면 효과'(sleeper-effect)라는 것이 있다.[37] 광고를 본 직후 평소 공신력이 높은 기업의 광고와 공신력이 낮은 기업의 광고 사이에 수용자가 정보 습득량에는 차이가 없어도 평소에 공신력이 높은 송신자의 메시지 효과가 큰 것으로 나타났다. 그러나 한 달 정도가 지나면 평소 공신력이 높은 송신자의 메시지나 공신력이 낮은 송신자의 메시지나 그 효과 면에서 차이가 없게 나타났다. 이것이 바로 '가수면 효과'로서 시간의 흐름에 따라서 수용자들의 기억에는 메시지의 내용만 남고 정보원의 공신력은 잊어버리기 때문에 공신력이 적은 송신자의 메시지의 효과도 나타난다는 것이다. 이는 결국 광고의 빈도가 잦은 브랜드가 소비자의 기억에 남는다는 것을 입증해주는 것이다.

광고의 융단폭격에 무방비로 노출되는 소비자들에게 이 광고들은 그들의 기억에 어떤 흔적을 남겨놓았을까? 나는 이러한 가수면 효과를 믿지 않는다. 소비자의 눈길을 끌기 위해 욕까지 듣게 하는 광고들이 과연 효과가 있을까? 실제로 필자는 그러한 광고의 브랜드가 어떤 것인지를 기억해내지 못하고 있다.

국내외적으로 기업광고가 기업뿐만이 아니라 국가의 이미지까지 나타내줄 수 있는 상징물을 탄생시킬 수는 없을까? 월트디즈니의 오리 '도널드 덕'은 한 기업의 상징물이기 전에 미국의 상징물이 되고 있듯이 우리도 대기업을 중심으로 기업과 국가적인 이미지가 될 수 있는 상징을 대내외적으로 부각시킬 수 있어야 하겠다.

과거 한국 신문의 사사만화인 「고바우」, 「두꺼비」, 「왈순아즈매」는 작은 지면을 할애하면서도 독자들에게 시사해주는 메시지의 의미는 매우 크다. 이 같은 신문만화의 효과가 큰 이유는 무엇보다도 만화 주인공의 카락터를 통해서 현실 문제를 꼬집는 작가의 창의력이 있기 때문이며 내용의 시의성과 연속성이 있기 때문일 것이다.

신문만화와 같이 텔레비전에도 매일 만화가 등장한다. 독일 제2텔레비전(ZDF)의 「마인츠의 꼬마들*Mainzel-Mänschen*」은 황금시간대에 등장하여 웃음과 함께 많은 것을 생각하게 하는 가장 유명한 텔레비전 만화의 예가 될 것이다. 「마인츠의 꼬마들」은 텔레비전만화의 주인공들로 프로그램과 광고 그리고 광고와 광고사이의 막간에 불과 몇 초 동안 등장한다.

이 만화는 음악으로 치면 짧은 간주곡(intermezzo)과 같은 역할을 한다. 눈 깜빡할 사이에 텔레비전 화면을 스쳐 지나는 「마인츠의 꼬마들」이 시청자들의 사랑을 독차지하고 있는 것은 사고의 발상을 전환시키기에 충분한 재치가 넘치고 현실 문제를 풍자적이고 코믹하

「마인츠의 꼬마들」

게 터치하여 시청자들의 공감대를 형성하게 해주기 때문이다.

텔레비전만화 「마인츠의 꼬마들」은 사회적으로 큰 영향력을 갖는 것은 물론, 독일 헤센 주의 주도인 마인쯔 시의 상징물로서 인형으로 제작되어 인기 상품으로 관광객들의 사랑을 받고 있다. 「마인츠의 꼬마들」은 1963년 4월 1일에 처음으로 텔레비전에 등장했는데, 이의 아이디어와 디자인은 그래픽 디자이너이며 무대미술가인 게를라하(Wolf Gerlach)에 의해서 이루어진 것이다.

광고와 사회적 공유가치의 창출

장 보드리야르는 2007년에 남긴 마지막 저서 『사라짐에 대하여』에서 다음과 같이 말한다.[38] '과도함'이 근대문명을 낳았지만 완성된 문명은 오히려 과도함으로 인해 소멸의 길에 접어들었다고.

이 책에는 급진적 성찰이 관통하고 있다. 지금의 광고는 마케팅이라는 이름으로 지나치게 소모적 경쟁으로 발생하는 광고비를 결과적으로는 소비자들에게 떠넘기게 된다. 아무리 상업광고라도 냄비처럼 쉽게 뜨거워지고 쉽게 식어버리는 전략에만 집착하지 않고 경제발전과 함께 '삶의 질'을 중시하는 사회-문화 중심적인 전략의 개념이 도입될 수 있어야 한다. 즉, 지금까지의 시장중심적인 효과의 전략개념과 함께 사회-문화 중심적인 전략개념도 동시에 도입되어야 착한 광고 전략이 될 수 있지 않을까? 이같이 차별화된 발상의 전환은 시대상황에 대한 올바른 인식력과 문화의식이 뒷받침되지 않으면 안 된다. 이 경우 광고인이 사회학이나 문화사회학을 전공해야 할지도 모른다.

기업의 상품광고가 살아 움직이는 제2의 「고바우」와 「두꺼비」를 탄생시키고 한국적 「마인츠의 꼬마들」을 탄생시킬 수는 없을까? 이 같은 상징물들이 현실세계를 풍자해내는 재치를 광고를 통해서 소화해낼 수 있다면 소비자들로부터 사랑을 받는 광고, 보고 싶고 기다려지는 착한 광고가 될 것이다. 이 같은 사회 문화적 광고전략은 단순히 대외적으로 기업의 신뢰성을 줄뿐만 아니라 실질적으로 기업의 시장성과에도 영향을 미칠 것이다. 이 같은 착한 광고들이 많이 나와서 사회투자광고의 문화가 정착되기를 기대한다.

사회투자광고는 기업의 사회적 책임과 더불어 공유가치 창출이 화두가 되고 있는 시대에 요구되는 광고 유형이라고 생각한다. 몇년 전 동아일보가 주최한 포럼에 참석했던 마이클 포터(Michael Everett

Porter) 미국 하버드대 경영대학원 교수는 기업의 사회적 책임 대신 공유가치 창조(CSV, Creating Shared Value)를 제안하여 한국의 경영자들에게 많은 여운을 남겼다.[39] 그는 세계 굴지의 대기업들이 기업의 사회적 책임이라는 명분으로 다양한 사회봉사를 하고 있는데도 이들의 명성, 즉 대기업에 대한 사회의 인식이 별로 좋아지지 않는다는 것이다. 그 이유로 포터 교수는 두 가지를 꼽았다. 첫째, 기업들이 대부분 사회 요구에 의해 마지못해 CSR 활동을 하기 때문에 진정성이 없다. 둘째, CSR 활동은 기업이 이익을 내는 동안에는 어느 정도 유지하겠지만 손실을 내는 순간 제일 먼저 줄일 것이기에 지속성이 없다.

포터 교수는 기업이 내는 이익을 똑같이 취급할 것이 아니라 사회에 도움을 주는 이익과 사회에 해독을 끼치는 이익을 구별해야 한다고 강조한다. 기업이 가지고 있는 사회적 책임이란 기업의 이익 중 일부를 사회에 환원하는 일종의 나눔이라고 할 수 있겠다. 그러나 공유가치 창조는 기업도 이익을 얻고 또 사회의 다른 구성원들도 이익을 얻어 모두가 윈-윈 할 수 있는 하나의 비즈니스모델이다. 이는 기업이 사회공헌 활동을 수익창출 이후에 하는 것이 아니라 기업 활동 자체가 사회 가치를 창출하면서 동시에 경제적 수익을 추구하는 것이 공유가치 창출이다.

그러나 기업의 이러한 공유가치 창출활동을 이끄는 것은 바로 소비자이다. 가치 중심의 소비 트렌드가 확산되고, 소비자가 다양한 스마트 매체를 활용해 정보의 생산과 소비에 동참하게 되면서 이제는 소비자가 적극적으로 시장을 바꾸어가는 소비 창출의 주역으로 변화해야 한다. 소비자와 투자자가 사회적 가치에 기반한 상품 및 서비스를 구매할 때 기업의 공유가치 창출활동이 더욱 활발해질 수 있다. 그리고 이를 위해서는 소비자교육이 체계적으로 이루어져야 하고, 이러한 시대적 요구 자체가 사회투자광고의 콘텐츠가 될 수도 있는 것이다.

문화공복현상과 참여미디어

미디어와 현대사회

만일 우리가 적게 일하고 많이 벌면서도 불행하게 생각한다면 이는 마르크스(Karl Marx)가 말하는 노동자가 착취를 당해서 불행해지는 것이 아니라 노동의 성격변화로 인한 것이 아닐까? 산업화가 경제적 빈곤을 타파하는 데 기여한 의미는 크지만 노동과 근면의 미덕을 바탕으로 한 근로정신의 쇠퇴를 가져온 것도 사실이다. 이는 노동의 목적이 돈을 벌어 그것을 소비하는 것이므로 '노동은 적게 그리고 돈은 많이'라는 조건을 전제하게 되었기 때문이다.

산업화에 따른 기계화와 자동화는 이러한 요구를 충족시켜줄 수 있게 되었다. 노동시간을 단축시키고 여가시간을 확대시켜준 것이다. 그러나 인간의 행복조건은 결코 노동과 여가의 양적인 분배 여하에 따라서 규정지워지는 것이 아니라 여가의 질적인 조건 구성에 달려 있다. 따라서 여가시간의 구성이 대자본과 정치권력에 종속된 매스미디어에 전적으로 의존하고 있는 미디어시대에 수용자의 비판적 미디어능력(Media Competence)의 고양은 중요한 사회교육의 내용이고 미디어 정치경제학적 논의의 시발점이다.

우리가 인지하는 현실세계는 있는 그대로의 실재세계가 아니라 대중매체의 기술적인 매개를 통해 듣고 본 대로의 의사(pseudo)세계이다. 이는 우리가 현실을 대중매체에 의해서 인지하게 되고 이를 통해서 우리의 현실 상황이 조건 지워진다는 말이다.

인간은 여타의 동물 중에서도 가장 불완전한 상태로 이 세상에 출생된다. 즉, 인간은 사회 조직의 힘에 의존해야만 하는 미완의 존재이다. 타인의 도움을 빌려서 태어나며, 자라는 과정에서 가정과 학교의 교육을 받는가 하면, 죽어서까지도 장의사의 도움을 받기 마련이다. 이와 같이 인간은 다양한 사회적인 조직의 힘에 의존하게 되며, 이러한 조직들이 조성하는 환경에서 인격과 도덕 그리고 윤리와 가치관을 배우게 된다. 결국 사회적 조직의 환경이 인간을 만든다는 말이다.

그러나 20세기에 들어와서부터는 이러한 사회화의 요람이요, 사회적 환경을 규정짓는 가장 중요한 조직이 매스미디어라는 데에는 아무도 이의를 달지 않을 것이다. 과거에는 사람의 됨됨이나 버릇을 탓할 때에는 그 사람의 가정교육이나 학교교육을 탓했었으나, 이제는 미디어의 오도된 영향이나 제도를 탓하기에 이르게 되었기 때문이다.

리프만(W. Lippmann)은 이러한 의미에서 대중매체에 의존하는 인간들은 허구를 사실로, 사실을 허구로 생각하지 않을 수 없는 조작된 상황하에 있다고 했다.[40] 이와 같은 리프만의 말은 아직 라디오의 보급도 미처 대중화가 되지 못하고 인쇄매체가 대중매체의 주종을 이루고 있을 때다. 오늘날과 같이 사회적으로 그 파급적 효과가 큰 텔레비전과 각종 디지털미디어 시대의 환경과는 비교도 될 수 없는 시기였다.

자본순환과 미디어

어느 사회나 한 사회의 하부구조를 구성하는 미디어는 시대적 이념으로부터 절대적인 영향을 받기 마련이다. 즉 오늘날 자본주의 사회의 시대적 이념은 경제를 중심으로 형성되고 경제적 이념의 본질과 방향 여하에 따라서 사회의 본질과 방향이 결정된다고 한다면, 대중매체가 규정해주는 사회현상 또한 경제적인 이념을 떠나서 생각할 수 없다. 즉 자본주의의 대중미디어는 이윤을 추구하고 다른 한편으로는 사회적 공익을 추구하게 되는 야누스적인 면모를 갖고 있다. 그러나 기업으로서 미디어가 추구하는 것은 최대한의 이윤추구에 그 목적을 두기 마련이다. 미디어는 광고주의 관심에 편승하게 되고 최대한의 수용자 확보를 위한 상품으로 메시지를 생산하게 된다. 이는 궁극적으로 미디어에 의존적인 우리의 경험세계가 자본의 원리에 의해서 조작되어질 수 있다는 것이기도 하다.

미디어 정치경제학은 '토대'와 '상부구조'에 대한 논의를 피해갈

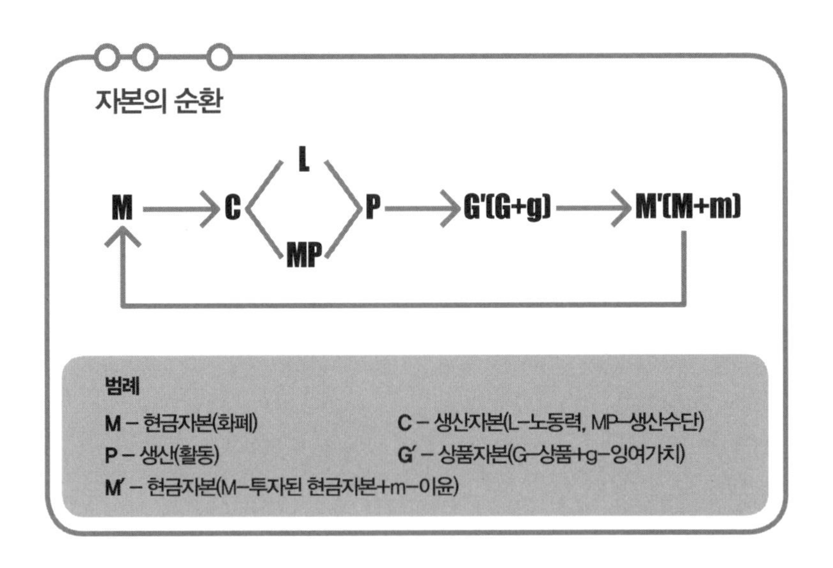

수 없다. 미디어 정치경제학은 이념적 국가기구로서의 미디어 개념으로부터 관심을 옮겨서 메시지라는 상품의 생산을 통한 잉여가치를 창출하고 또 다른 상품생산 부분에서 광고를 통해 이익을 창출하는 경제적 실체로 간주한다.

우리는 미디어 발달에 대한 역사적 분석에서도 미디어 성격은 경제에 의해 규정된다는 것을 알고 있다. 미디어 정치경제학은 경제, 이념, 정치 등의 제 차원을 연구하기도 하지만 바로 물적 토대에 의한 정신적 제도적 상부구조의 결정론인 마르크스주의적인 유물변증법을 토대로 이루어진다.[41]

일반적으로 자본주의 생산양식은 상품교환, 화폐를 매개로 한 상품유통의 측면이 강조되고 있다. 따라서 생산과정은 위의 표에서와 같은 자본의 순환을 의미한다. 현금자본(M)이 투자되어 노동력(L)과

생산수단(MP)을 구매하여 생산자본(C)을 이루고, 생산활동(P)을 거쳐 상품(G)을 생산함으로써 잉여가치(g)를 낳는 상품자본(G+g)을 이룬다. 생산된 상품은 시장을 거쳐 현금자본(M)으로 전환하여 이윤(m)을 얻게 된다. 이와 같이 자본의 전화(轉化)는 현금자본이 생산자본으로, 생산자본이 상품자본으로 그리고 상품자본이 현금자본으로 세 단계의 전환이 이루어진다.[42]

이러한 자본의 순환과정에서 상품자본이 시장을 통해 현금자본으로 전환되기 위해서는 광고가 생산과 유통을 원활히 하는 촉매역할을 할 수 있어야 한다. 아래의 그림처럼 광고의 기능은 다양한 상품들의 시장경쟁에서 특정 브랜드의 상품경쟁력을 높여서 시장점유율을 확장시켜주는 것이다. 미디어는 바로 이러한 광고기능을 수행한다. 광고지면이나 광고시간을 기업에 판매하는 미디어는 높은 시청률과 구독률 내지는 접속률에 따라서 수익이 결정됨으로 미디어들

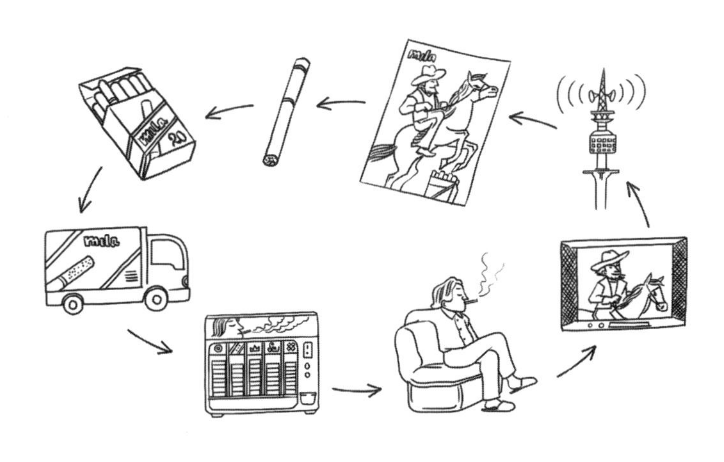

광고의 기능(이정춘 『커뮤니케이션의 사회학』)

간에는 시청률경쟁과 구독률 경쟁이 치열하다. 따라서 미디어들 간의 시장경쟁으로 수용자들의 기호에 적응하는 '적응적 미디어 현상'을 보이게 된다.

자본주의 경제와 언론미디어의 경제구조는 문화, 이데올로기적 형태를 규정하는 힘을 가지는데, 미디어 정치경제학은 언론미디어를 둘러싼 물질적 조건과 이데올로기와 문화현상 간의 관계를 규명하는 것이다. 그러므로 언론의 생산관계에 있어서도 '토대와 상부구조'의 역동성은 매우 중요하며 반드시 논의되어야 한다.

마르크스는 물질적 관계, 즉 토대와 상부구조의 관계에 대해서 그의 저서인 『정치경제학 비판』에서 아래와 같이 설명하고 있다. "인간들은 인간생활의 사회적 생산에서 규칙적이고 필연적이며 인간들의 의지와는 무관한 물질적 생산력의 소유관계인 생산관계를 받아들인다. 이 생산관계의 총체는 사회의 경제적 구조인 물질적 하부구조를 형성하는데, 이 구조 위에서 법률적이고 정치적인 상부구조가 나타나며, 이 상부구조에는 일정한 사회적 의식 형태들이 포함된다."

머독(G. Murdck), 골딩(P. Golding), 간햄(N. Garnham) 등의 미디어 정치경제학자들은 미디어의 경제적 토대의 문제를 분석한다. 그러나 여기서 고려해야할 점은 경제적 결정의 차원이 올바른 분석을 위한 필수적인 조건이기는 하지만 충분조건은 아니라는 것이다. 특히 머독의 경우는 토대에 의한 상부구조의 '결정' 개념을 '최종단계에서의 결정'이 아니라 '최초단계에서의 결정'이라는 주장을 미디어정치경제학적인 분석의 '출발점'이라고 주장하고 있다.[43] 따라서 미디어 정치경제학에서 주장하는 '결정'의 개념은 '토대가 상부구조를 결정한다'라는 직접적이고 단순한 의미보다는 한계를 설정하고 행사한다는 의미로 사용된다는 것을 알 수 있다.

여가의 구성과 미디어

자본주의의 생산체계는 높은 수요와 생산성에 의존하지 않을 수 없으므로 생산체제의 효율적인 운영을 위해서 기계화와 조직화에 의해 모든 인간의 행위가 통제되어야 목적달성에 합리적이다.

따라서 자본주의적인 생산체계에서 인간은 육체적인 욕구나 생존을 위해서 어쩔 수 없이 노동을 할 뿐이고 인간노동의 근본 존재 방식적인 자유로운 의식활동은 사멸되어간다.

현대의 사회과학은 인간의 자아실현적 사유와 언어활동인 커뮤니케이션의 가능성을 더 이상 노동에서 찾지 않고 여가시간에 두고 있으며 여가시간을 '노동의 소외'에 의한 자아실현적 사유와 커뮤니케이션의 결핍을 충족시켜줄 수 있는 보상의 기회로 이해하고 있다. 특히 과학기술의 발달에 의한 생산의 자동화체계는 노동시간을 단축시키고 여가시간을 확대시켜주었으며 개인의 능력과 커뮤니케이션의 가능성을 증대할 수 있도록 함으로써 기술적 가능성에 의해서 여가시간의 장래를 희망적으로 말해주고 있는 것이다.

미래학자들의 주장은 멀지 않은 장래에 주당 30시간 근무로 충분하게 됨으로써 교육과 여가의 시간을 현저하게 연장시키게 될 것이라고 한다.[44] 한 사람이 일생에 평균 30~40년 간 직장생활을 하게 된다면 일생의 평균 노동시간은 평균 수명을 80세로 볼 때에 70만 800시간 중 불과 4만 시간에 지나지 않는다는 것이다.

여기에서 우리의 관심은 과연 과학기술의 발전에 의해서 늘어나는 여가가 인간관계의 풍요함과 인간성 회복의 발전을 위한 전제인가 하는 점이다. 유물론적 인식론은 인간과 자연을 노동의 개념으로 합성하여 인식주체의 자아실현적인 행위를 노동의 영역에 제한하였다.

결과적으로 주체가 생산행위에 축소됨으로써 사회에서 인식하고, 말하고, 행위하는 능력의 가능성에 대한 자아성찰은 제외된 것이다. 따라서 사회현실을 구성하는 인간행위에는 목적-합리적인 노동이외에도 실천적이며 규범적인 언어행위가 큰 몫을 차지함에도 불구하고 유물론적 사회분석이 노동개념에 언어행위를 압축하여 단조롭게 이해한 것은 물상화현상을 비판할 수 있는 객관적 근거를 상실하였다고 평가받는다.

이에 하버마스는 마르크시즘의 일면적 노동개념을 '노동'과 '상호작용'이라는 개념으로 확대시켜 자본주의적 산업사회의 물상화현상에서 인간성 구현의 이론적 모델로 제시하고 있다. 이에 전제되는 것은 이성에 따라 행동할 수 있는 능력을 갖는 '계몽된 시민'이다. 여기에서 이성에 따라서 행동할 수 있는 능력이란 언어작용을 실행할 수 있는 능력 내지는 가능성이며, 이성이란 행위 주체자 사이의 자아성찰적 능력, 즉 '더불어人들'(Mitmenschen) 사이의 담론에서 요구되는 성숙성(Mündidkeit)이다.

기계화와 자동화에 의해 노동시간이 짧아진 반면 확대된 여가시간의 영역은 바로 '더불어人들'의 자아성찰이 이루어지는 상호작용의 영역이다. 이러한 '더불어 人들'의 담론에서는 어떠한 종류의 상호작용에서이든지 인간관계를 저해하는 모든 사회적 강제가 제거되어야만 한다. 이는 하버마스의 말대로 모든 사람의 이해와 신념이 '담론'에서 항상 문제시되고 비판될 수 있어야 하기 때문이다. 하버마스는 이러한 '더불어 人들'의 '담론'에 의해서만이 기술 우위의 세계에서 위축된 인간의 자기정체성이 되살아나고 인간성이 회복될 수 있다고 보는 것이다.[45]

비단 노동영역이든 여가시간의 영역이든 간에 현대사회의 인간성 상실은 근대 과학문명에 의한 '언어의 파괴'에 의한 것이므로 '말길(言路)'의 재구성 여하에 좌우된다고 하겠다. 결국 미디어 정치경제학은 이러한 여가시간이 미디어자본에 식민화되는 것을 문제로 삼는 연구인 것이다.

문화의 공복현상

이제까지의 내용을 요약해보면 다음과 같은 몇 가지를 전제하고 있다. 먼저 노동과 여가시간의 분리는 노동을 필수 불가결한 적응과 종속의 영역으로 그리고 여가시간은 자결과 자아실현의 영역이 되었다는 것과 자아실현의 영역인 여가시간의 구성이 대중미디어에 의해서 식민화되었다는 사실이다.

현대인들은 여가시간의 대부분을 대중매체와 함께한다. 그러나 산업사회의 여가시간에 미치는 대중매체의 영향은 문화의 물상화현상을 통하여 설명될 수밖에 없다.

물상화란 자본주의의 새로운 발전단계에서 이루어지는 것이다. 즉 자본주의의 발전단계는 일차적으로 자유경쟁주의에서 독점자본주의로 전환되기 마련이다. 독점자본주의적인 경제사회에서는 상품이 더 이상 가격을 통해서 평가되지 않고 상품 자체의 독창성의 표현에 의해서 평가되어진다. 즉 상품의 가격을 보다 싸게 하는 것으로 구매력을 갖도록 하는 것이 아니라 광고를 통해서 미(美)를 나타내 보이고 모험과 자유를 사랑하며 행복한 가정을 보장해주는 등의 이미지를 창출함으로써 상품에 대한 사용가치를 약속해준다. 이러한 사용가치의 약속은 바로 상품의 교환가치가 된다.

현대의 대중매체는 바로 이러한 상품의 사용가치를 소비자에게 약속해주는 광고의 수입에 전적으로 의존하는 기업화가 이루어지게 된다. 그러나 대중매체의 기업성은 긍정적인 역할을 하기도 한다. 즉, 대자본과 권력의 영향으로부터 언론의 자율성을 보존할 수 있는 수단이기 때문이다. 따라서 대중매체의 기업성과 공익성이 어떻게 조화를 이루어나갈 수 있는가 하는 점이 제도적인 구상에서의 중요한 부분이다.

그러나 현실적으로 대중매체는 기업으로서 수익성을 확보하기 위해서는 수용자의 욕구와 광고주의 요구에 적응하지 않을 수 없게 된다. 그것도 정도가 지나쳐 수용자들이 '소비중독증'과 '선망증의 노예'가 되어 뼈빠지게 일해서 허구적인 행복의 상징을 구매하기에 바쁘게 만든다.

텔레비전만 켜면 아우성치는 광고의 홍수에 시청자들은 장미빛 환상에 젖게 된다. 최면과 협박이 공존하는 광고에서는 마치 이 상품만 사용하면 인생의 최대의 행복을 맛보게 된다든지, 이것을 사용하지 않으면 당신은 현실의 낙오자요 실패자라는 것을 간접적으로 암시해준다.

의약품 광고들을 보면 인간은 죽지 않고 마치 모두가 불로장생할 것만 같은 착각을 갖도록 한다. 여기에 세계 제일의 디지털통신인프라를 구축하고 있는 나라답게 청소년들은 청소년들 대로 성인들은 성인들 대로 게임과 사행성 도박에 빠져들고 인공적인 이웃들만을 양산하는 일상을 살고 있다.

이러한 환경에서 우리가 우려하는 것은 문화의 공복현상이다. 이는 여가시간의 미디어수용 통계에서도 나타나고 있다. 2013년 만 15세 이상 서울시민들은 주말 및 휴일의 여가활동 중 '텔레비전시청'이 43.7%로 가장 많았고, 이어서 휴식 10.7%, 여행 9.3% 등의 순이었다. 이 밖에 문화예술 관람 7.1%, 취미활동 4.2%, 운동경기 2.7%의 참여율을 보인 것은 그나마 소폭 증가한 것이다.

그리고 여전히 10대(15~19세) 남성이 가장 희망하는 여가활동은 컴퓨터 게임 및 인터넷 검색(22.9%) 여행, 운동, 문화예술관람 순이었다. 지난 한 해 동안 문화활동(문화예술 및 스포츠경기)을 한 번이라도 관람한 경험이 있는 서울시민(만 15세 이상)은 65%에 달했다. 그러나 문화활동 유형 중 관람률이 가장 높은 분야는 영화(57.3%)였고, 가장 낮은 분야는 전통예술공연(4.2%)과 음악 및 무용발표회(4.9%)인 것으로 나타났다.[46]

이러한 상업주의적인 대중매체의 기업화현상을 뮐러둠(Müller Doohm)은 '적응언론현상'이라 하고, 수용자 대중의 우민화를 촉구하며 조작적인 정보와 상품광고에 대하여 무모한 집단적 동의와 정치적 무지를 더욱 촉구하는 현상이라고 하였다.[47]

적응언론현상은 수용자로 대중을 수동화시키고 의식 추구보다는 쾌락 추구를, 역사적 인식보다는 역사적 무의식을 지향하게 함으로써 가치관의 혼미를 가져오게 하는 것이다. 이러한 적응언론현상은 소시민들이 아직도 봉건적인 사회체제나 절대국가에 대립하는 비판적 세력으로 나타나던 때에 행해졌던 '계몽저널리즘'(Aufklärungsjournalismus)을 대신하여 자본주의의 독점경제체제에서 대두된 현상이다.

참여미디어의 활성화

문화의 공복현상을 어떻게 극복해야 할까? 문화 복지가 발달된 유럽에서 우리가 관심을 가져야 할 부분은 바로 이들의 생활세계에 뿌리를 내린 '참여매체'의 활성화이다. 참여매체란 넓은 의미에서 국민들이 직접 참여하는 음악회, 미술관, 전시회, 세미나, 도서관, 사회체육시설 등을 지칭하는 것이다.

참여매체들이 구성하는 우리의 문화공간은 극히 부진한 상태이다. 특히 참여매체로서 공연예술은 더욱 열악하다. 전국 주요도시를 대상으로 한 조사에서 92% 정도가 음악회와 연극공연에 단 한 번도

가본 일이 없다는 것은 문화부재를 실감케 해준다.

공연시설 역시 전국 10대 도시가 독차지하였고 특히 과반수가 서울에 집중되어 있다. 또한 문화예술행사의 경우에도 전체 행사의 70%가 서울에서 개최되었고 그나마 나머지 30%도 9개 대도시로 분산되어 개최된다.

이러한 우리나라의 참여매체의 실상은 문화생활의 이중성을 말해주고 있다. 즉, 자동차, 냉장고, 텔레비전, 전화 등 전자 기기의 급격한 증가에 비해서 참여매체와 이를 위한 여가공간의 구성은 허약하기만 하다.

인간은 누구나 자기 자신의 의식 속에서는 자신이 주인이라고 생각하고 있다. 하지만 의식은 처음부터 이미 사회적 산물이며 인간이 존재하는 한 그것은 변함없을 것이다. 그러나 이러한 인간의 의식은 그 나름대로 시대성을 가짐으로써 변화되기 마련이다. 현대의 산업사회에서는 노동과 여가의 분리와 함께 대중매체에 의한 여가시간의 구성에서 의식성립의 조건이 지워진다.

특히 텔레비전은 우리의 여가시간 구성에 절대적인 영향력을 행사하는 미디어이다. 그러나 텔레비전만 켜면 먹고 마시고 바르고 입는 무절제한 광고를 방송하고 이것도 모자라서 수상기 앞에 시청자들을 조금이라도 더 붙잡아놓기 위한 경쟁적인 프로그램 예고방송은 삼류극장을 방불케 하고 있다.

시청률경쟁에 매몰된 텔레비전 문화가 '소비가 미덕'이라는 오염된 가치관을 심어놓은 것은 아닌가? 외채를 잔뜩 안고 있는 나라에서 향락산업이 번창하는 현상과 근검절약에 역행하는 소비풍조를 촉발시키며 일부 근로층의 상대적 빈곤감을 유발시키는 것이 아닌지 우려스럽다.

유럽의 일부 국가에서는 시청자들이 텔레비전 시청에 지나치게 몰입함으로써 국민건강과 어린이와 청소년들의 정서를 해치거나 사회 성원들의 건전한 대화를 단절시키는 일이 없도록 배려하고 있다. 즉, 저녁식사가 끝날 무렵의 시간이나 어린이가 취침할 시간에는 잠시 텔레비전 방영을 블랙아웃(Black-out)시킴으로써 산책과 어린이의 취침을 유도하기도 한다. 또한 일요일 밤에는 한 주일이 시작되는 다음 날 아침인 월요일의 출근을 위해서 평일보다 일찍 방송을 끝내기도 한다고 한다. 이는 유럽의 일부 국가의 이야기지만 우리의 지나치게 시청자를 광고의 볼모로 잡아놓으려는 방송 풍토와는 대조적인 현상이 아닐 수 없다.

박근혜 대통령은 '경제 부흥'과 '국민 행복' 그리고 '문화 융성'을 국정과제의 3대 축으로 제시했다. 국민 누구나 문화활동에 참여하고 문화를 향유할 권리를 일컫는 '문화권'이 최초로 명시된 「문화기본법」이 제정되었고 '문화융성정책'에 따라 대통령 직속으로 문화융성위회가 생겼다.

그리고 매월 마지막 수요일을 '문화가 있는 날'로 정하여 이날에는 전국의 주요 문화시설을 할인 또는 무료로 즐길 수 있게 하였다. '문화가 있는 날'은 영화관을 비롯한 공연장, 미술관, 박물관 등 다양한 문화시설의 문턱을 낮추어 보다 쉽게 많은 사람들이 문화를 향유하도록 2014년 1월부터 시행한 제도이다.

이는 역사상 처음으로 시행된 '문화 복지'와 '문화민주화'를 지향하는 제도이다. 아직은 전시성 정책으로 보일만큼 이렇다 할 결실을 논할 수 있는 시점도 아니고 많은 한계성과 시행착오들이 드러나고 있지만 문화융성정책에 관심을 갖게 된 것만으로도 앞으로 그 결실이 기대가 된다.

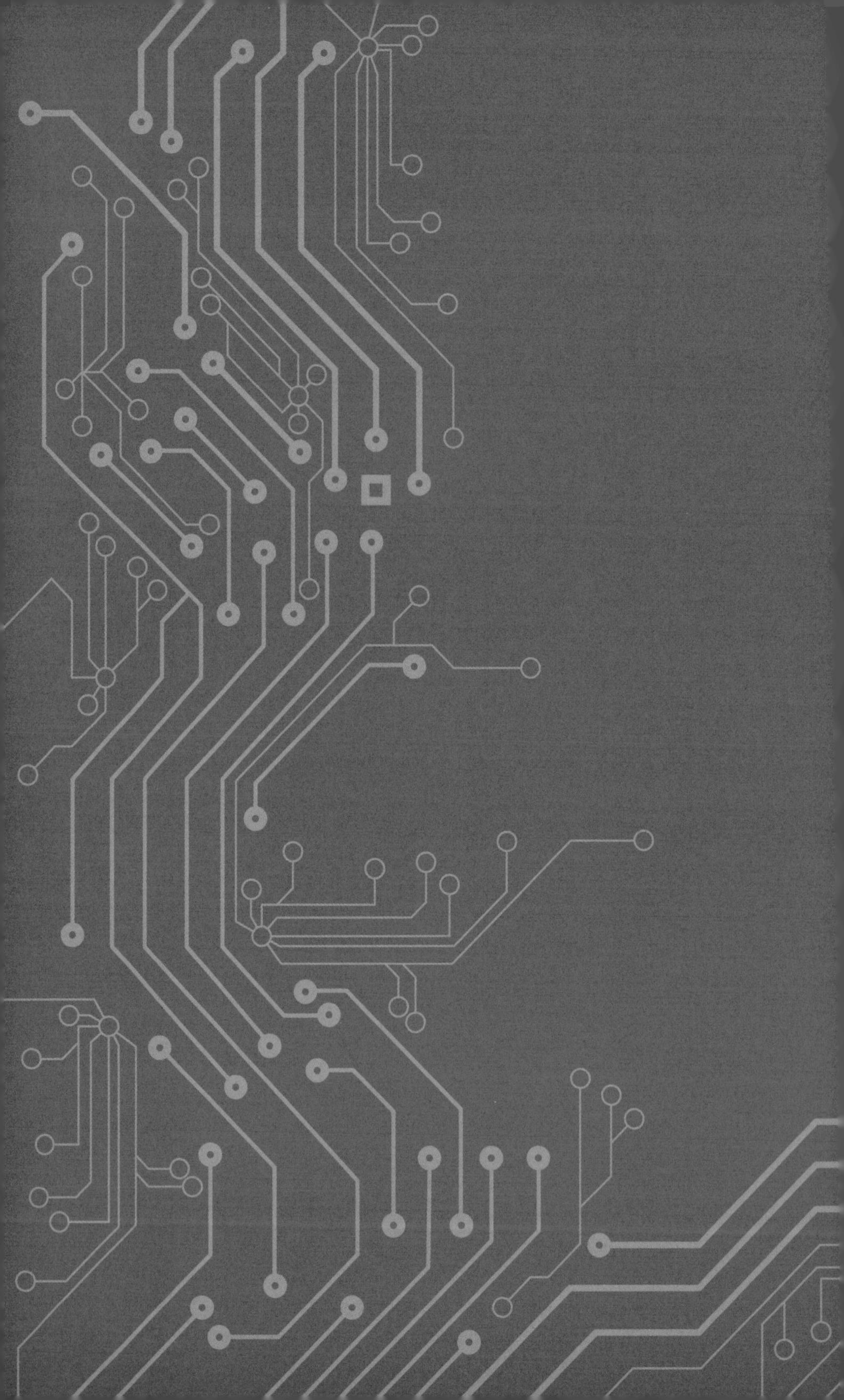

3

디지털시대의 독서

1

여가와 독서

워커홀릭의 나라, 한국

우리나라의 법정근로시간은 주 40시간이다. 일 년을 52주로 계산하면 연간근무시간은 2,080시간이다. 그러나 연장근로는 주 12시간까지 가능하며 휴일근무 역시 최대 주 16시간까지 가능하므로 현재 가능한 근로시간은 최대 주 68시간으로 계산된다. 실제로 한국의 평균 연간근무시간은 2,092시간으로 멕시코와 칠레 다음으로 길다(2012년). 이는 1,317시간인 독일이나 1,334시간인 네덜란드에 비해 연간 700시간 이상 노동시간이 많은 것으로, 이를 연간근로일수로 환산하면 독일이나 네덜란드 근로자들보다 하루 3시간 이상 근무시간이 긴 것이다.[1]

그나마 유럽 국가들의 공휴일은 적고, 한국은 공휴일이 15일로 많은 나라에 속한다. 유럽의 경우 공휴일이 가장 많은 나라는 스페인으로 14일이지만 대부분의 유럽 국가들은 8일이다. 독일만 10월 3일 통일기념일이 추가돼 9일로 공휴일이 늘어났을 뿐이다. 가장 많은 공휴일이 있는 나라는 일본이다. 일본은 2016년부터 공휴일이 15일에서 16일로 늘어날 예정이기 때문이다. 매년 7월 셋째 주 월요일이 '바다의 날'이었으나 그동안 없었던 '산의 날'을 8월 11일로 제정한 것이다. 중국의 공휴일은 7일뿐이지만 춘절(春節)연휴를 최소 일주일로 치면 결코 공휴일이 적은 나라가 아니다.[2]

서구사회에는 주 36시간의 근무제가 정착된 지 오래되었다. 2000년 초 리오넬 조스팽 총리의 프랑스 사회당 정부가 프랑스의 법정근로시간을 임금 삭감 없이 단축하는 「근로시간 단축 지도촉진법」이 제정되었다. 이 법은 당시 마르틴 오브리(Martine Aubry) 사회고용부 장관의 이름을 따서 일명 '오브리법'(Aubry Law)이라고 한다. 프랑스 재계는 고용비용 증가에 따른 경쟁력 저하를 들어 반대했지만 노동시간 단축의 큰 흐름을 거스르진 못했다. 이에 비해서 세계 최장 수준인 우리나라의 근로시간을 줄여야 한다는 것에는 노사정(勞使政)이 이견을 갖지 않고 있다. 그러나 노(勞)·사(使)·정(政)과 여야 정치권은 현행 주당 68시간까지 허용된 근로시간을 52시간으로 줄인다는 데 원칙적으로 합의했을 뿐이다. 법정근로시간인 주 40시간에 연장근로 12시간을 합쳐 1주일에 최장 52시간 이상 일하지 못하도록 제한하겠다는 것이다.[3]

그러나 근로시간 단축에는 노사가 합의적이지만 세부쟁점사항에는 노사 간의 입장 차이가 크다. 먼저 미국이나 독일의 절반 수준에 불과한 우리 근로자의 노동생산성을 근로시간이 줄어드는 만큼 끌어올려야 하는데 단기간에 높일 수는 없다. 결국 기업으로선 임금을 깎아야 하는데 노동계는 기본급을 올려 현재의 임금 수준을 그대로 유지할 것을 요구하고 있다. 한국경영자총협회의 추산에 의하면 기업들이 최장 근로시간이 줄어들어 연장근로수당과 휴일근로수당을 할증해서 지불하는 경우 종전보다 7조 5909억 원을 더 부담해야 한다. 이렇게 되면 기업의 장기투자가 줄어 추가고용여력을 잃게 되는 것은 물론 근로시간 단축으로 인한 고용증대효과를 기대할 수 없게 된다.[4]

직장을 갖고 있는 한국의 부모들은 각각 1년씩 육아휴직을 할 수 있다. 그러나 현실적으로 육아휴직은 그림의 떡이다. 실제로 육아휴직을 한 아빠는 지난해 3.3%에 불과하다. 스웨덴에는 '프렌디'가 많다고 한다. 평상시 접촉이 많고 함께 공감대 갖는 '친구 같은 아빠'를 말한다. 아빠가 프렌디가 될 수 있는 것은 휴가가 있기 때문이다. 스웨덴에서는 자녀가 만 8세가 되기까지 부부가 의무적으로 휴가를 480일 써야 한다.

한국의 아이들의 성장과정은 아빠로부터 멀어져가는 과정이다. 집안에서 아빠들의 역할은 단지 돈 버는 기계에 불과한 것이 우리의 슬픈 자화상이다. 이제 우리도 삶의 질과 직결되는 여가의 다양성을 심각하게 생각해보아야 할 차례이다. 국민들이 주로 어떠한 여가생활을 영위하고 있으며, 영위할 수 있는가의 문제는 삶의 질과 직결되기 때문이다.

한국인의 여가 활용 실태

땅이 넓은 미국과 캐나다, 호주의 경우 도시 주변에 자연공원이 많아서 주말에 가족과 함께 여유롭게 즐길 수 있다. 우리처럼 인구밀도가 높은 유럽에도 주택가 가까운 곳에 소공원이 많고 도시 곳곳에 문화와 예술의 향기가 넘친다. 시민들은 주말에 가족과 친구들과 함께 미술전시회와 박물관, 각종 클래식콘서트나 록페스티벌을 즐길 수 있다. 더구나 그 이용료도 우리에 비해 낮아서 돈 없는 서민과 학생들도 부담 없이 이용할 수 있다.

그러나 한국에서는 그런 문화복지의 혜택을 누릴 수가 없다. 모처럼 유명 전시회나 공연이 있다고 해서 큰맘 먹고 가보면 한 가족 입장료가 10만 원이 넘을 때가 많다는 것이 젊은 가장들의 푸념이다. 상업적 기관들이 돈벌이 수단으로 이러한 행사들을 기획한 결과이다. 물론 정부나 공공기관들이 기획하는 행사도 있지만 수많은 가족들이 몰려들어 사람들에 치어 지쳐버리기 일쑤이다.

서울과 같은 대도시에 살면서 주말에 가족이 함께 야외로 가려면 한강공원이나 인근의 산들뿐인데 같은 처지의 가족들이 몰리다 보니 사람구경을 하고 돌아오기 마련이다. 그래서 아이들과 함께 공원, 놀이공원 같은 유료 공공시설들을 찾아가면 이 역시 서민이 이용하기에는 이용료가 너무 비싼 데다가 주말에는 인산인해를 이루어 줄을 서다 지쳐버린다. 고궁과 역사박물관, 과학관 등도 주말에는 사람들이 몰리는 까닭에 모두 사람들에 치어 지쳐버린다. 그래서 한국인은 여가시간에 집에서 텔레비전을 보며 뒹구는 '방콕족' 비율이 가장 높을 수밖에 없다. 이같이 국민들이 건전한 여가문화를 영위할 수 없는 문화 복지의 빈약한 인프라와 더불어 청소년시절부터는 사교육시장에 의존하는 입시경쟁풍토는 자녀들만이 아니라 학부모들의 여가생활까지도 박탈하는 요인이 되고 있다.

또한 디지털정보기술의 발달로 인한 새로운 미디어환경이 바람직한 여가생활의 영위에 부정적인 영향을 미치고 있다. 방송통신위원회의 「2012년 방송 매체이용행태조사」에 의하면 텔레비전 시청시간은 하루 평균 3시간 9분, 스마트폰 이용시간은 1시간 57분이며, PC 노트북은 1시간 50분, 태블릿 PC는 1시간 28분 등의 순으로 집계됐다. 타 매체에 비해 압도적으로 많은 텔레비전 시청시간을 하루 평균 3시간으로 계산하면 일 년에 한 달 반, 평생 10년을 시청하는 꼴이다. 텔레비전 시청만이라도 조금씩 줄여가는 것이야말로 삶을 윤택하게 하기 위한 조건이라 하지 않을 수 없다.

통계청이 발표한 「2013년 사회조사 결과」에 의하면 '주말이나 휴일의 여가활용'에 대한 설문에서 '가족'과 함께 보내는 사람의 비율이 54.4%로 가장 많았고, 다음은 '친구/연인' 20.3%, '혼자서' 19.5% 순이었다. 앞으로 시간적, 경제적 여유가 생긴다면 여가시간에 가장 하고 싶은 것은 '여행'이 46.9%로 가장 많았고, 다음으로 '문화예술 관람' 9%, '스포츠 활동' 8.4%, '자기계발' 6.3% 순이었다.

한국 직장인의 한 해 평균 휴가일수는 8.8일이다. OECD 회원국 중 가장 짧다. 핀란드인의 휴가는 세계 최장 수준인 30일로 한국의 3배가 넘는데도 핀란드 정부는 별도의 '안식년제도'도 운영한다. 핀란드 노동법은 1년 이상 한 직장에서 근무하면 자기계발 목적의 휴가를 신청할 수 있고, 회사가 이를 거부하면 무거운 과태료를 물어야 한다. 핀란드의 한 공기업 임원은 "비용이 들지만, 직원이 자기계발을 못하면 그 손해는 결국 회사로 돌아온다"고 말한다.[5] 인간의 미래를 긍정적으로 보는 미래학자들에 의하면 여가시간이 늘어나면 늘어날수록 직업과 지위는 더 이상 한 사람의 사회적 위상을 평가하는 기준이 되지 않고 단지 생업의 도구에 지나지 않게 된다. 이는 여가시간이 늘어나면 직업과 지위 대신에 여가활동과 취미생활의 유형이 한 사람의 평가기준이 된다는 것이다.

한국산업안전인력공단의 조사에 의하면 한국 직장인 중 자기계발을 위해 조금이라도 시간을 쓰는 사람은 8.6%에 불과하다. 한국 직장인 대다수는 퇴근 후 텔레비전을 보면서 시간을 보내거나, 친구를 만나 술을 마신다고 답했다. 업무효율성에서도 한국은 세계 최하위권이다. 마케팅컨설팅사 '타워스왓슨'이 세계 22개국을 조사한 결과 '업무에 몰입해 일한다'는 한국인은 6%에 불과했다. 22개국 평균 21%에 3.5배나 낮은 것이다.[6] 이는 근무시간이 길다 보니 자기 계발을 할 시간도, 여력도 없는 데 따른 악순환이다. 「월스트리트저널」은 최근 기사에서 '고단한 근로자의 나라' 한국에 '워커홀릭(workaholic)의 천국'이라는 별명을 붙였다.

독서문화의 위기

이른바 '활자이탈세대'(活字離脫世代)의 학습능력과 의사소통능력을 평가한 몇 년 전 조선일보 보도는 충격적인 것이었다. 서울지역 5개 초등학교 4학년 학생 107명에게 신문기사 2개를 주고 이와 관련된 독해와 작문의 문제를 낸 뒤 답을 쓰도록 하는 방식으로 읽기와 쓰기 능력이 평가되었다. 평가결과에 의하면 조사대상의 절반에 가까운 학생(107명 중 52명)이 평가를 위해 주어진 지문의 내용을 이해하지 못했고, 문법에 맞는 문장을 제대로 쓰지 못했으며, 옳고 그름을 판단하는 비판적 사고력도 부족했다.

이 보도에 의하면 수업시간에 교과서 읽기를 시키지 않는 경우도 늘었다고 한다. 이는 학생들이 책 읽는 것을 부담스러워하여 소리 내 읽는 데도 어려움을 겪기 때문이다.

그러나 이러한 현상은 이미 예견된 결과이다. 인터넷과 텔레비전, 게임과 휴대전화의 이용이 일상화된 미디어환경에서는 어린이와 청소년들의 '활자이탈현상'이 나타나고 글쓰기와 독해능력 저하로 창의력과 사고력에 부정적인 영향을 미치기 마련인 것이다. 한국인의 1인당 독서량은 OECD에 가입한 34개국 중 최하위에 머무르고 유엔 191개 회원국가들 중 166위다. 한국 성인들의 연간 평균 독서량은 채 1권에도 미치지 못한다. 반면 선진국인 미국, 일본, 프랑스 등은 6권이 넘는다. 이 나라들은 정보통신 강국이지만 독서 강국이기도 하다.[7]

2014년 4월 통계청이 발표한 「가계동향조사」를 보면 지난해 전국 2인 이상 가계가 책을 구입하는 데 쓴 비용은 월 평균 1만 8,690원이었다. 이는 11년 만에 최저 수준이란다. 가구당 한 달 책 구입비용도 2003년 월 2만 6,346원에서 2012년부터 1만 원대로 줄어들었다. 대한출판문화협회 발표에 따르면 2013년 도서 평균 정가가 1만 4,678원이었다니 한 가정에서 한 달에 구입한 책이 채 1권도 안 되는 셈이다.[8]

사람들이 책을 멀리하는 이유로는 텔레비전과 영화 등 영상매체의 발달, 인터넷·스마트폰의 일상화 등이 꼽힌다. 지하철에서 책 읽는 사람을 찾아보기 힘들게 된 지 오래다. 이와 함께 경기불황과 치열해지는 경쟁 속에서 사람들이 책을 펼쳐들 심리적 여유를 갖지 못하는 것도 중요한 원인으로 보인다. 문화체육관광부 조사에서도 평소 책 읽기를 어렵게 하는 요인으로 성인과 학생 모두 '일이나 공부 때문에 시간이 없어서'라는 응답이 가장 많았다.

청소년의 독서력

미디어환경은 청소년의 독서력과 어떠한 관련을 갖는 것일까? 과도한 시청으로 인한 사고력 저하나 언어발달의 지체현상에 관한 연구보고들은 다양하게 존재한다.

뉴욕의 할렘에 있는 저소득층의 어린이들이 주로 다니고 있는 한 유치원의 원장은 자신이 처음 부임했을 때 원아들이 정신적 또는 신체적으로 아무런 결함이 없음에도 불구하고 모두 언어적 표현이 약한 반벙어리 상태인 것을 보고 놀랐다. 그 아이들의 문장구성력은 너무나 형편이 없어 언어장애자 수준이었다는 것이다. 그 유치원 원장은 그 원인을 원아들의 매우 열악한 가정환경에서 찾을 수 있었다.

유아기 때부터 하루 종일 켜놓는 텔레비전이 이 지역의 어린이들에게 베이비시터가 됐었고, 현실생활에서는 사람들과의 접촉이 부족하고 대화할 기회가 없이 주로 텔레비전을 통해 언어를 숙지해왔었던 것이다.

영상은 가시적인 것만을 보여줄 수 있다. 예컨대 텔레비전이 국가원수들의 회담내용을 방영할 때 영상은 외형적 단면만을 매개할 뿐이다. 국가원수의 방문은 왜 이루어지는지 그리고 영수회담이 갖는 의미가 무엇인지는 아나운서나 기자의 멘트를 통해서만 설명된다. 그러나 독일의 벰버(B. Wember)는 실증연구를 통하여 시청자가 시간이 지나면서 영상만을 기억할 뿐 구두메시지 내용은 강한 영상에 의해 잠식되어진다는 것을 밝힌바 있다. 이는 영상매체는 결코 인식에 소구하는 매체가 아니라 감성에 소구하는 매체라는 것이다.[9]

텔레비전이 모자이크식의 영상으로 구성되어 메시지가 기승전결의 흐름에 기인하기보다는 매순간의 클라이맥스로 점철되어 어린이, 청소년들일수록 작문실력은 점점 뒤떨어지게 되고 간단한 문장의 구조조차 제대로 구성하지 못하게 한다.[10]

싱어(Jerome L. Singer)의 연구는 독서를 하지 않고 텔레비전 시청을 많이 하는 어린이들의 경우 상상력발달이 독서를 자주하는 동년배의 어린이들보다도 뒤진다고 하였다. 시청은 독서와 동일한 것이 아무것도 없다. 텔레비전을 비롯한 영상미디어의 언어가 빠르고 비결합적인 동시에 비논리적으로 우리들의 이성에 요구하는 것은 즉각적 반응이지 이해의 조성이 아니다. 따라서 영상의 세계는 이미지, 서사, 현재성, 동시성, 친밀감, 즉각적 만족, 빠른 정서적 반응으로 인

쇄된 글에 대한 관심과 이에 필요한 인식능력의 발달을 무력하게 만든다는 것이다.[11]

독서력은 습관화된 의지력이다. 의지가 습관이 되기까지는 시간과 인내가 필요하다. 빌 게이츠는 "하버드 대학 졸업장보다 중요한 것은 책 읽는 습관이었다"고 했고, 괴테는 "나는 독서하는 방법을 배우기 위해서 80년이라는 세월을 바쳤는데도 아직까지 그것을 다 배웠다고 말할 수 없다"고 했다. 독서하는 습관이 그만큼 중요하지만 쉽지 않는다는 것이다.

독서하는 습관은 대부분 후천적으로 길러진다. 독서하는 습관은 생각보다는 몸에 먼저 배어야 한다는 것이다. 따라서 독서력은 어린 시절부터 독서를 생활화함으로써 증진될 수 있는 것이다.

국민독서력 증진

종이책의 종말을 예고하는 디지털시대에도 선진국들이 지속적으로 독서운동을 적극 촉진시키는 이유는 무엇 때문일까? 이는 국민의 독서력은 국가경쟁력과 직결되는 일이기 때문이다.

선진국들은 유아기부터 책과 친숙해질 수 있는 '북스타트(Book-Start)운동'을 서둘러 도입하고 있다. 북스타트 운동은 1992년 영국 버밍햄(Birmingham)의 북트러스트(Book Trust)에 의해서 처음 시작되어 현재 전 영국의 92%에 해당하는 어린이들이 이 운동에 참여하고 세계 각국들로 번져나갔다. 2000년에 북스타트운동을 시작한 일본에서는 630여 지역에서 시행되고 있고 서유럽국가들과 미국, 태국, 호주, 뉴질랜드, 칠레, 캐나다 등에서도 북스타트와 비슷한 프로그램을 시행하고 있다.

독일의 마인츠 시에 위치한 독일독서재단(Lesestiftung)은 멀티미디어시대 청소년들의 독서문화를 진흥시키기 위해서 설립되었다. 이 독서재단은 "유년기를 활기 있게"라는 슬로건으로 독서캠페인을 벌이고 학교와 병원에 서적 정보를 제공하고, 책이 필요한 곳에는 이동도서차량을 파견하기도 하며, 아동독서전문가 연수프로그램을 운영하기도 한다. 청소년들에게 책의 세계를 열어 주기 위해서 독서재단은 멀티미디어와 손잡고 다양한 프로그램들을 개발하고 있다. 가장 대표적인 예로는 20세기폭스 사와 손잡고 「타이타닉」과 「한 여름 밤의 꿈」과 같은 영화들의 대본을 독서교재로 제작하여 1만여 개의 학교에 보급해주는 프로그램이다.

또한 독서재단은 이러한 독서진흥 프로젝트를 성공적으로 이끌기 위하여 자신들이 개발한 독서교재들과는 별도로 교사들을 위한 강의 자료집을 발행하여 배부하고 있으며, 동화책에 등장하는 주인공들을 이용하여 학생들이 직접 이야기를 만드는 창작동화 경연대회를 개최하여 독서에 대한 동기를 부여하도록 노력하고 있다.

미국 시애틀(Seattle) 시 시립도서관이 1998년에 시작한 '한 도시 한 책 읽기 운동'은 한 지역사회에서 한 권의 책을 선정하여 토론과 다양한 문화행사를 펼치는 독서운동을 말한다. 이 운동의 목표는 한 지역사회에서 선정된 한 책을 온 주민이 함께 읽고 토론함으로써 공통의 문화적 체험을 갖게 하고, 지역민들의 독서와 토론의 문화를 북

돋우고자 하는 것이다. '한 도시 한 책 읽기' 운동의 가장 큰 의의는 그 규모가 어떠하든, 하나의 지역사회를 아우르는 독서운동이 될 수 있다는 것이다. 지금은 50개 주 가운데 46개 주와 영국 브리스틀을 비롯하여 캐나다 등 영미권 나라를 중심으로 급속히 확산되고 있다.

일본의 '우리 동네 가정문고운동'은 오늘날 일본이 작은 마을까지 공공도서관들을 세우게 하였고 세계 제일의 독서국가가 되게 한 원동력이었다. 또한 일본의 「문자활자문화진흥법(文字活字文化振興法)」은 지난 2005년 초당파 「활자문화위원연맹(活字文化議員聯盟)」에 의해 발의되어 제정된 법으로 일본의 독서 장려를 집대성한 법으로 평가받고 있다. 히다 미요코(肥田美代子) 중의원 의원은 "책은 반드시 읽어야 하는 것이라는 발상전환이 필요하다"며 "100년 앞을 바라보며 읽고 쓰기 활동이 추진될 수 있도록 국가의 예산지원이 필요하고 이 법은 이를 정부와 민간의 협력으로 추진하기 위한 첫걸음"이라고 강조했다.

이와 같이 문화선진국들의 독서진흥정책의 근간에는 인문학적 사고와 창의적인 아이디어가 세상을 바꾼다는 인식이 깔려 있다. 이는 무형의 가치를 생산하는 창조적 상상력이 없이는 국제경쟁에서 개인도 기업도 그리고 국가도 도태될 수밖에 없기 때문이다. 최근 스마트폰의 성공과 3D텔레비전과 입체영화도 하드웨어가 아닌, 창의성과 소프트파워의 성공인 것이다. 미래 경쟁력의 창출과 창의적인 생각의 구현은 독서를 통한 인문학적인 성찰이 아니면 기대할 수 없다. 디지털 디스토피아에 갇혀버린 자신의 성찰력을 되찾기 위해서도 독서의 생활화에 대한 캠페인이 필요한 시점이다.

위기의 읽기 문화, 어떻게 할 것인가?

우리의 현실에서 우선적으로 전제되어야 할 것은 국민독서력에 대한 올바른 인식과 문화운동의 차원에서 정부와 언론 그리고 사회단체와 학계의 유기적 협력이 이루어질 수 있는 여건의 조성이다. 그래서 지금 당장 '가정의 어린이 책 읽어주기 운동'부터 시작하자. 문화 복지의 인프라가 허약한 우리의 여건에서도 '가정의 어린이 책 읽어주기 운동'은 언제나 시작될 수 있다. 90% 이상의 핀란드 가정에서는 매일 아이에게 잠들기 전 책을 읽어주고, 인구 58만 명인 헬싱키 시내의 35개 도서관 1층에는 어린이 코너가 있어 아이들은 집짓기 퍼즐이나 인형과 같이 놀면서 책을 가까이 할 수 있게 해주고 있다. 가정의 독서환경은 학교와 사회에서의 독서교육과 독서운동을 실천할 수 있게 하는 출발점이 될 수 있기 때문에 매우 중요하다.

지난 2007년 대한출판문화협회와 조선일보가 협력하여 "거실을 서재로"라는 슬로건으로 독서운동을 시작했었다. 지금은 일과성 행사로 그쳤지만 매우 훌륭한 발상이었다고 생각된다. 그러나 전 국민을 대상으로 하는 캠페인을 대한출판문화협회를 앞세운 특정 출판사와 특정 신문사가 주관한 것은 건전한 주제임에도 불구하고 사회적 합의를 이끌어내기에는 한계를 갖지 않을 수 없다. 이러한 캠페인사업은 정부의 후원하에 사회단체들이 주관하고 언론들이 홍보를 해주는 것이어야 한다. 정책적으로는 산업진흥정책에서 문화진흥정책으로 출판정책의 패러다임전환이 이루어져야 한다.

나라의 '문화지킴이'인 문화체육관광부의 위상을 우리는 어떻게 이해해야 하나? 우리는 세계에서 그 유래를 찾아볼 수 없을 만큼 짧은 기간에 응축된 산업발전을 이룸으로써 우리가 치러야 하는 사회문화적 대가도 크다. 따라서 문화체육관광부의 우선적인 정책과제는 문화산업의 진흥이 아니라 산업화가 수반하는 사회문화적 후유증들을 치유하고 건전한 여가생활을 통한 삶의 질을 고양할 수 있는 '문화 복지의 향상'이어야 한다.

지금까지 디지털콘텐츠산업 강국의 실현이라는 정책슬로건으로 기업하기 좋은 시장환경 조성을 위한 '콘텐츠산업기본법'의 제정이나, 콘텐츠진흥위원회와 콘텐츠산업진흥기금 조성, HD드라마 콤플렉스 건립 그리고 차세대 가상세계콘텐츠, 디지털시네마, e스포츠 등 디지털콘텐츠 창작역량의 강화를 위한 지원과 같은 문화산업진흥정책들은 상당부분 문화부의 몫이 아니라 오히려 지식경제부의 몫으로 돌려주어야 한다.

장기적으로는 지역 단위의 평생교육기관이 정착되어야 한다. 현재 우리나라에도 일부 지역사회와 유관단체들이 주관하는 '북스타트운동'과 '한 마을 한 책 읽기'와 같은 사업들이 이루어지고 있다. 그러나 이러한 사업들은 지속성과 규모 면 그리고 일관성과 효과 면에서 아직은 평가받을 수 있는 단계에 못 미치고 있다.

독서문화의 조성을 주관해갈 수 있는 제도의 모범적인 사례가 될 수 있는 것은 독일의 '국민대학'(Volkshochschule)이라고 생각한다. 독일의 국민대학은 소시민들이 생활세계에서 손쉽게 접할 수 있는 다양한 교양과 취미, 건강과 체육 그리고 전문지식을 위한 교육프로그램들을 제공함으로써 국민들에게 다양한 분야에 걸쳐 책들을 접할 수 있는 기회를 부여해주고 있다. 국민대학은 대부분 시-도-군-읍-면-동 단위마다 지역사회가 공간을 제공하고 인력과 운영예산을 지원하되 교육프로그램들은 자율적으로 계획되고 집행된다.

독일의 바이에른(Bayern) 주의 경우 현재 217개의 국민대학과 약 800여 개의 지역부속분소(分所)들이 있다. 통계에 의하면 바이에른 주에서만 한 해에 272만여 명이 국민대학의 강의에 참여하였고, 국민대학이 제공하는 교육내용은 지역마다 다양성 있게 주민들이 원하고 필요로 하는 것들로서 주로 주말과 주간 세미나들을 통해서 제공된다. 이러한 국민대학들은 주(州) 단위와 연방(전국) 단위의 '국민대학연합회'(Volkshochschulverband)로 연계되어 있고, 인기 있는 교육프로그램들과 교육내용들은 지역들 간 국민대학연합회를 통해서 교류되고 있다.[12]

우리나라의 경우에도 지역마다 설립되는 문화센터들을 통해서 독일의 국민대학과 같은 사회교육기구로 정착시켜고 북스타트운동이나 '한 마을 한 책 읽기'와 같은 사업들을 주관할 수 있게 하는 방안이 모색되어야 할 때가 되었다. 또한 디지털 선진국인 한국에서 문화운동차원의 독서운동이 활성화되어야 하는 이유는 이 시대 우리사회에 파고든 마약, 도박, 게임, 인터넷에서 벗어날 수 있는 문화운동이기 때문이다. 독서는 참을성이 없고 단순성에 길들여진 디지털세대의 가벼움 대신에 무엇에 집중하는 인내심과 논리적 사고에 몰입을 체질화하게 해주는 좋은 방법이다.

2

어린이 책 읽어주기

독서와 학습능력

글을 읽는 행위는 단순히 어휘와 문장의 의미를 해독하는 기초기능을 넘어 그 어휘나 문장이 드러내고자 하는 사고(의미)를 찾아내는 고등기능에 속한다. 따라서 독서는 언어와 사고 사이에 가로놓여 있는 복잡한 문제들을 창의적으로 해결하는 과정이며, 이를 통해 주체적인 의식과 분석력, 그리고 객관적인 시각이 길러지게 된다.

그동안 독서가 사고력 신장에 미치는 영향에 대한 많은 실증적인 연구들이 특히 텔레비전 시청과 비유해서 이루어져 왔었다. 예를 들어 학생그룹을 대상으로 장기간에 걸쳐 조사한 쥬리히 대학 커뮤니케이션연구소의 본파델리와 샤서의 연구결과는 어린이, 청소년의 지능도가 텔레비전 시청과 독서에 연관된 것임을 밝혀주고 있다. 지능지수를 상(上), 중(中), 하(下)로 구분하여 중(重)시청자와 경(輕)시청자를 비교해보면 지능도와 관계없이 중(重)시청자의 경우에는 책의 이해력이 낮다는 사실을 밝혀주고 있다. 이는 텔레비전의 중(重)시청에 의해서 대뇌의 편향적 (우뇌의) 발전이 독서력을 저하시키기 때문이다. 짧은 시간에 교차되는 영상의 자극은 활기와 즐거움을 주지만, 의미의 연계성을 추적해갈 수 있는 동적인 자기개입이 요구되지 않는 수동적 시청이 이루어진다.[13]

퍼스(K. Peirce) 여사는 초등학교 5학년에서 중학교 3학년까지의 학생들을 대상으로 텔레비전 시청습관이 필기능력에 어떠한 영향을 미치는지에 대해서 조사한 바 있었다. 퍼스는 문법, 정서법(Orthography), 구두점 찍는 법, 문장작성 그리고 사고력을 평가하기 위해서 피조사자들인 학생들을 1시간대의 경(輕)시청자, 2시간에서 3시간대까지를 보통(中)시청자 그리고 4시간 이상을 중(重)시청자로 분류하였고, 이들을 다양한 연령층별, 부모의 교육수준별, 부모의 텔레비전에 대한 자녀들과의 대화 유무별 그리고 독서량이 많고 적은 학생별로 세분하여 조사하였다. 이 연구에서 퍼스는 텔레비전에 대한 부모들의 자녀들과의 대화, 그리고 많은 독서량은 학생들의 필기능력과 상상력에 긍정적으로 영향을 미친다는 사실과 텔레비전의 중(重)시청과 저능한 필기능력과는 직접적인 관계를 갖고 있다는 사실을 발견하였다. 이러한 연구결과를 통해서는 퍼스는 필기력의 장애를 갖고 있는 학생들의 경우에는 우선적으로 장애학생의 텔레비전 시청량을 알아보아야 한다고 하였다.[14]

본파델리와 샤서의 실험연구결과에서는 영상을 통한 교육의 일환으로 교육용 프로그램을 시청하게 한 후 프로그램의 학습내용을 요약하여 발표하도록 했다. 결과는 습관적으로 많은 책을 읽는 학생들이 텔레비전을 많이 시청하고 독서를 하지 않는 학생들보다도 월등히 높은 학습효과의 차이를 보였다. 따라서 어린이·청소년들이 텔레비전과 얼마나 밀접하게 연결되어 있는가가 중요한 것이 아니라 습관화된 독서를 통해 미디어의 내용에 대해 얼마나 능동적이며, 차별화된 수용을 할 수 있느냐가 중요하다.

독서력이 학습능력을 높여주는 예는 얼마든지 들 수 있다. 한때 보스턴의 자랑이었던 솔로몬 르웬버거 중학교는 1980년대 성적이 최하위에다 말썽도 잦아 이 지역의 골칫거리 학교가 되었었다. 그러나 새로 부임해온 교장은 일과 마지막 10분 교실에서 조용히 책을 읽는 SSR(Sustained Silent Reading) 운동 이후 많은 변화를 경험하게 됐다. 처음엔 불평이 많았으나 점차 하굣길 버스에서, 집에서 책을 읽는 학생들이 생겨났고. 읽기가 생활화되자 성적도 향상됐다. 이 학교는 몇 년 만에 다시 보스턴 최고라는 명예를 되찾았다.[15]

일본엔 아침마다 교실에서 10분씩 책 읽기를 하는 초·중·고교가 현재 2만 6,000여 곳에 이른다. 전체의 70%를 넘는 숫자다. 1988년 지바 현의 한 고교 교사가 시작한 이래 해마다 확산되고 있다. 10분은 짧지만 그것들이 모이면 책 한 권을 떼게 한다. 독서습관은 무엇보다 생활태도를 바꾼다.[16]

경북 문경 점촌고등학교는 지역에서 '기적의 작은 학교'로 통한다. 졸업생 179명 중 139명이 수도권 4년제 대학에 합격했고, 대구·경북지역에서 수능시험 최고득점자를 배출하기도 했다(2011년). 과외,

학원수강 같은 사교육은 엄두도 못 내는 시골학교에서 이 같은 결과를 배출한 것은 바로 독서교육 때문이었다. 전교생이 매주 3회 1시간씩 독서토론, 작문 등을 하고 매달 2~3차례 명사들을 초청해 강연과 토론회를 갖는다.[17]

고등학교교육이 대학교육을 위한 전 단계 정도로만 간주되는 교육풍토에서 이러한 문경 점촌고등학교의 예는 '공부가 우선이고 독서는 나중의 문제'로 생각하는 우리나라 학부모들의 일반화된 인식을 뒤엎는 것이다. 정상적인 나라에서는 '독서가 곧 공부'인 것이 맞는 말이다. 그리고 책을 읽고 소화할 수 있는 능력, 즉 독서력이 곧 '대학수학능력'이라는 인식도 공유되고 있다. 우리는 이제라도 독서가 곧 공부인 정상화된 교육풍토가 정착되도록 사회적 합의를 이끌어 내야 한다.

매체수용과 점증적 지식격차

1970년 미국의 한 연구는 매우 역설적인 연구가설을 발표하여 많은 호응과 함께 다양한 후속연구들이 뒤따르게 했다. 즉 보도의 양이 많으면 많을수록 그리고 정보의 유입이 강화되면 될수록 한 사회의 정보화 수준이 높은 계층과 낮은 계층 간의 간격은 더욱 커진다는 것이다.

매스커뮤니케이션의 사회적 기능에 대한 대부분의 연구들은 그때까지 미디어들을 통해서 매일 전파되는 정보가 일반적으로 시민

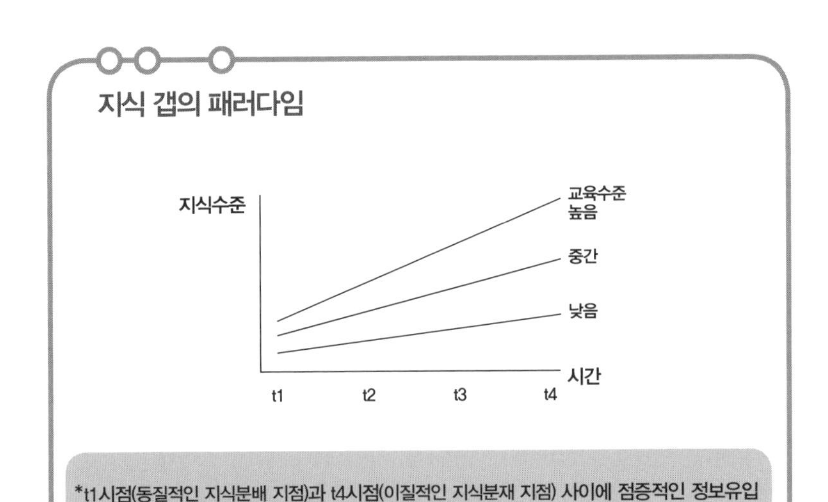

들의 지식수준 향상에 기여한다는 검증되지 않은 전제하에서 이루러져왔던 것이 사실이다. 그러나 정보의 평준화, 지식의 평준화를 기대하는 미디어의 확산은 정보의 불균형만을 촉진시켰다. 이미 50~60년대를 거치면서 공공 캠페인이 기존의 지식 수준이 낮은 사람들의 위한 것이었으나 캠페인의 효과는 기존의 지식 수준이 높은 사람들에게서 나타났고 정보화 수준이 낮은 계층에게는 나타나지 않았다. 오히려 이들 계층 간의 수준격차는 캠페인을 할수록 심화되는 결과를 수반되었다는 것을 입증한 바 있었다. 예를 들어 UN에 대한 캠페인에 노출된 사람들 가운데 68%가 대학교육을 받은 사람인데 반해서 초등학교 졸업자는 17%에 불과했었다. 이후 지식격차 가설은 대부분의 실증적인 연구들에 의해서 지지를 받게 되고 연구의

스펙트럼 또한 다양해지게 되었다.[18]

지식이 관심을 일깨우고 관심은 학습을 촉구함으로써 지식은 더욱 확대될 수 있다고 한다면, 다양한 미디어의 접촉을 통해서 우리는 교육 수준이 높은 계층과 낮은 계층 사이의 간극을 전진적으로 좁일 수 있지 않을까? 이러한 정보와 지식격차의 현상은 대부분의 국민이 안락하고 오락적인 다양한 텔레비전 채널들의 시청으로 대부분의 여가시간을 보낸다고 한다면 심각한 사회문제로 제기될 것이다.

텔레비전 시청이 독서에 긍정적으로 반영된다는 주장도 있다. 소위 텔레비전 시청률이 높을수록 독서율도 높아진다는 소위 '모어앤모어 규칙'(more-and-more-rule)이다. 그러나 독일 '알랜스바하여론조사연구소'(Allensbacher Institut für Demoskopie)의 연구결과에 의하면 모어앤모어 규칙은 텔레비전 시청률과 신문 및 잡지 읽기와의 관계에 적용되는 것으로 오히려 중(重)시청자의 독서시간은 현격하게 줄어든다는 사실을 밝혀주고 있다. 다음의 그래프는 텔레비전 시청이 많으면 많을수록 책의 독서량은 줄어들고 잡지의 구독율은 높아지는 관계, 또는 독서량이 높을수록 시청시간이 많고, 잡지수용량이 높을수록 시청량도 높다는 관계를 보여주는 것이다.[19]

그러나 잡지구독에 대한 관심의 증대는 반드시 정보화된 수준의 향상과 일치하지 않으며, 오히려 잡지에 대한 관심의 증대는 정보화의 수준을 퇴화시킨 결과를 가져온다. 즉 잡지의 구독율이 향상되고 고양된 관심에도 불구하고 현실적인 정보화의 수준은 향상되지 않았다는 것이다.

이는 신정보기술의 발달과 함께 다양한 매체경쟁의 환경에서 국

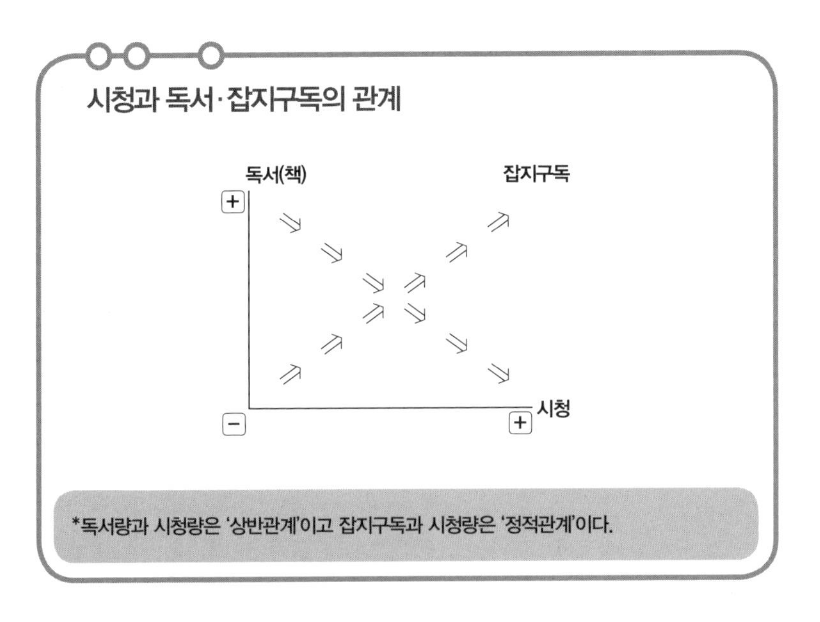

민이 대중매체와 함께 보내는 여가시간이 증대되고 동시에 정치사회적 관심도 함께 증대되었으나 이른바 '지식 없는 매체수용'이 이루어지게 되었다는 결론이다. 따라서 '지식 없는 매체수용'은 대중매체에 의한 대중조작의 용이성을 갖고 있으나 잡지의 산업적 측면에서는 긍정적인 결과일 수 있다.

의도적 학습시청과 비의도적 시청

싱어 부부의 연구에서는 특히 독서를 하지 않고 텔레비전 시청을 많이 하는 어린이들은 독서를 자주 하는 또래의 어린이들보다 상상력 발달이 뒤진다고 했다.[20]

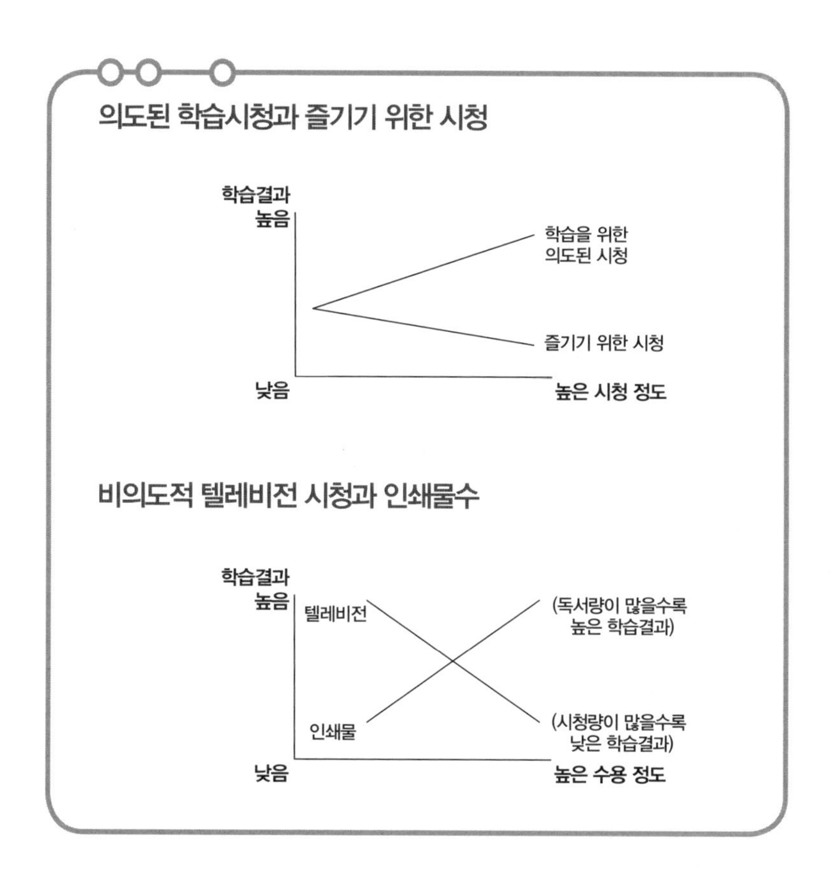

학습능력이 높고 낮은 어린이들 사이의 텔레비전 시청을 통한 학습결과를 조사한 살로먼(G. Salomon)의 연구결과에 의하면 학습을 위한 의도된 시청의 경우와 비의도적인 시청의 간에는 차이가 나타나났다. 그는 연구결과를 다음과 같은 가설을 제시하고 있다.[21]

1. 일반적으로 어린이들은 텔레비전을 다른 미디어들에 비해 매우 수월한 매체로 생각한다. 어린이들이 텔레비전을 통해서 집중력

없이도 배울 수 있다고 생각한다.

2. 어린이들에게 바람직한 텔레비전 프로그램을 보여주거나 또는 이와 비교될 만한 인쇄물을 보여주면 인쇄물에 더 많이 정신을 집중시키며 인쇄물에서 더 많이 추리해낸다.
3. 지능지수가 더 높은 어린이들의 텔레비전에 대한 견해는 그다지 긍정적이 아니며 또한 집중하지 않는다. 따라서 지능지수가 높은 어린이들은 지능지수가 낮은 어린이들보다 텔레비전의 방송내용에서 추리해내는 정도가 낮다.
4. 그러나 얼마나 배울 수 있는가를 보여주기 위해서 어린이가 텔레비전을 시청해야 할 상황(의도적 시청 상황)에서는 지능지수가 높은 어린이들은 최대로 집중하여 텔레비전을 주시하고 또한 학습결과도 높았다.

미디어교육으로서 책 읽어주기

오늘날의 영상시대에 포스트먼은 미디어교육의 필요성을 다음과 같이 강조되고 있다. 첫째는 어린이 청소년들이 미디어의 가상과 생활세계의 현실을 구분할 수 있도록 하는 '보호교육학적인 노력'이 요구되고 있기 때문이고, 둘째는 '타자의 손'을 거쳐 전달되는 미디어의 정보임으로 이를 비판적으로 수용할 수 있고, 주체적으로 선별·수용할 수 있는 능력이 요구되기 때문이며, 셋째로는 일차적인 직접경험이 중요함으로 '참여매체'를 문화복지의 차원에서 확대해

가야 한다는 것이다. 여기서 참여매체란 숲이나 공원과 같은 자연, 도서관, 박물관, 미술관, 각종 사회체육시설과 사회교육시설 그리고 각종 지역사회의 행사 등과 같이 시민들이 직접 참여할 수 있는 매체들을 말한다.[22]

오늘날과 같은 미디어시대를 살고 있는 인간들은 가상을 통해서 현실을 반추할 수 있는 능력을 갖고 있을지 모르지만, 현실이 영상세계에 어떻게 반영되고 있는가에 대한 판단력은 약하다. 텔레비전의 경우 사실성의 판단은 두 가지 차원에서 확인되어야 한다. 즉 사실성(실제로 일어났는가?)에 대한 판단과 사회적인 현실성(실제생활과 유사한가?)에 대한 판단이다. 또한 이러한 사실성에 대한 판단은 미디어의 표현형태에 따라 달라지기 마련이다. 특히 미디어의 모사(模寫)기술이 발달해가면서 미디어의 매개된 가상과 현실 사이의 인식경계는 더욱 모호해지고 있다. 따라서 영상시대의 미디어가 발달한다는 의미는 수용자들이 점점 더 미디어의 내용과 형식을 구분하는 판단능력을 상실해간다는 의미로 이해될 수 있다.

한 예를 들어보자. 축구경기의 중계에서 텔레비전을 통해 결정적인 골인 장면을 반복적으로 시청할 수 있고 절망하고 기뻐하는 선수들이나 관객들의 모습까지도 '클로즈업'하여 시청한 사람들과 축구장에서 직접 경기를 본 사람들 사이에서 누가 사실적인 것을 보았다고 할 수 있을까? 바로 미디어교육의 목표는 현실과 매개된 현실 간의 '거리두기'와 '반영'의 능력을 고양시키는 것이다.

독일의 초등학교 미디어교육에 대한 현장경험이다. 교육 전날 학생들에게 지역도시에서 일어난 화재사건에 대한 기사를 각자 집에서 구독하는 신문에서 스크랩하고 6하원칙(5W1H) 의해서 분석해오는 숙제를 준다. 수업시간에 각자의 조사내용을 발표하고 사실 확인을 위해서 화재현장을 방문하여 지역 소방대장으로부터 화재의 전 과정에 대해서 설명을 듣는다. 이때 지역 소방대장은 반드시 정복을 입고 현장에 나와 학생들의 질문에 응답해야 할 의무가 있다. 이 교육을 통해서 신문기사가 얼마나 사실보도에 충실했는가를 비교하고 평가함으로써 사실과 보도 사이의 한계성을 확인할 수 있게 한다.

모서(H. Moser)는 독서를 많이 하는 어린이들에게는 능동적으로 그리고 창의적으로 다양한 미디어들의 메시지들을 규명할 수 있는 '거리두기'와 '반영'의 능력이 열려 있다고 하였다. 커뮤니케이션 능력은 인간이 환경과 조우할 수 있는 생득적인 능력임에도 불구하고 우리는 대중매체에 의해 매개되는 상징세계가 실재의 것이 아니라 비(非)동일성을 현실세계로 내면화하는 가상세계라는 점에 유의하지 않고 있다. 따라서 미디어에 의해 '매개된 경험' 속으로 점점 더 매몰되어가는 현실 속에서는 더 이상 저절로 이루어지는 능력이 아니라 교육되어야 하는 것이다. 이는 오늘날 선진국들은 미디어교육을 제도교육에 서둘러 도입하고 있는 이유인 것이다.[23]

가정의 책 읽어주기

전형적인 어린이의 책 읽어주기 상황이 어떻게 구조화되었고 부모들과 어린이들이 어떠한 능력들을 이 같은 환경에 반입하는가는 오래전부터 연구되어왔었다. 어린이를 위한 부모들의 '책 읽어주기'의 상황을 찰톤(M. Charlton) 등의 연구결과를 중심으로 알아보자. 그는 미디어수용을 위한 능력의 발생을 규명하기 위해서 9개월이 된 아기 때부터 관찰할 수 있는 어머니(또는 아버지)와 어린이의 그림책 읽기(보기)를 구체적으로 조명하였다. 전형적인 책 읽어주기는 다음과 같은 상황구성, 선택, 읽기 그리고 사후대화(事後對話)의 4개 부분으로 이루어진다.[24]

1) 책 읽기의 상황구성

어린이와 어른이 서로 읽어야 할지의 여부와 어떻게 읽어야 하는지를 타협해야 한다. 전형적인 일상의 모습들은 예를 들어 잠들기 전에 옛날이야기를 해달라는 간청, 책을 읽는 '꿈꾸는 시간'(blaue Stunde)에 밀착과 의타심을 보여주는 '옆에 있어 주기'에 대한 간청, 기다리는 시간을 채우기 위해서나 또는 지나치게 날뛰는 어린이를 다시 진정시키기 위한 아버지의 책 읽기 제안이다. 사회심리학적인 관점에서 볼 때 이 같은 타협은 두 가지의 보완적인 동기인 '권력' 그리고 '사랑'에 의해서 규정된다.

2) 옛날이야기의 선택

부모와 어린이가 처음에는 주로 책에서 그림들의 이름을 읽는 반면에, 나중에는 그림을 작은 옛날이야기를 위한 출처로 이용하게 된다. 부모들은 책을 읽어주는 상황을 어린이들로 하여금 책을 통해서 자신의 체험들을 다시 기억하도록 이용한다. 일상적인 상황묘사와 친숙한 생활공간들에 대한 그림책의 내용들은 부모들의 이러한 요구들에 합당한 것들이다. 부모들의 화법 또한 어린이들에게 주로 자신들의 사회적인 경험들을 반영할 수 있게 해준다. 어린이의 개인생활과 읽어주는 책 내용들은 하나가 되어야만 한다. 이 목적을 위해 책이 선택되거나 그림의 자료들에 대한 이야기를 변형시킴으로써 상징적인 경험의 이해와 동일시확인에 대한 어린이들의 욕구들이 충족될 수 있다.

3) 옛날이야기의 수용

책을 읽어주는 사람과 어린이 사이의 집약적인 커뮤니케이션의 단계가 이어진다. 어린이의 연령에 따라서 '읽기'는 각기 다르게 구성된다. 첫 단계에서는 어머니가 책의 그림에 함께 집중할 것을 어린이에게 요구하는 반면에, 조금 시간이 지나면 어머니가 지적하는 대상의 명칭들을 간단하게 읽는다. 그리고 어린이가 그림을 가리키고 어머니는 그것이 무엇인지를 설명해야 하거나, 또는 어머니가 어린이가 "그건 무엇이야?"라는 질문에 스스로 이름을 대도록 유도한다. 또한 이름지정의 성격도 분명하게 변한다. 그림책을 볼 때 부모들과 어린이의 대화에 대한 분석은 그림내용들이 흔히 2세 중반부터 이미 어린이가 전에 경험한 것과 그리고 이와 연관된 느낌들을 기억하도록 이용된다는 것을 보여주고 있다. 책장을 앞뒤로 넘기면서 어린이가 편안하게 도움을 충분하게 체험한 것 같은 느낌들을 갖게 될 수 있는 상황에 이르면 이는 책을 읽어주는 상황이 언어습득과 경험성취에 도움이 되는 상황이다.

4) 사후대화

언제인가는 어머니가 충분하게 책을 읽어주었거나 또는 어린이의 주의력이 떨어진다. 함께 읽는 일을 점차 끝내는 것 또한 다시 한 번 중요한 사회적 그리고 심리학적인 기능들을 실현할 수 있다. 예를 들어 어머니가 2세 중반의 아들에게 이제는 자신이 책을 읽어주는 사람의 역할을 맞도록 요구할 수 있다. 물론 어린이는 그 나이에 복잡한 이야기 내용들을 아직 파악하지 못한다. 그러나 이 경우 어린이들의 언어적 표현에 나타나는 인지적 활동들은 한두 마디의 문장에서 아무렇게나 말하는 것이 아니고, 자신의 경험들을 소화하는 표현을 일상체험에 연계하여 이루어진다. 따라서 사후대화는 어린이들로 하여금 미디어내용에 동화하게 하고, 대화내용을 이 방법으로 자기의 것이 되게 해준다.

그러나 이 같은 일반적인 발전 추세들과 그림책들의 기능들 이외에 또한 다양한 부모, 어린이 사이에 분명한 차이들이 있다. 예를 들어 슈나이더(Schneider)[25]는 그림책의 읽기에서 상대적으로 어린이의 나이와 무관하게 현실화 될 수 있는 두 가지 형태의 '책 읽어주기 상황'을 밝혔다. 첫 번째의 '상호작용 형태'에서는 어머니가 예를 들어 말을 따라 하게 하기, 이름을 말하게 하기, 이야기를 하게 하기, 설명을 하게 하기와 같은 시험상황으로 대화를 조정한다. 이 같은 상황은 어린이의 연령에 따라서 각기 달랐으나, 일반적으로 유지되었다. 두 번째의 형태에서는 어린이가 지적하기, 질문하기, 자발적으로 이야기하기 등을 통해서 상황구성을 주도한다. 이 상황 또한 연령과 무관하게 이루어짐으로써 어린이가 점증적으로 복합적인 대화진행의 전략으로 활용하였다.

이 같은 4단계(상황구성, 선택, 읽기, 사후대화)의 중심은 읽어주는 사람과 어린이 사이의 책 내용에 대한 대화이다. 이는 고립된, 임의적 정보소화의 패러다임이 아니라, 상호작용 파트너들의 대화규칙들이 인간행위에 대한 중심적인 설명모델이다.

책 읽어주기의 대화적 상황 특성은 읽어주는 나이를 지나서도 역시 변화되지 않는다. 3세에서 7세 사이의 어린이들에 대한 체계적 관찰에서도, 어린이들이 전자미디어들을 이미 능숙하게 이용할 줄 알기 때문에 책 읽어주기가 필요하지 않은 것으로 생각될 수도 있다. 그러나 두 사람(부모와 어린이) 사이에 새로운 미디어가 도입된 상황에서도 앞서의 책 읽어주기의 경우와 유사성을 확인할 수 있었다.[26]

오늘날 영상매체에 길들여진 청소년들은 논리적이고 분석적으로 생각하기 싫어하며, 조금만 복잡한 사고를 원하는 문제가 주어지면 쉽게 포기하고, 사고력이 결핍되어 있다. 그러나 시각적 수용과 인지의 과정으로서 독서는 끊임없는 사고의 연속과정이다. 선진국들이 유아기부터 책과 친숙해질 수 있는 '북스타트운동'을 서둘러 도입하고 있는 것도 영상이 지배하는 미디어환경에서 문자중심의 독서교육이 절실하게 요구되고 유아기부터 독서의 생활화 여하가 기초학습에서 성숙한 경지의 평생학습능력에 이르기까지 자아실현의 여건을 좌우하게 되기 때문이다.

독서의 생활화를 촉진시킬 수 있는 정책들도 다양하게 생각해볼 수 있다. 독서의 생활화를 촉진할 수 있는 입시제도와 입사제도의 도입, 공교육제도의 개선이나 문화의 기간시설인 도서관의 확충과 사회단체나 사회교육기관을 통한 다양한 독서운동을 통해서도 가능할 것이다. 그러나 도서관시설이나 참여미디어의 문화인프라가 부족하고 입시제도와 입사제도가 암기식 교육을 촉진시키는 우리나라의 현실에서 독서교육의 첫 시작인 가정의 '어린이 책 읽어주기' 운동은 가장 쉽게 시작할 수 있는 문화운동이며 미디어교육의 방법이 아닐 수 없다. 가정은 독서가 이루어지는 장소이며, 학교와 사회에서의 독서교육이나 독서운동이 통합되어 실천이 이루어지는 지점이기도 하다.

3 디지털치매와 독서

뉴미디어 비판의 역사

고대의 구두(口頭)시대부터 인터넷과 디지털 매체들이 대두하게 된 오늘의 정보화시대에 이르기까지 새로운 매체들이 등장될 때마다 소위 '뉴미디어'의 영향에 대한 교육학적인 논의들은 언제나 부정적이었다. 역사가 타키투스(Publius Cornelius Tacitus)는 로마제국의 멸망을 무엇보다도 그리스의 소녀들이 로마의 소년, 소녀들에게 들려주었던 우화(寓話) 때문이라고 보았었다. 영국의 청교도들은 1642년 연극을 금지시켰던 때도 있었고, 출판물이 대중화되기 시작했던 18세기에는 책이 인간을 오도시키는 존재로 비판의 대상이 되기도 했었다.[27]

19세기에는 대다수의 교육학자들이 이른바 외설적 내용의 책이 급격하게 범죄를 늘렸다고 생각했고, 20세기 초에는 영화도 비판의 대상이었다. 예를 들어 독일 함부르크의 교사연합회는 1907년 영화를 보러 극장에 가는 것이 교육적으로 매우 위험스러운 일이라 생각하여 학교가 학생들이 영화를 보러 가지 못하도록 막아야 한다고 주장하였다.[28] 중년 이상의 한국 사람들도 중·고등학교 시절 '학생입장불가'의 영화를 몰래 감상했었고 선생님들이 극장에서 학생들의 출입을 감시하였던 시절에 대한 기억을 갖고 있다.

오늘날에도 저속한 소설, 미국적 코믹물, 비디오나 텔레비전의 폭력성과 음란성 등에 대한 비판들이 자주 이루어지면서 비디오나 텔레비전의 프로그램에도 연령별 등급제를 도입하고 있으며 인터넷이 보통사람들의 생활세계에 정착되어가면서 외설사이트에 대한 차단장치를 마련해야 한다는 주장들이 일고 있다. 올더스 헉슬리(A. Huxley)는 이미 1932년에 출판된 그의 공상소설 『아름다운 새로운 세계*Brave New World*』[29]에서 우리가 사랑하는 것이 우리를 파멸케 하고, 기술숭배가 인간의 사고력을 황폐화시키고 언젠가는 책을 읽고자 하는 사람이 아무도 없게 될 미래를 우려하였다.

21세기의 생활세계를 지배하는 새로운 미디어, 극소전자미디어 기술의 총아는 단연 스마트폰이다. 스마트폰은 디지털카메라, MP3, DMB, 게임, 실시간 정보를 수용할 수 있는 인터넷, 내비게이션, ebook 등 첨단 디지털기술이 장착되어 있다. 이러한 극소전자 미디어들의 보급과 함께 미디어 생태학은 디지털화된 단문정보나 화보와 영상물의 범람으로 점차 독서인구가 줄어드는 것을 경고한다. 최근에는 미디어 전문가들만이 아니라 뇌신경학자, 심리학자 등이 한

결같이 스마트기기의 주의력과 책의 독서력은 근본적으로 다르다는 것을 입증하고 있다.

이처럼 역사적으로 새로운 매체의 등장으로 제기되었던 부정적인 주장들은 항상 어린이와 청소년들의 사회화에 미치는 대중매체들의 영향력을 우려했던 것이다. 뉴미디어의 영향에 대한 이 같은 우려는 항시 제기되어 왔던 과도기적 우려에 지나지 않는 것일까?

스마트사회의 삶은 행복할까?

니콜라스 카(Nicholas G. Carr)는 『생각하지 않는 사람들』이라는 저서에서 "웹사이트의 탐색으로 보내는 시간이 책 읽기가 수반하는 조용한 명상과 사색의 시간을 몰아냈고, 지적 활동에 쓰이던 우리의 뇌 회로들을 해체시킨다고 말한다.[30] 유한한 인간의 지적 능력이 디지털기기의 도움으로 크게 확장되지만 심층적 사고력이 훼손된다는 주장은 인간의 인지능력과 정보기술의 딜레마적 관계에 깊은 성찰이 요구되는 대목이다.

그의 연구를 관통하는 관심은 컴퓨터, 인터넷, 스마트폰 등 다양한 정보화기기를 사용하게 된 인간은 더 똑똑해졌을까 멍청해졌을까에 있다. 사람들이 어려운 질문을 접하게 되면, 컴퓨터의 자판기를 두드려 인터넷을 통해 해결하려하고 정보나 지식은 기억하려고 하지도 않고 컴퓨터에 저장해둔다. 이러한 습관성은 '기억회상능력'을 떨어트릴 뿐만 아니라 지식의 본질까지 다르게 생각하게 된다. 즉, 지식의 근본보다 그것에 이르는 과정에 대한 앎을 더 중요하게 생각하게 되었다. 이를 일명 '구글효과'(Google effects)라고 한다.

외부의 보조 장치를 통해 인간두뇌의 능력을 향상시키려는 시도는 오래전부터 논란의 대상이 되어왔었다. 플라톤의 『파이드로스』에는 스승 소크라대스(Socrates)가 친구인 파이드로스(Phaedrus)에게 해준 발명의 신 테우스(Theuth)와 고대 이집트의 왕 타무스(Thnmus)에 대한 이야기가 나온다. 발명의 신 테우스는 산수와 기하학, 천문학 그리고 문자 등을 발명하고 이것이 인간사회에서 널리 사용될 수 있도록 설명하면서 타무스 왕의 의견을 물었다. 테우스는 백성의 지혜와 기억력을 높여주게 될 것으로 자신했다. 그러나 왕의 반응은 백성들이 문자에 의존하게 되면서 오히려 기억력의 감퇴를 가져오게 될 것이고, 문자를 통해 백성들이 자존심으로 가득차게 될 것이라고 경고했다.[31]

논어에도 "배우되 생각하지 않으면 지식을 무질서하게 쌓아두고 것에 지나지 않고, 반면 생각만하고 배우지 않으면 보편적 지식이 결여된 자기견해만이 형성된다는 것이다(學而不思則罔 思而不學則殆)".[32]

미국 컬럼비아대 베치 스패로(Betsy Sparrow) 교수 등도 과학학술지 「사이언스」에 대표 저술한 '기억에 대한 구글효과'라는 논문에서 "사람들은 이제 인터넷을 '외부 기억은행'으로 간주하며, 우리의 기억체계는 '무엇'보다는 '어디에 있는지'를 우선 기억하는 방식으로 바뀌었다"고 말한다. 이는 지식의 본질이 내용이 아닌 지식에 이르는 방법에 있다는 것이다.[33]

신경생리학자들은 외적 자극이 뇌구조에 끼치는 영향을 오랜 동안 영장류에 대한 실험연구들을 통해서 밝히고자 했다. 그린필드(Susan Greenfield)는 영상미디어의 수용이 항공기 조종사처럼 동시에 수많은 정보기기들을 읽어내는 '공간 인지력'을 개선시키지만 추상적 어휘, 반성, 연역적인 문제해결, 비판적 사고, 상상력과 같은 고도의 인지구조를 약하게 만든다고 결론지었다.[34] 한마디로 인간의 사고가 '얄팍'해졌다는 것이다.

이같이 인간의 사고가 '얄팍'해졌다는 것은 디지털세대가 전혀 다른 논리와 인식방법의 '호모 디지쿠스'로 살아간다는 것이다. 즉, 무엇에 집중하는 인내심이 부족하며 논리적 사고에 몰입을 체질적으로 거부하고 모든 것을 쉽게 해결해가는 편의성과 단순성에 길들여지게 된다는 것이다. 따라서 디지털세대는 안이할수록 합리적이며 싫은 것을 참고 지속하는 것은 합리적이 아니라고 생각한다.

디지털치매

캐나다 미디어학자 맥루한의 '미디어는 마사지(안마)다'라는 명제가 있다. 이는 오늘날 미디어가 우리를 거칠게 주무르고 있다는 것이다. 우리의 인지감각기능들 중 일상적으로 환경적응에 적절한 감각은 발달하지만 그렇지 않은 감각기능은 퇴화한다. 맥루한에 따르면 모든 매체는 감각기관의 확장이다. 책은 눈의 확장, 옷은 피부의 확장, 바퀴는 발의 확장이다. 그런 견해에서 본다면 인터넷은 뇌의 확장이다. 우리는 스마트미디어에 우리의 세상 인지능력을 맡기고, 소셜미디어에 우리의 사회적인 유대관계를 맡기게 되면서 우리의 감각기능들도 편향적으로 발달하게 되고 스마트한 삶을 산다고 착각하고 있다. 우리의 몸과 영혼이 분리되는 스마트 미디어 편식은 바로 디지털치매(Digitale demenz)를 수반하게 된다. 논리적인 사고(思考)를 하지 않기 때문이다. 스마트기기의 편의성에 길들여진 현대인들이 시간과 공간의 제약을 받지 않고 원하는 정보를 쉽게 얻을 수 있지만 사고를 구체화하고, 새로운 지식을 창출하는 능력은 점점 더 줄어들고 있는 것은 우려스러운 일이 아닐 수 없다.

호모디지쿠스시대에 세상은 점점 더 스마트해지는데 사람들은 점점도 덜 스마트해지고 있다. 예를 들어 우리는 집이나 가족의 전화번호를 외우는 것이 전부이고, 노래방 기기의 가사가 없으면 끝까지 부를 수 있는 노래가 거의 없고, 내비게이션 없이 오갔던 도로도 찾기 어려웠던 경험을 자주 한다. 요즘 이러한 디지털치매증후군은 디지털기기의 사용이 잦은 10대에서 30대 초반의 젊은 층으로 넓어지는 추세이다.

청소년은 스마트폰을 가족보다 더 가까이 여기게 되었다. 자녀의 과도한 스마트폰 사용 때문에 갈등을 겪지 않는 가정이 거의 없을 정도로 식사 도중 부모와 눈도 마주치지 않고 스마트폰만 들여다보는 아이들도 많다. 길거리에서나 지하철과 버스 안에서도 모두가 스마트폰을 들여다보는 군상만 보이고 책을 읽는 사람은 볼 수가 없게 됐다. 경희대 도정일 교수는 "스마트폰이 상용화되기 시작한 2008학년도 입학생부터 눈에 띄게 독서 기피 현상이 나타났다"고 진단한다.

실로 스마트폰은 전화, 문자뿐 아니라 채팅, 페이스북, 카카오톡, 트위터 등 SNS를 통한 실시간 소통 그리고 사진, 음악, 인터넷, 텔레비전 시청, 게임, 영화, 스케쥴 관리, 그림 등 온갖 기능들이 탑재된 문명의 이기이다. 모두가 잠에서 깨어나면서 잠들 때까지 온종일 손에 쥐고 산다. 이러한 온갖 '즐거움과 편리함'을 제공하는 휴대전화를 집에 두고 외출을 하게 되면 우리는 극심한 불안에 빠지게 된다. 이른바 노모포비아(Nomophobia)증후군이다.

우리 뇌는 외부의 여러 자극에 대해 몇 초에서 몇 분 동안의 한시적으로 기억하는 단기기억에서 반복학습을 통해 지워지지 않는 장기기억으로 옮겨간다. 이때 예를 들어 휴대전화의 전화번호 저장기능을 사용하다 보면 지인들의 전화번호를 굳이 외울 필요가 없어 장기기억으로 이전되지 못해 결국 기억하지 못하게 된다. 이처럼 장기기억에 저장하는 정보의 양이 지속적으로 감소되고 기억강도를 유지시키지 못하면 결국 우리들의 뇌는 퇴화되어 치매로 이어질 수 있다.

흔히 신경정신과 전문의들은 자신의 인지력이 약해진 것을 두고 치매로 의심하는 사람은 건망증이고, 치매는 자신이 치매인지를 모르는 사람이라고 말한다. 독일 뇌과학자 슈피처(M. Spitzer)에 의하면 디지털치매란 컴퓨터, 스마트폰, 비디오게임, 텔레비전 등의 디지털 미디어와 SNS의 과용으로 기억력과 학습능력이 현격하게 떨어진 사실상의 바보가 되는 것을 말한다.

슈피처는 최근 한국에서도 번역된 자신의 책 『디지털치매』[35]에서 여러 번 한국의 상황을 언급하고 있다. 그는 한국 초등학생의 12%가 인터넷중독이라는 통계를 인용하면서 중독자율이 4%에 이르는 독일 청소년들(14~16세)의 인터넷중독자를 걱정했다. 즉 한국 초등학생들의 심각한 인터넷중독현상의 예가 독일에서는 답습되지 않아야 한다고 경고한 것이다.

슈피쳐에 의하면 '디지털치매'는 한국의 의사들이 처음 이름 붙인 질병이다. 그리고 한국의 국립국어원은 세계 제일의 디지털 기반구조를 갖고 있는 나라답게 2004년에 세계 최초로 디지털치매를 신조어(新造語)로 올렸다. 국립국어원은 디지털치매를 다양한 디지털기기의 발달에 힘입어 스스로의 뇌를 사용하지 않고 무의식적으로 디지털기기에 의존하게 된 현대인들의 기억력감퇴현상이라고 정의를 내리고 있다.

저명한 뇌과학자인 슈피쳐가 한국의 디지털 중독현상을 경계할 사례로 내세운 것에 우리는 디지털미디어환경과 미디어정책의 방향을 되짚어 볼 필요가 있다고 생각된다. 특히 디지털미디어에 빠지면 종이책 읽는 것보다 뇌 신경세포가 적게 움직여 청소년 뇌 성장을 가로막는다는 이유에서 슈피처가 학교에서 디지털 교과서로 가르쳐선 안 된다고 말한 대목에서 우리의 디지털교과서 계획은 재고해야 할 것이다. 이명박 정부의 교육과학기술부는 2015년부터 모든 취학아동들에게 태블릿 PC를 지급하고 전자교과서로 수업할 계획을 발표한 바 있다.

뇌 성형으로서 독서

슈피쳐에 의하면 "유치원에 다닐 정도의 어린 나이에 컴퓨터와 휴대전화를 상용하면 집중력장애는 물론 유치원을 졸업할 무렵에는 읽기 장애까지 겪을 수 있"으며, "미국과 독일의 연구에서도 확인되듯, 취학연령의 어린이에게는 사회적 고립이 자주 관찰"되는 것으로 밝혀졌다.

그렇다면 이것을 어떻게 해결해야 할까? 평생학습의 기본이 어린이와 청소년 시절의 훌륭한 교육이라는데 그 훌륭한 교육은 무엇일까? "인지하기, 생각하기, 체험하기, 느끼기, 행동하기" 등을 통해 기억에 흔적을 남겨야 한다. 이런 일은 스크린과 마우스가 아닌 종이와 연필로 이뤄져야 효과가 크다는 것이 슈피처의 주장이다. 그리고 어린이가 디지털 없이 지내는 하루하루는 선물 받은 시간이나 마찬가지"라고 책의 마지막에서 우리에게 간절하게 충고하고 있다.

뇌도 훈련하기에 따라서는 성형(成形)이 된다고 한다. 2004년 과학잡지 「네이처」에 소개된 신경과학 연구진의 연구결과에 의하면 사람에게 저글링(juggling) 훈련을 3개월 동안 시킨 결과 놀랍게도 양손과 뇌의 조화 기능만 향상된 것이 아니라 기억을 관할하는 뇌조직인 해마(海馬)의 두께가 커졌다. 물론 60세 이상의 노인들은 20대처럼 저글링을 능숙하게 잘해내지 못했지만 결과는 젊은 사람과 같았다.[36]

런던대 신경과학 연구팀의 연구결과에 의하면 통상 2년의 훈련을 하고 수천 개의 장소와 길목을 헤매지 않고 다닐 수 있어야 시험을 보는 런던 택시기사들의 뇌를 MRI촬영을 했더니 기억을 관할하는 해마가 일반인보다 훨씬 크다는 것을 알아냈다.[37] 이는 머리를 쓰면 쓸수록 뇌기능도 좋아지고, 뇌도 커진다는 의미다. 그리고 끊임없이 뇌 운동을 하는 사람일수록 치매에 적게 걸리고, 설사 치매가 오더라도 더디게 오거나 약하게 앓게 된다는 의미이다.

인류가 농경사회와 산업사회를 거쳐 정보사회로 넘어오면서 기계화와 자동화가 가속되고 육체적 움직임이 없기 때문에 헬스클럽이 생겨나듯이 요즘 미국에서는 헬스클럽처럼 기억훈련을 시키고 연산기능을 향상시키는 이른바 '브레인피트니스센터'가 속속 생기고 있다고 한다.

그러나 독서는 머리 쓸 일이 줄어든 스마트사회에서 가장 효과적이고 바람직한 브레인운동이다. 독서의 생활화는 브레인피트니스센터에 다니는 것과 같은 효과를 얻을 수 있고 도서관은 브레인센터와 같은 곳으로 새롭게 인식되게 될 것이다.

그리고 이와 함께 아날로그 책의 존재도 새롭게 인식되게 될 것이다. 맥루한은 전자미디어의 기술적 특성이 인쇄미디어보다 더 효과적으로 미디어의 내용을 전달할 수 있기 때문에 인쇄미디어가 전자미디어에 의해 밀려날 것이라는 예측을 하였다. 그러나 포스트먼은 "전자미디어가 인쇄미디어를 위협하는가?"라는 의문을 던지면서도 미디어경쟁에서 승리한 새로운 미디어가 기존 미디어를 완전하게 파괴하는 것이 아니라 기존의 형태와 기능을 바꾸도록 강요한다고 보았다.

두 입장을 비교해볼 때, 맥루한이 미디어 대체론의 입장이라면 포스트먼은 보완론의 입장이라고 할 수 있다. 맥루한이 기술적인 발전에 따른 미디어의 소멸과 생성을 보고 있는 것이라면, 포스트먼은 미디어의 위기에 대한 자체 생존력과 경쟁력을 긍정적으로 보고 있는 것이다.

문자의 발명이 말을, 텔레비전이 영화를 그리고 컴퓨터가 인간 사고를 대체하지 않았듯이 이미지가 지식을 대체하지 않을 것이다. 모 신문사가 2013년의 연중기획으로 휴마트운동을 벌인다고 했었다. 그러나 유감스럽게도 이렇다 할 후속보도는 없었다. 이 운동은 궁극적으로 아날로그와 디지털의 균형을 높이자는 것이고 '독서하는 사회'로 가자는 의미와 일맥상통한다고 생각한다.

4

출판의 Peek-a-boo 현상

읽기에서 보기로

초기 구어(口語)문화시대에서 오늘날의 디지털미디어시대에 이르기까지 그 시대를 지배하는 미디어의 형식이 인간의 경험방식에 영향을 미쳐왔다. 초기 구어문화시대의 경우 인간은 소리로 공명하며 지속적으로 변화하는 환경에서 기온, 빛, 습도, 마찰, 냄새 등에 의해 반응하는 신경체계와 신체근육(勞動)에 의한 학습을 통해서 공간을 경험하였다. 그러나 이 시대에는 시간의 흐름을 인식하고 기록할 어떠한 수단도 존재하지 않았다. 이에 비하여 중세의 필사문화시대에서는 공간의 참된 질서는 '하늘[天]'이요, 시간의 참된 질서는 '영원성'에 있었다. 이같이 당시의 시공간은 신학적으로 조직화되어 상징적으로 천국은 '위[上]', 지옥은 '아래[下]'라는 인식적 틀에서 모든 사

건들 사이의 연결고리는 우주적이고 종교적인 질서 안에 있었다.[38]

르네상스 이후에는 인쇄술의 발전과 함께 지식을 획득하는 데 의존하는 주된 감각기관이 귀에서 눈으로 전환되고, 시계의 발명으로 시간을 객관시하게 되었다. 따라서 시작이 있는 선형적인 것으로서 '역사', 비반복적 계열이나 회복 불가능한 것으로서 '사건', 과거에서 미래까지의 직접적 방향으로서 '시간'을 자각하게 되었다. 이 시대의 공간은 위계적 가치로서 측정 시스템에 의해 계측되는 새로운 공간으로 대체되고, 체계적인 구조로서의 공간이 객관적이고 시각적 차원에서 상징적인 관계로 대체되었다. 이러한 시공간의 변화에서 인간의 경험세계는 '나'라는 주체적인 감각을 강화하고, 타자들과의 확장된 공동체를 형성하게 되었다.

전자미디어의 발달은 시공간을 동시적으로 분리되고 집약할 수 있게 하였다. 세계의 지리적 복합성을 하나의 장소에서 대리경험하고, 다양한 세계들이 동일한 시공간에서 동시에 출현하게 되는 시대가 되었다. 살아 있는 시간은 시계에 의해 대체되고 시간은 소비되며 전개되고 고갈되는 자원으로서 사회적 공간과 분리된다.

모든 미디어는 인간의 사고와 표현 및 감각을 위해 매체적 특성에 맞는 다양한 표현방식을 통해서 제각기 독특한 담론의 형식을 가능하게 만든다. 예컨대 우리가 책을 읽거나 텔레비전을 시청할 때 그러한 행위는 은연중에 나름대로 우리의 정신을 조작하고 제어한다.

미디어가 다양한 형태의 사회적 삶을 어떤 식으로 변화시켜왔는가를 밝히는 것은 중요한 미디어생태학의 과제이다. 포스트먼의 말을 빌리면 인쇄매체가 전부였던 시대에는 인쇄미디어 특유의 선형적, 분석적 구조를 어디서나 느낄 수 있었고 사람들의 대화나 연설에서도 이러한 인쇄된 글의 구조가 나타나고 있었다. 다시 말하자면 사람들의 정신이 인쇄미디어의 통치하에 있던 시기는 '설명의 시대'(The Age of Exposition)라고 할 수 있다. 설명은 사고의 형식이며 배움의 방식이고 표현의 수단이었던 것이다.

그러나 디지털시대에는 간단하고 안이할수록 합리적이라는 가치관이 지배적이다. 따라서 디지털시대에는 하기 싫은 일을 참고 지속하는 것은 비합리적이며 무엇에 집중하는 인내심이 부족하고 논리적인 사고에 몰입을 체질적으로 거부한다. 따라서 디지털세대는 심훈의 『상록수』와 같은 장편소설들을 독파하던 활자세대와는 달리 신문도 잡지도 기사제목과 사진을 위주로 '보는' 것에 익숙해져 있다. 따라서 오늘날 신문과 잡지도 편집 스타일이 컬러화 되고 헤드라인과 사진이 차지하는 면들이 많아지는 것은 '읽는 매체'에서 '보는 매체'로 변모되었음이다. 예를 들어 20년 전과 10년 전 그리고 오늘날의 신문지면이나 대중잡지의 편집이 어떻게 변화해왔는지를 비교해보면 바로 알 수 있을 것이다. 우선 활자가 커졌으며, 자간이나 줄간 그리고 지면의 공백이 많아졌고, 기사제목과 사진이 차지하는 비중이 현격하게 커져 전반적으로 지면이 컬러화되었다. 이는 영상이나 화보와 단문문장에 길들여진 영상세대는 활자매체를 읽지 않고 본다는 시대의 흐름을 말해주는 것이다.

물론 도서의 편집 작업도 마찬가지이다. 활자와 사진의 상조작용(synergism)을 통하여 독서의 효과를 고양시킬 수 있는 방법으로 읽기와 보기가 융합되는 편집방향이 정착되어가는 듯하다.

하와이대학 미래학연구소 데이터(James Dator) 소장은 "인류는 의사소통에서 '읽고, 쓰는' 행위가 아니라 '그림과 사진'을 선택할 수 있고, e-북이 인간의 오감을 포착해 제공한다면 꿈의 사회가 도래할 것이며, 디지털시대 이후에는 오감이 확장된 '생화학(바이오케미컬)시대'가 될 것"이라면서 "출판은 현재 형태로는 지속되지 않을 것으로 생각된다"고 밝혔다.[39]

지금 분명한 것은 극소전자혁명으로 인한 다양한 디지털미디어들의 보급과 함께 인터넷의 단문정보나 화보 그리고 텔레비전의 영상에 길들여진 영상세대는 활자 읽기를 멀리하고 '까꿍'(Peek-a-boo)의 세계에 빠져 들고 있다는 사실이다. '까꿍'의 세계화란 성인이 어린이화되는 경향을 말한다.[40]

보는 책의 예

이미 출판시장에서 성공한 시공사의 '시공디스커버리총서'의 책들은 '까꿍'화된 좋은 예가 되고 있다. 지금까지 총 135여 권이 출판된 것으로 알려진 시공디스커버리총서는 저작권계약으로 수입된 번역문고본으로 지금까지 가장 장기간 잘 팔리는 스테디셀러이다. 이러한 시장성과는 사진과 문자의 상조(相助)적인 편집양식으로 영상에 길들여진 영상세대의 기호에 적응함으로써 독서효과를 고양시켜 줄 수 있었기 때문으로 판단된다.

다음의 사진들은 시공디스커버리총서 중 무작위로 2권을 선택하여 표지 외에 다시 무작위로 2쪽을 선택, 사진과 문장의 배합율을 비교해보았다. 이 책의 편집은 기존 저작물의 문장분량을 파격적으로 생략하고 컬러사진들을 문자보다 더 많이 사용하였다.

먼저 레베크의 『그리스 문명의 탄생』은 본문과 부록으로 구성되

시공사의 시공디스커버리총서

96 그리스 문명의 탄생

참다 못한 코린트와 메가라는 결국 스파르타와 연합해 행동을 개시하기로 결정했다. 그들은 너무 늦기 전에 강력한 경쟁국인 아테네의 완고한 제국주의에 대항하여 스스로를 보호하고자 했던 것이다. 드디어 두 진영 사이에 대결양상이 전개되었다.

자신의 지배권 안에 있던 '동맹국들'의 세력을 등에 업고 강력한 해병을 자랑하는 민주주의 체제의 아테네시와 장갑보병을 자랑하는 귀족주의 체제의 펠로폰네소스 여러 도시국가들의 갈등이 표면에 드러나게 된 것이다. 전쟁은 확전을 거듭했고, 여러 지역에서 전투가 벌어졌다. 전쟁의 자세한 모습은 밝혀 내기 매우 어렵지만, 전체적으로 싸움은 일진일퇴 밀고 밀리는 상황이었다. B.C. 421년 평화협정이 체결되면서 양쪽 진영은 다시금 균형상태를 유지하게 되었다.

그러나 B.C. 415년 아테네시는 시칠리아 사람들이 이웃을 토벌하기 위해 원조를 요청해 오자 이를 승낙하는 무분별한 짓을 감행하였다. 시라쿠사시와의 전투에서 아테네의 함대는 무참하게 파괴되고 병사들은 학살당하거나 노예로 전락했다. 이에 따른 급격한 인구상실이 있었음에도 아테네는 9년 동안 더 저항하였으나, B.C. 404년 마침내 함대를 반환하고 수비시설을 파괴하는 등 굴욕을 맛보아야 했다.

신화 속의 전투장면이나 《일리아드》처럼 신화적 차원까지 승화된 전투장면은 수많은 예술작품의 소재가 되어 왔다. 그리스 도시국가들 사이에 팽배해 있던 대립을 상징하기도 하는 전쟁은 그리스 문명에서 중요한 몫을 차지한다. 그들에게 전쟁이란 하나의 자연적인 현상이었고 평화란 단지 일시적인 휴전에 불과하였다

피에르 레베크(Pierre Lévêque): 『그리스 문명의 탄생』(시공디스커버리총서 5) – 표지와 p.96의 예

키오바로(Francesco Chiovaro)/베시에르(Gérard Bessière): 「교황의 역사 – 도시에서 세계로」(시공디스커버리총서 64) – 표지와 p.70의 예

었다. 처음 12쪽에서 128쪽까지는 본문으로 제1장 「화려한 청동기 시대」, 제2장 「아르카이즘, 태동하는 창조력」, 제3장 「고전적 균형, 그 이상과 현실」로 반 이상을 사진들로 편집되었다. 역시 129쪽부터 175쪽까지는 「기록과 증언」을 비롯하여 「연대표」, 「참고문헌」, 「그림목록」 그리고 「찾아보기」 등의 부록으로 거의 모든 지면을 활자로 요약해서 편집하였다.

두 번째로 선택된 『교황의 역사-도시에서 세계로』는 총 176쪽으로 6개의 장과 부록으로 구성되었다. 처음 12쪽에서 128쪽까지는 본문으로 제1장 「예수, 베드로, 그리고 교황」, 제2장 「로마의 공인」, 제3장 「로마 교황」, 제4장 「위기의 시기」, 제5장 「혁명의 한복판에서」, 제6장 「또다시 맞은 천년」은 반 이상을 사진들로 편집되었다. 역시 129쪽부터 175쪽까지는 「기록과 증언」, 「연보」, 「용어풀이」, 「참고문헌」, 「그림목록」 그리고 「찾아보기」 등의 부록으로 거의 모든 지면을 활자로 요약해서 편집하였다.

시공디스커버리총서는 페이지 수의 차이가 있지만 여기에서 표본으로 소개된 책들은 유사한 분량의 본문과 부록들임을 알 수 있다. 이 부록들은 지나치리만치 많은 사진으로 편집된 본문의 지면들이 가져다줄 수 있는 '가벼움'을 떨쳐내고 본문을 깊이 있게 이해할 수 있게 해주고 있다. 학술적인 도서는 아니어도 보통사람의 지적 호기심을 충족시켜줄 수 있는 것이 이 시리즈의 장점이라는 생각을 갖게 해준다. 그러나 시공디스커버리총서의 총체적인 편집형식은 사진과 그림으로 대체한 어른용 고급만화와 다름 아니다. 이는 읽지 않고 '보기'에 길들여진 영상시대의 독자기호에 가장 잘 적응된 편집구성임을 알 수 있다.

사진과 문자의 상조작용

'읽기'와 '보기'의 기능적 접목을 통하여 독서의 효과를 고양시킬 수 있는가? '보기'에 길들여진 디지털 영상세대의 '사진읽기'는 영상시대의 새로운 학습방법일 수 있을까? 사진과 활자가 상조적(相助的) 편집방식은 영상시대의 새로운 아날로그적 출판양식일 수 있는가? 이 같은 가능성의 모색은 영상세대가 다매체경쟁시대(多媒體競爭時

代)에 영상에 길들여지고 활자읽기를 멀리한다는 점에서 매우 중요한 의의를 갖는다고 하겠다.

흔히 '사진을 읽는다'라는 말을 한다. 왜 사람들은 사진을 보면서 읽는다고 하는 것일까? 사진을 읽는다는 것은 문자의 논리로 사진을 회귀해서 풀어내는 의도로 생각된다. 그러나 영상세대는 사진을 즉각적으로 문자의 개입이나 문자적 사유의 여과가 없이 받아들이고 있다. 따라서 '사진읽기'를 통해서 영상세대의 사진인식을 문자로 해독해내는 것은 사진의 담론화를 가능할 수도 있게 해주는 조건으로 생각된다.

그러나 보이기 위해 존재하는 사진 그 자체를 보이는 대로 사유하는 것은 함정일 수 있다. 즉, 사진을 보는 대로 이해하지 않고 사진에 담겨 있는 메시지를 문자로 풀어야 하거나, 반대로 문자를 사진으로 풀어내야 한다. 이같이 고뇌를 갖고 애초부터 사진을 읽어내겠다는 생각을 한다면 사진 자체에 좀 더 가깝게 도달할 수 있지 않을까?

사진과 문자가 두뇌에 어떻게 입력되어 우리의 기억 속에 저장되는지를 살펴보자. 우리가 사진을 볼 때에는 영상적 세계의 공간적인 객체관계, 즉, 주변에 대한 묘사가 이루어지기 때문에 2차원적인 공간감각을 바탕으로 원근적·비원근적으로 이해를 하는 반면에, 문자를 읽을 때는 문자의 음소에 해당하는 것을 반복적인 진행과정으로 이해하기 때문에 1차원적인 공간으로 이해한다. 이러한 차이는 뇌의 분할기능에서 유래한다. 예를 들어 독서를 할 때에는 좌뇌(언어적 직관능력)에서 정보처리가 이루어져, 시각적 작동방식은 대부분 5개 정도의 문자크기로 조밀하게 묶어 문자그룹으로 인지한다. 반면에 사진을 볼 때에는 우뇌(공간감각적 능력)와 말초 신경영역에 의해 운반되는 정보에 의해 인지된다. 특히 사진을 볼 때, 시선의 움직임은 문자를 볼 때처럼 연속적으로 이동하지 않고, 자유롭게 방향전환이 이루어질 수 있도록 공간적 적응을 한다.

앞서 언급한 사진과 문자 수용형태의 기능적 차이에도 불구하고, 놀라운 점은 이들이 서로 나란히 그리고 함께 상조작용(synergism), 즉 두 가지의 수용형태가 공생(symbiose)한다는 사실이다.[41] 따라서 우리가 어떤 사진을 이해할 경우 사진과 문자가 동시적으로 상조작용 할 때, 가장 빨리 그리고 쉽게 이해된다고 할 수 있다.

이제 사진은 정보로서 생산과 유통을 담당하는 거대한 컴퓨터 네트워크와 결합되어 있어서 디지털시대에 '사진 찍기'는 갈수록 누구나의 것이 되고 사진의 소비는 공기처럼 일상화되었다. 그러나 우리가 처음 사물을 보는 것에서부터, 이를 분석하여 하나의 정보로 처리하는 과정은 매우 연계적이고 복합적인 과정임을 알아야 할 것이다. 따라서 사진과 문자의 상조작용은 대상의 이해와 기억에도 효율적이라는 점에서 '사진 읽기'의 유의미성을 말해주는 것이다.

사진 읽기와 편집의 Peek-a-boo 현상

사진이 다른 영상과 근본적으로 다른 점은 바로 대상의 물리적 흔적으로서 대상의 존재에 대한 증거로 기능할 수 있다는 점이다. 그러나 사진은 대상의 존재를 확인할 뿐 대상에 대해 어떠한 의미도 부여하지는 않는다.

예를 들어 어떤 사람의 사진이 있다고 하자. 그 사진을 통해 내가 알 수 있는 것은 그러한 형태를 가진 사람이 존재했을 것이라는 사실뿐이다. 그러나 내가 그 사진의 대상을 내 아버지로 인지하는 순간, 사진은 내 아버지에 대해서 말하기 시작하지만 내 아버지를 모르는 사람들에게는 인간의 형상을 한 어떤 존재를 지시할 뿐이다. 사진의 대상에 대한 지식을 갖지 못한 사람들이 보기에 사진의 대상에는 구체성과 특수성이 존재하지 않는다. 사진의 대상은 일반적인 추상성을 가질 뿐이다. 그 추상성을 구체적이고 특수한 것으로 만드는 것은 사진에 덧붙여지는 기억과 담론이다. 예를 들어 사진의 경우 사진 설명과 같은 것이 구체성을 부여하는 기억과 담론의 기능을 한다. 결국 대상을 말해주는 것은 사진이 아니라 사진을 보는 수용자의 기억이고 사진은 대상을 지시할 뿐이다. 바로 이러한 점에서 사진과 문자의 상조작용은 대상의 이해와 기억에도 효율적일 뿐만 아니라, '사진읽기'의 유의미성을 말해주는 것이기도 하다.

'사진읽기'는 '사진담론'이기도 하다. 사진담론은 독자들에게는 미디어 생태학적 위협으로부터 자신을 보호할 수 있는 '반영적 미디어 능력'을 신장시켜준다. 여기서 반영적 미디어능력(competence)[42]이란 개별적인 미디어와 미디어발달에 대해서 비판적으로 평가할 수 있는 능력, 자신의 미디어 이용행위를 판단할 수 있는 능력 그리고 미디어 정보의 확실성이나 중요성에 대해 평가할 수 있는 능력을 말한다.

이러한 미디어능력은 오늘날 선진국들이 적극적으로 제도교육에 도입하고 있는 미디어교육의 중요한 내용이 되고 있다. 미디어교육은 인간의 '미디어능력' 또는 '미디어선용능력'을 촉진하는 것이다. 그러나 인간이 미디어를 선용하는 능력은 선천적으로 타고나는 것도 아니고 성장단계에 따라 저절로 향상되는 것도 아니다. 따라서 미디어 능력은 아동기부터 미디어 교육을 통해 읽기, 쓰기, 셈하기와 더불어 하나의 필수적인 문화기술로서 터득되어야 하다. 이러한 필요에서 미디어 교육이 제도교육에 편입되어가고 있는 추세에 있다.

여기에서 지금까지 필자는 2개의 연구주제들을 설정하였다. 먼저 '보기'에 길들여진 디지털 영상세대에게 '사진 읽기'는 미디어능력으로서 독서력을 고양시켜줄 수 있는가에 대한 논의이다. 여기에서 핵심적인 키워드는 사진과 문자의 '상조작용적 읽기'이다. 이는 문장의 캡션과 함께 '사진을 읽는다'는 말이다. 사진읽기에서 사진은 대상을 지시할 뿐이며 사진을 보는 수용자의 기억이 사진에 의미를 부여한다. 따라서 사진 읽기는 문장이 사진에 의미를 부여하고 사진은 문장 내용에 대한 '기억 심어주기'라고 할 수 있다. 문자와 사진의 상조작용적 읽기가 문자의 논리로 사진을 풀어내거나 또는 사진으로 문자의 논리를 풀어낸다고 한다면, 이는 21세기 영상세대에 걸 맞는 새로운 독서형식으로 정착될 수 있어야 할 것이다.

벰버(B. Wember)에 의하면 영상은 현실적인 가시적 외형의 단면만을 보여줄 뿐이며, 영상이 보여주지 못하는 추상적 의미는 기자나 아나운서의 해설로 전해질 수밖에 없다.[43] 따라서 사진과 문장의 상조작용적 읽기'는 사진을 보는 대로 이해하지 않고 문자에 담겨 있는 의미를 사진에서(으로) 풀어내거나, 반대로 사진을 문장에서(으로) 풀어내는 것이다. 이같이 고뇌를 갖고 애초부터 사진을 읽어내겠다는 생각을 한다면 사진 자체 그리고 문장에 담고 있는 사회과학적 이론에 좀 더 가깝게 도달할 수 있을 것이다.

두 번째의 관심은 시공디스커버리총서의 예에서 보여주었듯이 사진과 활자의 상호작용을 위한 편집은 디지털영상시대의 새로운 출판편집양식일 수 있는가에 대한 논의이다. 사진과 활자의 상호작용을 위한 편집방식은 앞으로 지속적으로 개발해야 할 연구과제가 아닐 수 없다.

5
출판과 정치인

스타와 스타 정치인

국회의원을 뽑는 총선의 해와 시도 자치단체장과 기초의회의원들을 뽑는 선거의 해가 되면 정치인들의 출판기념회가 성시를 이룬다. 그러나 선거일 90일 이전에만 가능하다. 이는 「공직선거및선거부정방지법」(제103조 제4항)에 의해 선거일 전 90일부터 선거일까지는 후보자들의 출판기념회가 금지되어 있기 때문이다.

이러한 정치인들의 출판기념회에 유권자들은 곱지 않은 시선을 보내고 있다. 모두가 그렇지는 않겠지만 정치인들의 저서란 대부분 대필작가들의 손을 거쳐 출판되고, 출판기념회는 선거자금을 챙기는 이벤트성 행사이지 결코 정치인의 정치철학이나 정책내용을 소상하게 알리기 위한 진정성은 약한 것 같다.

그러나 출판기념회는 여론을 움직일 수 없으면 성공할 수 없는 정치인들에게 좋은 홍보수단이 되고 있다. 정치인의 출판기념회는 언론의 흥미로운 보도대상이 되고 있기 때문이다. 일종의 세력과시의 장이기도 한 출판기념회에 얼마나 많은 사람들과 실력자들이 참여했으며 얼마나 많은 후원금이 걷혔느냐가 일차적이 보도의 관심사이지 출판된 책의 내용에 대해서는 그리 관심을 두지 않고 있다. 그래도 이벤트로 치러지는 정치인들의 출판기념회는 정치자금도 모으고 홍보효과도 누릴 수 있는 양수겸장(兩手兼將)의 기회가 아닐 수 없다. 그리고 선거전략적으로도 정치인들의 자서전은 자신을 알리고 경쟁자들과 자신을 차별화시킬 수 있는 가장 중요한 선거전략의 하나임에는 틀림없다.

그러나 스타는 쉽게 만들어질 수 있으나 쉽게 추락할 수도 있는 위험이 따르기 때문에 스타 정치인의 정치생명은 길지 못하다. 자신의 정치적 사상과 의지를 출판물에 진솔하게 담아 대중의 마음을 움직이게 할 수 있는 정치인은 존경받는 정치인이 될 수 있다. 대중의 존경을 받는 정치인의 위상은 쉽게 추락하지 않고 오래 지속될 수 있다. 따라서 장기적으로 대중의 마음을 움직일 수 있는 출판은 정치인들에게 아주 매력적인 정치적 홍보수단임에 틀림 없다.

대필되는 자서전과 축사

정치판에서 정치인들의 자서전이 대필되듯이 대학에서 교수의 저서가 대필된다면 비판을 받아 마땅할 것이다. 그러나 대학에서도 졸업행사의 연설문이 대필되는 경우가 허다하다. 졸업식장에는 졸업생과 축하객들이 단하(壇下)를 매우고 총장과 이사장을 비롯한 각 단과대학장들과 내외 귀빈들이 호화롭게 조명을 받으며 단상을 차지하면 졸업식은 시작된다. 그러나 사진 찍기에 바쁜 졸업생들과 축하객들로 졸업식장은 어수선하고 단상의 연사들에 관심을 갖는 졸업생들과 축하객들은 그리 많지 않다. 특히 축사나 치사 등으로 이어지는 대학 인사들과 사회 인사들의 연설들은 지루하고 어수선한 분위기와 함께 더욱 가관이다.

그러나 대학의 책임자들이나 유명 인사들의 축사나 치사들은 대부분 비서실이 준비한 원고에 의존하는 경우가 많다. 이들은 틀리지 않게 준비된 원고를 읽기만 하면 된다. 물론 타자의 손을 거친 원고를 마다하고 자신의 소신을 펴는 인사들은 존경심을 갖게 해주지만 대필된 원고를 읽어가는 모습들은 허상으로 비쳐질 수밖에 없다. 이는 당연한 현실이거늘 필자의 건방진 투정일까?

정치인이건 유명 인사들이건 대중을 상대로 하는 연설에는 자기 언어로 자기 색깔을 말하는 데 거침이 없어야 한다고 생각한다. 원고를 충실하게 읽는 것으로 청중의 마음을 얻기 힘들다. 글은 혼자 쓰지만, 축사나 치사는 말은 듣는 사람을 상정하는 '사회적' 성격을 띠고 있다. 따라서 지도자가 될 수 있는 조건은 자신의 언어로 자신의 철학을 담아낼 수 있는 능력을 가지어야 한다. 더구나 대중을 이끌어가는 정치인들이나 최고 지성의 요람인 대학의 책임자들이나 유명 인사들은 평소의 자기철학과 경험들을 소신껏 갈파할 수 있어야 한다. 아리스토텔레스는 대중을 설득할 수 있기 위해서는 다음과 같은 세 가지를 갖춰야 한다고 하지 않았던가. 즉 사고를 담는 용기인 언어의 구성은 이성과 논리(로고스)를 갖춰야 하고, 말하는 사람의 인품이나 성실성·전문성(에토스)이 있어야 하며, 청중의 감성과 분위기에 어울리도록 해야 하는 구성(파토스)이어야 한다. 그러나 선거를 여러 번 치러본 정치인들일수록 대중연설과 말의 성찬에는 능수능란하지만 아이러니하게도 그들의 자서전은 대부분 대필되는 것이 공공연한 사실이다.

정치인의 자서전이 무명의 타자(대필작가)의 손을 거치면서 과장되고 왜곡될 수도 있으나 때로는 유명 정치인의 말에 실려질 때는 유명해지고 오늘날까지도 우리의 삶에 영양가 높은 정신적 양식이 되는 경우도 있다. 대통령의 경우에도 연설담당부서가 있고 연설담당비서관은 대통령이 참석하는 회의와 행사에는 반드시 참석하는 측근 중의 측근이지만 그의 위치와 노력을 아는 사람들은 많지 않다. 고위직인사의 경우에도 그의 연설문이나 저작을 대필해주는 사람들이 명언을 만들어내는 경우가 많다. 그렇지만 그것을 발표한 유명인사의 명언으로만 기억된다.

"너 자신을 알라"는 델포이 신전에 적혀 있는 말이었으나 소크라테스의 말로 알려지고 있다. 링컨이 남북전쟁 직후에 게티스버그에서 행한 유명한 연설에서 "인민의, 인민에 의한, 인민의 정부"라는 말도 링컨 자신의 말이 아니다. 이같이 명언은 명언을 수집하는 사람들이 여러 사람들의 저서에서 감명 깊은 문장들을 뽑아 적어 출판하면서 널리 알려지기도 한다. 『논어(論語)』, 『신약복음서』 등은 스승의 말씀을 그 제자들이 모아 대필한 것이며, 『명심보감(明心寶鑑)』은 중국의 옛 성현들의 저서 등에서 뽑아 대필된 명언집이다.

1961년 존 F. 케네디는 미국 대통령 취임식의 연설에서 "조국이 당신을 위해 무엇을 해줄 것인지 묻지 말고, 당신이 조국을 위해 무엇을 할 것인지 물어라"는 명언을 남겼다. 그런데 이 명언은 케네디의 연설작가였던 시어도어 C. 소렌슨의 작품이라는 설과 함께 "사랑을 받으려면 먼저 사랑하라"는 로마 철학자 세네카의 말을 케네디가 인용한 것이라는 설과 제29대 대통령 워런 G. 하딩이 1916년 공화당 전당대회에서 "시민들이 나라를 위해 무엇을 해야 할지 걱정하도록 해야 한다"는 말을 참고했다는 설 등 표절시비가 따랐다. 그러나 케네디의 저서 『용기있는 사람들』과 모든 연설문 작성에 참여한 소렌슨은 케네디 대통령의 취임 연설문의 초안을 『성경』, 링컨의 게티스버그 연설, 제퍼슨과 처칠의 명언을 두루 참조했다고 말하면서도 이 명언이 케네디 작품이라고 했다.[44] 소렌슨과 같이 유명인사의 연설작가는 꼭 있어도 없는 듯해야 하는 자리만은 아닌 것 같다. 그들의 명언들이 후세에 많은 것을 깨우치게 해주고 그 출처가 밝혀지기 마련이기 때문이다.

자서전 출판으로 성공한 정치인들

어느 나라에서든 내로라하는 정치인들이나 국가원수들은 자서전 내지는 회고록을 갖고 있다. 이 회고록들은 역사 속에 사라져 우리가

기억을 하지 못하는 것들도 많겠지만 정치인의 성공가도에 좋은 역할을 해준 경우도 많다

자크 시라크(Jacques Chirac)는 2차례 총리와 파리 시장을 거쳐 대통령에 당선된 프랑스 정치인이다. 대통령 선거에 임하여 자신이 직접 책을 출간하지는 않았으나 부인인 베르나데트 시라크가 유명 언론인 카롤리스와의 대담으로 엮어낸 『대화』라는 책을 출판했다. 이 책에는 남편인 시라크의 인간적 모습이 강조됨으로써 선거를 승리로 이끄는 데 결정적으로 기여했다. 카롤리스는 프랑스 저널리스트이고 방송프로그램 진행자이며 저술가로서도 많이 알려졌고 프랑스 공영방송 사장까지 지낸 인물이다.

전 미국 대통령 클린턴의 영부인인 힐러리(Hilary R. Clinton)는 두 권의 회고록을 썼다. 첫 번째 회고록 『살아 있는 역사*Living History*』는 그녀가 연방상원의원이던 2003년 백악관 영부인 생활 등을 담은 것으로 미국에서 출간 첫 주 60만 부가 판매되고 '힐러리 자서전의 경제학'이라는 말이 나올 정도로 엄청난 판매기록을 갱신하였던 책이다. 지난 6월에 출간된 힐러리의 두 번째 새 회고록 『힘든 선택들*Hard Choices*』에는 힐러리가 버락 오바마 1기 행정부의 국무장관으로 4년간 재직하면서 겪었던 위기와 선택 그리고 도전들이 담겨 있어 그가 어떻게 미래를 보는 시각을 갖게 됐는지가 그려져 있다고 전했다.[45] 그녀의 자서전을 통한 수많은 독자들과의 대화는 그녀가 미국의 가장 유력한 차기 대권주자로 지목되고 있는 정치인이라는 점에서 그녀의 정치적 진로에 엄청난 효과를 미칠 것이다.

독일 최초의 여성 총리인 메르켈(Angela Merkel) 역시 두 권의 자서

전이 있다. 2004년 여름에 발간된 첫 번째 자서전 『메르켈 - 나의 길』은 2005년 기민당(基民黨) 당수로서 총리 후보였던 메르켈이 총선을 승리로 이끄는 데 일조를 하였다. 그녀의 자서전은 그녀가 '독일의 마가렛 대처'라는 강한 정치적 이미지를 부각시킴으로써 동독출신이라는 한계와 그녀의 정치경륜에 대한 그동안의 회의를 잠재울 수 있었다. 독일의 선거결과 여당인 사민당(社民黨)과 야당인 기민당/기사당(基民黨/基社黨)의 대연정(大聯政) 과정에서 메르켈은 독일 최초의 여성 총리로 선출되었다.

2013년에는 메르켈 총리의 두 번째 자서전 「앙겔라 M의 첫 번째 삶」이 출간되었다. 이 책은 독일에서 메르켈 총리의 '과거사'에 대한 논쟁을 가져온 계기가 되었다. 이 책이 그녀가 과거 동독시절 자유독일청년(FDJ)조직의 선전·선동비서로 역할을 했다는 사실과 동독의 마지막 총리인 드메지르 내각의 대변인으로서 독일 통일을 반대했으며 당시 동독개혁이 서독식으로 전환해서는 안 된다는 주장을 폈다는 사실을 밝히고 있기 때문이다. 그러나 자서전에 밝혀진 메르켈의 과거 행적은 새로운 사실도 아니고 그녀의 세 번째 재집권에 장애가 되지 않았다. 이는 집권 이후 그녀의 정치역량이 증명되었기 때문이다. 2005년 메르켈이 집권했을 당시 독일은 12%의 높은 실업률과 0.9%의 저성장에 시달리며 '녹슨 전차'라는 비아냥을 받았다.[46]

집권 당시 메르켈은 전임 게르하르트 슈뢰더 사민당 총리가 발표한 광범위한 국가 개혁 정책안인 「어젠다 2010」을 과감하게 이어 받아 성공시켰다. 즉 그녀는 우파이면서도 복지확대와 원전폐쇄 등 좌파정책을 적극 흡수하였고 경제위기에도 실업률 6.8%, 평균 2.7%의 경제성장을 이끌며 독일을 유럽 최강 자리에 올려놓았다. 또한 재정 위기의 남유럽 국가들이 거센 반대에서도 긴축재정정책을 펴도록 하여 최악의 경제위기에서 EU를 지킨 것도 메르켈 총리의 정치역량의 결과다. 그녀가 2017년까지 총 12년간 총리직을 수행할 경우 11년 집권한 마거릿 대처 전 영국 총리를 뛰어넘는 유럽 최장수 여성 총리가 된다.[47] 우리나라에서도 역대 대통령들과 많은 정치인들은 자서전이나 회고록을 갖고 있다. 그러나 모든 책들이 세간의 관심을 끈 것은 아니다. 그리고 정치적이거나 경제적인 중요한 계기에 밝혀지지 않은 역사의 기록으로서의 가치가 대필작가들에 의해서 미화된 문장에 의해 오히려 희석되는 경우도 있다.

그러나 우리에게 노무현 대통령 서거 1주년 기념 자서전 『운명이다』와 박근혜 대통령의 자서전 『절망은 나를 단련시키고 희망은 나를 움직인다』는 독자들의 관심을 가장 많이 받은 경우로 볼 수 있다. 먼저 노무현 대통령자서전은 내용과 관계없이 자살한 대통령의 자서전이라는 것만으로 관심의 대상이 아닐 수 없다. 그리고 권위주의 시대의 지역주의와 낡은 정치에 저항하고 민주주의와 인권을 옹호하여 정치사회적 약자를 대변했던 대통령이었기에 그를 그리워하는 진보성향의 국민들이 이 책에 관심을 갖는 것은 당연한 것이다. 그러나 이는 고인이 된 대통령의 이야기이기 때문에 이른바 '노무현정신'을 한국정치에 뿌리내리는 데에 기여할 뿐이다.

여당 대통령후보 경선시절인 2007년 출간한 박근혜 대통령의 자서전은 박정희 대통령의 장녀로서 나라 운영에 대한 감각을 익힌 10대 시절, 어머니를 총탄에 잃고 20대 시절 퍼스트레이디가 되고 아버지 역시 총탄에 맞아 잃은 후 사회사업을 하며 보낸 30대 시절, 정치인으로서의 새로운 삶을 시작한 40대 시절 그리고 대선 후보가 된 당시의 이야기까지를 담고 있다. 그러나 이러한 그의 일대기는 이미 알려진 사실이었기에 국내에서 보다 중국에서 모택동, 힐러리를 제치고 베스트셀러가 되었고 대통령이 되어 중국을 국빈 방문 후에는 '박근혜 신드롬'을 일으킨 바 있다.

그러나 우리의 정치사에서 출판을 적극적으로 활용하여 정계에 '새정치 신드롬'을 일으킨 사람은 안철수이다. 당시 그의 저서 『안철수의 생각』은 서울대학교 융합과학기술대학원 원장이던 안철수의 정치참여에 대한 고민에서부터 청년실업과 비정규직문제, 공교육붕괴와 학교폭력, 언론사파업과 강정마을사태 등 사회쟁점에 대한 견해, 복지와 정의와 평화를 바탕으로 쌓아올린 대한민국의 비전과 통찰, 미래의 주인공인 청소년들에 대한 이야기 그리고 인간 안철수에 대한 궁금증에 이르기까지 평소의 소신을 밝히고 있다. 제정임 세명대 저널리즘대학원 교수와의 대담집으로 펴낸 이 책은 철저하게 정치에 대한 불신이 지배하던 시대에 신선한 생각을 담고 있기 때문에 한국 사회의 변화를 바라는 수많은 독자들이 안철수라는 인물을 이해하는 데 큰 기여를 했다고 생각된다.

디지털, 그 가벼움에 대하여

정치인은 유권자에게 인기도 있어야 하지만 존경받는 공인이어야 한다. 인기는 쉽게 생기면서 쉽게 사라지지만 공인으로서의 '존경스러움'이 없으면 정치인의 정치생명은 끝이다. 그러나 오늘날 디지털 매체를 통한 익명적 소통은 존경심을 대대적으로 파괴한다.

한병철은 『투명사회』에서 '존경스러움'이란 '거리두기'를 전제로 하는 것인데 오늘날 디지털미디어의 특성은 '거리두기'를 불가능하게 만들기 때문에 '존경스러움'을 파괴한다고 말한다. 이는 디지털매체 자체가 정보의 생산을 공공영역에서 사적영역으로 이동시키고, 소통을 사적 과정으로 만들기 때문이다. 그는 또한 존경스러움이란 언제나 책임지기, 신뢰하기, 약속하기와 같은 행위를 약속하는 기명성을 전제로 하는 것이지만 디지털소통의 고유한 현상인 익명적 악플은 조심성 없고 존중할 줄 모르고 폭력적이기도 한 가벼운 문화의 확산에 기여한다는 것이다.[48]

한병철은 이러한 존경스러움을 모르는 사회를 사람들과의 대화에서 감정을 함께 느낄 수 있는 파토스가 없는 '스캔들사회'로 규정한다. 스캔들사회는 격분사회이고 격분의 물결은 통제하기도 예측하기도 어렵고 불안정하며, 일정한 형태도 없이 쉽게 사라져 버리는 스마트몹(smart mob)을 닮았다. 이러한 사회에서는 공적 논의를 위해 필수적인 안정성, 항상성, 연속성을 찾아볼 수 없다. 이런 사회에는 침착함, 자제력이 없어서 어떤 대화나 논의도 불가능하고 미래를 창출하지 못한다.[49]

디지털 매체를 통한 네트워크의 확산은 송신자와 수신자 사이에 위계질서가 없는 대칭적 소통을 촉진한다. 이러한 대칭성은 권력에 저항적이다. 권력의 소통은 한 방향으로, 즉 위에서 아래로 진행된다. 소통에서 환류(reflux)가 일어나면 권력의 질서가 파괴된다. 악플은 온갖 파괴적 결과를 초래하는 환류로 권력과 권위가 미약한 공간에 불어난다. 위계질서가 약할 경우 사람들은 악플을 쏟아낸다.[50]

오늘날 도처에서 불어나는 악플의 물결은 우리가 상호 존경을 알지 못하는 사회에 살고 있음을 시사한다. 디지털사회의 고유현상인 악플은 아날로그적 소통과 근본적으로 구별된다. 아날로그적 소통은 기명성을 전제로 하며 익명의 소통이란 무의미한 것이다.

출판을 매개로 한 유권자와 정치인의 만남은 아날로그적인 만남이다. 아날로그적인 책을 쓰고 읽는 사이는 즉각적인 흥분 대신 존경성이 개입하는 바로 '거리두기'이다. 책은 항속성을 갖고 있다. 15세기 사람과 현대인 사이의 소통을 가능하게 하는 것은 책의 항속성을 말해주는 것이다. 또한 책은 도서관을 통하여 계속 회람되는 수단으로 활용됨으로써 대중매체로서의 도달범위가 넓은 광포성을 충분히 발휘한다. 뿐만 아니라 책은 사전조사와 연구를 통하여 체계적으로 저술되는 것이기 때문에 그만큼 독자의 신뢰성을 얻을 수 있고, 독자의 입장에서도 윤독성(輪讀性)이 강할 뿐만 아니라 다른 매체의 속보성에서 다루기 어려운 구체적인 인지기능이 보장될 수 있다.

정치인의 출판효과

책은 다른 매체에 비해 즉시성과 속보성이 결여되어 있고 독자들이 독서력을 갖지 않을 때에는 메시지를 제대로 전달할 수 없다는 한계성을 갖는 것도 사실이다. 그러나 정치인이 너나없이 자서전을 출간하는 것은 책이 유권자의 마음을 움직이는 큰힘을 갖기 때문이다.

물론 유권자에게 '존경스러움'을 줄 수 있는 말은 따로 정해져 있는 것은 아니다. '선택적 노출'이라는 커뮤니케이션의 효과이론을 빌려서 말하자면 특정 정치인의 자서전은 지지자들에게는 존경스러움을 줄 수 있으나 비지지자들에게는 헛소리로만 들릴 수도 있기 때문이다. 이는 가치관이나 지적 능력, 인격이나 생활 등이 각자 다르기 때문에 유권자들의 '기존성향'이 정치인의 메시지에 얼마나 동일시를 갖고 있는가가 중요한 변수가 된다.

호브랜드(Hovland)와 제니스(Janis)의 연구를 빌려서 말하자면 특정 정치인에 대한 유권자의 지지는 '동일화'(Identification)와 '내재화'(Internalization)에 의한 반응결과로 이루어진다. 먼저 동일화에 의한 지지는 유권자가 특정 정치인에 대한 만족할 만한 '자기규정적 인과관계'(self-defining relationship)의 형성으로 나타나는 효과이다.[51] 예를 들어 특정 정치인의 연령, 스타일, 취미, 삶의 행적 등과의 동일화에 의해 나타나는 지지성향이다. 그러나 내재화에 의한 유권자의 지지는 정치인의 사상과 정책방안이 유권자 개인의 가치체계와 일치하는 데서 이루어지는 지지성향이다. 여기에서 동일화에 의한 특정 정치인에 대한 지지는 다분히 감성적인 '인기'에 의한 것이라면, 내재화에 의한 특정 정치인의 지지는 진정한 의미에서의 존경스러움을 갖게 하는 가장 바람직한 지지이다. 유권자의 지지성향도 개인의 가치구조에 깊이 자신을 관여시킨 '내재화'에 의한 지지도가 변치 않고 오래 지속된다. 따라서 언론이 정치인을 스타로 만들 수 있다면 출판은 정치인을 존경받는 사람으로 만들 수 있다. 그러나 거리두기를 철저하게 파괴하는 디지털의 가벼움은 정치인의 존경스러움을 일순간에 무너트릴 수도 있다. 악플은 디지털문화의 고유현상으로 우리가 상호존경을 알지 못하는 사회에 살고 있음을 실감하게 해주는 것이다.

아무쪼록 정치인들의 자전적 출판이 묻혀 있는 정치인들의 사상과 철학을 과장되거나 왜곡되지 않고 온전히 유권자들에게 전달하기를 기대하는 바이다.

6

미디어생태학적 손실들

인공적 이웃의 양산

정보기술은 인간에게 편리성을 제공하고 두뇌기능을 확장해줄 수는 있지만 마치 양날의 칼처럼 항상 장점과 단점을 갖기 마련이다. 여기에서 정보기술의 발달이 생활세계에 미치는 미디생태학적 손실(Social Cost)에 대하여 논의하고자 한다. 미디어생태학은 미디어가 인간경험에 미치는 문제점들을 규명하는 유용한 시각을 제공한다. 그러나 그동안 정보화사회에 장밋빛 미래를 제시해온 정책연구들의 '적응논리'와는 달리 미디어생태학은 비판적인 관점들이 주류를 이룬다.

하지만 정보화사회에 대한 비판은 신정보기술의 발달이 수반하는 정보화의 거대한 물결을 거부하자는 것이 아니다. 비판적 시각이 건전한 정보사회의 구상에 긍정적으로 작용할 것이기 때문이다.

오늘날 직접적인 대화가 감소되고 있는 사실을 누구도 부인할 수 없게 되었다. 급격한 ICT의 발전은 분산된 소통공간들을 네트워크화하여 언어소통만이 아니라 자료, 문장, 영상과 동영상까지도 주고받을 수 있게 해준다. 그러나 스마트기기들은 강력한 네트워크시스템을 통해 멀리 있는 사람들과의 연결을 용이하게 만들지만 우리는 개인의 성숙과 사랑과 우정에 있어서의 친밀함, 너와 나의 면대면적 만남의 여유는 점차 사라지고 '인공적 이웃'[52]과 인공적인 친구가 되어가고 있다. 그러나 이미 잘 알려진 대도시에서의 고독, 인간의 접촉결핍 및 개인적인 안녕을 위해 필요한 사회적 접촉의 결여는 광범위한 인공적인 이웃들에 의해서 개선되지 않고 오히려 심화된다. 인간의 기본욕구가 '분리되어 있음'의 느낌을 극복하는 데 있다고 한다면, '인공적인 이웃'은 아무런 도움이 될 수 없다.

교육 심리학자 가드너(Howard Gardner)[53] 하버드대 교수는 앱세대가 연결되어 있지만, 동시에 진정한 의미로는 과거보다 덜 연결되어 있다고 말한다. 이들은 페이스북에 몰두한 나머지 실제로 밖에 나가서 인간관계를 맺으려고 시도하지 않는 것이다. 앱세대는 길을 잃어본 적이 없는 세대이다. 구글앱만 있으면 누구에게 묻지 않고도 쉽게 목적지를 찾아갈 수 있어 길을 잃어버릴 기회조차 잃어버린 세대이기도 한 것이다. 이는 젊은 세대에게 반드시 좋은 일만은 아니다. 그들은 앱이 없을 경우나 앱이 제대로 작동하지 않을 경우 매우 좌절하고 아예 문제를 해결할 시도조차 하지 않는다. 그래서 오늘날 젊은 이들이 안고 있는 가장 큰 문제는 앱이 없이는 스스로 판단을 내리

지 못하는 앱종속자가 될 가능성이 크다는 것이다.[54]

앱세대는 '비동시적'(asynchronous) 방식으로 대화를 나눈다. 이는 시간차를 두고 소통한다는 것이다. 내가 그에게 나누지 못했던 질문들을 이메일로 보내고, 그가 나에게 대답한다면 그건 동시적인 방식이 아니다. 그 방식이 결코 부적절한 것은 아니지만, 서로의 반응을 볼 수 없다. 그렇기 때문에 온라인에서는 직접적인 대화 때보다 타인에게서 솔직한 피드백을 얻기가 더 어렵다. 그래서 앱세대는 온라인 공간에서 자신을 실제보다 미화해서 노출하는 경향이 있다. 페이스북에는 친구들과 보낸 즐거운 장면, 여행 중에 만난 멋진 풍경, 맛있게 차려진 음식 등에 대한 사진이 넘쳐나지만 어두운 가정사의 문제나 학업성적에 대한 고민 등과 같은 것은 찾기 어렵다. 그러나 앱세대는 온라인에 나타난 모습이 상대방의 진정한 모습이라고 간주한다. 따라서 인공적인 이웃들은 생동하는 조응이 결여된 일시적인 대체물에 불과한 것이다.

이러한 이유에서 2009년 베아트릭스(Beatrix Wilhelmina Armgard) 당시 네덜란드 여왕은 성탄메시지를 통해 휴대전화의 문자메시지와 인터넷 통신 등 디지털정보미디어가 인공적 이웃들만을 양산하고 인간관계의 유대감을 점차 약화시키며, 공허해지는 인간의 삶은 가상현실을 통해 결코 채워질 수 없다고 말했다.

이미 언론을 통해서 알려졌듯이 구글의 CEO인 스미스(Eric Schmith)도 2009년 펜실베이니아대학의 졸업식에서 "여러분은 컴퓨터와 휴대전화를 끄고 여러분 주위에 있는 사람들을 발견해야 한다"고 강조하였다. 이는 개개인은 네트워크에 속박되어 점점 더 옛날의 연대의식을 잃어버린 채 이웃과의 소통이 약화되고 '인공적 이웃'이 되고 있기 때문이다.

죽도록 즐기기

오늘날에는 미디어의 영향으로부터 자유로운 일상생활은 생각할 수 없다. 미디어경험이 일상생활에서도 현실적인 판단기준들로 환원되기 때문이다. 뉴욕대 교육학 교수 포스트먼은 모든 소통매체는 인간의 사고와 표현 및 감각을 위해 매체특성에 맞는 다양한 표현방식을 통해서 제각기 독특한 담론의 형식을 가능하게 만든다고 믿고 있다. 예컨대 우리가 책을 읽거나 텔레비전을 시청할 때 그러한 행위는 은연중에 나름대로 우리의 정신을 조작하고 제어한다는 것이다.

포스트먼은 특히 텔레비전이 다양한 형태의 사회적 삶을 어떤 식으로 변화시켜왔는가를 밝히고 있다. 즉, 텔레비전이 인식론의 지휘소, 사회적·지적 우주의 배후 조종자로서, 문화의 지배자가 됨으로써 정치, 종교, 뉴스, 스포츠, 교육, 교역 등 공공 담론이 모두 쇼비즈니스화되어 현대인들은 "죽도록 즐기기"(amusing ourselves to death)만 하고 있다는 것이다.[55]

이처럼 기술이 사고와 행위 그리고 문화 등의 인간 생활 전반을 통제하여 인간이 기술에 종속되는 모습을 포스트먼은 '테크노폴리'(Technopoly)라고 명명하였다. 이는 기술이 사고와 행위·문화 등의 인간생활 전반을 통제하여 인간이 기술에 종속되는 상황을 나타내

는 용어이다. 포스트먼이 자신의 문명비평서 『테크노폴리』에서 처음으로 사용하였다.[56]

오늘날은 중세 사람들이 종교의 권위를 믿은 것만큼이나 과학의 권위를 믿는다. 테크노폴리는 무엇이든 과학에 묻고, 기대하고, 과학이 제공하는 답을 맹목적으로 받아들이는 과학만능주의이다.

어린이다움의 실종

고대인들의 어린이에 대한 태도에 관해서는 별로 알려진 것이 없다. 그리스인들은 특정 연령층의 어린 세대에 대해서는 별로 주의를 기울이지 않았으며, 그리스인들의 격언에도 어린이라는 개념이 등장하지 않는다. 현존하는 당시의 조각 가운데 어린이의 조각이 하나도 없을 뿐만 아니라, 문학작품 속에서도 어린이라고 부를 수 있는 인물들은 있어도 애매모호하고 분명하지가 않았다.

중세에는 어린이들이 성인과 동일한 사회적 영역에 살고 있는 것으로 여겨졌다. 이성의 나이는 7세로 규정되었으며, 어린이라고 하여 제도적으로 구분하거나 억제하지도 않았다. 더욱이 중세의 교육방식은 읽고 쓰는 교육방식이 아닌 구두(口頭)에 의존하였고 도제적 방법과 봉사를 통해 이루어지는 직업훈련과도 같은 것이었다.

인쇄술이 발명된 지 50년도 안 되어 유럽의 의사소통환경은 상이한 두 가지의 계층으로 분화되게 되었다. 즉 글을 읽을 줄 아는 사람들과 읽지 못하는 사람들 사이에는 명확한 구분이 생겼던 것이다. 후자는 여전히 중세적 감각과 관심 수준에 머문 반면 전자는 새로운 사실과 표상의 세계로 뛰어들었다. 인쇄와 더불어 이야기해야 할 새로운 사실들이 확대되었다. 그리고 그것들은 모두 책이 아니면 최소한 인쇄된 형태로 존재했다. 인쇄기로 '지식폭발'이 가속화되면서, 완전한 구실을 하는 성인이 된다는 것은 습관이나 기억을 넘어 이전에는 알지 못했거나 생각하지 못했던 세계를 탐험할 수 있는 사람이 되는 것이다.

이러한 환경의 변화가 의미하는 것은 지식인의 출현을 의미하는 것이다. 따라서 인쇄술의 발명 이후부터 '어른'이란 획득해야만 되는 것이고 생물학적으로 성취되는 것이 아니라 읽기를 통해서 얻는 것이었다. 인쇄술 이후 젊은이는 성인이 되어야만 했고, 그들은 이것을 읽는 법을 배우고 인쇄의 세계로 들어감으로써 가능했다. 그리고 이를 위해서는 교육이 필요하게 되었다.

18세기에 이르러 성숙한 시민이 되기 위한 준비기간으로서의 청소년기라는 개념이 생겼다. 이때부터 사회는 청소년들에게 일을 시키는 것을 금지하고 여러 가지 제약을 가하는 대신 바람직한 지적·정서적·정신적 발전을 위해서 공교육을 의무적으로 시행하기 시작했다. 오늘날 청소년보호를 위한 여러 가지 제도들도 청소년기라는 개념이 정착된 이후부터 나온 것이다.

그런데 포스트먼은 이제 다시 청소년기가 없어지고 있다고 주장한다.[57] 그의 주장에 따르면 1960년대 이후의 어린이들은 과거의 성장기 어린이들이 점차적으로 받아들일 수 있었던 것들, 즉, 성인들과 비슷한 옷을 입거나, 성인용영화를 시청하는 것, 섹스와 성인생활의 모든 비밀들을 접할 수 있게 된 것들을 너무 급격히 수용할 수 있게 되었다. 이것은 20세기 들어 등장한 전자미디어들, 그중에서도 특히 텔레비전과 인터넷이 모든 연령층에서 차별 없이 이용될 수 있기 때문에 오늘날의 청소년들은 어른들의 모든 비밀을 다 알게 되고 나아가 어른들로부터 더 이상 구속이나 제약을 받지 않게 되었다는 것이다.

포스트먼의 지적처럼 요즘의 중·고등학생들의 주장과 행동을 보면, 우리 사회에서도 청소년기가 없어지는 것 같다. 특히 오늘날 디지털문화의 범람 속에서 청소년들은 시대의 흐름을 선도하는 집단으로 보이기까지 한다. 또한 이들은 컴퓨터든 연예인이든 혹은 스포츠든 유행이든 푹 빠져드는 몰입세대다. 음악과 정보가 탈출구라고 말하는 이들은 성(性) 개방과 스타우상의 펜덤문화 그리고 환각에 몰입하기도 한다.

접근이 자유로운 사이버공간을 통한 '음란물 들추기'는 특히 민감한 시기의 10대들에게 새로운 성(性) 문제를 야기시키고 있다. 이들 사이의 성의식은 '감추는 성'에서 '드러내는 성'으로, '억압받는 성'에서 '즐기는 성'으로 바뀌고 있다. 특히 이러한 '음란물 들추기'는 사실상 어른들의 통제에서 벗어나 있다는 점에서 더욱 심각성을 띤다.

제2의 문맹의 양산

자판기에만 익숙해져서 지금은 글씨 안 쓰는 시대가 되었다. 많은 학 생들은 글씨 쓰는 행위 자체를 힘겨워하고 있다. 컴퓨터로 치면 되는데 왜 꼭 손으로 써야 하느냐는 생각이다.

유아기부터 영상에 길들여진 세대는 깊게 생각하고 공들여 손으로 쓰고 기억할 필요를 느끼지 않는다. 리모콘과 자판기의 편리함에 길들여져 있기 때문이다. 이미 언급하였듯이 저소득층의 흑인들이 모여 사는 미국 뉴욕 할렘가 유아원 원장의 충격적인 현장경험은 매우 놀라운 것이다. 즉, 어린이들은 정신적 또는 신체적으로 아무런 결함이 없음에도 언어표현을 잘하지 못하고 문장구성력 또한 너무나 형편이 없어 언어장애자의 수준이었다는 것이다. 이는 이 어린이들이 부모나 주변사람들과의 대화 대신 TV를 통해 언어를 숙지해왔기 때문이다.

조나단 코졸(J. Kozol)에 의하면 오늘날 미국에는 6000만 명의 문맹(Illiterate American)이 있으며, 이외에도 또 다른 6000만 명은 읽을 수는 있지만 읽지 않는 기능적 문맹이 있다.[58] 여기에서 문맹은 약의 사용지침을 읽을 수 없는 상태에 있는 사람이고, 기능적 문맹은 사용지침을 읽을 수는 있으나 읽지 않는 사람으로 규정하였다. 이러한 '읽을 수는 있으나 읽기를 거부하는 사람들'을 다니엘 부르스틴(D. Boorstin)은 이른바 '기능적 문맹'(functional illiterate)이라 하였으며,[59] 역사학자 퍼거슨(Niall Ferguson) 하버드대 교수는 기능적 문맹을 유사한 용어로 '문명화된 문맹자'(civilizational illiterates)라고 부르기도 했다.[60]

우뇌를 사용하는 국민

읽을 수 있으나 읽지 않는 새로운 '기능적 문맹' 또는 '문명화된 문맹자'의 현상은 전적으로 영상미디어들의 수용에 길들여진 결과이다. 텔레비전을 비롯한 영상미디어의 언어는 선형적인 인쇄형식과는 정반대로 빠르고 비결합적이며 비논리적이다. 텔레비전이 우리들의 이성에 요구하는 것은 즉각적 반응이지 이해의 조성이 아니다. 시청은 독서와 동일한 것이 아무것도 없다. 텔레비전의 세계는 이미지, 서사, 현재성, 동시성, 친밀감, 즉각적 만족, 빠른 정서적 반응 등이다. 결정적인 것은 자기 스스로의 시청몰입이 분명하게 시청자들의 인쇄된 글에 대한 관심과 이에 필요한 능력의 발달을 무력하게 만든다는 것이다. 따라서 텔레비전을 통해서 정보화되어 있다는 것은 지식에 의한 것이 아니다.

앞서 소개된 바 있는 벰버의 실증적인 연구를 통해서도 이상과 같은 사실들이 증명되고 있다.[61] 예컨대 국가 원수의 외국방문에 대한 텔레비전의 영상메시지는 현실적인 외형적 단면만을 매개할 뿐, 국가원수의 방문이 갖고 있는 정치적 의미는 아나운서나 기자의 멘트를 통해서 설명된다. 그러나 시청결과는 시청자가 영상만을 기억할 뿐 구두메시지 내용은 강한 영상에 의해 잠식되어진다는 것이다.

과도한 시청으로 인한 사고력 저하나 언어발달의 지체 현상에 관한 보고는 다양하게 존재한다. 미국의 국립교육프로그램평가원(National Assessment of Education Program)에 의하면 어린이들의 작문실력은 점점 뒤떨어져 간단한 문장의 구조조차 제대로 구성하지 못하고 있다. 이는 모자이크식의 영상으로 구성되는 메시지가 기승전결의 흐름에 기인하기보다는 매순간의 클라이맥스로 점철되어 어린이들의 사고력 신장을 저해하기 때문이다.

또한, 시청은 두뇌에 독서 시에 나타나는 것과는 분명하게 차별되는 파장을 만들어낸다. 캘리포니아 기술연구소의 스페리(R. Sperry)와 제너럴일렉트로닉의 크루그먼(H. Krugman)은 과도한 시청이 대뇌반구의 우측 뇌기능을 강화시키는 동시에 좌측 뇌기능을 손상시킨다고 지적하였다.

좌측 대뇌반구는 언어능력의 출처이다. 우측 대뇌반구는 주로 비언어적이고 비논리적인 영역으로 정보의 입력뿐만 아니라 출력과도 관계된다. 장기간에 걸친 지속적인 시청은 좌측 뇌활동의 뚜렷한 악화를 가져오며 '우뇌(右腦)를 사용하는 국민'을 만들어내고 있다. 이러한 사람들은 직관과 느낌의 측면에서는 강한 반면 반영과 분석 측면에서는 약하다는 것을 추측할 수가 있다.[62]

쿼털리즘의 만연

옛날 농촌에서 모를 심거나 김을 매고, 새끼를 꼬거나 가마니를 짤 때, 그리고 먼 길을 떠나도 허리를 펴고 쉬는 경점(更點)은 2시간이었다. 이러한 경점이 오늘날에는 점점 더 짧아지고 있다.[63]

영어의 '쿼터'(quarter)는 4분의 1을 뜻한다. 인내심을 잃어버린 요즘 청소년의 사고와 행동양식을 일컬어 쿼터리즘(15분주의)적 행동양식이라고 한다.

텔레비전 채널을 마구 바꿔대는 리모컨, 책을 통해 느낄 수 있는 상상의 세계를 허용하지 않는 비디오 오락물, 긴장을 늦출 수 없게 만드는 컴퓨터와 첨단미디어들에 둘러싸인 10대들은 깊은 사고와 인내심을 뿌리내릴 만한 땅을 잃어버린 것이다. 그 결과가 쿼터리즘적 '찰나주의'와 '감각주의'로 나타나고 있다.

이른바 영상세대인 앱세대는 간단하고 안이할수록 합리적이라는 오도된 가치관에 지배되고 있다. 이들은 하기 싫은 것을 참고 지속하는 것은 합리적이 아니라고 생각하기 때문에 무엇에 집중하는 인내심이 부족하며 논리적인 사고에 몰입을 체질적으로 거부하는 'make-it-easy'의 단순성에 길들여진다. 그러므로 이들은 톨스토이의 『전쟁과 평화』와 같은 장편소설들을 독파하던 활자세대와는 달리 신문도 15분 내외로 헤드라인만을 읽고, 잡지도 15분 내외에 독파하는 20장 내외의 에세이 류가 높은 선호도를 보이고 있다. 따라서 오늘날의 신문과 잡지도 '읽는 매체'에서 '보는 매체'로 변모되고 있어서 편집스타일도 컬러화되고 헤드라인과 사진이 차지하는 면들이 많아지는 것은 당연한 결과인지도 모른다.

이들의 생체리듬은 선조들의 경점(更點)에 비해 무려 8배나 짧아진 쿼털리즘의 세대라고도 한다. 이 세대는 선과 후가 있고 상(上)과 하(下)가 있는 종적 인식방법 대신에 이것이나 저것이나 똑같이 여기는 횡적 인식방법을 갖고 있다.

따라서 앱세대의 풍조에는 남녀의 구분도 흐려져서 유니섹스적 사고가 나타나게 되고 아버지나 어머니 그리고 스승을 윗사람으로 보지 않고 나이 많은 사람으로만 보게 된다. 즉 아버지는 돈 벌어 대는 사람, 어머니는 밥 지어주고 빨래해주는 사람 그리고 선생은 가르치는 사람일 뿐이다.

시간의 손실

디지털정보기술의 발달은 시간을 비축하게 해주지만 시간의 손실[64]과 함께 여가시간을 올바르게 활용할 수 있는 능력의 상실을 가져다주고 있다.

『피로사회』의 저자인 한병철 독일 백림예술대 교수는 최근에 신작 『시간의 향기 - 머무름의 기술』[65]을 펴냈다. 그는 스마트혁명이 사람들로 하여금 시간을 초단위로 쪼개서 활용할 수 있게 했지만, 오히려 시간이 사람들을 인질로 삼아 꼼짝 못하게 하며 일을 시키고 있다고 지적한다. 그에 의하면 활동적인 삶은 사람들이 시간을 기다리지 않고, 주체적 개입을 통해 모든 과정을 단축시킬 수 있게 만들고 시간을 더할 나위 없이 가볍게 만든다. 기차, 자동차, 비행기, 매스미디어, 인터넷, 디지털화, 이 모든 것들이 시간을 단축시키기 위한 지난한 싸움이었던 것이다. 그러나 시간의 보복이 시작되어 무게를 잃어버린 시간은 댐이 무너진 거센 물살처럼 마구 흘러가버린다. 인생도 그 물살에 휩쓸려 가볍게 떠내려가는 것이다.

현대사회의 모든 시간은 일의 시간이고, 여가시간도 일의 시간을 준비하는 보조적 의미밖에 없다. 이러한 그의 시간개념을 현실적인 이야기로 꾸민 책이 엔데(Michael Ende)의 동화 『모모*MoMo*』로 생각된다.[66] 모모는 사람들이 '시간저축은행'과 계약을 체결한 후 시간개념이 어떻게 변하는가를 경험한다. 그 계약은 인간들이 노동 강도를 높여 절약된 시간을 시간저축은행에 저축한 후 나중에 되찾아 쓸 수 있게 하였다. 모모가 확인할 수 있었던 변화들은 시간저축으로 시간 상실과 함께 자신을 상실하게 된 것이다. 이발사는 손님과 잡담을 포기하고, 도로청소부는 자신의 주변을 더 이상 돌보지 않으며, 어느 누구도 서로에게 귀를 기울이지 않고, 아무도 대화를 나눌 시간이 없을 뿐만 아니라, 모두가 불행한 동시에 쫓기는 인상을 보였다. 시간을 벌기 위한 시간저축으로 시작되었던 것은 시간을 되돌릴 수 없는 무능력과 시간의 상실을 가져온 것이다.

스마트사회의 우리는 시간의 질을 상실한 양화된 "향기가 없는 시간"을 살아가고 있는 것은 아닐까? '활동적 삶'의 가치관을 '사색적 삶'(vita contemplative)의 가치관으로 바꿔야 한다고 말한다. 멈춤의 시간, 활동하지 않고 자기 안에 머물며 영속적 진리에 대해 사색하는 시간을 가질 때에 비로소 인간은 진정으로 존재하는 것이다. 이는 마치 산업화 초기에 기계가 일자리를 빼앗고 인간을 불행하게 한다는 판단에서 기계를 파괴하려고 한 러다이트(Luddite)운동과 유사한 면이 있다고 했다.[67] 그러나 그가 주장하는 궁극적인 문제는 기계 자체도 아니고 각종 첨단 기술을 통해 가능해진 속도 자체도 아니다. 가속화라는 현상은 세계를 인간 의지에 따라 조작하고 지배하려는 '활동적인 삶'(vita activa)을 인간 존재의 유일무이한 가치로 보는 세계관의 파생적 결과일 뿐이라는 것이다.

휴마트사회로

많은 지식인이 오늘의 웹세대의 가능성을 칭송하기도 하고 사색이 실종된 암울한 미래를 우려하기도 한다. 오늘의 웹세대는 젓가락보다 휴대전화를 먼저 손에 쥐었고, 만화 대신 웹툰을, 구슬치기 대신 모바일게임을 하면서 성장했다. 이들은 두뇌 발달에 가장 중요한 시기에 새로운 기술을 접하며 자란 IT세대이다.

그러나 이들의 개성주의, 찰나주의, 감각적 성문화는 모두가 첨단 미디어들의 소산이다. 이러한 앱세대가 처한 사회적 환경은 앱에 대한 의존을 더욱 촉진시키고 있다. 핵가족화와 이에 따른 애정결핍 그리고 세대간 단절의 문화가 그것이다. 1970~80년대만 해도 주로 경제적인 이유에서 부모들은 맞벌이에 나섰다. 그러나 요즘 주부들은 자아실현이라는 보다 자기중심적인 이유에서 직장을 갖는 경우가 많다. 전업주부인 경우도 같은 맥락에서 자기개발 등 여가와 사회활동에 많은 시간을 쓴다. 한 조사에 따르면 맞벌이 가정의 자녀 53%가 열쇠를 가지고 다니며, 전업주부 가정의 경우에도 41.1%나 된다. 따라서 10대들이 어른들의 보호와 관심에서 벗어나는 현상이 두드러지게 나타나고 있다. 예를 들어 '나 홀로 열쇠족'은 또래아이들의 유행어가 되고 있다. 이러한 성장환경이 컴퓨터, 게임, 비디오, 만화 등과 같은 새로운 문명현상과 결합하면 과거와는 전혀 다른 정서와 행동방식을 공유하는 앱세대가 탄생하는 것이다.

모든 것에는 '균형'이 중요하다. 지금이야말로 아날로그와 디지털의 균형을 높이기 위한 '휴마트운동'이 필요한 시대이다.

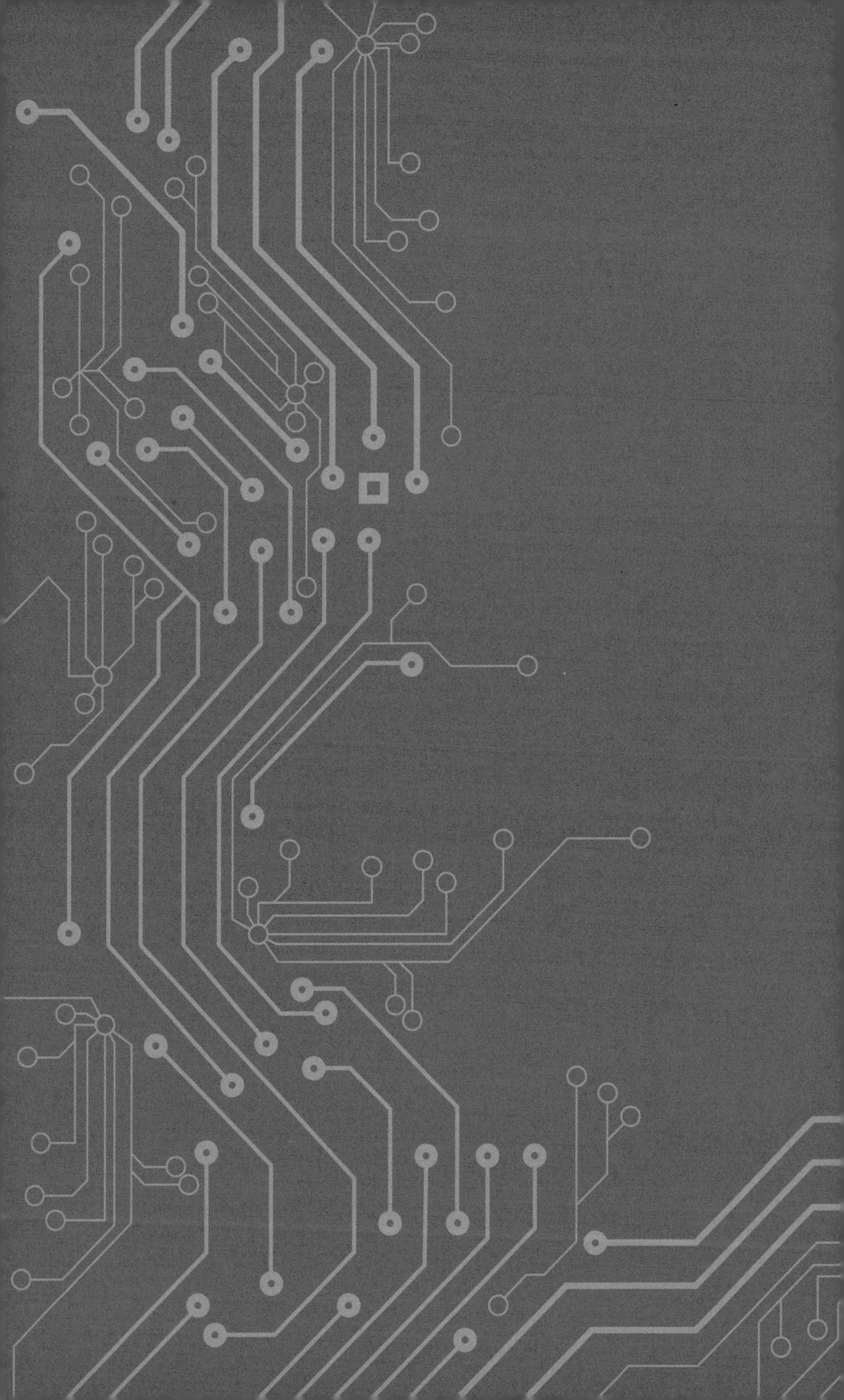

4

미디어와 사회갈등

1
정치서열과 의석서열

의원좌석배정의 아이러니

필자는 평소 텔레비전을 통해서만 볼 수 있는 여의도 국회의사당의 의원자리배정에 회의를 갖고 있다. 국회의사당의 자리배정을 보면 당수나 원내총무와 같이 원로정치인들일수록 맨 뒤쪽에 배석되고 정치신참인 초선의원일수록 앞 좌석에 배열되어 있다. 왜 그럴까? 언론이나 국민들도 이를 관행적인 것이고 당연한 것으로 생각하고 있다. 오히려 의원들의 자리배정이 무슨 관심의 대상이 될 수 있느냐고 대수롭지 않게 여길지 모르지만 우리 사회에 만연된 서열체계가 의사당에도 반영되어 의회기능을 약화시킨다는 생각이 들었다.

서양 국가들의 의사당 의원좌석배정은 우리의 경우와는 정반대이다. 원내 중진의원들일수록 맨 앞에 배정되어 있다. 맨 앞의 원로정치인들이 뒤쪽의 후배정치인들을 볼 때는 뒤로 몸을 돌려 의원들의 동향을 살피고, 뒤쪽의 후배정치인들은 앞쪽 원로들의 발언과 일거수일투족을 확연하게 볼 수 있다. 이러한 한국과 서양 국가들의 의사당 의원자리배정이 정반대인 것은 무엇에 연유되었는가? 전통 때문에? 아니면 관행이 되었으니까?

여의도 국회의사당의 원로정치인들은 뒷좌석에 숨어서(?) 후배정치인들을 내려다보기만 한다. 게다가 스마트폰에 보낸 후배정치인들의 충성을 다짐하는 문자메시지가 사진기자들에게 찍히기도 하고, 때로는 뒷좌석 원로를 직접 찾아와 알현하는 모습이 텔레비전 카메라에 잡혀 '정피아'(정치인+마피아)와 같은 정치세계의 속살을 드러내기도 한다. 앞좌석에 배석된 신참의원들은 여야 간에 야유가 오가는 상황이 되면 입에 담지 못할 막말을 뱉어내기도 하고 몸싸움이라도 생기면 선배 원로들이 지켜보는 가운데 당에 충직한 돌격대가 되어 '난투극'의 주역이 되기도 한다. 그러나 원로 정치인들이 반드시 챙기는 것은 언론플레이를 위한 의사당 밖의 이벤트성 정치행보이다. 이들은 시장상인들이나 쪽방촌과 사회보호시설들을 방문하기도 하고 일선부대를 방문하여 전투복을 입어보이는 일들은 의도된 행보로밖에 보이질 않는다. 또한 언론이 사진을 곁들인 대서특필로 맞장구치는 모습은 난형난제(難兄難弟)의 개그로 보인다. 이 모든 것이 국민을 우습게 여기는 정치인들의 얄팍한 포퓰리즘으로 비쳐지는 것은 필자의 삐틀어진 생각 때문일까?

언젠가 부산의 모 사립대학을 방문했을 때 대학본부의 행정실 좌석배치가 이러한 통례를 뒤집는 것이어서 놀란 적이 있었다. 직접 학생들의 업무를 접수하는 창구담당직원이 일반직원이 아닌 주임이나 과장급의 중견직원들이고 일반직원들은 뒷자리에 배열되어 있었다. 말단행정직원들이 창구에 앉아 있고 중견행정직원들이 맨 뒷 자석에서 직원들의 업무를 지켜보거나 신문을 읽는 여유로운 모습의 일상적인 행정실 분위기와는 전혀 달랐다. 안내자의 이야기로는 과장이 직접 창구에서 학생들의 민원을 수용해 뒷자리의 부하직원들에게 처리를 명하기 때문에 일의 능률이 크게 나타난다고 했다.

독일 원로 정치인 베너 씨의 추억

유학시절 독일의 원로 정치인이었던 베너(Herbert Wehner) 씨에 대한 나의 기억은 지금도 생생하다. 이젠 독일정치사의 한 거물로 사라졌지만 그는 1969에서 1983까지 내독성(內獨省)장관과 독일사회당(SPD)의 원내대표를 지낸 원로정치인이다. 당시 언론의 뉴스에 단골로 등장하는 그가 국민들에게 비쳐진 모습은 원로정치인의 참모습이었다. 의사당의 맨 앞줄에 앉아서 자료준비가 없어도 언제 누가 어떠한 발언을 했는가를 구체적인 통계수치까지 제시하면서 상대 정당의 정책안을 반박하는 그의 논리성과 입담은 유명했다. 그의 이러한 모습을 아래로 내려다볼 수 있는 후배의원들은 정치후배로서의 자부심과 함께 의회정치에 임하는 정치인의 참모습을 터득하게 될 것이라는 생각이 들었다.

독일 원로정치인 베너 씨에 대한 이야기를 더 해보자. 나는 베너 씨를 직접 가까이서 볼 수 있었다. 어느 토요일 이른 오후 당시 서독의 임시수도였던 본(Bonn)의 작은 기차역이었다. 주말을 가족과 보내기 위해 낡은 가죽가방 하나만을 들고 상행 급행열차(Intercity)를 기다리고 있는 그의 모습은 평범한 이웃집 할아버지 같았다. 당시 그가 여당의 원내대표이고 보면 의원차량과 운전기사도 있었겠고 많은 추종인사들과 기자들이 동행할 수도 있었겠지만 주말오후를 한가롭게 즐기는 자연인 모습 그대로가 아름다웠다. 베너 씨는 자신이 강해져야 할 경우와 작아져야 할 경우를 잘 아는 사람이라는 생각이 들었다.

그를 통해 우리의 정치현실을 되새김질해보자. 신뢰가 바닥난 우리의 정치토양에서는 어떤 정치인이 존경의 대상이 될 수 있을까? 아마도 스스로 무소유의 수도자는 아니어도 정치인이기 전에 진솔한 생활인이어야 할 것이다. 스웨덴의 국회의원에게는 관용차도 운전기사도 없다. 대중교통으로 출퇴근하고 공무출장 때는 저렴한 교통수단을 이용해야 하며 면책특권도 없다. 농부·간호사·교사 같은 다양한 직업인들이었던 349명의 의원 중 30%는 4년의 임기가 끝나면 본업으로 돌아간다. 이같이 스웨덴 정치인들은 스스로 특권을 거부하고 의정활동과 사생활을 엄격히 구분한다. 1995년 스웨덴 부총리였던 모나 살린(Mona Sahlin)이 기저귀 등 20여만 원어치를 사고 실수로 공직자용 카드로 계산했다가 나중에 자기 돈으로 메웠지만 공사(公私)를 구별 못했다는 비판에 부총리직을 사퇴한 일화는 지금까지 회자되고 있다.[1]

내가 존경하는 선배이면서 친구의 이야기다. 그는 광부로 독일에 갔다가 계약의무를 마치고 독일대학에서 박사학위를 받았다. 많은 역경을 딛고 공부를 한 분이고 독일생활을 오래해서인지 절약과 공사의 구분이 분명한 사람이다. 그가 정년 직전 모 방송국의 이사장에 취임하였을 때 그의 처신은 참으로 모범적이었다. 이사장이 되면 실질적인 권한은 없어도 사무실과 비서 그리고 법인카드와 기사가 딸린 승용차가 나온다. 그는 사적인 이유로 이러한 혜택을 한 번도 누린 적이 없다. 사적인 일에는 대중교통을 이용하고 절대 법인카드를 사적으로 사용하지 않았다.

당연한 일인데도 이점을 강조하는 것은 우리 사회가 그러하지 못하기 때문이다. 힘 꽤나 쓴다는 고위직 사람들은 대부분 SKY 출신에 미국대학을 수료하여 화려한 학력과 학연을 누리는 사람들이다. 그러나 우리 사회에 필요한 것은 자신이 강해져야 할 경우와 작아져야 할 경우를 잘 아는 사람, 얼마나 많이 알고 있느냐도 중요하지만 무엇을 어떻게 알고 경험했느냐가 중요한 사회이다.

정치인의 특권과 불신

한상진 서울대 명예교수가 얼마 전 국회의원과 일반 국민에게 설문을 돌려 '현재 생활에 만족하느냐'고 물었는데, 그 결과가 흥미롭다. 일반 국민은 '만족한다'가 54.9%밖에 안 됐는데, 국회의원은 89%가 '만족한다'고 했다. 그리고 야당의원(82.4%)보다 여당의원

(94.4%)이 그리고 초·재선(88%)보다 3선 이상(91.4%)이 만족도가 높았다고 한다. 그러나 국민의 입법부 신뢰도(11.8%)와 정당 신뢰도(7.4%)는 바닥이었다.[2]

이러한 만족도는 국회의원들이 지나치게 과도한 특권을 행사할 수 있기 때문인 것 같다. 국회의원이 누릴 수 있는 특권만 270가지나 된다고 한다. 면책특권이나 불체포특권은 물론 국가기밀정보를 열람할 수 있고, 모든 정부부처에 원하는 정보를 요구할 수 있으며 국회의원 1인당 4년 동안 27억 원의 세비, 관용차와 운전기사 그리고 미국 다음으로 많은 7명의 보좌관 등이 지원된다. 또한 국유철도 및 비행기·선박의 무료 이용 등 크고 작은 혜택과 65세부터는 120만 원의 헌정회연금을 받는다. 이러한 우리 의원들의 특권은 선진국 기준으로도 비유될 수 있는 나라가 없을 정도로 과도하다.

한 시민단체가 국회사무처에 정보공개를 청구해 받은 자료에 따르면 19대 국회의원 300명 중 32%인 96명이 의원직 외에 한 개 이상의 다른 일을 겸직하고 있다. 이들이 겸직하고 있는 직종은 교수, 변호사, 의사, 기업대표나 사외이사, 각종 협회 이사장 등이다. 물론 겸직을 금지해야 한다고 해서 의사나 변호사와 같은 면허를 내놓을 수는 없으나 영리 목적의 겸직활동이 문제가 된다. 겸직 국회의원들 중 14명이 로펌 소속 변호사로, 11명은 기업대표나 사외이사 등으로 활동하며 막대한 보수를 챙겼다.[3] 장기휴직 상태로 교수직을 겸임하고 있는 국회의원들도 양심불량인 것은 마찬가지다. 개개인이 헌법기관인 의원들의 겸직을 금지해야 하는 이유는 권력을 이용해 직간접으로 부당하게 이권에 개입하거나 압력을 행사할 수도 있어서다.

독일의 예를 보자. 독일 연방하원들의 급여는 매달 세전 7,668유로 수준이다. 요즘 환율로 한 달에 약 1150만 원 정도이다. 국내총생산이 우리의 4배, 일인당 국민소득이 우리의 거의 2배가 되는 나라임을 고려하면 우리보다 매우 적은 금액이다. 믿어지지 않겠지만 여기서 사회보장부담금(연금), 의료보험, 소득세, 연대세(통일세), 종교세 등을 내면 월 평균 세후 600만 원 정도를 손에 쥔다. 차량유지비란 것도 없고 베를린 시내출장일 경우 국회사무처의 관용차를 빌려 쓸 수 있다. 독일철도는 무임승차가 가능하고 공식출장일 경우에는 국내 항공료도 청구할 수 있다. 골프장 특별대우 같은 것은 알지도 못한다. 보좌관은 한 달 예산 약 2230만 원 안에서 몇 명을 쓰든 의원들의 자유다. 전직 하원의원의 연금에 관한 규정에 따르면 의원으로 봉사한 햇수에 따라 매년 세비의 2.5%씩 계산하여 67세부터 연금을 수령할 수 있다. 최대한 67.5%(27년분)까지 인정해준다. 예를 들어, 하원의원을 10년 동안 했다면 세비의 25%로 계산해서 노후연금을 받는다. 공직자의 대우에 관한 한 아마 세계에서 최고로 투명한 나라는 스웨덴일 것이다. 국회의원 보좌관 제도는 아예 없고 의원이 여행할 때에는 가장 싼 표를 구입해야 국회에서 환불받을 수 있다. 공무원이 출장을 가도 출장비에 식비가 따로 포함되지 않는다. 어차피 밥은 자기 돈으로 먹어야 한다는 논리다.[4]

대선 전 우리의 정계는 이러한 국회의원의 특권을 개선하려는 정치개혁공약을 쏟아내며 당장이라도 실천할 듯한 기세였다. 특히 당시 무소속이던 안철수 씨가 새 정치를 내세우며 바람을 일으키자 여야는 불체포특권 포기, 정수 감축, 연금 폐지, 세비 30% 삭감, 영리업

무의 겸직 금지, 기초의원 정당공천 폐지 등의 '쇄신 경쟁'을 벌이게 된 것이다. 그러나 이러한 공약들은 대선 이후에 모두 올스톱되었다.

대가성이 있든 없든 공직자가 돈을 받으면 무조건 처벌하자는 이른바 '김영란법'(부정청탁 금지법)을 둘러싸고 정치권에서 논의가 뜨겁다. 이 법은 형법의 뇌물죄 요건을 엄격하게 적용하여 금품을 받은 공무원을 처벌함으로써 부패의 근원을 방지하기 위한 것이다. 정부가 2013년 8월 김영란법을 국회에 제출했지만 법 적용 대상과 부정청탁 범위 등을 놓고 여야가 합의에 이르지 못해 국회에 계류 중이다. 최근 김영란법은 세월호 참사 이후 관피아(관료+마피아) 방지법으로 다시 주목받으면서도 정부에 의해 원안의 취지가 크게 훼손되었다. 박근혜 대통령이 지난달 30일 수석 비서관회의에서 김영란법에 대해 '우선 정치권과 고위층부터 모범을 보이는 것이 자발적 참여를 이끌어낼 수 있지 않을까 생각한다'며 범위 축소를 제안해 또 다른 국면이 전개되었기 때문이다. 박 대통령의 이 같은 발언이 설득력이 없는 건 아니지만 김영란법이 하위직을 남겨두고 고위직부터 한다는 것은 이 법을 추진하려던 원래의 취지에 역행되는 것이다. 김영란법과 비슷한 것들이 외국에도 있다. 미국은 「뇌물및이해충돌방지법」(제209조)에서, 독일은 「형법」(제331조)에서 공직자가 직무수행과 관련해 돈을 받으면 대가성을 불문하고 형사처분하도록 돼 있다. 아울러 입법처리가 지연되면서 정부와 정치권이 과연 이 법을 제정하려는 의지가 있는가 하는 의심도 받고 있다.[5]

이러한 우리 국회의 모습에 새삼 독일 정치인 베너 씨를 생각해 보았다. 우리나라에는 베너 씨와 같이 공(公)과 사(私)를 구분하는 강한 신념의 정치적 리더상(像)과 정치인이기 전에 진솔한 생활인으로 자신을 낮출 수 있는 '정치인'을 그 어느 때보다도 필요로 하고 있다.

공간과 정치행태

필자는 이제까지 접해보았던 홍보문장들 중에 가장 멋있다고 생각해왔던 것이 교보문고의 "사람은 책을 만들고, 책은 사람을 만든다"는 문장이다. 그런데 얼마전 건축가 승효상 씨의 글을 읽고 이 문장이 순수한 창작이 아니라 것을 알게 되었다.[6] 즉, "우리가 건축을 만들지만, 다시 그 건축이 우리를 만든다(We shape our buildings, thereafter they shape us)"는 문장을 바꿔서 쓰여왔던 것이다

약간은 실망감이 들었어도 교보문고의 슬로건은 여전히 참 좋은 문장이다. 승효상 씨에 의하면 이 문장은 원래 윈스턴 처칠이 1943년 10월 폭격으로 폐허가 된 영국 의사당을 다시 지을 것을 약속하며 행한 연설의 한 부분이었고, 그 후 1960년 미국 시사주간지 「타임」이 이 문장을 인용하면서 다시 회자되었다는 것이다. "우리가 건축을 만들지만, 다시 그 건축이 우리를 만든다"는 문장은 건축과 우리 삶의 관계를 명확하게 표현한 말이고, 이를 인용한 "사람은 책을 만들고, 책은 사람을 만든다"는 문장은 책의 의미를 가장 적절하게 표현한 문장이라고 생각된다.

필자는 이 문장을 "우리가 제도를 만들지만 제도는 다시 우리의 행태를 만든다"고 바꿔 생각해보았다.

선진국들의 의회와 우리나라 의회의 의석배치가가 상반되듯이 필자는 선진국 의회 정치인들의 정치행태와 우리나라의 의회 정치인들의 정치행태가 다를 수 있다고 생각했다. 의회 정치가 태동한 이후 의회 내 폭력 사태는 세계 각국에서 일어났지만 의회정치가 발전하면서 대부분의 선진국에서는 한국식 '난장판 국회'의 모습은 더 이상 찾아볼 수 없다. 미국의회에서는 민주·공화 양당 체제하에서 치열한 법안전쟁을 벌이긴 하지만, 물리력으로 법안처리를 저지하는 모습은 없다. 법안에 반대할 경우 '필리버스터' 등 가능한 모든 수단을 동원하지만 이 방법이 실패할 경우 표결 결과를 받아들이고 이후 2년마다 열리는 총선을 통해 민심의 심판을 받는다. (필리버스터란 의회 소수당이 다수당의 독주를 막기 위해 소수당의 의원이 토론을 구실로 연단에 나와 내용과 시간의 제한 없이 연설을 하여 사실상 법안 상정과 표결을 합법적으로 저지하는 행위다.)

영국국회의사당에서는 간혹 여야간 공방이 심화돼 소란스런 분위기가 되면 의장이 질서를 뜻하는 '오더'(Order)를 두세 차례 외치면 수그러든다. 좁은 공간에서 뜨거운 공방과 야유, 조소가 오고가지만 표결을 물리적으로 막거나 의사진행을 심하게 방해하는 등의 질서문란 행위는 없다. 영국의회는 'ㄷ' 자로 여야가 마주보고 앉아 있는 가운데 복도에는 여야 의원들이 넘을 수 없는 '스워드 라인'(Sword Line, 절대 넘을 수 없는 선)이라는 2개의 선이 있다. 그 자리에 서서 검을 빼들어도 상대방에 닿지 않는 간격이라고 하는데, 끝없는 토론으로 이어지는 영국 의정문화와 전통을 상징적으로 보여준다.

독일도 사정은 비슷하다. 야당은 법안에 반대할 경우 토론이나 여론의 압박을 통해 이를 저지하기 위해 노력하지만 더는 법안표결을 지연시킬 법적 근거가 없을 경우 반대표를 던지는 정도의 의사표현을 하고 다음 총선을 기약한다. 예를 들어 찬반양론이 거세게 충돌했던 1980년 이전에 건설된 7개의 노후 원자력발전소 가동시한 연장안이 국회에서 여당의원들의 반란표에도 불구하고 찬성 308표, 반대 289표로 통과됐다. 당시 녹색당은 반대 표시로 검은 옷을 입고 옷깃에 노란색 십자가를 꽂은 채 의회에 출석했고, 의사당 밖에서는 반핵운동가들이 인간사슬시위를 벌였지만 의사당 내의 물리적인 충돌은 없었다.

양원제인 프랑스 의회에서는 야당은 헌법에 보장된 필리버스터를 충분히 활용하기는 하지만 의장이 지정한 기일이 되면 곧바로 표결로 결론을 내린다. 예를 들어 여야가 첨예하게 대립했던 프랑스 연금개혁입법 때도 하원심의 과정에서 야당이 250여 건의 관련 법안을 별도로 제출해 토론을 진행하는 필리버스터로 맞섰으나 하원의장이 토론종료시간을 정해 표결을 관철시켰다.

이젠 여의도 의사당의 의원좌석배정을 한번 거꾸로 뒤집어보는 것은 어떨까? 이러한 공간배치에서는 후배 정치인들이 내려다보는 중진들이 더 많이 발언하고 찬반토론에 모범을 보일 수 있는 공간적 여건을 마련해주는 계기가 될 수 있다는 생각이 든다. 그런데 이미 필자가 바라는 대로 자리배정이 이루어지는 경우도 있다. 국회 본회의가 아니고 당내 의원총회에서는 중진들과 당직자들이 자연스럽게 맨 앞줄에 앉는다.

이젠 국회운영의 정상화를 위해서도 원로정치인들은 막후의 조정자가 아니라 후배 정치인들에 모범이 될 수 있도록 본회의장 맨 앞줄에 앉는 의사(議事)참여자가 되어야 하지 않을까? 의석서열을 반대로 뒤집어 배치하면 정치인의 행태도 바뀔 수 있다는 생각이 든다.

2

대학서열과 대학평가

양극화의 온상 대학서열

특정 대학의 이름을 거론하는 것을 이해해주길 바란다. 연고전(延高戰)/고연전(高延戰)을 이야기하기 위해서다. 지금은 대학교수가 된 고려대 출신의 유학생과 독일에서 함께 유학생활을 한 적이 있다. 그는 연고전이 열리는 시즌에는 곧잘 흥분하곤 했고 연·고대 출신의 유학생들도 현지에서 OB-연고전을 벌일 정도였다.

필자는 이런 그와 연고전의 대한 찬반논쟁을 벌인 적이 있었다. 그는 열정적으로 연고전의 추억을 읊어내며 찬성론을 폈다. 물론 이들 대학의 재학생들은 젊은 날의 멋진 추억만들기로 연고전을 마음껏 즐기고 싶을 것이고, 동문들은 재학시절의 추억에 충만될 것이다. 그러나 그들의 축제가 운동장에서만 그들만의 기쁨으로 끝나면 무어라 이야기할 사람이 없을 것이다. 지금이야 과거와는 달리 용서될 수 없겠지만 한때 '연고전'의 열기는 언론에 의해서 대서특필됐었고 경기 후에도 무리를 지어 거리로 뛰쳐나와 대성방가(大聲放歌)로 도심을 행진했었다.

이들의 거리행진은 교통을 마비시키는가 하면 이들이 지나간 자리에는 쓰레기가 어지럽게 널려 도시미관을 해치기 일쑤였었다. 뿐만 아니라 본래의 취지가 무색하게 연고전은 각 대학의 자존심을 건 대항전이 되어 경기에서도 불미스러운 일들이 발생하기도 했었다. 심판을 매수한 대학 감독이 벌을 받기도 했고, 서로 비방하고 헐뜯다가 몸싸움으로 번지는 일도 있었다. 이러한 모습은 너무나 민족사학이라는 명분을 무색하게 했던 처사였었다.

그러나 이 보다 필자가 이야기하고 싶은 것은 연고전이 사회적 양극화의 온상이 될 수 있다는 것이다. 한국의 대학서열체제는 지금도 심각한 사회문제가 되고 있다. 이른바 '스카이'(SKY. 서울대, 고려대, 연대)대학, '인(in)서울'대학(서울에 소재한 대학들), '지잡대'(지방의 잡다한 대학)의 구분은 대학생일 때부터 이미 사회진출의 기회나 신분상승의 기회로 작용하고 있다.

2013학년도 수능시험 응시자는 66만 8522명으로 이중 2014년의 스카이대학의 입학정원은 1만 336명, 이들 대학을 제외한 7개 인(in)서울대학의 입학정원은 총 2만 287명으로 줄었다. 전체 응시생들 중 스카이대학에 입학은 약 1.54%, 스카이대학을 포함한 총 10개의 인(in)서울대학에 입학정원 3만 623명으로 전체 수능응시자의 4.6%에 지나지 않는다.[7]

물론 전국의 4년제 대학만도 200곳이 넘어 '교육망국'의 시대에 살고 있지만 대학을 다녀보지 못한 사람들이나 1등부터 꼴찌까지 대학의 서열이 매겨지는 한국에서 서열이 낮은 대학들과 지방대학들의 재학생들과 졸업생들 그리고 그들의 가족들이 전 국민들의 대다수일 터인데 연고전은 국민화합에 과연 어떠한 의미를 갖는 것일까?

지금은 대학교수가 된 조카가 S대에 갓 입학했을 때 나를 방문했던 적이 있었다. 그 당시 대학생들은 교복을 입고 배지를 달고 다니던 시절이었다. 배지를 단 교복을 입고 인사차 작은아버지를 찾아 온 조카를 나는 축하와 함께 눈물이 찔끔 날 정도로 훈계도 했다. "네가 매일 등하교하는 버스노선은 특히 구로공단(지금의 가산디지털 단지)의 청소년 노동자들이 많이 이용할 터인데 그들이 너의 교복과 배지를 보고 부러워하며 자신을 얼마나 자학하겠는가? 너도 이젠 대학생이 되었으니 어려운 가정환경 때문에 학업을 포기하고 근로자의 길을 택한 그들에게 자신을 낮추고 미안한 마음부터 가져라. 그리고 앞으로는 검정작업복을 입고 다녀라"는 사회성 있는 충고를 한 적이 있었다. 지금은 ROTC 학생들만 대학의 배지를 단 교복을 착용하고 있어서 그나마 다행으로 생각된다.

2010년 3월 고대생 한예술 양은 "오늘 나는 대학을 그만둔다, 아니 거부 한다"는 선언문을 남기고 자퇴한 적이 있었다. 대학을 가지 못한 많은 분들께 진심으로 사죄하는 마음과 함께 생각한 대로 말하고 말한 대로 행동하며 살아내겠다는 의지를 담은 그녀의 용기에 박수를 보냈었다.

약육강식의 정글

한국은 어느 국가보다도 교육열이 높다. 한국의 대학생 수는 300만 명이 넘고 대학들은 엄청나게 늘어나 사이버대학까지 포함하면 240여개에 이른다. 대학진학률로 따지면 OECD 국가들 중 압도적 1위다. 미국(60%대), 일본(40%대)보다도 앞서고 특히 스위스, 독일(30%대)과는 엄청난 차이다. 그런데 그 증가추세는 1980년 27%, 1990년 33%이던 대학진학률이 2000년에는 68%로 크게 오르더니 2000년대 중반부터는 80%를 넘어섰다니 놀랍기만 하다. 이게 과연 제대로 된 나라인가?[8]

대학진학의 열기는 인간다운 삶을 누리기 위해 대졸 정도의 학력이 필요하다는 인식과 대학졸업장이 '인생자격증'이라고 여기기 때문이다. 특히 이들 대학들은 일등에서 꼴찌까지 서열이 매겨져 있다. 소위 명문대학의 입학은 신분상승의 기회이고 수단이다. 실제로 19대 국회의원 중 26%, 행정기관 국장급 이상 1~3급 고위 공무원단 중 29%, 그리고 500대 기업 최고경영자 중 34%가 서울대 출신이다. 정치, 행정, 경제 전 분야에 걸쳐 최고 결정권을 갖고 있는 이들 중 대략 1/3이 한 대학 출신인 셈이다. 미국의 경우 상원의원과 최고경영자의 출신 대학 중 가장 많은 학교의 비중이 대략 10% 안팎이라는 점을 고려할 때, 이 수치는 사회의 중요한 의사결정이 편향될 수 있는 가능성을 시사한다.[9]

'더 좋은 대학'의 입시에는 약육강식의 정글처럼 효율과 경쟁의 논리만이 지배한다. 시민정신을 함양하고 인격체로 육성함을 목적으로 하는 공교육은 사교육시장인 입시학원에 밀려난 지 오래이다. 한국 학생들의 사교육참여율은 70% 정도이고 사교육비총액은 약 20조 원을 상회하여 학생 1인당(사교육을 받지 않은 학생 포함) 월평균 사교육비는 25만여 원을 지출하는 것으로 알려지고 있다.[10]

이러한 사교육의존율이 높아지면서 명문대합격자의 분포는 양극화 현상이 수반되기 마련이다. 부유하고 생활이 안정된 서울 강남출신 합격자 수가 상대적으로 빈곤한 강북출신보다 월등히 많고, 또 농촌출신보다 도시출신 합격자 수가 압도적으로 많으며, 관리직·전문직 종사자 자녀의 합격 비중이 점점 높아져가고 있다. 신분상승의 기회와 수단이 되고 있는 명문대학의 입학은 경제적 능력이 없는 사람에게는 점점 어렵고, 대학에 진학을 해도 학업을 계속할 수 있는 여건을 이겨내기가 힘든 편향사회가 된 것이다. 결국 편향사회의 차별구조는 기득권층에게 기득권을 유지 및 세습시켜주는 대학, 국가, 시장이라는 '삼각동맹'을 떠받치는 장치가 되고 있다. "개천에서 용난다"는 것은 「전설의 고향」에서나 주제가 될 수 있는 옛 이야기가 되었다.

얼마 전 우리나라 최고의 기업인 삼성그룹이 각 대학에 신입사원 추천인원을 할당했다가 여론의 비판에 계획을 철회하고 말았다. 추천인원을 대학별로 차등 할당한 사실은 비판을 받아야 하겠으나 아이러니한 것은 삼성이 소위 '지잡대' 출신들을 제일 많이 고용했다는 것이다. 그리고 이들이 지금의 삼성을 만드는 데 기여했다는 사실은 지방대 출신 우수 인재의 경쟁력이 입증된 셈이 아닌가. 출신 대학별 사원의 회사기여도를 1/n로 평가한 객관적 잣대로 대학별 할

당하는 것은 어떨까? 만일 삼성이 대학을 하부기관처럼 취급하는 오만함을 버리고 대학서열과 지역차별의 고리를 깰 수 있는 객관적 기준만 세운다면 오히려 삼성의 대학별 신입사원 추천인원 할당제에 찬성한다.

유럽 대학과 한국 대학

유럽의 대학에는 서열이나 입학시험이 없다. 고교졸업 자격고사(프랑스의 바칼로레아, 독일의 아비투스, 오스트리아의 마투스 등)에 통과한 학생이면 누구나 자신이 원하는 대학에 진학하고, 입학 이후에도 자유롭게 대학의 이동이 가능하다. 대학이 평준화한 독일의 학생 대부분이 거주 지역에서 가까운 대학의 희망 학과에 입학하길 원하며, 학생들이 지망하는 대학을 결정할 때 가장 큰 변수로 작용하는 것은 친구들과 어울려 같은 대학에 진학하려는 경향이 두드러진다. 그리고 기초학력만 평가하여 합격과 불합격만을 내리는 입시자격시험인 아비투어제도에서는 꼴찌와 일등이 같은 대학 같은 과에 다닐 수도 있다. 그러나 입학은 쉬우나 졸업은 어렵다.

영국을 제외하고 서유럽 대부분의 국가가 대학까지 무상교육이다. 사회복지가 잘된 서유럽은 국가가 완전히 책임을 지고 있는 공교육 체제이기 때문에 학생들은 학생회비, 책값, 생활비 등 여비만 부담하면 되고, 이마저도 일부는 정부가 지원한다. OECD 회원국 기준으로 보면 오히려 무상교육을 시행하지 않는 나라가 소수다. 특히 교육경쟁력 1위로 평가받고 있는 핀란드를 비롯하여 스웨덴, 노르웨이, 덴마크 등 북유럽 국가에서는 대학교까지 완전 무상교육을 실시한다. 체코, 아이슬란드, 슬로바키아, 오스트리아 그리고 아일랜드에서도 대학등록금이 없다. 게다가 덴마크에서는 정부가 대학생들에게 매월 50~60만 원을 지원하고, 스웨덴에서는 20세가 되면 1인당 2000만 원 정도씩 지급한다. '성인연봉'을 받는 셈이다. 물론 이러한 지원은 등록금이 아니라 생활비의 지원이다.[11]

독일은 통일 이후 신자유주의의 영향으로 전국 16개 주들 중 6개 지역이 학기당 300~500유로(약 70만 원)의 등록금을 징수했었으나 그나마 2014년 가을학기부터 대학교의 등록금이 완전 폐지되었다. 독일에선 등록금만 없는 것이 아니다. 대학생의 생활비는 국가에서 대준다. 연방 장학금(법) '바푀크'(BAföG)의 지원을 받는다. 바푀크 덕분에 독일 대학생들은 생활비 걱정 없이 공부에만 전념할 수 있다. 우리에겐 모두 꿈같은 이야기다. 현재 독일에서는 200만 대학생 가운데 현재 51만여 명이 월 상한액 684유로의 융자금을 받고 있다. 물론 이 돈은 졸업 후 상환해야 한다. 또한 독일 대학들은 평준화가 이루어져 학생들이 공부하고 싶은 대학을 마음대로 옮길 수도 있다. 이는 마치 서울 대학에서 학생카드를 뽑아 목포 대학으로 옮길 수 있고, 목포 대학에서 서울 대학으로 학적을 옮겨갈 수도 있다는 이야기다. 프랑스 대학의 등록금은 최근 1년에 60여만 원이다. 그것도 절반 이상이 학생의료보험료이다. 그런데도 학생들은 연일 대모를 하고 있다. 지금은 지역별로 등록금을 지불하는 대학들도 있지만 우리의 경우와 비교하면 거의 무료나 다름이 아니다.

이 같은 유럽의 대학풍토와 대조적으로 한국의 대학등록금은 일본보다도 높은 세계 최악의 여건이다. 한국 대학생들은 한 해 1000만 원의 등록금을 내야 한다. 이뿐만이 아니라 주거비·교통비·식비·책값·용돈 등 대학생 한 명이 한 해 동안 감당해야 할 부담이 2000만 원은 족히 된다. 정치적 공약으로 대학생들에게 희망을 갖게 했던 '반값등록금'은 이젠 더 이상 거론도 되지 않는 정치적 사기극이었다. 대학생을 둔 가정들은 얼마나 더 허리띠를 조이고 젊은이들이 알바에 내몰려야 하는지, 그리고 무상의료보험과 무상교육을 통한 교육의 기회균등을 요구하면 빨갱이 취급을 받는 것이 현실이다. 세계 어디에도 대학교육의 80% 이상을 비싼 사립대학에 떠맡기고, 교육비를 거의 전적으로 학생의 등록금에 의존하는 나라는 없다.[12]

한국의 교육정책이 추구해야 할 과제는 교육현장에서 고착되어가고 있는 기회의 불평등을 해결하는 일이다. 시장경제하의 치열한 경쟁에서 평등이란 이루기 힘든 것이라고 하지만 출발선상에서는 기득권의 세습이 이루어지지 않도록 누구에게나 기회의 균등이 보장되어야 한다. 그리고 기회균등을 보장해주는 안전장치가 바로 대학이기도 하다.

필자는 독일 대학제도의 혜택을 가장 많이 받은 사람이다. 부모의 도움 없이 가난에 찌들어 중학교와 고등학교를 제대로 다니지 못한 나 같은 자수성가(自手成家)형이 독일에서는 등록금 걱정 없이 공부할 수 있었기 때문이다. 인간의 존엄성이 여지없이 유린되었던 히틀러치하에서의 역사 때문에 독일연방기본법(서독기본법)은 제1장 제1조 1항에서 '인간의 존엄성은 불가침이다'고 규정하고, 최고의 가치로서 인간존엄성을 보장하는 것은 국가권력의 의무로서 선언되어 있다. 이 기본법은 1990년 동독의 5개 주가 독일연방(서독)에 편입됨으로써 오늘날 통일독일의 연방기본법이 되었다. 우리나라의 헌법 제31조 1항에도 이를 분명히 명시하고 있다. "모든 국민은 능력에 따라 균등하게 교육을 받을 권리를 가진다."

한국 대학의 위기

우리나라의 대학들은 복합적인 위기에 직면해 있다. 먼저 급격한 저출산, 노령화 등과 같은 구조적인 문제로 학령인구가 급속하게 감소되고 있기 때문에 2018년부터는 고교 졸업생 수가 대학입학정원보다 더 적어지게 된다. 이에 대처하기 위해서 단계적으로 대학입학 정원을 줄여야 한다. 2014년 1월에 발표한 교육부 계획은 대학입학 정원을 앞으로 10년 동안 세 단계에 걸쳐서 모두 16만 명을 감축하겠다는 것이다. 이러한 정원축소와 구조조정은 상당수 대학들에게 재정악화로 이어진다. 지금도 일부 전문대와 지방대학들은 교수들이 연고지의 학교를 찾아다니며 학생모집에 고생을 하고 있다.

여기에 2012년 총선과 대선에서 여야 모두 '반값등록금'을 선거공약으로 제시하여 그동안 거의 모든 대학의 등록금은 동결되어야만 했다. 따라서 입학정원 감축과 더불어 반값등록금의 여파를 모두 사립대학들이 떠앉게 된 것이다. 그 결과는 대학교육의 80%를 담당하는 사립대학들의 적자 운영이고, 대학교육의 질적 수준향상에 대한 사회적 요구에 부응하지 못하는 것이다.

또 다른 대학들의 고민은 졸업생의 취업과 부모들의 기대치 간의 불일치이다. 자식을 대학에 보내봤자 취직도 안 된다. 취업이 되었어도 절반 이상이 비정규직이다. 여기에 기업들은 많은 수의 대학 졸업자를 다 수용할 수도 없을 뿐더러 고등학교 졸업생을 점점 많이 원하기 때문에 고등청년실업자는 더 늘어날 수밖에 없다. 그러나 실업자는 늘어도 한국인의 3D 업종 기피, 힘든 농어촌 생활 기피로 노동력을 외국인들에 의존할 수밖에 없는 현실이다. 이는 대학교육으로 해결되는 문제가 아니고 구조적으로 풀어내야 할 문제이다.

이 밖에도 한국의 대학들이 직면한 심각한 문제는 미국을 따라 하는 대학평가에 의해 대학들이 특성화되고 전문화될 수 있는 여지가 없이 획일화되어가는 문제이다. 대학이 돈 벌고 출세하는 시장주의 기술을 가르치고 패거리로 전락되어 연구와 교육의 토양을 황폐화시키고 특히 모든 학문의 근간이자, 훌륭한 인격체로 성장하기 위해 깨우쳐야 할 문학과 역사와 철학, 즉 문사철(文·史·哲)은 외면되고 있다. 한국의 대학들은 평가에 민감하게 반응할 수밖에 없고 어쩔 수 없이 대학경쟁에 뛰어들 수밖에 없다. 학생들의 등록금에 전적으로 의존하는 사립대학이 정부의 지원에 목을 맬 수밖에 없기 때문이다. 평가에 자유로울 수 없는 교수들은 연구업적평가에 전전긍긍하면서 교수들의 모든 노력이 학술지 논문 게재에 집중되어 있다.

이뿐만이 아니라 세계 제일의 인터넷 기반시설과 스마트기기의 확산은 대학교육에 엄청난 변화를 요구하고 있다. 지금은 세계 명문대학들이 교수의 강의를 인터넷에서 무료로 개방함에 따라 학생들은 많은 지식과 정보를 얻을 수 있다. 따라서 교수는 스스로 변하지 않으면 설 자리가 없게 되었고, 대학은 단순한 지식의 전달자로서의 존재 이유가 약화되고 있다. 따라서 인터넷 확산에 따른 교육 내용과 방법은 오히려 기초이론과 인성교육의 강화에 중심을 두어야 한다.

가장 본질적인 한국 대학의 위기는 대학은 있어도 대학공동체의 정신이 사라졌다는 것이다. 역사적으로 대학은 진리와 정의의 편에서서 종교적 도그마와 지배 권력에 맞서 싸운 전통을 갖고 있다. 한국의 대학도 4.19민주혁명과 부마민주항쟁, 5.18민주화운동, 87년 6월민주항쟁 등 민주주의 투쟁사를 갖고 있다. 그러나 지금의 대학은 시장논리에 식민화되어 대학 본래의 철학을 잊은 채 육신도 영혼도 모두 소진되었고 대학공동체의 언어를 잃은 지 오래이다.

지금 이 같은 한국 대학의 복합적인 위기를 탈피하는 방법은 무엇인가? 우선 획일적인 해결책이란 있을 수 없다. 각 대학들이 선택과 집중을 통하여 다양하게 전문화하고 차별화된 특성화를 이루도록 지원되어야 한다.

대학의 종미주의

전 세계적으로 미국의 아이비리그나 영국의 사립대학들, 중국, 일본, 한국 그리고 홍콩 등의 몇몇 명문대마다 서열이 매겨져 있다. 그러나 유럽 국가들의 경우에는 대부분 대학의 평가와 서열 그리고 입학시험도 없다. 한국대학들은 이러한 대학의 평가대열에서 자유로워질 수는 없을까? 그리고 당장은 어려워도 점진적으로 유럽의 발전 모델을 추구해야 하지 않을까?

경제력이 세계 10위권 전후인 국가인데도 한국의 대학은 주체적인 자기 학문을 갖기보다 미국에 의존하는 경향이 심화되고 있다. 심지어 한국사나 한국문화의 연구자도 미국인의 평가를 받아야 마치 세계적 공인을 받은 듯이 권위자 역할을 한다. 어느새 한국적인 것도 미국에서 인정받은 것이어야 한국적인 것으로 인정받게 된 것이다. 배운 자와 가진 자 일수록 학문만이 아니라 사고방식이나 생활양식도 미국화를 추구하고 있다. 심지어 미국은 이들의 정신적 도피처이고 부정으로 모은 재산을 숨기는 곳이며, 원정출산을 통해 영주권 받고, 자녀의 조기유학을 통해 정신적인 코메리칸이 되고자 한다. 이쯤 되면 한국이 미국의 51번째 주(州)가 되고자 하는 것이나 무엇이 다른가? 영어를 공용어로 하자던 개그는 이미 현실이 된 것이다.

한때 경쟁에 내몰려 자살한 학생들 때문에 여론의 비판을 받았던 서남표 한국과학기술원 전 총장은 모든 대학의 수업을 영어로 배우고 가르치도록 강요했었다. 대학평가의 지침에서도 영어강의에 점수를 높게 주기 때문에 모든 대학들이 영어강의능력자를 우대한다. 그리고 대학의 신임교수 선발에 국내 박사는 이력서도 못 내민다. 웬만한 대학의 교수들은 거의 모두가 미국에서 학위를 받은 사람들이다. 어느 제대로 된 나라의 대학이 자기 나라 인재를 다른 나라 말로, 그것도 강제로 가르치는가?

2011년 6월 20일 유럽대학협회(EUA)가 발표한 '국제대학 순위평가와 그 영향'이라는 보고서는 국제적인 대학순위평가를 비판하고 나섰다.[13] 그리고 하버드대의 학장을 지낸 해리 루이스는 하버드가 소비자본주의의 포로가 된 것을 비판한다. 그는 자신의 책 『혼을 잃은 최고』에서 대학이 이윤을 좇는 기업처럼 운영되면 학생은 소비자가 되고, 대학은 브랜드 지키기에 연연하여 기부금 등 돈 끌어들이기 경쟁에 골몰한다고 하였다.[14]

한국의 대학들은 앞으로도 신자유주의의 경쟁원리에 따르는 평가를 지속적으로 받게 될 것이다. 엉성한 잣대로 다양한 대학들을 한 줄로 세우는 외부 기관들의 대학평가에서 순위를 한 단계라도 올리기 위해 대학들 자체가 남에게 보여주기 위한 과시적 사업과 스펙 쌓기에 열중하고 있다. 학생들은 이미 대학진학을 위한 입시 위주의 교육에 시달려 균형 잡힌 교양인이 될 기회를 놓쳤고 어렵게 진학한 대학에서도 제대로 된 교육을 받지 못하고 '영혼 없는 수재'가 된다.

세월호 참사 이후 우리는 참담한 현실을 자기성찰로 버텨내며 변모된 세상이 도래하길 염원하고 있다. 이제 대학은 순위별로 줄 세우고 획일화시키는 평가에서 자유로워져서 다양하게 특성화되고 전문화될 수 있어야 하겠다. 대학이 돈 벌고 출세하는 시장주의 기술을 가르치고 패거리로 전락되어가고 문사철이 외면되는 나라의 미래는 없다. 대학 본연의 의미를 묻고 따지는 것은 지성인의 과제이다.

3

대화의 공리

왓츠라위크(P. Watzlawick) 등의 『휴먼커뮤니케이션*Pragmatics of Human Communnication*』은 미국에서보다 유럽에서 장기간 읽혀온 커뮤니케이션의 고전서이다.[15] 1969년 처음 출판된 이 책은 사회적 행동장애에 대한 실용적인 치유문제를 논의하고 있다.

여기에서 기본전제는 사회적 행동장애는 대화의 장애로 집약되고, 대화 장애의 치유는 행동장애의 치유라는 것이다. 이러한 대화의 실용적인 관점은 그룹, 부부, 가족 등과 같은 대인적인 체계 내에서 각자의 개인행동이 다른 사람들의 행동을 전제로 하고 그들의 행동에 의해서 나의 행동이 조건화되기 때문에 일정한 규칙에 따라 이루어지는 역반응으로 간주될 수가 있다. 성공적인 대화는 바로 이 규칙들을 준수하는 반면에, 대인관계의 장애는 바로 이러한 규칙들을 파괴하는 데서 비롯된다.

왓츠라위크 등은 이러한 대화의 실용적인 규칙들을 공리(公理)화하여 올비(Edward Albee)의 부조리 심리희곡인 『누가 버지니아울프를 두려워하랴?』를 분석하였다. 여기에서는 왓츠라위크 등이 실용적인 차원에서 제시하고 있는 대화의 공리만을 소개하고 소통의 체계화에 대한 조건을 논의하고자 한다.

갈등사회는 불통사회이다. 예로부터 소통은 누구에게나 중요하고 필요한 것이었다. "아무리 빠른 세상이 되었다지만 소통이 없으면 경색이 되고 불화로 이어지니 소통의 중요성이야 두 번 말할 필요도 없다." 그러나 "소통을 했다지만 직접 대면으로 사안을 설명하지 않으면 불통(不通)이라 하고, 내용이 부실하면 깡통, 또 상대방에게 아무리 질문을 해도 묵묵부답이면 먹통이라고 한다."[16] '대화의 공리'는 바로 갈등사회의 소통원리를 제시하고 있는 것이다.

대화의 불가피성

제1공리는 "인간은 대화를 하지 않을 수 없다"는 것이다.

왓츠라위크 등은 대화를 행동과 동일한 개념으로 이해하였다. 현재의 모든 행동은 다른 사람들에게 의미의 전달력을 가지며, 이로 인해서 모든 행동은 의미의 전달력을 갖는 커뮤니케이션이라는 것이다. 사람은 행동을 하지 않을 수 없다. 다시 말해서 모든 행동이 대화라고 한다면, 결과적으로 인간은 대화를 하지 않을 수 없으며 대화를 거부하려해도 그 자체가 대화일 수밖에 없다.

이에 의하면 상대방의 그 어떠한 회피나 침묵 자체도 하나의 의미 전달을 갖는 것이다. 침묵은 경우에 따라서는 언어보다도 더욱 강한 의미의 전달력을 갖는다. 중요한 것은 여기에서 정신분열적 딜레마와 유사한 상황이 파생될 수 있다. 어떠한 대화의 거부행위라도 의미전달이고, 그래도 대화하지 않겠다는 것 또한 의미의 전달력을 갖기 때문이다. 그래서 끝없는 거부 역시 의미를 갖기 때문에 정신분열적 딜레마에 처하게 된다. 정신분열증 환자는 이러한 "인간은 대화를 하지 않을 수 없다"는 공리에서 치유적 접근이 요구된다.

커뮤니케이션의 내용면과 관계면

제2공리는 "모든 대화는 내용면과 관계면을 가지며, 관계면은 내용면을 규정한다"는 것이다.

우리는 모든 대화에는 내용면과 관계면을 발견할 수가 있다. 왓츠라위크 등은 이러한 사실을 진주목걸이에 대해서 대화를 나누는 두 부인을 예로 설명하고 있다. A부인이 B부인의 진주목걸이를 가리키면서 그것이 진짜 진주목걸이냐고 질문하였다. 이 경우 이 질문의 내용은 정보의 추구임에 틀림이 없다. 그러나 또한 이러한 질문은 A부인이 B부인에 대한 관계면을 명시하는 것이기도 하다. 즉, A부인은 자신의 질문에 수반되는 음색, 얼굴 표정 그리고 제스처 등을 통해서 B부인에 대한 진실된 애정, 시기심, 놀람 또는 이 밖의 어떠한 태도를 나타내게 된다.

이와 같이 모든 대화는 일정한 내용의 전달만이 아니라 송신자가 수용자 간 전달되는 내용을 규정해주는 비언어적인 암시적 전달내용도 담고 있다. 후자의 암시적 전달 내용은 송신자와 수신자의 관계면에 의해서 다면적인 의미의 변화를 갖게 된다.

이와 같이 관계면은 '대화에 대한 대화'을 나타내는 유사언어적인 '메타커뮤니케이션'이다. 따라서 갈등이 없는 대화란 내용뿐만이 아니라 관계면에서도 대화 당사자들 사이의 일치가 이루어져야만 성립될 수 있다.

따라서 전형적인 대화의 장애는 이러한 대화의 내용면과 관계면을 고려하지 않는 데서, 그리고 상호간에 야기되는 불일치성들이 오해로 번지는 경우에 발생한다. 특히 이러한 상호 관계면은 우호적이고 원만할수록 비가시적으로 대두되는 반면에 갈등과 마찰이 깊을수록 가시적으로 표출되어 대화의 내용면은 기능을 거의 상실하게 되는 결과를 초래한다.

이러한 상호 관계면에 영향을 주는 것은 무엇보다도 대화 당사자들의 사회적 명분이다. 대인관계는 사회적으로 위계가 있고 상하의 서열이 있게 마련이다. 이는 혈연과 나이를 기본으로 하는 장유유서(長幼有序)적인 구분이 있을 수도 있으며 사회적인 신분과 역할에 따르는 권위적인 상하의 구분이 있을 수도 있다.

여기에는 보이지 않는 도덕적 행동규범이 있기 마련이며 이러한 규범에서 벗어난 유사언어적 대화는 언어적인 내용면을 결정짓고 상호 관계면에서 갈등의 원인이 된다. 따라서 인간의 의견대립은 흔히 대화의 내용에서 연유된 것으로 보이나 실제에서는 상호 관계면이 순조롭지 못한 데서 야기되는 것으로 보아야 한다.

자극-반응-증폭의 매듭구조

제3공리는 "모든 대화는 자극-반응-증폭의 매듭구조에 의해서 이루어진다"는 것이다.

대화는 A와 B 사이의 메시지 교류이다. A의 일정한 행동에 B의 행동이 따르고 B의 행동은 다시 A에 대해서 자극이 되며, 이러한 자극-반응-증폭의 연쇄적인 '매듭'이 반복됨으로써 대화가 이루어진다. 대화 당사자들의 관계에 화해와 불화의 현상도 이러한 대화의 연쇄적인 매듭이 반복됨으로써 나타난다.

이러한 자극-반응-증폭의 연쇄적인 매듭이 어떠한 형태의 결과가 나타나는지는 일정한 개인이나 조직 그리고 문화의 속성에 의해 크게 좌우된다. 예를 들어 마가렛 미드(M. Mead)가 제2차 세계대전 중에 영국에서 실시하였던 실증연구의 결과를 실례로 들어보자. 영국에 주둔하던 미군(美軍)들은 영국 여인들이 이성교제에 보수적이라는 견해를 갖고 있었던 반면에, 영국 여인들은 미군들이 지나치게 무례하다는 견해를 갖고 있었다. 그 원인에 대한 연구결과에 따르면 남(男)과 여(女)가 한 쌍의 연인관계를 이루어 육체관계에 이르기까지 영국이나 미국에서는 다같이 30여 단계의 대화매듭을 거치는 것이 일반적이지만, '입맞춤'까지는 미국의 경우 평균 5단계의 대화과정을 거치는 데 반해서 영국의 젊은이들은 약 25단계를 거치는 것이 일반적이었다. 따라서 미군에게 입맞춤을 당한(?) 영국 여인들은 그들을 무례하다고 생각하는 반면에, 미군들은 영국 여인들이 너무 보수적이라는 생각을 하게 된다. 서로가 이러한 상반된 견해를 갖게 된 원인은 문화적 이질성에 있었다.

자극-반응-증폭의 연쇄적인 매듭이 갈등으로 이어지면 갈등의 조정은 제3자의 개입이 가장 바람직하다. 갈등관계에 놓인 부부의 예를 자극-반응-증폭의 매듭구조로 풀이해보자. 부부싸움에서 남편은 소극적으로 부인을 회피하려는 반면에, 부인은 이를 불평하는 데서 오는 부부싸움의 경우, 남편은 부인이 불평하기 때문에 회피하려 하며, 반면에 부인은 남편이 자신을 피하려 하기 때문에 불평을 한다. 이러한 부부싸움의 대화매듭구조는 다음과 같다.

부부싸움의 대화 매듭구조

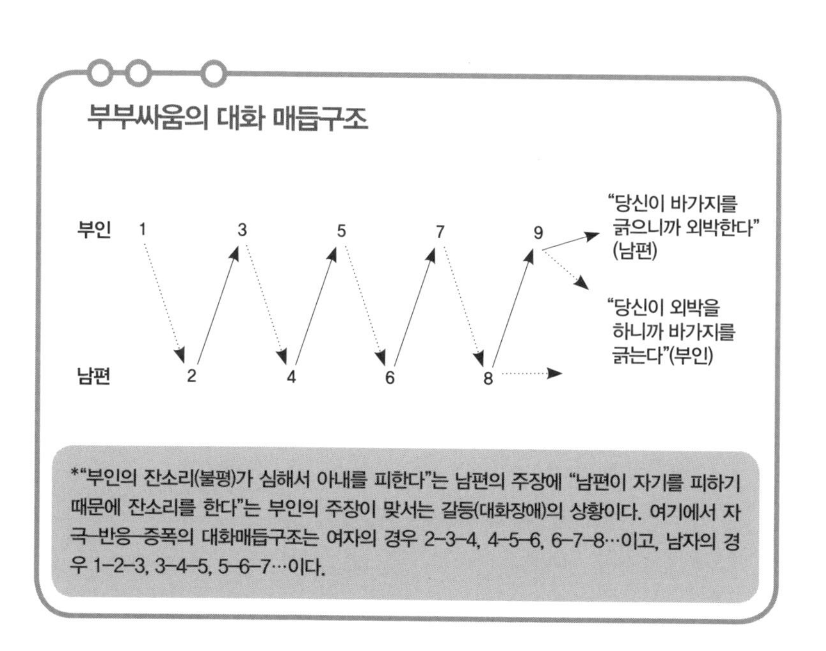

*"부인의 잔소리(불평)가 심해서 아내를 피한다"는 남편의 주장에 "남편이 자기를 피하기 때문에 잔소리를 한다"는 부인의 주장이 맞서는 갈등(대화장애)의 상황이다. 여기에서 자극–반응–증폭의 대화매듭구조는 여자의 경우 2–3–4, 4–5–6, 6–7–8…이고, 남자의 경우 1–2–3, 3–4–5, 5–6–7…이다.

이 같은 불화의 관계에서는 갈등이 끊임없이 상승되어 마침내는 폭력으로 맞서게 될 위험이 따른다. 이러한 갈등현상의 해소, 즉 상승하는 갈등의 대화매듭을 차단하기 위해서 제3자의 개입에 의한 조정이 가장 바람직하다고 하겠다.

이러한 갈등의 경쟁적 심화와 해소의 원칙적인 방안은 개인관계만이 아니라 정치 경제 또는 사회적인 집단관계나 국제적인 관계의 차원에 적용될 수 있다. 법정소송이나 노사분쟁 또한 국가간의 전쟁은 결국 이러한 갈등의 경쟁적 심화에 의한 것이고, 또한 경찰과 법원의 역할이나, UN의 역할이란 이러한 갈등을 해소(커뮤니케이션 장애의 제거) 하기 위한 제3자의 제도적 장치라고 할 수 있다.

모든 대화의 매듭구조에는 시작이 있다. 그러나 대화가 점증(escalation)되는 갈등으로 확대되는 경우 주관적인 매듭구조의 딜레마는, 대부분 모든 대화 당사자들이 그 시작을 거의 기억하지 않는다는 것이다. 따라서 걷잡을 수 없는 물리적 폭력으로도 번질 수 있게 된다. 따라서 왓츠라위크 등은 갈등을 대화 당사자들 간의 관계규정에 대한 '메타커뮤니케이션의 능력부족'에서 기인한다고 보았다.

실사적-유사적 언어의 대화

제4공리는 "모든 대화는 실사적(digital) 그리고 유사적(analog) 언어로 이루어진다"는 것이다.

대화는 실사적 언어와 유사적 언어로 이루어진다. 실사적 언어는 대화의 내용면을 그리고 유사적 언어는 관계면을 전달된다. 즉, 실사적 언어는 논리적 구문형식으로 내용면을 전달하는 데 효과적이고, 반면에 논리적인 구문론이 결여되었으나 의미의 다면성을 갖는 유사적 대화는 관계면을 전달하는 데 효과적이다.

우리의 대화는 의미론적 합의에 의해서 일정한 자모를 구성하여 어떠한 객체나 '사실'을 나타내며 의미론적 합의가 전제되는 실사적 언어로 이루어진다. 이러한 실사적 언어는 개인상호 간 또는 세대 간에 지식의 전달과 교육을 가능하게 하는 반면에 상호 관계면을 표현하기란 어렵다. 인간의 관계면이 유사적 언어에 의해서 표현될 수 있는 것이라고 한다면 유사적 언어는 실사적 언어전달에 수반되는 상황, 즉 대화 당사자의 태도나 표정 또는 음색 등이 상호 간의 관계를 규정해주는 동반현상이다.

따라서 유사언어는 인간관계의 내면성을 표현해주는 반면에 의미의 정확성이 없기 때문에 전문적이고 논리적인 설명 또는 상황의 재현과 같은 내용의 전달은 실사적인 언어에 의존하지 않으면 안된다.

흔히 유사적인 언어의 의미는 양면적(ambivalent)인 경우가 많다. 눈물은 기쁨이나 슬픔을 의미하고 꽉 쥐어든 주먹은 위협이나 자기방어적인 의미일 수도 있다. 그러나 이러한 유사적 언어전달력은 수많은 실사적 언어의 전달력보다 강한 의미의 전달력을 갖는다. 예를 들어 인간의 내면에서 우러나는 슬픔과 기쁨 그리고 사랑과 미음의 의미전달은 아날로그적인 배우의 연기가 더 큰 전달력을 갖는다. 반면에 정치적 사상이나 경제적인 논리를 유사적 언어로는 효과적으로 전달할 수 없다. 이같이 실사적 언어는 대화의 내용면을 그리고 유사적인 언어는 대화의 관계면을 전달하는 데 효과적이다.

또한 실사적인 것을 유사적인 것으로 전환하는 데는 그 전환 자체로서도 정보의 손실을 가져오게 된다. 예컨대 하나의 선물은 유사적인 전달로 이해될 수 있다. 선물을 주는 사람은 선물을 동경, 뇌물 또는 화해의 뜻으로 생각할 수 있다. 그러나 선물을 받는 사람은 주는 사람의 원래의 의미를 다르게 받아들여 뇌물로 생각할 수 있다. 선물을 받는 사람이 이러한 선물 제공자의 행동을 어떻게 생각하느냐 하는 것은 항상 선물 제공자에 대해 선물을 받는 자가 자기와의 관계를 어떻게 해석하느냐에 달려 있다. 이는 대화 당사자들이 유사적인 의미를 실사적으로 표현한다는 것은 송신자에게만 한정된 문제는 아니라는 의미이다.

대칭적-보합적 커뮤니케이션

제5공리는 "모든 대화는 당사자들이 평등한 관계인가, 아니면 불평등한 관계인가에 따라서 대칭적이거나 보합적으로 이루어진다"는 것이다.

대칭적인 상호작용은 상호관계를 맺는 사람들 간의 평등을 추구한다. 이와는 달리 보합적인 상호작용의 경우 상호교류적인 개인들의 행위는 서로 보완적인 상호역할의 차이에 토대를 두고 있다. 즉, 상대방의 행위가 다른 상대방의 행위를 보완해주는 경우이다. 문화적 또는 사회적인 전통에 의해 오랫동안 전해 내려온 보합적인 상호작용의 예는 부모와 자식, 환자와 의사, 상관과 부하, 선생과 학생 등의 관계에서 찾아볼 수 있다.

그러나 왓츠라위크 등은 대칭적인 그리고 보합적인 상호작용들이 번갈아 교차될 수 있는 경우를 별로 찾아볼 수 없다고 했다. 우리가 가상해볼 수 있는 것은 교차적이든 또는 교차적이 아니던 간에 보합적인 관계에는 이러한 두 가지의 유형들이 함께 상호작용을 한다는 사실이다. 이는 당사자들이 서로 어떠한 관계에서는 대칭적으로, 또한 어떠한 관계에서는 보합적으로 행동한다는 것을 의미한다. 왓츠라위크 등은 이를 한편으로는 '대칭적 비례증감'이라 부르고 또 다른 한편으로는 '고착된 보합성'이라 불렀다. 이 경우들은 당사자들이 대칭적 관계에서 보합적 관계로 또는 보합적 관계에서 대칭적 관계로 전환되지 않는 관계구조의 고착을 말한다.

이러한 상호작용의 기본원칙을 위배하는 데서 오는 대화장애 내지는 행동장애가 어떠한 형태의 증상으로든 나타나는 상황에서 치유법적인 개입이 실용적으로 시도된다. 여기에서 증상(Symptom)이란 비자의적인 행위형태이다. 예를 들어 침묵이나 대화의 거부도 의미의 전달력을 갖기 때문에 대화를 하지 않을 수 없는 정신분열적 딜레마에 처하는 경우의 증상은 모든 통제에서 벗어나고 환자 자신에 의해서도 통제될 수 없는 정도로 비자의적인 상황이다. 따라서 환자는 자기 증상에 대해 아무런 통제력을 갖고 있지 않기 때문에 의사는 환자가 어떤 다른 행동을 못하도록 할 것이 아니라 자기 자신의 대화 장애를 자각하도록 해주어야 한다. 정신병동에서 환자들의 연극을 치유유의 수단으로 삼는 것은 바로 자기가 아닌 타자의 역할을 통해 자신을 객관화하여 볼 수 있는 기회를 제공하는 것이다.

이와 반대되는 커뮤니케이션 장애를 치유하는 방법은 '역설적 개입'(paradox Intervention)의 치료기술이다. 이와 같은 역설적 개입의 전형적인 원형은 증상처방이다. 의사는 환자에게 지시해서 그가 이미 밝혀낸 행동들을 요구함으로써 자의성을 촉구하는 것이다. 사람은 변화된 상황에 처하게 되는 경우 증세가 더 이상 비자의적이지 못하기 때문에 통제가 있을 수가 있다.

결국 왓츠라위크 등의 커뮤니케이션 치유이론의 핵심은 그때그때의 정신분열적 딜레마 증세를 통제하에 두는 것과 그에 따라 또 다른 증세의 비자의적 발생을 막는 것이다.

갈등의 삼원적 통로화

지금까지 대화의 5가지 공리를 소개했다. 이러한 공리를 통해서 우리가 이해해야 할 점은 흔히 대화의 장애는 의견대립에서 나오는 것으로 보지만 실제에서는 상호 간에 원만하지 못한 관계면에서 발생한다는 사실이다.

왜 A는 B가 아무런 말이 없었는데도 B와 함께 있는 것을 불만스럽게 느끼는가? 그리고 A는 구체적인 협상에서 B의 견해에 조금도 동조하지 않는가? 이는 언어적 대화 이전에 이미 유사언어적인 대화가 이루어졌기 때문에 실제적인 협상의 문제에 와서는 격렬한 대결의 결과를 초래하게 된 경우이다.

양 국가의 관계나 정치블록 간의 국제관계에서 군비경쟁이 일어나는 원인은 무엇인가? A의 느낌에 자신의 안전이 위협을 받고 있기 때문에 군비를 확장한다. B는 A의 군비확장에 중대한 위협과 공격으로 받아들여서 A에 필적하는 군비를 확장하게 되는데, 여기서 A는 이 같은 B에 의하여 다시 안전에 위협을 느끼고 군비를 더욱 확장함으로써 군비경쟁이 가속화된다. 이러한 상황은 역시 불투명한 관계면이 개선되지 않는 데서 오는 것으로 언제 누가 무력에 의한 희생이 될지 불투명한 갈등의 상황인 것이다.

물론 대화의 내용에 대한 동일한 관심과 필요에서 상호합의가 이루어지면 이러한 관계면은 개선될 수 있다. 인간의 가장 합리적인 대립의 형태는 역시 의견의 차이를 감정적 상호관계에 연관시키지 않을 때 있을 수 있다. 법정에서의 역할분화와 같이 일종의 역할조절의 커뮤니케이션체제는 가장 성숙한 상호대립적 관계를 촉구해주는 것이다. 법정에서 검사와 변호사는 적대적인 관계로서 이들의 사적인 관계개입을 필요로 하지 않는 경우이다.

이혼소송의 재판에서 여자는 원고, 그리고 남자는 피고의 역할을 하는 경우 이들의 개인적인 관계가 공적으로 제기되어 여자는 남자와 동등한 권리를 갖고 재판에 임하게 된다. 지금까지의 사생활에서는 여자가 남자에 대해 종속적이었다고 생각했던 것에 반해서 법정에서는 상호관계가 대칭적이다. 이 경우에 이들 부부는 자신들의 주장을 반성해보고(메타커뮤니케이션) 오랜 신뢰와 침해를 받지 않았던 자신들의 정을 생각함으로써 다시 화해해서 행복한 생활로 돌아갈 수 있다. 바로 부부간의 합의이혼에서도 판결 전에 부부간의 '숙성기간'을 두고 있는 이유이다.

종속적 관계에서는 일반적으로 젊은 대화 파트너가 연상의 상대자를 인정하면 갈등의 문제가 없다. 즉, 학생들이 교수의 권위를 인정하고 자녀들이 부모들의 권한을 인정하는 경우에는 문제가 되지 않는 것이다. 이들 사이에 갈등은 학생들이나 자녀들이 자신들의 역할 뿐만이 아니라 상대의 역할 등을 새롭게 규정하려는 반면에 교수나 부모들은 자신의 역할들을 변함없이 유지하려는 데서 나타난다. 이와 같은 갈등의 상황은 흔히 무의식적으로 나타나는 관계면에서의 대립을 가져오기 때문에 역할의 불확실성을 초래한다.

갈등이란 어떤 형태로든 상호관계면에 편재되어 있게 마련이다. 이러한 상황의 합리적 해소는 역시 상호관계면의 불확실성을 밝혀줄 수 있는 삼원적(triad) 대화의 통로가 제도적으로 보장돼 있을 때 가능한 것이다. 오늘날 노사 간의 분규나 지역갈등에서 오는 혼란의 근원도 이러한 대화의 통로화가 제도적으로 보장받지 못한 데에 있다고 볼 수 있다. 이러한 대화의 공리를 터득하는 것은 우리가 좀 더 합리적인 갈등해소의 전략을 터득하는 것과 마찬가지로 볼 수 있다.

요사이 대화에 의한 소통이 언제 어디서나 가능한 전통(電通)으로 대체되는 스마트시대이다. 필자는 스마트시대의 사회적 소통이 전통(電通)에 의존적이어서 오히려 불통으로 치닫고 있는지도 모른다는 생각을 한다. 이는 인간의 소통은 30%만이 언어에 의한 소통이고 그 나머지 70%는 비언어적 소통으로 이루어지기 때문이다.

4

방송의 사회갈등 조정기능

"사회 변동을 이끄는 가장 창조적인 힘은 사회적 갈등이다. … 우리가 갈등하고 있다는 것보다 갈등이 없다는 것이 놀랍고도 비정상적인 것이며, 갈등의 증상이 나타나지 않는 사회나 사회 조직이 있다면 그것은 의심할만한 충분한 이유를 가지고 있다"

— 랄프 다렌도르프(Ralf Dahrendorf)

2013년 시사주간지 「시사저널」이 미디어리서치에 의뢰하여 언론매체의 영향력과 신뢰도에 대한 조사결과에 의하면 KBS가 63.7%로 1위, 조선일보가 48.8%로 2위, MBC는 27.4%로 3위를 차지했다. 그리고 '가장 신뢰하는 언론매체'에서는 KBS-한겨레-경향신문-MBC-조선일보-네이버 순으로 나타났다.

실생활에서 여가수단이 빈곤한 대다수 국민이 매일 밤 제(祭)를 올리는 전지전능한 '제2의 신(神)'이 된 것이 방송이다. 한국 사회에서 사회적 파급효과가 그 어느 언론매체보다 큰 방송이 갈등의 조정기제로 작동할 수는 없을까? 여기에 미디어의 기능에 대한 이해와 함께 방송의 사회적 갈등조정의 기능에 대해서 논의하고자 한다.

관심의 접합–비판자의 기능

자유민주주의는 정치적 지배권력이 국민에 의해 인정받아야 할 것을 요구한다. 이를 위해서는 정치적 의견과 의지의 형성에 국민의 참여가 보장됨으로써 모든 국민의 정신적인 상호교류가 가능해야 한다.

우리는 이러한 교류가 이루어질 수 있는 공간을 공론장(公論場)이요, 여기에서 형성된 사회적 여론을 공론이라고 말한다. 여론에 의한 민주정치가 이루어질 수 있기 위해서는 국민이 시간과 공간을 초월하여 언제나 정보화되어 있어야 하며 이러한 국민의 정보화를 가능케 해주는 것이 현대의 매스미디어이다.[17]

현대의 매스미디어는 사적 토론과정과 집회, 사회적 그리고 정치적 조직에서 형성되는 다양한 이익들을 매개해줌으로써 일정한 안건에 대중의 의사를 유도하여 여론화시키고 이를 통해 정치적 결정에 대중의 이익을 반영시킬 수 있도록 해준다.[18]

이를 위한 조건은 바로 개방사회의 자유로운 의사소통이다. 여기에서 개방사회란 완벽한 어떤 사회상을 지칭하는 것이 아니고 현재 주어진 사회를 그대로 수용하면서 점진적으로 개혁하는 사회로서, 폐쇄사회와 대칭되는 의미에서의 개방사회를 말한다.[19]

원래 '비판'이란 어원적으로 볼 때 '선택한다', '분리한다', '결단한다' 또는 '판단능력', '시험능력'이라는 의미를 갖는다. 이런 의미에서 비판이란 이미 현존하는 사실을 객관적으로 수용하기 위한 단순한 수단이 아니고 진실 자체의 규명을 문제 삼는 것이다. 또한 '비판의식'이란 규명된 진실의 문제성에서 야기되는 '위기의식'을 의미하고 있어서 비판의식과 위기의식은 동일한 의미로 이해되기도 한다.[20] 따라서 비판과 위기의식을 거치지 않은 채 진실규명은 이루어질 수 없으며, 한 개인의 성숙이나 한 사회의 발전과 진보도 현실에 대한 위기의식과 비판을 통해 이루어질 수 있다. 즉 기존의 가치나 질서에 대한 비판과 위기의식은 이를 극복하기 위한 새로운 의식의 눈이 트이게 해줌으로써 새로운 질서와 가치를 정착시켜주게 된다.

이러한 비판과 위기의식을 사회철학에서는 '주관적 인식능력'이라고 규정하고 있다.[21] 그러나 주관적 인식능력으로서 개인적인 비판의식은 개별적인 지식이나 경험을 바탕으로 형성되는 주관의식으로 공개장의 공시과정을 통해 객관의식으로 전환되어야만 보편의식으로서의 의미를 갖는다.

오늘날 매스미디어에 의한 보도와 논평들은 정치적 현실문제와 역사에 대한 개인의 주관의식을 객관의식으로 형성케 해준다. 여기에서도 소시민의 왜곡되지 않은 정보화가 충분히 이루어져 있어야 한다. 따라서 소시민의 충분한 정보화는 물론 개인의 주관의식을 객관의식화한다는 의미에서 매스미디어의 전보전달은 '진술의 진리성', '표명의 진실성', 그리고 '행위의 당위성'이 전제되지 않으면 안 된다.[22]

여기에서 '진술의 진리성'은 정보의 내용이 전달의 사실적 내용보다도 중요한 이면적인 참뜻을 전달해주지 못하면 왜곡된 정보일 수밖에 없다는 것을 말한다. '표명의 진실성'은 정보내용의 고의적 조작의 포기로서 이해된다. 끝으로 '행위의 당위성'은 다양성에서의 취사선택 행위가 얼마나 객관적으로 행해졌는가에 대한 평가기준이 된다. 이상과 같은 전제조건들에서 하나라도 결여되어 있다면 매스미디어에 의해 매개되는 정보화는 허위적 정보화일 수밖에 없다.

'공적 공론장'에 의한 정책결정의 내용이 대중의 지지를 받기 위해서는 '사적 공론장'에서 비판적 공시(公示)의 여과과정을 거쳐야 한다. 사적 영역의 공론장은 '적극적 공론장'과 '소극적 공론장'으로 구분된다.[23] 적극적 공론장은 자발적으로 정치적 대결과정에 참여하는 학자, 기자, 교사, 변호사, 대학생들이나 정당과 사회단체들의 적극적인 구성원들이 전문적인 커뮤니케이션 능력을 갖고 참여하는 공론장이다. 이 같은 소수 엘리트계층에 의해 형성되는 사적 영역에서의 적극적인 공론장은 정책 결정권자들의 관심이 아닌 일반의 관심을 대변한다.

반면, 사적 영역의 소극적 공론장은 산발적인 관객 또는 투표인으로서만 정치적인 결정과정에 참여하게 되는 절대 다수의 국민들에 의해서 이루어지는 공론장이다. 이들 다수 국민들은 적극적인 공론장의 소수 엘리트계층과는 달리 개인적인 자주성과 책임성, 그리고 자발성을 상실하여 개성의 빈곤을 그 특징으로 하고 있다. 이는 현대 자본주의 사회에서 매스미디어를 통해 파급되는 일방적 정치선전과 상업적 광고에 의해 조정되는 여론이 개인의 사고와 행위를 규정하는 데서 온 결과이기도 하다.

사적 영역에서 적극적인 공론장이 공적 영역의 정책결정에 미치는 영향력의 강도는 소극적인 공론장을 구성하는 다수인의 지지도에 달려 있으며 이들 사이의 연결은 매스미디어에 의존하고 있다.[24]

적극적 공론장의 주도성과 소극적 공론장의 반응이 접합과정을 거치면서 이들 사적 영역에서 형성되는 여론이 공적인 정책결정에 행사하는 영향력은 매스미디어의 정보전달적 기능에 의해서 가능해진다. 여기서 매스미디어는 공적 영역의 정책적 안건들을 사적 영역에 매개하고 또한 이에 대한 사적 영역의 반응과 관심의 내용을 공적 영역에 매개해줌으로써 다양한 관심과 이익이 접합되어지는 정치적 커뮤니케이션의 구조가 형성된다. 결과적으로 공적 영역의 정치적 발의내용이 매스미디어의 공시를 통해서 여론에 의한 여과과정을 거치게 되며, 사적 영역의 다수 국민들은 또한 정치적 의견형성과정에 참여하는 기회와 그 과정을 비판적으로 통제할 수 있게 된다.[25]

이러한 매스미디어의 기능들은 이제 새로운 인터넷 통신의 이용이 보편화됨으로서 상대적이 되어가고 있다. 주로 20~30세대에게 기성세대가 경험하지 못한 새로운 '온라인 공론장'으로 여론이 형성되고 결집되는 사이버공간이 있다. 익명의 특성상 기본적으로 권위주의가 발붙일 수 없는 사이버공간에서 그들은 서로 소통하면서 각자의 견해에 대한 지지와 평가 그리고 그에 따른 행동을 자발적으로 결정한다. 인간관계에 인터넷이라는 기계가 매개물로 등장하면서 사회의 의사소통구조가 급변하고 있으며 50대 이상의 기성세대는 변화하는 IT의 흐름에 적응하기 힘들기 때문에 앞으로 사회주류의 자리를 젊은 세대에게 내줄 수밖에 없게 될 것이다. 특히 2002년의 대선은 새로운 '넷크래시'(Net-cracy)의 가능성을 경험할 수 있었던 첫 번째 계기였던 것으로 평가되고 있다.

사회적 갈등의 조건

다원주의적인 사회에서 권력의 행사자와 피지배 대중 사이에 완전한 일체성과 의견합일이 존재할 수 있다는 것은 한낱 이상적인 허구에 불과하다. 사회가 발전해갈수록 관심과 이익을 달리하는 다양한 집단들이 공존을 모색해가기 마련이다. 따라서 갈등론의 입장에서 갈등의 조정은 다음과 같은 객관적 조건이 충족되어야 한다.[26]

첫째로 갈등집단 간에 '갈등의 필연성이 인정'되어야 한다. 이는 갈등 당사자들의 인식의 문제이다. 둘째로는 이익집단들의 조직화되어 '갈등의 제도화'가 이루어져야 한다는 것이다. 세 번째는 갈등집단들은 상호관계를 규정 짓는 '공적규범의 준수'가 이루어져야 한다. 공적규범이 확고히 지켜질 때, 갈등당사자들이 보호되고 갈등이 조정될 수 있다. 마지막 네 번째로는 '자율적인 중간기구의 조정역할이 보장'되어야 한다.

이상에서 요약해본 갈등조정의 조건을 전제로 한다면 갈등조정에는 무엇보다도 '자율적인 중간기구의 역할'이 중요하다. 한 사회의 갈등관리능력은 국가의 강제력이 아니라 갈등을 협동으로 전환시킬 수 있는 자율적 공동체에서 나오는 것이기 때문이다.

갈등의 조정을 위해서는 설득력 있는 정책 대안을 통해 현안문제를 공론화할 수 있어야 한다. 따라서 사회적 공동체의 대안기구로서 시민단체들의 사회운동은 매우 중요하다. 그러나 한국에서 시민단체의 성장사는 독특한 역사적 배경을 갖고 있다. 1987년 6.10대행진 이후 권위주의 정권에 의해서 저지된 대의민주주의가 복원되고 참여민주주의가 꽃피울 수 있도록 시민단체들이 적극적으로 현실 참여활동들을 수행하였고, 큰 기대감을 받게 됐었다.

2002년도 조사에서 한국 시민단체의 신뢰도는 77%로 나타나서 당시 정부 신뢰도(25%)와 비교도 되지 않을 정도로 높았으나 2007년도 조사에서는 21%로 매우 낮아졌다.[27] 특이한 것은 1980년대 이후의 시민운동을 주도한 것이 바로 개혁적인 시민단체들이었으나 개혁성향의 시민단체에 대한 대항적인 보수성격의 '바른사회시민회의'(2002)나 '뉴라이트전국연합'(2005) 등도 만들어졌다. 시민사회가 다양성을 본질적인 속성으로 하듯, 시민단체가 시민사회의 다양성을 반영하여 다양한 이념과 목적, 기능을 갖는 것은 당연하다. 그러나 시민단체 간 '보·혁 대결'이라는 이념적 구도를 만들어내어 시민사회의 분열적 구조를 형성하였을 뿐, 다양한 시민사회 속의 다양한 시민단체의 출현이라는 긍정적 의미를 아직도 살리지 못하고 있다.

사회갈등은 정치적, 경제적, 사회적 요인들이 결합된 복합적인 차원의 인과구조에서 이루어진다. 그러나 갈등을 조직하고 동원하는 시민들 사이에서, 그들을 대신해서 크고 작은 다양한 갈등을 조정하고 해결하는 일은 정부와 정당의 고유한 역할이다. 따라서 정부·정당이 갈등조정능력이 없는 사회에서는 누적된 갈등이 사회적 소요(騷擾)로 이어지고 소요의 진압방법은 갈등조정을 위한 소통이 아니라 물리적 수단이나 불법적 여론조작 등의 '꼼수'에 의존하게 된다. 우리 사회는 원만한 갈등조정이 이루어질 수 있는 제도적 장치가 제대로 작동하지 못하고 갈등의 골만 깊어지면서 '한국적 매카시즘'에 의해 갈등세력을 '좌파'나 '적'으로 진압해왔다.

노사관계에서 제도화된 대표적 갈등조정장치는 '노사정위원회'이다. 이 위원회는 IMF사태 이후 경제위기 극복을 위한 국민적 합의를 이끌어내기 위해 노동단체, 사용자단체 및 정치권과 정부가 위원회 구성에 전격 합의함에 따라 1998년 1월 15일 정식으로 발족했다. 현재 노사정위원회는 정부위원 4명, 사용자위원 3인, 근로자위원 3인, 공익위원 3인 등 13인으로 구성되어 있다. 그러나 노사정위원회의 가동에도 불구하고 OECD 회원국 중 최장 노동시간, 최고의 비정규직비율, 최고의 남녀임금격차, 멕시코 다음으로 소득 대비 작은 복지국가, 세계 1~2위를 다투는 가계부채 등이 개선되지 않고 있는 것은 그동안 제대로 작동되지 못한 것으로 평가될 수밖에 없다.

제도화된 갈등조정장치가 건강하게 작동하기 위한 필수적인 조건은 이 위원회의 산파역할을 하는 정부에 대한 국민의 신뢰이다. OECD는 지난 2011년부터 회원국의 고용, 주거환경 등 11개 영역을 비교한 '더 나은 삶 지수'를 발표하고 있다. 이 통계의 '삶의 만족도' 평가에서 한국은 전체 36개국 중 25위에 그쳤고, '일과 생활의 균형' 항목에서는 꼴찌 수준인 34위를 차지했다. 삶의 만족도가 떨어지고 특히 일과 생활의 균형 부문이 열악하다는 이야기다.[28]

이것도 세월호 참사 이전에 조사된 것이어서 그 후 신뢰도는 굳이 조사해보지 않아도 짐작할 일이다. 현대 정치는 물적·인적자본 외에 사회자본에 주목한다. 사회자본의 핵심이 바로 신뢰로서 성숙한 민주주의는 신뢰라는 사회자본이 뿌리내려야 피어나는 것이다.

갈등 연출자로서 방송

우리는 미디어시대에 살고 있다. 특히 우리는 방송미디어를 통하여 축적된 간접경험이 자신도 모르게 우리의 일차적 경험세계를 대체해가고 사회현실까지도 미디어의 수용으로 축적된 경험을 통해서 규정하고 있다. 따라서 사회적 갈등상황에서 사회적 파급효과가 큰 방송의 갈등조정역할에 대해 우리가 관심을 가져야 하는 이유이다.

울리히 벡은 그의 저서 『글로벌 위험사회』에서 '위험의 연출'이란 개념을 도입하였다.[29] 그의 용어인 '위험의 연출'이라는 개념 대신에 '갈등의 연출'이 어떠한 기능을 하는가를 추론해보았다.

벡이 말하는 '위험의 연출'이란 현재 아직 일어나지 않은 현실적으로 잠재되어 있거나 미래의 위험을 눈앞에 생생하게 보여주는 것이다. 따라서 여기에서 '갈등의 연출'이란 어떤 방식으로든 현실에 나타나기 위해 구성되어야 하는 것이다. 갈등은 연출되어야만 갈등이 현실성을 얻을 수 있다. 이같이 갈등의 연출 또한 현재 아직 일어나지 않은 현실적으로 잠재되어 있거나 미래의 갈등을 보여주는 것이다. 그러나 현실을 의도적으로 왜곡한다는 의미가 아니다. 또한 사실이 아니거나 허구라는 뜻도 아니다. 다만 위험의 연출과 마찬가지로 갈등의 연출이 중요한 것은 그것이 갈등의 조정을 위한 정치행위를 유발할 수 있기 때문이다. 다시 말해 갈등의 연출은 찬성과 반대자들(pro & contra)이 참여하여 갈등의 이슈를 대중에게 연출함으로써 그들의 미래에 일어날 갈등의 문제들에 대한 정치적 행위를 촉발할 수 있게 해준다.

갈등상황은 어떤 형태로든 갈등당사자들의 '상호관계면'에 편재되어 있게 마련이다. 앞 단원의 「대화의 공리」에서 언급하였듯이 갈등상황의 합리적 조정은 관계면의 불확실성을 밝혀줄 수 있는 삼원적 대화의 통로가 제도화되어야 가능한 것이다. 사회갈등의 근원도 이러한 대화의 통로화가 제도적으로 보장받지 못한 데에 있다고 볼 수 있다. 방송의 갈등연출은 토론에 참여한 갈등 당사자들과 방청객으로 참여한 '제3자'로 구성됨으로써 갈등을 '제도화'하는 것이다.

우리는 방송이 삼원적 대화통로의 구성체로서 사회갈등을 조정할 수 있어야 하는 '미디어시대'를 살고 있다. 이러한 대화의 공리를 터득하는 것은 우리가 좀 더 합리적인 갈등해소의 전략을 터득하는 것과 마찬가지로 볼 수 있다.

방송의 갈등 연출 형식

방송은 프로그램을 통하여 갈등을 조직하여 갈등조정의 객관적 조건을 충족시킬 수 있어야 한다. 프로그램을 통하여 갈등을 조직한다는 것은 갈등의 연출을 의미한다. 예를 들어 방송의 토론프로그램에서 갈등상황이 연출되는 경우를 상정해보자. 방송의 토론프로그램에 갈등을 겪는 당사자들이 사회자와 함께 참여하는 것은 갈등의 조정조건을 충족시키는 상황의 연출이다. 당사자들의 출연은 이미 갈등의 필연성을 인정하는 것이고, 갈등이 제도화되어, 상호관계를 규정짓고 있는 공적 규범이 지켜지고, 방송이 자율적인 중간기구로서 조정역할을 할 수 있는 상황이다. 이렇듯 갈등조정의 조건은 갈등 당사자들 간에 갈등의 필연성에 대한 인정과 갈등이 제도화되어 상호관계를 규정짓고 있는 공적 규범, 그리고 중요한 것은 갈등 당사자들의 '자율적인 중간기구'의 조정역할에 대한 보장이다.

최근 기간방송사인 KBS의 간판 시사토론 프로그램인 「심야토론」의 2014년 6월 한 달간의 토론주제들은 경기침체의 문제에서 지방선거의 정국 그리고 KBS사장으로 인한 공영방송의 문제점, 부동산 규제 완화의 문제 그리고 총리후보 인선과 인사청문회의 문제에 이르기까지 시의성 있는 갈등주제들을 주제로 삼은 것을 볼 수 있다.

그러나 방송의 토론프로그램에서 주제화된 갈등주제들은 과연 합리적인 결론을 도출할 수 있을까? 토론프로그램의 갈등연출에서도 첨예하게 대립되는 당사자들의 입장만 확인될 뿐 합리적인 결론은 언제나 없다. 그리고 이 점은 앞으로도 갈등연출의 한계로 남을 것이다. 다양한 가치관과 지식을 갖고 있는 보통의 시민들이 자유롭게 개진하는 독자적인 생각과 의견이 합리적이고 상식적인 방식으로 통합된다면 이는 의미 있는 사회적 자산이 될 수 있다. 그러나 유감스럽게도 우파보수와 좌파진보의 대결로 지나치게 단순화되어 아군이 아니면 모두가 적군이 되는 보통 시민들의 정치적 '인지지도'(地圖)에서 합리적 대화와 토론이 이루어질 수 있는 여지가 없다.

이러한 한계를 그나마 뛰어넘어 건강한 여론조성에 영향을 미칠 수 있는 예가 독일 ARD의 토론프로그램인 「Pro & Contra」의 운영방식이라고 생각한다. 이 프로그램의 특색은 인구통계학적으로 선발된 방청객을 스튜디오에 참여시키고 사회적인 갈등주제에 대한 이들의 찬반의견을 사전에 집계하고 프로그램을 직접 참관한 이후의 의견을 다시 집계하여 처음의 의견과 어떠한 의견변화를 보이는지를 공개한다는 것이다. 이러한 과정은 모두 스튜디오에서 생방송으로 진행되며 참관인들의 의견표출은 모두 전자식 버튼을 사용한다. 그러나 토론결과의 통계에 방송사의 주관적인 의견을 첨부하거나 토론에 참여한 논객들과 참관인들은 물론 시청자들의 주관적인 의견들을 전혀 프로그램에 반영하지 않는 것이 특색이다.

이러한 프로그램 운영방식은 MBC의 프로그램인 「나는 가수다」와 KBS의 프로그램인 「불후의 명곡-전설을 노래하다」에 참여하는 시청자평가단의 운영방식과 유사하다. 실시간으로 청중과의 소통과 피드백이 이루어지는 이러한 프로그램들은 경쟁이 감동을 줄 수 있고 아름다울 수 있다는 것을 알게 해준다. 또한 승부의 판단이 기존의 명성이 아니라 오직 청중에 맡겨짐으로써 실력 이외의 어떠한 요소도 경쟁에 개입할 수 없다는 경쟁개념을 학습시켜주고 있다.

그러나 MBC의 프로그램 「나는 가수다」는 첫 경쟁무대부터 우리 사회를 뒤돌아보게 하는 많은 시사점을 남겼다. 국민가수로 불린 한 가수가 최하위 점수를 받아 탈락해야 하는 상황이 되자 제작진과 참가자들이 사전규정에 없었던 재도전의 기회를 준 것이다.

이에 시청자들은 화가 났고, 담당 피디는 교체되었지만 이러한 상황이 폐쇄된 사적공간에서 이루어졌거나 녹화방송에서 이루어진 사실이라면 엄폐되었을지도 모른다. 이는 관피아, 모피아, 정피아, 철피아, 세(稅)피아, 법(法)피아, 해(海)피아 등과 같은 '끼리끼리주의'(particularism)가 예외적인 특권으로 인정받는 한국 사회의 망국병(亡

國病)을 보여준 것이다.

아직 한국의 방송들이 이러한 평가방식을 시사토론에 접목시키지 못하고 있는 것은 갈등의 연출형식을 알지 못해서가 아니라 정치권의 예견된 간섭 때문으로 생각된다. 한국 방송이 사회적 공론장으로 사회갈등을 효율적으로 연출할 수 있기 위해서는 정치권력과 자본으로부터 독립된 공영화를 이루어야 한다.

갈등 연출과 한국 방송

이 세상을 살아가면서 지향해야 할 최상의 도리는 중용(中庸)의 덕(德)이라고 생각한다. 중용은 양극단의 평균이라기보다는 그것들이 균형과 조화를 이루는 것을 뜻했다. 중용이란 다른 말로 표현하면 상식(Common Sense)이다. 민주정치는 바로 상식을 통한 상식에 의한 중용의 정치이다. 각계각층의 욕구나 원망이 극에서 극으로 갈라진 현재 우리 사회의 현실에서 우리가 추구해야 할 길도 역시 중용의 길이다.

방송의 갈등연출 또한 어느 한편의 이익에 종속되지 않는 중용의 입장에서 공적 규범이 준수되고, 갈등당사자들이 보호받을 수 있는 갈등의 제도화가 이루어질 수 있을 때 방송은 갈등을 조정할 수 있는 자율적인 중간기구의 역할을 할 수 있게 된다.

방송생태계의 새로운 변화 또한 사회갈등현상을 연출할 수 있는 방송의 입지를 극도로 제한하고 있다. 예를 들어 루퍼트 머독 소유의

케이블 뉴스채널 「폭스뉴스」는 미국 정치를 사실상 쥐락펴락하며 여론의 흐름을 왜곡하고 있다. 보수파는 「폭스뉴스」가 대변하고, 「폭스뉴스」는 공화당이 대변한다는 말이 나올 정도다.[30]

한국에서도 종합편성채널들이 여러 채널들을 넘나들며 똑같은 시사문제들을 편향적으로 해설하고 결론을 제시하는 현실은 건전한 여론조성에 위협으로 다가오고 있다. 기존의 공중파방송들도 지배적인 정치권력을 대변하지 않을 수 없는 지배구조를 갖고 있기 때문에 객관적 여론형성이나 시민사회의 건전한 현실인식이 왜곡될 수 있는 상황이다.

선진국에도 정치적으로 완벽하게 독립된 공영방송은 없다. 공영방송의 전형으로 정치적 독립이 보장된다고 하는 영국의 BBC도 비공식적 정치통제로 인해 집권층과 BBC 간의 갈등이 자주 일어나고, 독일에서도 정당에 의한 보이지 않는 통제가 항상 문제시되어 왔다. 그러나 이러한 갈등현상은 공영방송의 독립성을 다져가는 발전통(發展痛)이다. 이러한 발전통은 정권이 바뀌면서 잔여임기가 남아 있는 국가기간방송(KBS)의 사장을 해임시키기 위해 검찰·경찰·국세청·국정원·감사원·기무사 등의 권력기관이 동원되는 한국의 경우와는 차원이 다른 것이다. 결론적으로 한국 공영방송의 정치적 독립성을 구현할 수 있기 위해서는 독일 ARD, ZDF와 같이 '사회개방적 통제제도'가 도입되어야 한다.

5
똑똑한 군중, 고독한 대중

변모된 대중

우리는 학교에서 군중과 공중 그리고 대중을 배운다. 교과서적으로 공중(public)은 다양한 의견의 사람들이 집단적인 토론을 통해 공통의견에 이르게 되는 합리적인 집단인 반면에 군중(crowd)은 일시적으로 어떤 대상이나 목적에 집착되어 격양된 충동과 격렬한 감정에 의해 행동하는 심리적인 집단이다. 대중(mass)은 군중과 유사하나 서로 분산되어 상호작용과 소통을 하지 않는 이름 없는 개체들의 총체로 대중매체에 주의를 기울임으로써 성립된다. 이러한 대중의 특성을 사회학자들은 분산과 부동, 비조직과 비통제, 고독과 무명성, 수동과 동조 등으로 요약한다.

그러나 IT기반의 네트워크시대의 발전으로 대중의 이러한 본질이 바뀌고 있다. 인터넷의 등장으로 과거와 다른 정치적 참여의 방식이 나타나고 침묵했던 대중의 의견이 표출하게 된 것이다. 대중은 더 이상 분산된 무명의 수동적 대중이 아니라 한 장소에 모여 물리적 접근성을 갖게 된 새로운 행위자인 군중으로 등장하게 된 것이다.

미국의 하워드 라인골드(Howard Rheingold)는 자신의 저서 『참여군중*Smart Mobs*』에서 인터넷과 휴대전화로 무장한 대중이 이제 의견이 같은 사람끼리 쉽게 연락망을 짜고 집단으로 정치에 참여하는 세상이 되었다고 했다. 이는 대의민주주의 수명이 다하고 군중파워가 단결하면서 국민 스스로 정치를 하려는 새로운 직접 민주주의가 온다는 것을 예고하는 것이다.[31]

위키피디아에서도 똑똑한 군중운동을 '차세대 사회혁명'의 동력이라고 정의하면서 정치 경제 사회가 ICT발전으로 변하는 현상이라고 정의한다. 서구에서는 이미 모든 정책을 발표하기 전 새로운 전자민주주의에 익숙한 '똑똑한 시민'을 설득하기 위해 국민통합본부를 만들고 있으며, 우리나라에서도 청와대의 민정수석비서관이 국민여론 및 민심동향 파악, 공직·사회기강 관련 업무보좌, 법률문제보좌, 등의 민원업무를 처리한다.

이젠 천재 한두 명이 세상을 바꾸도록 놔두지 않는다. 한두 사람의 위인이나 독재자보다 수백만이 한곳에 들어가 협력하는 모습이 미래사회의 모습이다. 시민 한둘이 모여 수천만이 되고 이들의 목소리가 하나 되어 세상을 바꾸고 미래사회는 우리 모두가 주인공이 된다는 것이다.

지금의 젊은 세대들은 디지털원주민이다. 이들은 디지털매체와 함께 성장했고 인터넷을 활용해 소통하고 정보를 교환하며 사회적 교류를 배웠다. 그리고 후세의 새로운 세대들도 스마트폰과 소셜미디어 등 새로운 디지털환경에서 살아가게 될 것이다. 이들은 낯선 거리를 걷다가도 자기가 원하는 곳을 찾아 낼 수 있고, 일상생활에서는 친구들이나 해외에 나간 가족과 언제나 무료 화상 채팅을 할 수 있으며, 원하는 드라마나 영화를 감상하고 특정 상품을 주문할 수도 있다. 뿐만 아니라 부당하다고 생각되는 정치권력에 맞서 순식간에 집단의사를 표출하기도 한다. 일면식도 없는 사람들끼리의 급속한 결집력은 새로운 직접민주주의의 동력이 될 것이라는 게 미래학자들의 예측이다.

이명박 정부 초기 한국의 '촛불시위'를 지켜본 미래학자들은 한국이 새로운 직접민주주의의 생산지라고 말했다.[32] 소셜네트워크를 통한 집단지성의 놀라운 결집력은 대한민국은 민주공화국이고, 대한민국의 주권은 국민에게 있고, 모든 권력은 국민으로부터 나온다는 헌법 제1조를 상기시키며 개념을 상실한 정치권력을 긴장시켰던 것이다.

이후 정당들은 모바일을 통한 국민투표 시스템을 정당정치에 이용하기 시작하였다. 그동안 정당의 모바일국민경선은 대의원이나 물리적으로 동원된 선거인단이 필요 없게 되는, 디지털 직접민주주의의 발전 방향을 예시해주는 것이기도 했다. 우리나라 정당정치의 폐해는 당의 패권이 조직 장악력에 의해 좌지우지된다는 점에 있다. 이것은 금권선거와 네거티브정치의 단초를 제공했었고, 국민여론과 정당 간의 온도 차가 생기게 하는 이유이도 했다. 아마도 디지털 민주주의에 대해 거는 기대도 이와 같은 정당정치의 폐해를 개선하는 데 있는 것이다.

우리가 경험한 '희망버스'도 디지털 직접민주주의의 작은 예였었다. SNS를 통한 자발적인 시민 결합이 처음의 예상과 달리 대규모로 이루어지게 된 것이다. 이는 신자유주의가 낳은 노동양극화와 비정규직문제 등과 같은 우리의 고질적인 문제를 국민다수와 함께 공유하게 된 계기가 되었다. 결국 희망버스도 집단지성과 휴먼파워의 결실로 천민자본의 논리에 큰 경고를 할 수 있었다는 좋은 예가 될 수 있을 것이다.

피플파워의 한계

그러나 한병철은 그의 저서 『투명사회』에서 SNS에 의해 가능했던 광장시위의 시민들을 군중이 아닌 '디지털무리'라고 특정짓고 그의 한계성을 이렇게 말한다. "디지털개인들은 스마트몹에서 보듯이 때때로 뭉치기도 한다. 하지만 그들이 보여주는 집단적 운동의 패턴은 마치 동물의 무리처럼 매우 순간적이고 불안정하다."

휘발성이 그러한 모임의 특성이다. 게다가 그것은 종종 카니발, 또는 특별한 책임이 따르지 않는 유희와 같은 성격을 보여준다. 이 점에서 디지털무리는 전통적인 군중과 구별된다. 예컨대 군중은 노동자 집회에서 보듯이 휘발해버리지 않고, 결의에 차 있으며, 순간적인 패턴이 아니라 확고한 대오를 형성한다. 하나의 영혼으로, 하나의 이념을 통해 뭉친 군중은 한 방향으로 행진한다. 군중은 굳은 결의를 지닌 까닭에 '우리'가 될 수 있고, 기존의 지배관계를 정면으로 공격하는 행동에 함께 나설 수도 있다. 함께하기로 결단한 군중만이 권력을 산출한다. 군중은 권력이다. 디지털무리에서는 이러한 결연함을 찾아볼 수 없다. 그들은 행진하지 않는다. 디지털무리는 갑자기 생겨났다가 갑자기 사라진다. 이러한 휘발성에서는 정치적 에너지가 나올 수 없다."[33]

그러나 피플파워(People Power)를 과시하는 시위는 세계 도처에서 벌어져 왔었고 지금 현재 진행 중이다. 피플파워는 필리핀에서 발생한 2차례의 시민혁명을 부르는 말이었다. 1986년 2월 독재정권과 부패한 관리, 무능한 정부에 대항해 일어선 제1차 피플파워는 페르디난도 마르코스 대통령을 권좌에서 몰아내고 첫 여성 대통령 코라손 아키노를 탄생시켰다. 제2차 피플파워는 2001년 1월 각종 뇌물스캔들에 휩싸여있던 조셉 에스트라다 필리핀 대통령을 퇴진시키고 글로리아 아로요 부통령을 대통령에 취임하게 하였다.

이 밖에 아시아에서 한국의 1980년 5.18 광주민중항쟁과 1987년 6월항쟁, 1988년 미얀마의 8888항쟁, 1989년 중국의 천안문사건, 1992년 태국의 민중항쟁 등 아시아 민주화운동은 피플파워의 민주화운동이었고 아시아의 민주화 발전에 중요한 기폭제가 되었던 것이 사실이다.

서구선진국들에서도 피플파워가 가두시위를 통해 존재감을 맹렬하게 과시하고 있다. 나라마다 배경과 성격이 다르지만 미국 월가발(發) 금융위기 이후 유럽의 재정적자 위기로 인한 반(反)긴축시위는 영국의 런던, 프랑스의 파리, 그리스의 아테네, 스페인의 마드리드와 바르셀로나, 포르투갈의 리스본, 독일의 프랑크푸르트 등 유럽 각지에서 이어졌었다.

또한 2011년 1월 피플파워가 23년간 장기집권한 독재자 벤 알리를 축출한 튀니지의 '재스민혁명'은 서방 언론이 SNS의 역할에 주목하게 했다. 독재정권의 폐쇄적인 공포정치 속에서도 수만 명, 수십만 명의 시민이 페이스북이나 트위터를 매개로 정보를 교환하고 광장 시위를 이어갈 수 있었다는 사실 때문이다.

그러나 변혁운동의 현장에서 SNS의 영향은 광장시위를 가능하게 했으나 처음의 의도와는 다른 결과를 가져왔다. 특히 재스민혁명 이후 혁명의 발원지 튀니지는 이슬람주의와 세속주의의 갈등이 심각하고 가난한 국민은 더 어려워졌다.

이집트 역시 이슬람주의와 세속주의의 대결로 불안이 극심하다. 독재자 호스니 무바라크를 몰아내고 민주 선거를 통해 집권한 무함마드 무르시는 대통령의 권한을 크게 늘려 또 다른 독재통치자가 됐다. 무아마르 카다피를 물리친 리비아는 외환이 고갈되고 물가가 상승하면서 경제도 고전하고 부족 간 갈등은 더욱 첨예해져 혼란에 빠졌다. 알리 압둘라 살레 정권을 몰아낸 예멘에서는 이슬람율법의 지배가 여전하고 먹거리조차 부족해 살기가 힘들다. 시리아는 종파 갈등을 배경으로 하는 정부군과 반군의 대결로 6만 명이 숨진 생지옥으로 변했다.

이같이 아랍세계의 변화에 "그 다음에 어떤 일이 일어나는가, 어떻게 이러한 해방적 폭발을 새로운 사회 질서로 옮길 것인가 하는

문제다"라고 말한 슬로베니아의 철학자 슬라보예 지젝의 경고를 실감하게 해주고 있다.[34]

『참여군중』의 저자 라인골드 또한 자신의 책이 출간된 지 몇 달도 되지 않아 한국에서 노무현 대통령을 당선시키는 데 신세대들의 인터넷과 휴대전화 이용이 큰 역할을 했다는 사실에 흥미를 갖고 한국의 젊은이들에게 "도구를 과업과 혼동하지 말라"고 조언한다. 바로 지젝의 경고와 맥을 같이하는 것이다. '아랍의 봄'도 광장의 시위가 휘발하지 않고 하나의 이념을 통해 뭉친 군중으로 대오를 갖추질 못하여 기존의 지배 관계를 정면으로 공격하는 행동이 나올 수 없었다.

그러나 스마트폰 페이스북과 트위터 같은 SNS로부터 시작된 중동의 민주화바람인 '아랍의 봄'은 현재진행형이다. 혁명은 없었지만 사우디아라비아와 아랍에미리트(UAE)에서도 지배자들은 지배권력의 정통성이 경제력만으로는 유지될 수 없고, 권력이 대물림될 수도 없다는 사실을 자각하게 되었다. 아랍의 지도자들도 이제는 성공적인 정책의 결실을 통하여 평가받으려 하고 있다. 즉, 얼마나 일자리를 만들어냈는지, 교육과 복지를 얼마나 개선했는지의 문제로 평가받아야 한다는 것을 깨달은 것이다.

물론 이러한 변화들은 아직까지 지배의 정통성을 확보하기 위한 지도자들의 필요에 따라 이뤄지는 것이지 민주주의를 위한 것은 아니다. 그러나 지도자 한 명이 개혁을 시작하면 이웃의 다른 지도자도 따라서 할 수밖에 없다. 그렇게 되면 국가의 투명성을 확보하고 더 많은 긍정적인 변화를 이끌어 낼 수 있을 것이다. 이 모두가 디지털

시대의 결과들이다.

플래시몹은 새로운 문화현상

똑똑한 군중(Smart Mobs)은 새로운 문화현상을 수반하는 플래시몹으로 과시되기도 한다. 플래시몹은 리더가 없이도 누구든 궐기를 부르짖으며 언제, 어디서 만나자고 제안할 수 있고 여기에 다수가 동조하면 간단한 목적과 일정한 행동만을 약속한 채 잠깐 동안 모였다가 아무 일 없었다는 듯이 흩어진다. 이는 주목성과 대중성으로 사회적 메시지를 전달하는 도구로 활용되고 있는 것이다.

플래시몹은 2003년 미국의 뉴욕에서 한 잡지 기자의 주도하에 백화점의 특정 매장에서 100여 명이 넘는 사람들이 일제히 같은 깔개를 구입하고, 하얏트호텔 로비에서는 200여 명의 사람들이 동시에 15초간 박수를 치는 퍼포먼스를 벌였던 것에서 시작되었다. 이 행사는 특정 웹사이트의 접속자가 한꺼번에 폭증하는 현상을 뜻하는 '플래시 크라우드'(flash crowd)와 '스마트몹'의 단어가 합쳐져 '플래시몹'(flash mob)으로 불리게 된 것이다.

이제 플래시몹은 인터넷 시대의 새로운 문화현상으로 자리 잡게 됐다. 뉴욕 지하철역에서 특정 시간을 기해 일제히 동작을 멈춰 모르는 사람들을 당황케 하는가 하면, 세계 수십 개 국가에서 벌어진 단체 베게싸움, 런던 지하철역에서 이어폰으로 음악을 들으며 수천 명이 춤을 추는 등 기상천외한 플래시몹 활동이 곳곳에서 벌어졌다.

저출산과 만혼(晩婚) 문제를 안고 있는 한국에서도 몇 년 전 크리스마스이브에 솔로들이 한데 모여 짝을 찾는 '솔로대첩'의 플래시몹도 좋은 예이다. 참가 방법도 간단하다. 남자는 흰색, 여자는 붉은색 옷을 입고 여의도 공원에 모인다. 남녀가 양편에서 대기하다 진행자의 신호에 따라 마음에 드는 이성을 향해 달려가 손을 잡으면 끝이다. 이 대규모 미팅 이벤트가 숨어 있던 솔로들의 열띤 호응을 얻으면서 적지 않은 연예인들의 동참선언과 후원기업도 생기게 되었다.

대도시의 광장에서 한 명의 콘트라베이스로 외롭게 시작된 베토벤 교향곡 9번 합창의 연주가 점점 많은 연주자들이 참여하는 오케스트라를 이루고 주변의 시민들은 다름 아닌 합창단으로 변신하는 웅장해진 플래시몹 공연에 수많은 거리의 관객들이 보낸 박수와 환호의 응답은 온 시민들을 기쁘게 해주기도 한다.

그러나 플래시몹이 항상 좋은 이벤트로만 끝나는 것은 아니다. 최근 브라질 젊은이들 사이에서 유행하고 있는 '홀래지뉴'(Rolezinho)의 경우이다. 순수한 플래시몹으로 시작된 홀레지뉴는 최근 들어 절도의 성격을 띠게 되며 심각한 사회적 문제로 떠올랐다. 예를 들어 상파울루 주에 위치한 소로카바 시 버스터미널에 저녁 6시경부터 모이기 시작한 약 300여 명의 청년들이 저녁 11시경 한 쇼핑몰에 집결해 홀레지뉴를 시작했다. 다행히 갑작스러운 이들의 등장에 놀란 상인들이 가게의 문을 일찍 닫아버려 이번 홀레지뉴는 춤추고 노래하는 등 순수한 성격의 플래시몹으로 끝났었던 것이다.[35]

이러한 플래시몹이 출현한 초기에 문화 평론가 및 사회학자들은 그것을 일시적인 유행으로 생각했다. 플래시몹은 지금까지 다양한 목적으로 계속되고 최근에는 단순한 놀이를 넘어서 대중성과 영향력에 어떤 메시지를 싣고자 하는 움직임도 활발히 일어나고 있다. 이러한 플래시몹이 사회 운동과 여론형성수단이 되기를 기대되는 것은 젊은 세대의 사회 참여 의식이 점점 희미해져 가고 있는 세태에 즐거운 놀이의 형태를 띠면서도 대중의 참여와 관심을 유발할 수 있는 수단이기 때문이다.

인터넷 윤리교육

스마트시대는 장점 못지않게 그 폐해도 심각하게 수반하게 된다. 스마트시대의 선도국가에서 공통적으로 나타나게 되는 것은 IT를 활용하는 시민단체의 역할이 커지고 온라인 인지도에 기반한 권력이 생겨나면서 온라인 커뮤니티가 정치에 발을 내딛게 되는 현상이다.

『미리 가본 2018년 유엔미래보고서』에 따르면 IT의 대중화가 수반하는 긍정적인 면은 국민 개개인의 정치 참여가 손쉬워지고, 의회와 정부가 중요 정보를 국민과 공유하게 되는가 하면 과거처럼 정치적 결정이 대중에게 단순히 통보되는 형태가 아니라, 정치적 의사결정과 조정에 대중이 참여하게 되는 'e-민주주의'로 발전할 수도 있다는 것이다.

그러나 부정적인 면도 수반되기 마련이다. 먼저 정부·의회·사법이라는 민주주의 기본구조가 의문시되고 정치가 혐오대상으로 약화되어 정당의 무력화와 국회 결정의 평가절하로 나타난다. 이렇게 IT로 무장한 소수에게 그러지 못한 보수적인 다수가 밀리게 되고, 이것이 대세가 되어 '마이너리티 민주주의가 부상하게 되어, 말 없는 다수보다 말 많은 소수가 더 큰 힘을 발휘하는 시대가 된다는 것이다.

이러한 『유엔미래보고서 - 미리 가본 2018년』의 우려가 이미 IT정치의 선도국이 된 우리의 정치현실에서 펼쳐지고 있다. '말 없는 다수'보다 '말 많은 소수'가 득세하는 양상, 말에 책임지기보다 그냥 내뱉고 보는 양태, '카더라'가 불러오는 혼란과 이에 따른 사회적 비용, 단기적인 이슈로 주의를 끄는 것에는 매진하지만 장기적인 이슈는 뒤로 밀려나는 풍토 등의 여러 위험 요소가 우리의 현실에서 펼쳐지고 있는 것이다.

우리나라가 스마트시대의 '선도국'을 추구한다면 ICT의 발전만큼이나 후세에게 정치적 도구로서 인터넷의 민주적 활용교육도 인터넷윤리교육을 통해서 함께 모색되어야 한다. 인터넷윤리교육은 인터넷을 통한 탈선과 범죄를 예방하기 위한 목적도 있지만 수많은 정보들 중에서 옳고 그른 정보를 선별하여 판단하는 능력을 키워주기 위한 것이다. 디지털시대에는 광장의 시위가 휘발하지 않고 하나의 이념을 통해 뭉친 군중으로 대오를 갖출 수 있어야 건강한 민주주의를 발전시킬 수 있다.

우리나라에는 현재 인터넷윤리교육과 관련된 주무기구는 '한국인터넷진흥원'(KISA)이다. 그러나 인터넷윤리교육의 중요성에 비해 진흥원내 담당부서는 미약하다. 우선 인터넷윤리교육은 진흥원 내 2실 5본부 중 '인터넷진흥본부' 산하 '인터넷 문화단' 소속의 한 팀이 담당하고 담당인원은 6명에 불과하다. 그나마 정부 내에는 인터넷진흥원 외에도 정보화진흥원이 있어 유관기구들 업무도 중첩되고 있다. 디지털시대에 이제는 제도교육을 통한 인터넷윤리교육의 업무가 강화될 수 있어야 하겠다.

6

위험사회와 위험 연출

현대의 위험에 대한 이해

리스크(risk)는 아직 일어나지 않은 재난의 가능성으로서의 심리적 현상이다. 여기에서 위험이라는 용어는 다양한 재난의 의미를 모두 포괄하는 총체적인 개념으로 파악하고자 한다.

재난의 개념은 다양하게 정의되어왔다. 재난은 용어적으로 세 가지로 구별된다. 첫째로 재난발생의 필연성과 함께 예측의 불확실성으로 인한 '위험의 부담'이라는 의미에서 위험의 결과가 재난이다. 둘째로 재난은 그 자체가 갖는 돌발성, 우연성(contingency), 우발사고(accident), 위기(crisis)의 속성을 갖는 페릴(peril)의 결과로서 이해되며, 셋째로 재난발생의 조건, 요인환경에 따라 재난의 증감(增減)이 이루어진다는 의미의 위험은 해저드(hazard)의 결과이다. 따라서 위험은 재난발생 가능성으로서의 위험이며, 페릴은 '재난을 유발시키는 작용으로서의 위험이고 해저드는 재난발생 '가능성을 높이는 조건'으로서의 위험으로 구분하고 있다. 이 밖에도 원래의 재난이라는 의미에서는 상해(injury), 재해(disaster) 등의 용어가 있다.[36] 재난은 또한 천재와 인재로 구분된다. 그러나 오늘날에는 인위적인 생태계의 조작이나 파괴 행위로 인하여 천재(天災)와 인재(人災)가 혼합된 다양한 재난들이 발생되기도 한다.

'위험'은 모험과는 다르다. 전통적인 모험은 특정한 직업과 신분계층이 자신의 신분과 명예를 지키기 위하여 자유의지로 자신을 위험에 내맡기는 것이 특징이다. 예컨대 상류계층이 가문의 명예를 지키기 위해서 결투를 해야 했던 중세의 상황이라든가, 자연과학자와 의사들이 실험의 성과를 후세에 남기기 위하여 스스로 피실험자가 되는 위험을 감수함으로써 실험결과를 죽음과 바꾸는 것을 명예로 생각했던 경우이다. 이러한 자유의지적인 모험은 현대사회로 넘어오는 과정에서 과거와는 확연하게 다른 직업적 특성으로 정착되었다. 예컨대 오지탐험이나 고산등반과 스포츠로서 자동차 경주와 같이 위험을 감수하는 직업적 또는 취미생활적인 행위는 자발적인 참여에 의한 위험으로서 다분히 모험적인 요소가 강하다.[37]

산업사회의 도래와 함께 목적합리성이 경제행위의 지배양식으로 정착되면서 위험 역시 합리성에 의해 관리되게 된다. 즉, 확률적인 통계의 도움을 받아 위험은 예측될 수 있고 비교될 수 있게 된다. 이러한 위험의 예측 가능성은 위험과 위험관리를 학문적인 연구대상이 되게 하였고 보험제도를 도입하게 하였다. 따라서 불의의 사고가 개인 혹은 기업에 발생해도 위험의 비용은 사회적으로 공동 분배될 수 있게 되어서 개인적으로는 피해를 최소화할 수 있게 되었다. 그러나 위험의 피해를 피보험자의 연대공동체로 배분한다는 것은 위험에 대한 인식과 위험관계의 성격을 근본적으로 변화시켰고 규범적인 강제성과 연류 된 전통적인 신분집단의 문화를 대체시켰다.[38]

그러나 '현대의 위험'은 기술의 발달이 초래한 위험으로 결핍이 아닌 과잉에서 발생한다. 예를 들어 컴퓨터 브레인에 의해 통제되는 최첨단의 '스마트가정'의 일상을 상상해보자. 집안의 온도와 습도가 자동으로 조절되고, 창문의 센서가 햇빛을 감지해서 밝기와 온도를 자동으로 조절한다. 냉장고의 모니터는 냉장고 안에 식품들의 재고를 자동으로 표시해주고 필요한 식품을 인터넷으로 주문해준다. 아이들은 인터넷채팅, MP3, 아바타, 온라인게임과 인터넷쇼핑을 할 수 있게 해준다. 사이버애완동물을 기르고 사이버수족관에서 다양한 열대어(熱帶魚)를 기르며, 사이버머니를 주고 구입한 식물들이 사이버공간에서 재배한다. 아버지는 인터넷으로 주식시세와 신문과 잡지를 보고, 이메일로 업무를 처리한다. 손목에 부착된 컴퓨터는 혈압과 맥박과 당뇨수치를 매일 무선 e메일로 주치의에게 자동적으로 통보해주고, 이상이 있을 때는 휴대전화로 '병원에 한 번 들러 달라'는 연락이 온다. 이렇게 편리한 '스마트가정'의 일상에 대한 상상은 미래의 일이 아니라 실제로 이루어지고 있는 현재의 일들이기도 하다.

그러나 정전이나 컴퓨터의 고장으로 시스템이 작동되지 않을 경우를 상상해보자. 이는 곧 재난이다. 온도조절 시스템이 비정상이여서 실내는 후텁지근하고, 채광시스템에 이상이 생겨 한낮에도 실내가 캄캄할 수도 있다. 냉장고 음식물이 썩는 냄새가 진동할 것이고 정수(淨水)공급장치가 고장이 났으니 물도 안 나오고 정화조는 막히고 고층 아파트의 경우에는 높은 계단을 걸어서 오르내려야 한다. 이는 일종의 재난상황이 아닐 수 없다. 기술은 인간의 편리성을 증대시켜주지만 그만큼 불완전하여 우리가 살고 있는 현대사회에 순간적인 정전이나 전산시스템의 오류에 의해서도 심각한 타격을 줄 수 있기 때문이다. 이 같은 거대 기술시스템이 가지고 있는 불완전성에 주목한 독일의 사회학자 울리히 벡은 현대사회를 '위험사회'로 규정하고 있다. 그의 저서 『위험사회』는 20세기 말 유럽인이 쓴 가장 영향력 있는 사회 분석적 저서의 하나로 인정받고 있다.[39]

위험 연출의 어려움

앞에서 언급했듯 벡은 최근의 또 다른 저서 『글로벌 위험사회』에서 위험사회가 글로벌한 세계변동의 중심에 있음을 증명하고, 위험의 정치적, 문화적, 심리적 맥락을 설명하기 위해서 '위험의 연출'이라는 개념을 제시한다.[40] 여기에서 중심 문제는 현대사회가 겪고 있는 위험의 문제는 어떻게 예방되고 극복될 수 있을까에 있다. 결론부터 말하면 벡은 맹목적인 '단순현대화'의 위험을 인식하고 반성하는 '성찰적 현대화'(reflexive Modernization)로의 의식전환이 일상생활에 녹아들 때 '새로운 현대'가 진화될 수 있다고 하였다.

벡은 현대화를 마치 브레이크가 고장이 난 기관차처럼 인류의 의 지나 목적과 상관없는 맹목적인 역사를 만들어 가는 과정이라고 하였다. 현대화는 생태학적으로 재생 불가능한 천연자원의 고갈, 핵에너지 의존도의 증가, 생물의 지속적인 진화를 저해하는 종의 다양성 감소, 박멸이 불가능해 보이는 의학적 저항체의 진화, 산업공해로 인한 오존층 파괴 및 지구 온난화와 같은 위험요소들을 수반했기 때문이다.

따라서 벡은 도구적 합리성이 근대를 지배할 것이라고 설명한 베버 등 전통적인 사회학자들의 이론이 수정되어야 한다고 주장한다. 도구적 합리성이 지속되면, 오히려 합리성이 낳은 과학과 관료주의가 자본주의와 결합하여 현대인을 껍데기만 남는 도구화된 존재, 영혼 없는 전문가로 전락시킴으로서 통제하거나 해결하지 못한 숨겨진 불확실성이 '위험'으로 드러나게 된다는 것이다. 이같이 현대사회는 합리성의 실패가 아닌 합리성의 성공에 의해서 위험이라는 병을 앓게 된다.

그의 '위험의 연출'이라는 개념도 불확실성과 불가지성(不可知性)에 근거한다. 그에게 위험은 일어날 재난의 예견인 심리적인 현상이다. 미래의 재난으로서 위험은 불확실성과 불가지성으로 인하여 누군가의 연출에 의해서만 인지가 가능해 질 수 있다. 물론 위험의 연출은 현실을 의도적으로 왜곡한다는 의미가 아니라 어떤 방식으로든 위험을 현실에 가시화하기 위해서 구성한다는 것이다.

이러한 위험의 연출이 중요한 것은 그것이 정치행위를 유발하기 때문이다. 예를 들면 기후변화의 경우 언론을 통해 일반인들에게 그 위험성을 알려줌으로써, 미래에 일어날지도 모르는 재난을 현재에 연출해 줌으로써 그들의 정치적 행위를 촉발할 수 있다. 따라서 위험사회의 위험 연출을 위해서는 미디어의 투명화기능이 중요하다.

정치제도는 '통치조직'과 '대의기구' 그리고 '의견형성기구'로 구성된다. 의견형성기구인 미디어는 공중의 주관적 무지(無知)를 줄이거나 해소해주고 공론장을 조성해줌으로써 정치적, 경제적 또는 문화적 결정들의 투명화기능(Transparenzfunktion)을 한다.[41] 재난발생 상황에 따른 피해를 최소화하고 재발방지를 위해서 미디어의 위험 연출이 체계적이고 지속적으로 이루어져야 하는 이유이다. 그러나 현대사회의 위험의 불확실성과 불가지성(不可知性)으로 효율적인 위험 연출은 한계를 갖고 있다. 이를 잘 설명해주는 대표적인 사례는 체르노빌 원자력발전소와 후쿠시마 원자력발전소의 폭발사건이다. 1986년 4월 체르노빌 핵발전소의 폭발사고 일주일 후, 유럽에서는 불확실한 위험상황의 극단적인 경우를 경험하였다. 당시 원자낙진이 유럽으로 기류를 타고 날라와 임업과 축산업에 엄청난 피해가 예견되는 긴급 상황에서도, 피폭의 정도와 예방대책에 대한 방사능안전위원회와 시민운동단체들을 대변하는 전문가들이 서로 다른 견해를 제시했었고, 보수와 진보 미디어들도 서로 다르게 보도함으로써 정부나 시민 개개인들이 효과적인 대책 마련에 혼선을 빚게 했었다.[42]

일본의 후쿠시마 원자력 발전소의 폭발은 원전에 의존도가 높은 우리에게도 새삼 원자력의 안전에 대한 경각심을 갖게 해주었다. 방사능피폭이 사실상 통제 불능의 최악의 상황이었다는 것을 알게 해준 것은 외국 취재진들이 철수하고 외국공관들까지 철수하기 시작했다는 보도를 통해서 다. 일본의 언론들도 원전사고에 대한 충분한 정보를 제공하지 못한 것에 대한 비판과 함께 외국 원자력 전문가의 말을 빌려 일본 정부가 대참사 방지를 포기한 것처럼 보인다고 보도하기 시작하였다. 그러나 우리의 방송에 출연한 핵전문가들의 해석들은 우려할 정도의 위험은 아니라고 시청자들을 안심시켰다. 정부는 매스컴을 통해 강도 6.5의 지진까지 견디도록 설계돼 있는 한국 원전의 대비태세는 최상이며 원전을 '저탄소 녹색성장'의 에너지원으로 차세대 주력 수출상품으로 내세우고 있다.

위험 연출의 중심 문제는 주로 위험에 대한 전문가들의 과학적인 인식의 매개이다. 그러나 위험에 대한 전문가들의 견해도 부정확한 가정과 지식 그리고 주관적 판단에 의존하는 경우가 많기 때문에 위험에 대한 합의된 결과의 도출도 어렵고 이를 객관적으로 보도하기가 어렵다.

위험의 측정은 실증적으로 확정된 피해통계에 의존한다. 예컨대 지난해의 통계에서 그 다음해의 교통사고 희생자들의 수치를 예측하는 것은 확정은 아니어도 어느 정도 정확한 예측과 진단을 할 수 있다. 그러나 화학제품과 방사능 등과 같은 현대사회의 새로운 위험의 경우에는 그 피해예측들을 간단하게 산정할 수 없다. 또한 기술공학적인 위험의 측정결과는 서로 다른 피해율들이 동일한 위험의 수치로 산출되는 모순도 갖고 있다. 예컨대 연간 100명의 사망자를 내는 하나의 사고와 매번 1명의 사망자를 내는 100개의 사고들이 위험 공식에 의하면 동일한 값이 된다는 것이다.[43]

독일에서도 13개 위험출처들로 실시한 랜(Ortwin Renn)의 설문조사도 이와 유사한 결과들을 얻었다. 아래 표에서 '통계상의 사망률'과 '인지상의 사망률'의 차이가 현격한 경우가 있음을 알 수 있다. 예컨대 마약이나 가전제품 그리고 비행기사고나 식물과 마약 등에 의한 사망률은 통계적 사망률보다 인지적 사망률이 높았다. 그리고 알코올과 흡연 등에 의한 사망률은 인지적 사망률보다 통계적 사망률이 월등이 높게 나타났다.

전문가들과 일반인들의 위험판단에 나타나는 차이들은 전문가는 통계수치에 의한 위험을 판단하는 반면에 일반인들은 자신의 일상적인 생활환경에서 경험하고 느끼는 위험의 원인들에 대한 언어적인 소통빈도에 의해서 위험도를 등급화 하는 경향이 강하다. 즉, 일

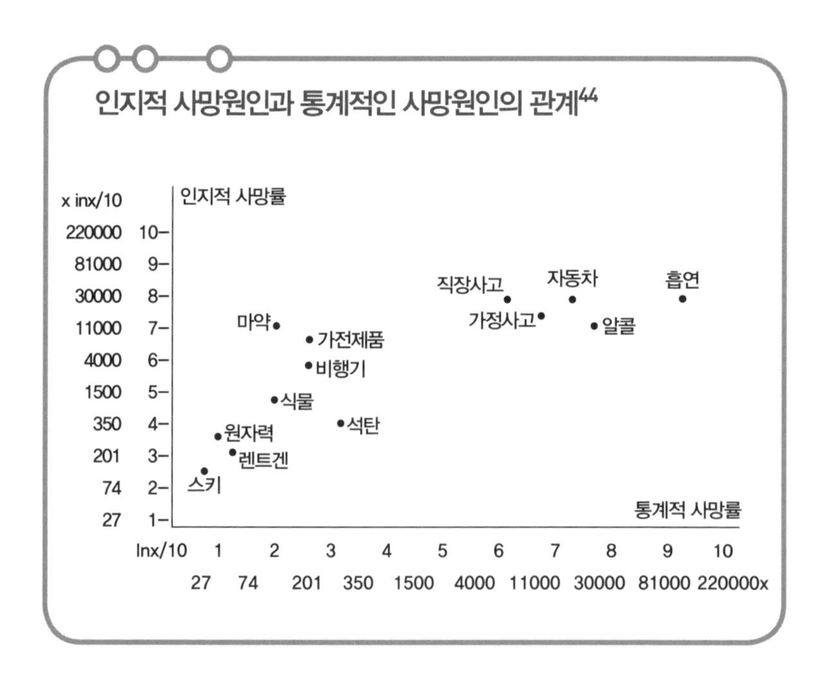

반인들은 통계상으로 연간 적게 발생한 사망사건들을 위험한 것으로 인지하고, 연간 매우 높은 사망률의 사건들을 적은 위험으로 인지하는 경우가 허다하다. 따라서 이같이 일반인들과 전문가들은 위험을 서로 다른 방향에서 수용할 수 있다는 면에서 볼 때 위험에 대한 소통에 많은 문제들이 야기될 수 있음을 알 수 있다.

전문가와 공중 사이의 미디어

기자들은 정보출처로서의 전문가들과 관계를 가질 뿐만이 아니라, 또한 미디어 수용자들로서의 일반인들과 관계를 갖는다. 따라서 언론은 전문가와 일반 공중 사이에서 위험에 대한 인지의 균열을 매울 수 있는 전문성을 갖추어야 한다. 위험보도의 경우 가장 중요한 것은 대중화, 즉 중대하지만 일상적으로 중요하지 않은 학술적인 인식내용을 비전문적으로 전달해야 하는 문제가 제기된다. 또한 더욱 중요한 문제는 전문가들의 위험규정 배경을 이해할 수 있는 기자들의 전문성이 결여되어 있다는 점이다.[45]

가장 흔히 볼 수 있는 예로서 학자들 간의 경쟁관계로 인하여 연구결과가 순수한 학술적인 의도에서 이루어 진다해도 특정한 정치적, 경제적 또는 사회문화적인 관심을 대변하기 위해 왜곡되기도 한다. 즉 많은 영역의 학술연구내용들이 정치적, 사회적, 군사적 그리고 산업적인 관심들과 관련되어 있어서 '학술 외적인 요인들'이 일정한 연구자들과 연구기관들에 대한 연구기금의 분배에 영향을 미치기 마련이다. 따라서 일부 연구자들이 특정 이익을 대변하고 정당화 시켜주는 '변호사의 역할'을 위임받기도 하기 때문에 전문가들 사이에 갈등을 수반하기도 한다.

특정 위험요인에 대한 전문가들과 일반인들 사이의 각기 다른 인지로 인하여 일반인들은 언론이 전문가들 사이의 대립적인 관점의 배경에 대하여 객관적인 평가보도를 기대한다. 그러나 전문가들의 정보는 좀처럼 일반인들의 정보욕구를 충족시키지 못하는 것으로 평가되고 있다. 이는 기자들이 그들의 문제들을 전문가들의 기준에서 접근하지 않고 수용자 일반의 기준에서 그 해결점을 평가하고 해석하기 때문이다.[46]

따라서 사회적으로 민감한 분야에서는 전문가들과 기자들 간의 관계가 긴장되어 있다. 기자들은 전문가들이 알아듣지 못할 전문용어를 남발하면서 분명한 입장표명을 회피한다고 비난하는 반면에 전문가들은 기자들이 전문가들의 입장표명을 요약하고, 변조하고, 정치화하며, 그리고 상호관계성을 체계화시키지를 못한다는 하소연을 한다.

그러나 전문가들은 자신들의 지식을 일반인들에게 납득시키기 위한 교육을 위해 매스미디어를 동원하고 싶어 한다. 따라서 학자들은 기자들이 전문가와 마주하여 수용자들의 관심을 대변해주고 전문가들의 입장을 수용자들에게 전달하는 대변자의 역할을 기자들에게서 기대하고 있다.

위험인지상의 오류 발생

'위험'의 불확실성과 불가지성으로 인하여 위험 연출에도 불확실성이 따를 수밖에 없다. 따라서 위험보도에서 항시 제기되는 것은 전문가의 관점과 일반 공중의 인지 사이의 매개문제와 '기득권을 누리는 전문가'들과 '비판적인 전문가'들 사이의 대립에서 제기되는 보도의 객관성 문제로 요약될 수 있다.

전문가의 관점과 일반 대중의 인지사이에서 위험보도는 '위험-이익'의 기준을 다음과 같은 관점을 유지해야 한다. 첫째로, 전문가의 '위험에 대한 관점'과 '일반대중의 이익' 사이에 존재하는 갈등의 규명이고, 둘째로, 자원고갈, 환경파괴에 대한 사실규명과 미래의 생활양식 간에 놓인 갈등의 규명이 전제되며, 셋째로 '인명 불가침의 원

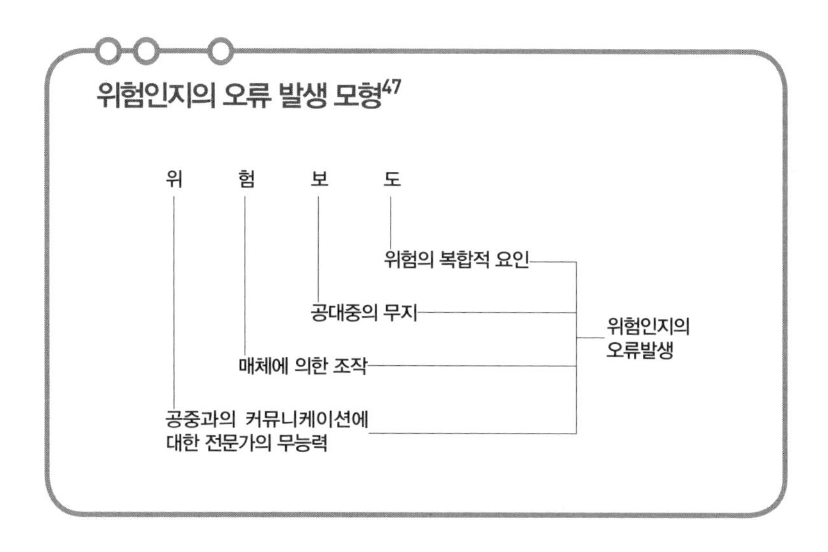

칙'이라는 보도의 근간, 즉 어떠한 효용성이 있다 해도 대재앙이나 사고로 인한 인명손상에 대한 단호한 거부이다. 그리고 마지막 네 번째는 '위험-이익' 관계의 판단은 기술공학적인 계량주의에서가 아니라 다원적 민주주의의 정치적인 과정에 의해서 이루어져야 한다는 것이다.

지금까지의 논의내용을 통해서 위험인지의 오류가 발생하는 원인을 한스 피터스(Hans Peter Peters)는 위의 표와 같이 요약하였다.

부(富)는 계급에 따라 차등 분배되지만 재난은 계급적 서열과는 무관하게 지배계급이나 하층계급이나 모두 균등하게 분배되는 특성을 갖고 있다. 뿐만 아니라 고도의 노동분화로 야기된 개인주의는 재난에 대한 무책임성을 낳았고 또한 사회의 복잡성은 재난의 책임원을 찾는 데 어려움을 주고 있다. 따라서 이 같은 재난요인들은 이제 사회 속에 일상적으로 존재하고 있어서 사회구성원들은 재난을 수반할 수 있는 위험의 존재를 미처 느끼지 못하고 가시적으로 드러나지도 않는 경우가 있다.

이러한 재난의 특성으로 인해서 현대의 재난은 그 발생 원인에서부터 사후처리에 이르기까지 정부기관, 사회단체, 정당 및 산업조직들에 의해서 통제되고 관리될 필요가 있다. 재난연출은 바로 이러한 사회적인 유관기구들 사이의 개입되는 커뮤니케이션이다.

다음의 표와 같이 미디어의 재난보도는 재난관리의 각 주체들 사이를 연결하는 공론장으로서의 기능을 수행해야 한다. 즉, 미디어는 환경(위험발생처), 정부(관리자), 일반대중(시민단체 포함), 산업조직에 대한 역할규명과 정보전달, 그리고 그에 수반되는 문제점들을 해결하는 중재자가 되어야 한다는 것이다. 이러한 측면에서 재난보도와 관련된 주체들의 관계는 다음과 같이 6가지로 설정된다.

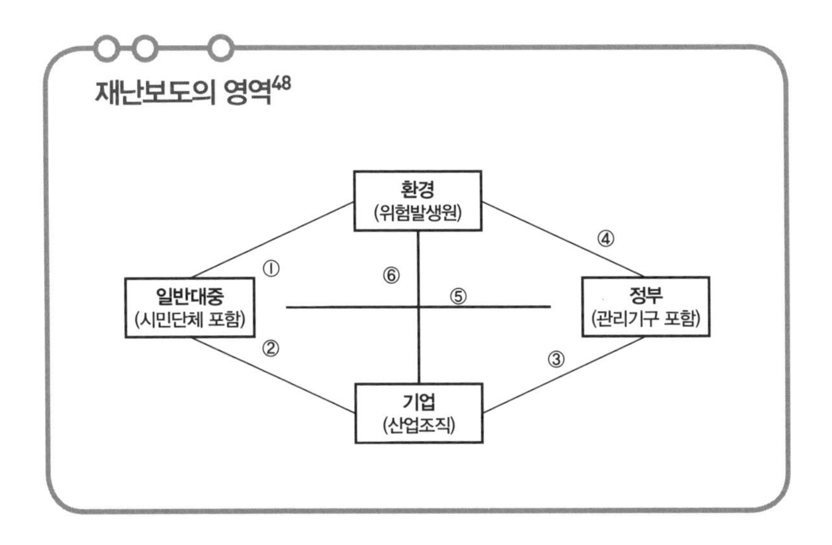

① 환경과 일반대중의 관계: 자연환경과 생활환경이 지역 주민들과 일반시민들의 삶과 맺는 관계로, 자연생태계의 파괴 혹은 골프장, 쓰레기매립장 등의 설치에 따른 문제들로 구분 지을 수 있다.

② 일반대중과 기업의 관계: 이 영역은 시민단체와 재난원(災難原)인 기업조직 간의 갈등으로 구분되며, 사회단체들의 감시활동과 기업의 재난에 대한 직원 및 대중들을 향한 홍보활동 등이 여기에 속한다.

③ 기업과 정부의 관계: 정부는 경제성장과 위험감소라는 상충되

는 목표를 실현하고자 한다. 따라서 한편으로 정부는 기업들에게 환경오염 및 재난원에 대한 감시 및 규제를 행하지만 다른 한편으로는 경제성장을 위해 재난에 대한 사회단체들의 비판을 막는 기능을 하기도 한다.

④ 정부와 환경의 관계: 재난발생요인인 환경에 관한 법, 제도, 정책적 측면을 포함하고 있다.

⑤ 일반대중과 정부의 관계: 일반대중들은 사회단체 및 개별 모임을 통해 재난예방을 위한 정책에 영향을 미치고 정부는 국민에게 위험 예방을 위한 홍보활동을 주도한다.

⑥ 환경과 기업의 관계: 재난원(災難源)을 제기하는 과학, 경제개발 위주의 기업의 활동과 이에 대한 대응들을 다룰 수 있다.

위험과 위험 연출의 질

한국은 대형 사고들이 끊임 없는 '사고공화국'이다. 최근 꽃 같은 10대 청소년 250명을 포함 300여 명의 인명을 앗아간 세월호 참사는 안전후진국의 민낯을 그대로 보여준 인재였다. 1994년 성수대교 붕괴나 1995년 삼풍백화점 붕괴사고, 2003년 대구지하철화재사고 등 대형 사고들이 일어났을 때마다 우리는 경제성장에만 집착하여 날림, 부실공사, 안전의식 부재가 한꺼번에 표출된 것으로 사회 전체에 팽배한 배금주의와 적당주의, 대충주의의 문제를 자탄했었다.

우리의 일상생활은 수 없이 많은 위험에 노출되어 있다. 태풍과 폭우에 의한 자연적인 재해, 수질과 공기오염, 교통사고, 산림오염, 기름유출로 인한 토양과 바다오염, 자동차 사고 등과 같은 인재가 끊임없이 일어나고 있다. 여기에 컴퓨터통신을 공격하여 마비되는 경우도 비일 비재하다. 증권, 금융, 정당 등 주요시설의 통신을 일시적으로 마비시킬 수도 있고 고객들의 개인정보들이 손쉽게 유출되어 불안하다. 해마다 구제역의 창궐은 축산농가에 막대한 피해를 주었다. 살처분된 가축의 매몰지들에서 유출되는 침출수로 2차적인 지하수 오염의 우려도 커지고 있다.

그러나 이 같은 재난의 연속에도 우리의 대책은 조금도 개선되지 않았다. 세월호 침몰에서도 과거와 똑같은 논리의 원인진단을 해야 하니 답답한 일이 아닐 수 없다. 1인당 국민총생산(GNP)이 3만 달러를 바라보는 시대에도 선진국형과 후진국형의 재난이 동시다발적으로 발생하는 '복합적(複合的) 위험사회'라 하지 않을 수 없게 되었다. 울리히 벡은 "한국은 '아주 특별한' 위험 사회다. 내가 지금까지 말해온 위험 사회보다 더 심화된 위험 사회다. 전통과 제1차 근대화 결과들, 최첨단 정보사회의 영향들, 제2차 근대화가 중첩된 사회이기 때문에, 특별한 위험사회인 것이다"라고 표현한 바 있다.[49]

벡은 2014년 7월 서울시 주최로 열리는 '메가시티 싱크탱크 협의체' 창립포럼 참석차 두 번째로 서울을 찾았다. 그의 진단에 의하면 한국 사회는 현대화의 대단한 실험장이다. 이러한 참사들이 반복적으로 일어나고 있는 것은 한국 사회가 경제성장제일주의의 정치환경 속에서 기층 국민들의 일상적인 복지와 안전을 위한 노력이 미루어져 왔었기 때문이라는 진단이다. 또한 벡의 논리에 따르면 한국 사회의 위험요인들이 '자각적 성찰'로 이어지질 못하면서 재난은 극복될 수가 없다. 한국의 미디어들은 '위험 연출의 질'에서 비판을 받고 있다. 위험사회에 대한 자각적 성찰은 바로 미디어의 '위험 연출의 질'에 대한 문제이다.

세월호 참사의 미디어 연출

세월호 침몰참사의 보도는 출발부터 오보였다. 세월호가 침몰한 2014년 4월 16일 오전, 언론은 경기 안산단원고등학교 사고대책본부의 통보를 인용해 학생과 교사 전원이 구조됐다고 일제히 보도했었다. 그러나 오보였다. 오후 2시까지도 '중앙재난안전대책본부'는 "탑승객 477명 중 368명을 구조했다"고 밝혔고 언론이 이를 그대로 받아썼다. 이것도 오보였다. 4월16일자 석간 문화일보, 내일신문은 "수학여행 학생들이 전원 구조됐다"는 내용을 실었다가 17일자에서 사과문을 실어야 했다. 모두가 또다시 이어진 속보 경쟁 관행으로 미디어가 도리어 재난에 처하게 된 것이다.

중앙재난안전대책본부가 총 탑승자 수와 구조된 인원 그리고 생존자 수를 수시로 정정할 때마다 속보경쟁에 치우쳐 사실 확인도 하지 않은 언론들은 매번 오보를 내보냈고, 자신들의 책임을 대책본부에 대한 비판으로 비껴가려고 했다.

사고 다음날 오후에는 해양수산부가 산소공급장치가 아직 현장에 도착하지 않았다고 밝혔는데도 통신사들과 방송사들이 잠수부들의

© 공무원신문

선체 진입 사실이나 공기주입 등을 속보라며 오보를 경쟁적으로 남발하였다.

이러한 보도에 기대를 가졌던 세월호 참사 피해자들과 실종자 가족들에게 오보였음이 드러나면서 상처를 입힌 것은 물론이다. 국가기간방송으로 재난주관방송사이기도 한 KBS도 지난 18일 오후 4시 30분경 자막과 앵커의 발언을 통해 "구조당국이 선내 엉켜 있는 시신을 다수 발견했다"고 보도했다. 그러나 오보였다. 이에 KBS 입사 1~3년차 기자들은 속보 경쟁에 내몰려 정확한 사실 확인 없이 기사를 써 내려간 일부 기자들의 자아비판이 담긴 '집단 반성문'을 사내 보도정보시스템을 통해 발표했다. "사고 현장에 가지 않고 리포트를 만들었고, 매 맞는 것이 두려워 실종자 가족들을 만나지 않고 기사를 썼습니다. 우리는 정부와 해경의 숫자만 받아 적으며 냉철한 저널리스트 흉내만 냈습니다." 현장에 가지 않았으면서 취재 리포트를 쓰고, 실종자 가족을 만나지도 않고 기사를 썼다는 이야기는 이들이 써낸 일부 기사가 조작·왜곡된 오보를 남발했다는 것이 아닌가?

이 밖에도 크고 작은 오보의 퍼레이드가 많았다. 인명구조 능력이나 자격도 갖추지 못한 여성을 스스로 민간 잠수대원이라는 말만 듣고 뉴스 프로그램에 출연시킨 MBN, 세월호 참사와 무관한 다른 사고의 시신운구장면을 사용한 MBN 「뉴스 공감」, 이종인 알파잠수종합기술 대표를 출연시켜 다이빙벨의 효능을 과장·왜곡 보도한 JTBC 뉴스9 등, 다수의 뉴스 프로그램이 사실 확인 없이 방송을 내보내는 실수를 저질렀다.

이처럼 오보의 원인들 중에 하나는 언론사들의 과잉 속보경쟁 때문이다. 동일본 대지진에 대한 당시 한국·일본·미국의 보도를 비교한 논문에서도 한국 언론은 극심한 피해 부각, 사실적이기보다는 자극적·주관적 언어 사용, 분석·탐사보다 속보, 전문가보다 정부 발표 의존이 높게 나타났다.[50]

기자의 경험부족이나 전문성 부족 그리고 원인-영향 상관관계의 미진한 규명을 비판받는 서구 언론의 재난보도에 더하여 세월호 침몰에 대한 한국 언론의 오보들은 고질적인 과도한 속보와 특종 경쟁 때문인 것으로 볼 수밖에 없다.

4·16 세월호 참사에서는 희생자들의 스마트폰과 SNS가 남긴 최후의 기록물들이 중요한 재난보도의 미디어로서 역할을 하였다. 앞으로 디지털시대의 대안미디어로서 가능성을 엿볼 수 있었던 계기였다. 국가와 국민들은 재난발생 상황에 따른 피해를 최소화 하고 재

발방지를 위해서는 체계적이고 지속적인 미디어 보도 시스템의 구축과 가동을 요구하고 있다. 그동안 우리가 크나큰 재난에 직면할 때마다 지적되어 왔던 것도 재난보도의 체계나 준칙 등이 근본적으로 설정되어 있지 않았고, 단발성 소나기식(소방보도) 보도, 경쟁적인 흥미위주의 보도, 인명경시의 보도 등 보도 관행과 보도 시스템의 문제들이었다. 세월호 침몰참사에 대한 보도에서도 과거와 똑같은 문제들이 반복되었다. 바로 현대사회의 위험과 위험 연출에 대해서 체계적인 연구와 이해가 요구되는 대목이다.

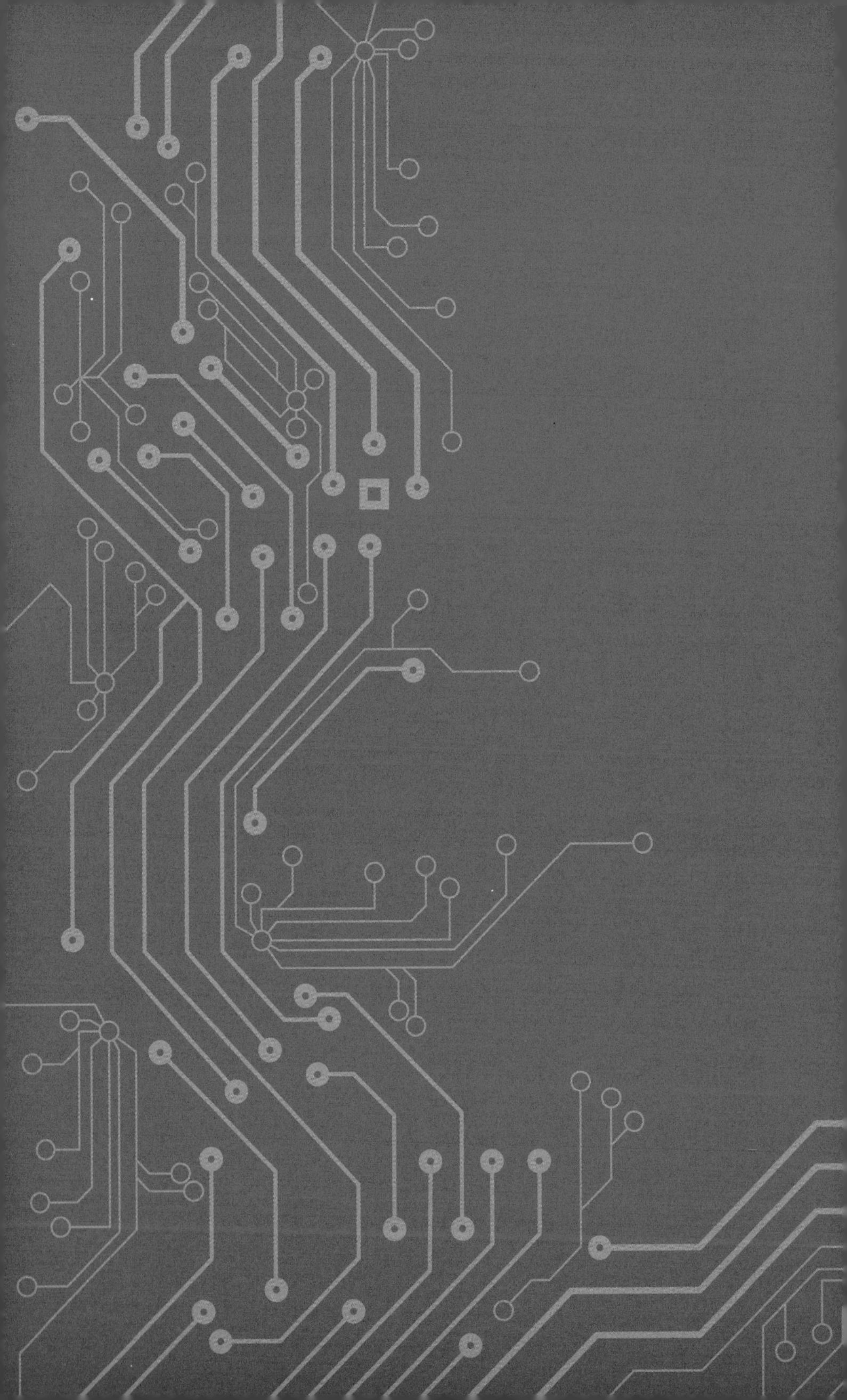

5

디지털시대에 살다

1
아버지 없는 사회

있어도 없는 아버지

세계은행이 발표한 143개국 여성경제활동 관련 법적 지위를 조사한 보고서에 의하면 세계 국가 90%의 여성이 성차별적인 법에 의해서 활동을 제약받고 있다. 볼리비아, 카메룬 등 15개 나라에서는 남편이 아내의 경제활동을 금할 수 있고, 동유럽과 중앙아시아 지역 등 79개국은 여성의 직업 종류를 제한하며, 사우디아라비아, 온두라스 등 29개국에서는 남성만이 호주(戶主)로서 이사, 여권 발급, 은행 계좌 개설 등을 결정한다.

이같이 대부분의 세계에서 여성들이 바로 '유리천장'보다 견고한 '장벽' 아래 살고 있는 데 반해 한국에서는 많은 가정의 아버지들이 가사계획부터 모든 살림의 결정권을 아내에게 물려주고 산다. 심지어 집을 팔고 이사 가는 일에서 재테크에 이르기까지 모두 아내가 주도하는 것이 대세가 되었다. 이쯤 되면 권위와 훈계의 상징으로 통하던 전통적인 아버지의 상(像)은 이제 돈만 벌어 오면 되는 별 볼일이 없는 존재가 되었는지도 모른다.

아버지 없는 사회의 유형은 매우 다양하다. 먼저 전통적인 모계사회에서 아버지는 무의미한 존재이다. 예를 들어 중국 윈난성(雲南省) 쿤밍시(昆明市) 남서쪽에 위치한 민족촌의 모수오족(摩梭族)은 가족 모두가 어머니의 성(姓)을 따르는 여인국으로 아버지와 남편이라는 단어 자체가 존재하지 않는 '아버지 없는 사회'이다. 어머니를 중심으로 아들과 딸이 한집에서 사는 가정, 아버지와 남편이 없는, 그래서 가부장적 권위가 부드러운 모성으로 대체된 모수오족 공동체는 1,500년이 넘도록 어느 부계사회보다 행복하게 살아왔다. 급진적 페미니즘적 사회인 뉴질랜드의 여성들은 가정의 불행을 일으키는 원인이 '가부장제'(家父長制)에 있다고 믿기 때문에 아버지들을 아이들로부터 떼어 놓아야 가정의 평화가 온다고 생각한다. 이쯤 되면 뉴질랜드는 아버지가 불필요한 모계사회가 될지 모른다는 생각을 들게 한다.

그러나 '아버지 없는 사회'는 '아버지 되찾기'를 수반하는 변증적인 결과를 예측하게도 한다. 일본 작가 요시모토 바나나(吉本眞秀子)의 소설 『키친』[1]은 어쩌면 더 이상 존재감이 없는 아버지가 어머니가 된다는 황당한 픽션이다. 아들을 홀로 키우는 어머니 에리코는 원래 남자였으나 아내가 아들을 낳고 죽자 엄마역할을 대신하기 위해 성전환수술까지 받는다. 아이는 아버지를 엄마로 부르며 자라고 에리

코는 아들을 정성껏 키우다가 죽는다. 그러나 이 소설은 페미니즘적 사회에서 극단적인 방법으로 모성(母性)의 회복을 그린 픽션인지를 두고 이런저런 생각을 하게 해주는 베스트셀러이다.

최근 부성애 코드로 흥행에 성공한 우리 영화들도 볼 수 있다. 2013년초 1000만 관객을 동원한 「7번방의 선물」은 눈물 없이 볼 수 없는 부성애 코드였고, 일명 조두순 사건으로 알려진 아동성폭행 사건을 소재로 한 「소원」은 끔찍한 체험을 한 9살짜리 딸에게 웃음을 되찾아주려는 아버지의 고군분투가 코끝을 자극한다.

영화 「괴물」(2006)에서는 괴물에게 끌려간 딸을 구출하기 위해 악전고투하는 부성애가 그려졌고, 「우아한 세계」(2007)에서는 조폭으로 번 돈으로 자식을 유학시키는 기러기 아빠가 주제이다. 이들은 아버지 없는 이 시대의 부성(父性)을 변증적으로 회복시켜주는 픽션들이다.

영화 「화이 - 괴물을 삼킨 아이」(2013)는 진정성의 부성과는 달리 모두 성장과 안정을 꿈꾸며 속물인 괴물이 될 수밖에 없는 아버지를 코드화했다. 잔혹한 범죄집단이 유괴한 아이를 한 명이 아니라 다섯 명이나 되는 살인자 괴물 아버지들이 함께 자식으로 키운다는 설정이다. 살기 위해서 괴물이 될 수밖에 없는 괴물의 세상에서 자식에게도 괴물을 강요하는 아버지, 그러나 아들은 아버지들을 집단 처단한다. 더 이상 아버지처럼 살지 않겠다는 뜻이다. 여기에도 아버지는 있어도 없다.

아버지 없는 한국 가정

한국 사회에서는 다양한 원인들에 의해서 '아버지 없는 가정'이 늘어났다. 서구사회와 비등한 수준으로 이혼율이 증가되었고, 교육문제로 아내와 함께 자식을 조기유학 시키고 있는 기러기 가장들이 늘어난 사회이기도 하지만, 연간 근로시간이 OECD 국가 가운데 가장 긴 한국의 가장들은 워커홀릭에 빠져 살고 있기 때문이다. OECD 주요 22개국 연간 근로시간인 평균 1,701시간과 비교하면 한국인은 679시간(39.9%)이나 더 일하고, 가장 짧은 근로 시간을 보인 네덜란드(1,312시간)에 비교하면 1,068시간(81.4%)이나 많게 일을 한다.[2] 때문에 많은 아버지들은 일찍 출근하고 한밤중에 퇴근하여 자녀들과의 대화기회가 적어지기 마련이다.

권위주의적이고 봉건적인 유가(儒家)의 경구(警句)처럼 들릴 수도 있으나 부모의 역할이 조화를 이루는 건강한 가정이 바로 설 때 사회도 건강할 수 있다. 가정은 우리가 고수해야 할 가장 중요한 일차적인 사회화의 장(場)이기 때문이다. 겔렌(Arnold Gehlen)에 의하면 "인간은 가장 미완(未完)의 존재로 출생된다." 갓 태어난 인간과 여타의 포유동물들의 지능수준을 비교하면 인간의 지능이 동물들에 미치질 못한다. 인간의 지능은 출생 이후 1년이 지나야 갓 태어난 포유동물들의 지능수준에 이를 수 있다고 한다. 이러한 인간의 출생 이후 1년을 문화인류학자들은 '생물학적 조산(早産)'으로 '예외적인 모체내적 상황(母體內的狀況)'이라고 말한다. 그러나 미완의 존재로 출생되는 인간이 만물의 영장(Homo-Sapiens)이 될 수 있는 것은 사회화를 통한 지능, 소양, 소질, 행동양식, 가치관 등을 갖게 되는 '문화적 출생'(Dieter Claessens)을 하기 때문이다. 일생에 한 번 이루어지는 생물학적인 출생과는 달리 문화적 출생은 인간이 태어나서 죽음으로 일생을 마칠 때 까지 지속되는 출생이기 때문에 사회화의 장으로서 가정의 중요성은 아무리 강조해도 지나침이 없는 것이다.

그러나 오늘날과 같이 '미디어포화상태'의 사회에서는 가정 대신 미디어가 사회화의 중심적인 매체로서 사고와 행위의 모범상, 가치관 그리고 규범을 선별적으로 매개해준다. 그러나 이미 많은 청소년들은 쇼비즈니스화된 미디어환경에서 스타우상의 팬덤문화에 몰입하고 성개방과 환각 그리고 음악과 정보를 탈출구로 생각하기에 이르렀다. 이들은 이미 포스트먼의 지적처럼 유년기가 없어지는 것 같다.[3]

그러나 아무리 사회가 변모되어왔어도 이 같은 현상을 치유할 수 있는 조건은 부모의 역할이 조화를 이룰 수 있는 건강한 가정이다. 페스탈로치(Johann Heinrich Pestalozz)의 말처럼 '가정은 도덕교육의 장'이어야 하기 때문이다. 포스트모더니즘의 사조가 주체적인 내면을 경험하기 위한 전제로 모든 권위의 해체와 부정을 강조해왔으나 오늘날 권위를 상대화하는 방식은 오히려 권위를 올바르게 경험하게 해야 한다고 생각된다. 이는 마치 동양철학에서 사물의 생성과 소멸의 원리를 음양(陰陽)원리에서 설명하는 것과 비유된다. 하나이면서 둘이고 둘이면서 하나인 음(陰)과 양(陽)의 상대적인 가치가 바로 조화의 기본이다. 만물의 상반된 기운으로서 음양은 떨어져 있어도 붙어 있으며 개체가 아니고 집합이다.

부모의 역할이 조화를 이루지 못하는 가정은 결손가정이다. 아버지는 살아 있는 역사요 평생의 멘토이며, 어머니는 정신의 고향이다. 올바른 인성과 반듯한 삶의 자세는 교사의 입이 아니라 부모의 품에서 배워가는 것이다. 씨앗이 스스로 발화하여 뻗어가려면 기댈 수 있는 받침대가 있어야 하듯이 인간의 의식이 건강한 주체적 자아로 성장하기 위해서는 인간의 의식에 버팀목이 되어줄 수 있는 것이 바로 아버지의 권위이다.

그러나 '성장중독증'에 걸린 한국 사회에서는 아직도 더 많이 일해야 한다는 '행복유예론'이 대세이다. 요사이 젊은 세대의 가정일수록 가정 중심의 가치를 추구하게 된 것은 다행이지만 아직도 대다수의 가장들은 이른 아침에 출근하고 저녁 늦은 시간에 퇴근하여 아이들을 보지 못한다. '있어도 없는 가장'들은 "아빠 힘내세요, 우리가 있잖아요"라는 광고노래가 말해주듯 오히려 아이들로부터 위로를 받는다.

언제가 서울을 방문한 독일 교수 일행을 안내해준 적이 있었다. 필자는 이들이 던진 두 가지 질문에 언 듯 답변을 회피한 적이 있었다. 그 하나는 야간의 서울 한강 다리를 지나며 눈에 들어오는 수많은 교회의 붉은 십자가들이 무엇이냐는 질문과 한밤에 불을 환하게 밝힌 서울시내의 빌딩들을 보면서 한국에는 노동조합이 없느냐는 질문이었다. 수많은 붉은 십자가들이 교회라고 대답하지 못한 것은 그들이 믿지 않을 것이기 때문이었다. 그러나 독일에서 10년을 살아본 필자도 두 번째 질문의 저의를 바로 이해하지 못했었다. 늦은 시간까지 열심히 일하는 도시근로자들의 모습은 자랑스러운 일이 아닐까? 그러나 독일 교수들의 질문에는 근로자들의 고귀한 사생활을 헌납하면서 늦은 시간까지 근무하는 것은 가장 중요한 생산현장인 가정의 기능을 침해하는 것으로 '아버지 없는 가정'을 우려하는 질문이었던 것이다.

여가는 노동력의 재생산과 각종 문화산업과 서비스산업의 발전은 물론 국가의 미래를 책임지는 자녀들의 사회화의 장(場)인 가정을 건강하게 영위하기 위해 필수적인 것이다. 이젠 우리도 조금은 러셀(Bertrand Russel)이 말한 '게으름에 대한 찬양'[4]을 통한 보통사람들의 행복증진이 국가-사회적인 제1목표로 삼아야 할 때가 아닌가? 서구에서 '복지국가'가 이루어졌을 때 그 나라의 경제수준은 현재 한국보다 낮았었다. 한국과 비슷한 수준의 부와 성장력을 가지면 구성원이 더 적게 일하고 더 많이 쉬고 놀 수 있도록 제도와 건전한 여가문화를 형성한 나라가 오히려 창의적인 발전을 하고 안정되어 있음을 생각해야 할 시점이다. 이제 가정은 제일 중요한 생산현장이 되어야 한다.

아버지 없는 독일 가정

일찍이 독일의 정신분석가 미처리히(Alexander Mitscherlich)는 1963년 그의 저서에서 처음으로 '아버지 없는 사회'란 용어를 사용했다.[5] 필자가 아버지 없는 사회에 대한 강의를 처음 대할 수 있었던 것은 유학 초기 독일 뮌스터대학의 강의에서다. 아버지 없는 독일 사회의 핵심은 이혼율 상승으로 자녀들이 아버지와 떨어져 어머니와 살게 되는 경우가 급증하면서 거친 말로 표현하면 '애비 없는 호래자식의 사회'가 되는 것을 걱정한 것이다.

제2차 세계대전 이후 독일인의 생활에는 여러 가지 유행들이 거쳐 갔다고 한다. 첫 번째 유행은 경제가 안정되면서 전쟁으로 굶주렸던 배를 채우는 '처먹는' 물결이 찾아왔던 것이다. 사람이 '먹다'라는 독일어 단어는 'essen'이지만 동물들이 먹는다는 것은 'fressen'(처먹는다)이라고 한다. 그만큼 실컷 먹는 것이 유행이었던 것이다. '처먹는' 유행 이후에 두 번째로 찾아온 것은 '꾸미기'(Einrichtung)의 붐이었다. 이는 묵은 침대, 가구, 주방기구들을 교체하고 마당의 정원도 꾸미는 붐이었다.

이때부터 생기게 된 것이 지역마다 요일은 다르지만 한 달에 하루 쓰지 않는 가구들을 집 앞에 버리는 날이다. 이날은 나와 같은 유학생들과 자취생활을 하는 독일학생들에게 필요한 가구들을 마련하는 날이기도 하고 사회구호단체들은 이 가구들을 수거하여 보관하였다가 필요한 사람들에게 기부하기도 한다. 이러한 제도는 지금도 이어지고 있다.

이후 세 번째로 '베이비붐'이 왔었다. 생활환경이 개선되고 경제적 여건도 안정되면서 찾아온 베이비붐은 당연한 것일 수도 있겠으나 정부의 출산장려정책도 큰 역할을 했다. 당시 독일에서는 경제부흥과 더불어 인력난으로 외국노동자들을 많이 불러들였을 때로, 한국의 간호사들과 광부들도 독일에 진출했었던 시기였다. 독일 가정에는 자녀의 숫자에 따라 정부의 지원금이 각기 다르다. 자녀가 많으면 많을수록 혜택이 많아지는 것은 물론이다. 예를 들어 자녀 3명 이상이면 일을 하지 않고도 정부의 지원으로 기초생활을 보장받을 수 있다. 내가 몸담고 있었던 대학 연구소의 경우에도 싱글인 대학교수에 비해 결혼해서 부인과 자녀를 부양해야 하는 조교의 실제 수령 월급이 훨씬 많았던 것으로 기억된다.

네 번째의 변화물결은 '바캉스붐'이었다. 문화가 문제시되는 시점은 어떻게 살 것인가의 의식주 문제가 해결되면서 어떻게 더 잘 먹고, 더 잘 살 수 있으며 더 멋있게 입을 수 있는가의 문제가 대두되기 마련이다. 독일의 여름휴가가 한 달 이상이어서 대부분의 독일 가정은 일상을 떠나 산과 호숫가에서 느긋한 여름을 즐긴다. 물론 베이붐 시기에도 바캉스가 생활화되었지만 베이비붐 이후의 바캉스 형식은 좀 달라진 것 같다.

바캉스(vacance)는 "무엇으로부터 자유로워지는 것"이라는 의미의 라틴어 '바카티오'(vacatio)에서 유래된 용어이다. 그래서인지 풍요속의 도덕적 해이현상이 일부 젊은이들에게서 나타나 바캉스를 부부가 따로 떠나는 경우도 많아졌다. 부부지간에도 서로를 구속하지 않고 자유로워지기를 원하면서 이혼율이 급속하게 높아지게 된 것도 사실이다.

이에 독일정부는 이혼을 하면 부부 모두에게 불이익을 감수하도록 부부의 책임과 의무들을 까다롭게 하는 이혼조건을 법으로 규정하게 된다. 예컨대 부부가 이혼하면 남편의 재산을 엄격하게 분할하고, 남편이 부인과 자녀의 생활비를 책임지며. 자녀는 자기판단력이 생기는 성년이 되기까지 생모인 부인이 양육하게 하였다. 또한 남편은 정기적으로 아이를 찾아가 함께 지내면서 대화를 나누도록 의무화 하였다.

이러한 조건들은 이혼한 부인이 다른 남자와 재혼하여 새 가정을 꾸미는 경우에도 적용되고 있어서 아이를 찾아온 전남편과 새남편이 함께 맥주를 마시고 식사하는 진풍경도 자주 볼 수 있다. 이는 감정을 앞세워 불편함을 드러내는 우리 사회의 경우와는 달리 '거북하지만 합리적 관계'를 유지하는 서구인들의 모습이다.

이혼조건이 법적으로 까다로워지자 이젠 결혼으로 서로가 일상의 속박에서부터 자유로워지기 위해 결혼보다 법적으로 자유로운 동거를 유행처럼 선호하게 되었다. 이미 오래전부터 독일의 가정은 50% 이상이 결혼한 부부가 아니라 '동거인'이다. 이들 중 많은 커플들은 휴가도 각기 따로 떠난다. 여기에서 동거인이란 '인생의 동반자'라는 의미로, 독일에서는 남녀 사이의 관계가 '아는 사람(Bekannte)-친구(Freund)-동거인(Lebensbegleiter)-약혼녀(Verlobte)-부부(Ehepaar)'로 발전한다.

이에 정부는 동거를 사실혼으로 인정하여 각종 법적 혜택을 받도록 하였다. 예를 들어 동거자 중 하나가 다른 도시로 직장을 옮기게 되어 동거인도 함께 이사를 하면 그곳에서 새 일자리를 얻을 때까지 실업수당을 받을 수 있다. 프랑스의 대통령 올랑드의 동거녀도 퍼스트레이디로서의 역할을 하지만 결혼할 생각은 없다고 말한다. 이러한 경우를 우리가 정당하게 받아들이기에는 아직 시간이 필요한 대목이다.

아버지 대신 인터넷

반세기가 지났어도 아직까지 교육정책의 논란에서 중심이 되고 있는 유명한 연구보고서가 있다. 미국 존스홉킨스대학의 콜먼(James Samuel Coleman) 교수가 1966년 발표한 '교육기회 균등에 대한 연구'다. 이 연구는 사회적 불평등과 빈곤문제를 교육을 통해 해결해보려는 미 의회와 행정부의 의지에 의해 수행된 연구이다. 제2차 세계대전 이후 1960년대 불평등에 대한 사회적 관심이 높아지면서 인권의 중요성에 대한 인식이 확산되게 되어 불평등과 빈곤퇴치를 위한 전쟁이 선포되었고, 교육불평등 해소가 빈곤과 사회적 불평등의 문제를 해결해줄 수 있는 정책을 목표로 삼게 된 것이다.

이 연구는 4,000개 학교의 62만 5,000명을 대상으로 학업 성취에 영향을 미치는 변인 100여 개를 조사했었다. 콜먼은 이 보고서를 통해 '학교시설, 교육과정의 질, 교사의 유능성' 등의 특성이 학생의 학업성취에 끼치는 영향은 매우 미약하고, 오히려 학생의 가정환경이 가장 큰 영향을 미치는 요인이라고 지적하고 있다.

이를 콜먼은 사회자본이론(social capital theory)으로 발전시켰다. 콜먼의 사회자본이론은 자녀 교육에서 어머니와 아버지 모두의 참여가 중요하다는 점을 보여주고 있다. 콜먼은 부모의 학문적 능력이나 교육적 지식, 교육에 대한 관심이나 책임감 등 이른바 '인적자본'(human capital)은 부모와 자녀 간의 밀접한 관계 형성을 통해서만 자녀의 지적·정서적 발달에 영향을 끼치며 전달될 수 있다고 설명한다. 함께하는 시간과 배려, 관심 등 부모와 자녀 간의 관계 자체가 인

적자본의 생성을 촉진하는 중요한 사회자본이라는 것이다.[6]

그러나 이 연구 전에는 교육정책을 만드는 사람들, 교사, 학교행정가, 학부모들조차도 학급당 학생 수, 학교도서관이나 연구시설에 대한 예산규모, 교사의 보수수준, 교과과정의 품질 등이 학업성과를 결정짓는다고 믿었다. 바로 '학교효과'다. 그러나 이 연구를 통해서 워커홀릭의 한국의 가정과 같이 '있어도 없는 아버지'가 자녀의 성공이나 교육에 문제시 된다는 것을 알 수 있다.

최근 우리의 일상은 스마트폰을 비롯한 디지털기기들에 의해 식민화되었다. 가족구성원들 사이의 대화가 줄어들고 가정에서도 세대갈등을 유발시키는 요인이 되고 있기 때문이다. 따라서 서구사회에서는 디지털기기 때문에 잃어버린 가정의 역할을 되찾기 위한 디지털 디톡스(Detox)운동이 점차 확산되고 있다. 인터넷과 스마트폰을 잠시 꺼두고 가족과 친구들이 얼굴을 맞대고 손과 손으로 전해지는 사람의 온기를 느끼는 새로운 기쁨을 찾자는 것이다. 아무리 미디어포화 상태의 사회라 해도 미디어가 가정을 대신할 수는 없다. 젊은 세대의 인격과 품성에 관한 한 학교는 제1차적인 책임의 주체가 아니라 오직 가정만이 그 값진 책임을 다할 수 있기 때문이다. 지금은 아버지의 권위가 회복되어야 할 시대이다.

아버지의 권위를 되찾는 조건은 존경이다. 존경은 권위의 초석이다. 존경이 없으면 권위도 무너진다. 존경의 소멸과 권위의 붕괴는 서로에 대해 원인이자 결과이다. 19세기에는 니체(F. Nietzsche)가 차라투슈트라의 입을 빌어 "신(神)은 죽었다"고 선언하기 이전까지는 그래도 세대 간 단절의 틈에는 신이라는 연결체가 있었다. 20세기에는 마루쿠제(Herbert Marcuse)가 "아버지는 죽었다"고 선언하기 전까지는 아버지의 권위가 세대 간의 단절을 연결해주었다. 그러나 현대 사회에서는 세대 간의 단절을 이어줄 정신적 매개가 아직 없다. 오늘날 '존경'이 사라진 아버지의 권위와 어머니의 사랑은 '스펙터클의 관계'가 대신한다. "스펙터클의 어원인 라틴어 동사 'spectare'는 거리를 둔 배려와 존경(respectare) 없이 관음증적 태도로 쳐다보는 것을 의미한다."[7] 이미 액세스가 자유로운 사이버공간을 통한 청소년들의 '음란물 들추기'는 성(性) 개방풍조로 이어지고, 부모는 더 이상 청소년들에게 비밀스러움이 없고 사실상 존경에서 벗어나 있음이다. 우리의 생활세계를 지배하는 디지털환경은 부모에 대한 존경의 존립기반을 무너뜨린다.

2

고속도로와 비정상의 정상화

독일 아우토반

전국토를 사통팔달(四通八達)로 잇는 세계 제일의 고속도로 독일의 아우토반(autobahn)에는 통행료가 없다. 유럽의 중심에 위치해 9개의 국가들과 국경을 접하고 있어 인접국의 자동차들도 독일 아우토반을 자주 이용한다. 관리비용도 많이 든다. 통일이후 낡아 누더기가 되어버린 동독의 아우토반을 수리하고 재건설하는 데에 천문학적인 예산이 들었음에도 불구하고 독일정부는 끝내 통행료를 징수하지 않았다.

아우토반의 통행료 징수를 반대해온 것도 우리가 관심을 가져야 할 대목이다. 즉, 한 번 통행료를 받기 시작하면 국가예산이 도로의 유지보수나 건설경비를 책임지질 않고 점차 통행료에만 의존하는 관행이 생김으로써 납세자인 국민 부담만 더욱 무겁게 한다는 것이 이유였다. 또한 통행료가 없기 때문에 독일로 오고 지나는 외국차가 많아지면 고속도로 통행료보다 그들이 독일에서 쓰는 돈이 더 많고 요금소 운영으로 인한 비용부담이 없기 때문에 경제효과가 더 크다고 한다.

물론 독일 자동차업계도 승용차 통행료 부과에 반대해왔다. 통행료 부담으로 자가운전비용이 늘어나면 자동차 판매에 미칠 영향이 우려되기 때문이다. 한국에서 만일 이러한 정책을 강조하는 정당이 있었다면 정치적 포퓰리즘으로 맹비난의 대상이 되었을 것이다.

그러나 2005년부터 독일에서도 화물차의 고속도로 통행료를 징수하기 시작했다. 그리고 2012년 8월부터는 84개의 4차선 일부국도 1,135km를 이용하는 12톤 이상의 화물차에 대해서도 통행료가 징수되었다.

또한 최근 독일 교통부는 2015년 10월부터 통행료를 징수하는 화물차의 무게를 12톤 이상에서 7.5톤 이상으로 낮추도록 하였고, 통행료 징수 대상의 국도 역시 기존보다 1,000km 더 확대하기로 하였다. 이러한 조치들은 아우토반 통행료를 아끼기 위해 국도를 이용하는 화물차가 늘어남으로써 국도가 혼잡해지고 도로의 파손율이 높아지기 때문이다.[8]

그러나 지금도 독일에는 어디에도 고속도로 톨게이트가 없어 차례를 기다리기 위해서 막히는 곳이 없다. 톨게이트가 없는데도 화물차의 통행료 징수가 원활하게 이루어질 수 있는 것은 디지털화된 자동요금청구시스템 때문이다. 아우토반과 국도에 설치된 45만 대의 카메라, 차량마다 부착된 이동통신 발신기, GPS 등이 차량 운행거리를 계산하여 자동으로 통행료가 운송업체에 징수된다.

독일경제연구소(DIW)의 자료에 따르면 1만 3,000km에 달하는 아우토반을 비롯한 도로관리비용으로 매년 6억 5000만 유로(약 9400억 원) 이상을 지출하고 있다. 그러나 12톤 이상 대형 화물차를 대상으로 걷은 통행료는 2억 6000만 유로(한화 약 3760억 원) 정도이다. 그럼에도 통행료요금징수 대상의 국도와 징수대상의 화물차를 넓혀가는 교통정책에 반대하는 여론이 크다. 이러한 여론이 호응을 얻고 있는 것은 독일정부의 건전한 국가 재정 여건 때문이다. 독일은 2013년 상반기 기준 총 85억 유로(약 12조 3000억 원)의 재정 흑자를 이룰 수 있었고 2015년까지는 연방정부 순 채무를 모두 털어내고 2016년 이후부터는 150억 유로(약 21조 7000억 원)의 재정흑자를 이루는 계획을 세웠다. 독일은 지난 2000년대 후반까지만 해도 재정적자에 시달려 왔었고 지난 2009년에는 재정위기로 인한 EU국가들의 파탄을 목격했었다.[9]

그동안 모든 자동차의 아우토반 통행료 징수에 대한 독일 국회와 정당 차원에서 논의는 보수정당의 제의와 진보정당의 거부로 되풀이되어왔었다. 최근까지도 앙겔라 메르켈 총리가 이끄는 독일기독교민주동맹(CDU-CSU)의 아우토반 요금징수제안이 연립정부협상안에 포함됐었다. 독일 승용차를 제외한 외국 승용차들에 대한 고속도로통행료 징수를 골자로 하는 협상안이었으나 이마저 최근에 부결되었다.

위성도시주민의 통행료

우리나라의 고속도로에는 외국차가 거의 다니지 않는다. 톨게이트에서 받는 돈은 거의 한국인들의 자동차다. 한때 도시의 터널들마다 통행료를 지불해야 했었던 때도 있었고 지금도 민자(民資)도로와 터널에서는 통행료가 징수되고 외곽도로들에서도 여전히 통행료를 지불해야 한다.

언젠가 서울로 출퇴근하는 신도시 주민들이 고속도로 통행료징수에 대한 항의표시로 10만 원짜리 수표와 소액동전을 통행료로 지불하는 바람에 도로공사가 애먹은 적이 있었다. 신도시 주민들의 요구는 서울로 출퇴근하는 수도권 거주자들의 통행료가 면제되어야 한다는 것이었다. 늘어나는 대도시 인구의 분산을 위해서 대규모의 위성신도시를 조성해놓고 이들을 잇는 도로에 천문학적인 예산을 지출해야 하는 어려움을 알 수 있을 것 같다. 그러나 도로공사가 톨게이트 건설비와 운영경비는 물론 인건비를 들여 통행료를 징수하는 것은 국가가 감당해야 할 도로건설과 유지보수비용을 국민에게 떠넘기는 것이나 다름이 아니다.

국가예산은 국민의 세금이고 국민은 누구나 세금을 내야 할 의무가 있다는 것쯤은 상식적으로 알고 있다. 그러나 우리가 각종 요금에 덧붙여지는 직간접적인 세금들을 따져보면 왠지 국민이 '봉'으로 취급당하고 있다는 생각이 든다. 이는 나만의 삐뚤어진 성격 탓은 아닐 것이다. 이는 세금의 명목들이 얼마나 당위성을 갖으며, 얼마나 공평하게 징수되고 또한 국민생활의 안녕과 삶의 질을 구현해주는 데 효과적으로 사용되고 있는지 정부기관의 정책에 대한 신뢰성에 관한 문제이다.

세계 첨단의 디지털산업국가에서 교통당국은 고속도로의 낙후된 요금소 방식을 유지하고 있다. 모든 톨게이트가 닫혀 있어 요금소의 문이 열려야 비로소 지나갈 수 있다. 요금을 내기 위해 차를 세우고 다시 출발해야 하는 운전사의 불편도 있지만 기름을 허비하고 배출가스가 늘어나고, 정체 시에는 짜증까지 난다. 많은 예산을 들였을 '하이패스' 톨게이트가 생겨 이용하는 사람들은 매우 편리함을 느낄 수 있다. 그러나 이왕에 하이패스 시설에 투자한 예산으로 독일 화물차의 경우와 같이 톨게이트 요금소가 없이도 위성자동징수 시스템으로 자동 징수되는 제도를 정착시킬 수는 없었을까? 그보다 하이패스가 첨단 디지털 요금징수방식인데도 아직도 아날로그에 의존하는 경우가 있다. 운전자가 하이패스 충전요금이 부족하여 미납으로 고속도로를 나오게 되면 '유료고속도로 통행료 납부안내문'이라는 우편물을 도로공사로부터 받게 된다. 청구된 금액이 몇 백 원일 수도 있는 경우가 많을 터인데 이 경우에도 우편요금, 지로용지 인쇄대, 인건비 등이 더 비쌀 수밖에 없다. 물론 충분히 하이패스를 충전하지 못한 운전자의 잘못이지만 하이패스는 첨단의 요금징수방법이 아닌가? 미납차량이 하이패스를 재충전하여 다음에 고속도로 톨케이트를 지날 때 이전에 미납분을 자동으로 결제되도록 하면 우편청구비용이 절감되지 않을까 하는 생각도 든다. 우편요금은 1만 통 이하는 300원이고, 1만 통 이상은 할인이 된다고 한다.

우리나라의 고속도로정책은 지나치게 통행료에만 의존하고 있는 것도 문제이다. 우리나라 최초의 고속도로인 경인고속도로는 1968년에 개통되었으니 이제 반세기가 다되었다. 그동안 투자비 대비 몇 배를 초과 회수한 것은 물론이다. 현행 유료도로법 제16조 3항에는 통행료의 총액은 건설유지비총액을 초과할 수 없도록 했고, 동법 시행령에는 30년 범위 안에서 통행료의 수납기간을 정하도록 규정하고 있어서 경인고속도로의 통행료징수는 원칙적으로 불법이다. 2012년의 경우 경인선의 통행료 수납은 건설유지비대 3120억 원 초과징수 했다. 경인고속도로이외에도 개통한 지 30년이 지난 고속도로인 경부선·울산선 등 8개 노선이 지금도 통행료를 받고 있다. 경부선의 경우에도 2012년의 경우 총통행료수납은 건설유지비 대비 2조 806억 원을 초과 징수했고, 남해 제2지선도 1440억원, 울산선은 794억 원 초과 징수했다.[10]

제2경인고속도로와 제3경인고속도로에도 불구하고 교통량이 많아 고속도로의 기능을 거의 상실한 제1경인고속도로까지 통행료를 받고 있는 이유는 무엇 때문일까? 유료도로법 시행령 제18조는 전국을 하나의 노선으로 간주, 모든 고속도로 이용자에 대해 동일한 요금체계에 따라 수납기간에 관계없이 통행료를 거둘 수 있도록 하고 있다. 이른바 통합채산제다. 법원 또한 전국 고속도로는 지리적 여건상 밀접한 관련을 가지고 지역 간 통행료의 형평성, 투자재원 확보 등을 고려할 때 통합채산제 운영을 적법한 것으로 판결한 바 있다(대법원 2003두664 판결).

이젠 통행료 수입에만 과도하게 의존해온 도로공사는 통합채산제를 이유로 유료도로법에 규정된 통행료 폐지 시점이 지났고 충분한 통행료를 징수한 고속도로들을 이제 국민에게 돌려줄 방안을 고민해야 할 때가 되었다고 본다.

지나친 자동차유관 세금들

전국 곳곳에서 지나치다 할 정도로 '통행료 폭탄'이 터지고 있다. 부산과 거제도를 잇는 거가대교는 통행료가 1만 원, 대구-부산 고속도로의 통행료는 1만 900원, 서울-춘천 고속도로는 6,500원, 서울외곽도로 북부선은 4,600원, 인천대교 통행료는 6,000원, 인천공항 고속도로의 통행료는 7,700원에 달한다. 이들은 민자고속도로로 일반 고속도로에 비해 통행료가 최대 3배나 비싸다. 더욱이 한심한 것은 9개 민자도로의 실제 통행량이 예측했던 통행량의 57% 수준이어서 정부가 통행료 수입 미달 액수를 메워주고 있다. 지난해까지 9개 민자도로에 지급한 혈세는 1조 5000억 원에 이르는 것으로 알고 있다. 이렇게 정부가 길게는 30년간을 부담해야 하는 민자도로의 적자와 비싼 통행료는 결국 국민의 몫이다.[11] 그러나 그 내막을 보면 무늬만 민자사업이다. 부산~울산 고속도로 민자사업은 한국도로공사와 국민연금공단이 100% 지분을 갖고 있고, 신분당선 정자-광교 복선전철 민자사업의 경우 산업은행과 정책금융공사가 80%를 보유하는 등 공공부문 지분이 50%를 넘는 대형 민자사업이 6개에 이른다. 이같이 사실상 공공투자사업으로 건설된 시설이면서도 민자사업임을 내세워 이용요금을 비싸게 물리는 것은 부당하다.

한국도로공사의 부채규모는 295개 공공기관 중 4번째 많은 규모이다. 한국도로공사의 부채는 2014년에 29조 5000억 원에서 2017년에 36조 1000억 원으로 계속 증가할 것이라는 전망이다. 그럼에도 도로공사는 708억 원의 성과급을 지급하는 등 최근 몇 년간 2389억 원의 성과급 잔치를 벌였다니 방만한 경영의 표본이 아닐 수 없다.[12]

이뿐만이 아니라 자동차유관 세금들도 국민을 봉으로 만드는 예이다. 우리가 승용차를 소유하는 데는 너무나 많은 직간접 세금을 지방정부와 중앙정부에 바치고 있기 때문이다. 각종 벌금과 도로통행료 그리고 휘발유에 내는 다양한 세금들을 생각하면 말 그대로 자동차는 움직이는 세금원이고 운전자는 정부의 빚쟁이 격이다. 승용차를 구입하는 경우에도 취득세와 등록세를 비롯해서 지하철공채, 교통안전협회비 등 다양한 명목의 비용들을 지불해야 하고, 정기적인 검사비용도 운전자의 몫이며 책임보험과 종합보험을 이중으로 가입해야 한다. 그뿐인가 교통문제를 해결해보려는 고육책인 줄은 알지만 건축물에 교통체증유발금도 부과되고 있다. 또한 구청에서 주차사업권을 허가받은 개인 기업이 동네골목까지 주차선을 긋고 서울시장이나 구청장의 이름으로 주차요금을 징수하는가 하면 주차단속원들을 동원하여 벌금 딱지를 남발하고 견인차를 동원하여 '자동차유치장'으로 견인해 가기라도 하면 비싼 벌금과 보관비를 물어야 한다. 어쩌다 이의라도 제기하는 사람이 있으면 어깨가 딱 버러진 사나이가 버티고 있는지라 보통 사람들은 주눅이 들고 만다. 국가예산의 한계성과 심각한 교통체중의 문제 때문에 이 같은 극약처방을 고안

해냈을 것으로 생각하면 이해할 만도 하지만 행정편의주의의 결과로밖에 생각되지 않는 것은 왜일까?

나는 평생 교직자로서 성실한 납세자이면서 모범적인 운전자였다고 생각한다. 그런데 어찌된 나라인지 내가 낸 세금이나 기금들이 얼마나 징수되어 어떤 일들에 얼마큼 쓰여졌는지, 보험료는 운전자들에게 적절하게 책정되고 보상되고 있는지, 그리고 고속도로 요금은 얼마나 징수되었으며 어떠한 운영항목과 사업들에 어떻게 지출되었는지 또한 이러한 관련 기구들이나 기업들의 사업투명성이 어떤 관리기관들에 의해서 객관적으로 감사되고 있는지에 대한 피드백이 안 되고 있다.

나는 유학시절 독일에서 운전면허증을 취득했다. 그리고 독일에서 평생 처음 가져본 내 차는 대학캠퍼스의 게시판을 통해 당시 600마르크(약 60만 원)를 주고 구입한 고물 딱정벌레차였다. 자동차를 구입하면 등기와 책임보험에 가입하면 끝난다. 쾰른(Köln)시 인근 레버쿠젠(Leverkusen)에 있는 바이엘(Bayer)공장에서 방학 동안 아르바이트를 할 때의 일이었다. 방학 동안 빈방이 많은 쾰른대학교 학생기숙사에 묵으면서 공장까지 출퇴근하는 데는 왕복 족히 3시간이 걸렸지만 자동차로는 1시간이면 족했다. 유학생이 경제적인 여유가 있어서 자동차를 구입한 것이 아니고 자동차가 있으면 절약되는 2시간을 더 일해서 더 많은 돈을 벌 수 있었기 때문이다. 나의 계산대로 자동차 값의 몇 배를 더 벌 수 있었다.

그러던 어느 날 나는 내 실수로 교통사고를 내고 말았다. 어떻게 알았는지 곧바로 교통경찰과 구급차 그리고 견인차가 사고현장에

왔고, 뒤이어 보험회사와 렌터카회사 직원이 모여들었다. 사고수습은 먼저 탑승자의 건강을 체크하고, 경찰은 선을 긋고 사고 경위를 확인한 다음 견인차가 사고차를 정비공장에 옮기게 했다. 그리고 교통경찰차의 트렁크에서 빗자루와 쓰레받기를 꺼내 도로 위에 흐트러진 유리조각과 파편들을 깨끗하게 치웠다. 승용차가 수리를 요하는 경우에는 현장에 나온 보험회사와 렌터카 직원이 사고 차와 동일급의 자동차를 사고를 낸 사람과 사고를 당한 운전자에게 빌려주고 보험회사는 렌터카회사까지 가는 택시비용을 결제해준다. 사고벌칙금도 수입 정도에 따라 운전자가 원하는 대로 분납될 수도 있다.

선진국에는 대도시 일수록 일방통행의 도로가 많고 자동차의 한쪽 바퀴는 인도(人道)에, 다른 한쪽 바퀴는 차도(車道)에 걸쳐서 주차하는 '갓길 주차'가 일반화되어 있다. 그리고 요일별로 주차시간을 구분하는 탄력적인 주차공간 이용이 정착되어 있다. 우리나라의 교통정책과 교통서비스들도 많이 향상되었으나 아직은 비유되는 부분이 많다. 좀 더 기관이나 기업의 이익보다 시민편의를 우선으로 생각하는 것이기를 기대한다.

공짜버스는 정치적 포퓰리즘인가?

독일 뮌스터대학 캠퍼스의 주차난을 해소한 예는 우리에게 좋은 교통정책의 본보기가 될 것 같다. 독일 대학광장의 주차장은 학생들의 승용차들로 항상 혼잡했다. 여러 해가 지난 후 다시 대학을 방문했을 때는 혼잡했던 대학광장의 주차장이 한산해졌다. 왜 그럴까? 학생차량의 주차를 강제로 금지시켰기 때문일까?

대학생들의 자가용운행을 저지하기 위해 주(州)정부에서 고안해낸 방법은 자동차를 소유한 학생이든 자전거 통학이나 걸어서 통학하는 학생이든 모든 학생들이 새 학기 등록을 할 때 한 학기의 교통요금을 일시불로 징수케 하고, 학생증을 소지하면 70km이내의 모든 공공교통수단(전차·기차·시외버스·시내버스)을 무임승차할 수 있게 하였다. 이는 캠퍼스의 교통 혼잡을 해소하기 위한 것이었고, 이 조치는 대성공이었다.

우리네 교통난 해소방안으로 이러한 정책이 제시되었다면 아마도 단견적이며 극단적인 극약처방이라는 비판을 받았을 것 같다. 실제로 2014년 지방선거에서 김상곤 경기지사예비후보는 무상 대중교통 체계를 정책공약으로 내세웠었다. 이에 대한 반응은 매우 비판적이었다. 공익과 국가미래를 생각하지 않는 정치적 포퓰리즘이라는 것이다. 김상곤 예비후보가 경기도교육감 시절 무상급식과 혁신학교를 통해 보편적 복지에 대한 사회적 논의를 촉발시켰던 점을 의식한 듯 보수진영은 무책임한 정치공약으로 맹비난하고 나섰다.

그러나 놀라운 정책이 아니고 실현 가능한 제언이라고 생각한다. 세금지출의 우선순위를 어디에 두는가를 결정하느냐는 정치적 결정에 의해서 무상급식이나 무상버스는 가능할 수도 있다고 생각한다. 그리고 선진국의 경우에는 '무상 대중교통'을 실행하는 도시들이 늘어가고 있다. 프랑스 남부 도시 오바뉴의 모든 버스들은 4년 전부터 무료로 운영된다. 현재 프랑스에는 오바뉴뿐 아니라, 샤토후, 콤피에느 등 총 24개 도시가 무료 대중교통 시스템을 운영하고 있다고 하며 에스토니아의 수도 탈린에서도 모든 대중교통이 무료이다. 그리고 이 같은 움직임이 벨기에, 스페인 등에서도 확대되고 있다. 무료버스의 운영으로 얻는 장점들도 있다. 자동차를 이용하는 인구가 줄어들기 때문에 환경보호에 도움을 주고 외딴 지역에 사는 사람들의 시장접근이 용이하여 지역경제가 활성화된다는 평가이다. 이 밖에도 한시적이나마 매년 12월 31일 오후 5시부터 정월 초하루 다음 날 정오까지 파리 시내 모든 대중교통은 무료로 운행된다. 연말파티를 즐기는 시민들에게 파리교통공사가 제공하는 서비스라고 한다. 지하철도 밤새 흥청거리는 사람들을 무료로 실어 나른다. 백야축제를 하는 날 밤에도 비슷한 일이 벌어진다. 바로 시민을 위한 교통정책의 좋은 예가 아닐 수 없다.[13]

비정상의 정상화

도로정책에서도 '세월호'가 있었다. 서울-춘천 고속도로 민간투자 건설사업에서 사업시행 주관사인 5개 대기업이 공사비를 부풀려 얻은 이익규모가 8850억 원에 달한다는 것으로 알려졌다. 반면 실제 공사를 진행한 하도급 업체들이 받은 공사비는 7797억 원에 불과한 것으로 나타났다. 이는 총공사비 1조 6648억 원 중 47%에 불과한 수준이다.[14] 그동안 들어나지 않은 이 같은 부정들은 얼마나 숨겨져 있을까? 관료주의적 마피아라는 부패고리를 '관피아'로 회자되듯이 우리 사회의 일그러진 부패 자화상들이 해피아, 철피아, 금피아, 교피아, 모피아, 산피아, 국피아, 언피아 등 등으로 매스컴을 통해 회자되고 있다. 이 나라의 모든 분야에 부정이 스며들었음이다.

오늘날 죄의식 없이 저지러지고 있는 이 같은 부정들은 나치의 학대를 피해 미국으로 망명한 독일출신의 유대인 정치철학자 아렌트(Hannah Arendt)가 말하는 '악의 평범성(banality of evil)'을 생각하게 한다.[15] 아렌트는 1961년 예루살렘의 법정에 선 인간 백정 아이히만을 보고 깜짝 놀란다. 그는 피에 굶주린 악귀도, 냉혹한 악당도 아니었고 그냥 볼품없고 왜소한 노인에 불과했었기 때문이다. 그는 칸트까지 인용하며 명령에 따랐을 뿐이고, 명령은 지키는 것이 도리라고 말했다. 이같이 악이란 뿔 달린 악마처럼 괴이한 존재가 아니며, 사랑과 마찬가지로 언제나 우리 가운데 있을 수 있는 것이었다. 자신이 저지른 일과 자신의 책임을 연결 짓지 못한 채 웃음을 짓는 아이히만에게서 아렌트는 '악의 평범성'이라는 개념을 이끌어냈다. 그리고 그녀의 결론은 '악의 평범성'을 멈추게 할 방법은 '생각'하는 것뿐이라는 것이다.

세월호 사건으로 한국 사회는 '부정의 평범성', '부정의 일상화'를 '정직의 평범성', '정직의 일상화'로 바꾸는 노력이 요청되는 시점에 있다. 제도와 규정을 새로 만드는 것도 중요하지만, 기업 문화와 철학이 더욱 강조되어야 한다. 패전국 독일이 전후 민주시민교육에 전력을 집중한 것도 '악의 평범함'을 경계하기 위한 것이다. 민주시민교육은 틀에 박힌 국민윤리 교육이 아니다. 비판 정신을 키우는 것, 현재 일어나고 사안에 적극 참여하고 담론을 만드는 것, 탈정치화의 속임수에 빠지지 않고 일상적인 것도 정치적인 것으로 해석할 줄 아는 능력을 키우는 것을 뜻한다. 바로 이러한 민주시민교육을 통해서 똑똑한 유권자는 정치의 민주화를 이끌어 낼 수 있고 똑똑한 경제적 소비자는 기업이 윤리와 철학을 갖게 할 수 있다.

박근혜 대통령의 신년기자회견 핵심어 가운데 하나는 '비정상의 정상화'였다. 현실적으로는 일명 '김영란법'과 같은 부정부패의 규제법으로 철저하게 통제되어야 하겠지만 장기적으로는 독일의 '정치교육연구소'나 '국민대학'과 같은 '민주시민교육'을 정착시키려는 노력이 없다면 '비정상의 정상화'는 이루어 질 수 없다.

좋은 정책이란 국민의 희생을 요구하는 것이 아니어야 한다. 대표적인 공기업의 하나인 도로공사의 정책도 예외가 아니다. 대도시에서 직장과 생업을 갖고 있는 위성도시들의 주민들을 위해 대도시 인근의 고속도로 통행료는 점진적으로 폐기되어야 한다. 국민은 봉이 아니다.

3

한국의 아우성 문화

수도권 인구집중

'아우성'은 한때 텔레비전의 성교육 강의로 인기인이 된 구성애 씨를 통해 알려진 말이다. 이는 "아름다운 우리아이들의 성(性)을 위해서"라는 의미의 줄임 말로 더 많이 이해되고 있다. 그러나 여기에서는 '아우성'을 본래의 의미대로 이해를 해주길 바란다. 오늘의 우리 생활문화를 구태여 '아우성 문화'로 표현하고 싶었던 것은 인구가 과도하게 집중된 대도시의 무질서가 마치 생존경쟁의 아우성처럼 보이기 때문이다.

유럽인들은 프랑스의 수도권집중 현상을 '파리가 곧 프랑스' 라고 비아냥대는데 한국은 프랑스보다도 훨씬 더 심하다. 프랑스는 전 인구의 20%, GDP의 30%, 500대 기업 본사의 75%가 수도권에 몰려 있지만, 우리나라는 전 인구의 45%로 세계 최고이다. 1990년대 초반만 하더라도 50% 수준이던 도시화 비율은 20년이 넘은 지금 90%를 훌쩍 넘어섰다. 특히 수도권에는 전 인구의 절반이 그리고 전 국토면적의 0.6%인 서울에만 우리나라 전 인구의 5분의 1인 1000만 명 이상이 몰려 있다. 이는 1km^{2}당 1만 6,586명의 가장 높은 인구밀도를 보여주는 것으로 1km^{2}당 87명인 강원도의 190배에 이른다.[16]

이러한 수도권에는 GDP의 약 50%, 100대 기업 본사의 91%가 몰려 있다. 수도권에는 전체 일자리의 절반이 넘는 1203만 개의 일자리가 있고, 전체 법인세의 57.4%가 서울에서 걷힌다. 대한변호사협회의 자료에 따르면 2012년 말 현재 전국 변호사 1만 4,493명 중 서울지방 변호사회에 등록된 변호사는 모두 1만 702명으로 전체의 73.8%에 이른다. 뿐만 아니라 문화체육관광부에 등록된 공연장(공공 및 민간 포함)은 2011년 말 기준 751개로 절반인 49.9%(서울 34.2%, 경기도 15.7%)가 수도권에 몰려 있고, 국립오페라단, 국립발레단 등 국립예술단체 12개 중에서 국립민속국악원을 제외한 11개 단체가 서울에 있다.[17]

자동차 등록 현황도 서울과 수도권의 집중도를 말해주고 있다. 전국 총 자동차 등록대수의 약 45%인 875만 3,000여 대가 서울과 수도권의 교통흐름에 참여한다. 우리나라의 자동차 등록대수가 2014년 3월말 현재 1953만여 대로 연 2.8%의 증가추세를 보일 경우 2015년 상반기에 2000만 대를 돌파 할 것이라는 전망이다. 이는 인구 2.5명당 차량 1대를 굴리는 셈이다.

이같이 모든 기능이 서울시에 집중되어 서울이 대한민국이고 대한민국이 서울인 것이 한국의 현실이다. 교육기회, 좋은 직장, 문화생활이 서울에 집중되어 있어 모두가 서울에 오고 싶어 한다. 특히 젊은 부모들이 자식교육과 출세를 위해 서울, 경기도로 이사하기 마련이다.

대도시의 아우성 문화

수도권의 인구집중으로 추석이나 구정과 같은 명절과 연휴기간에는 수도권을 떠나는 '민족대이동'이 시작된다. 매번 반복되는 경우이지만 지난 구정연휴기간 중에도 고향을 찾는 유동인구가 약 3000만 명을 상회하고 30~40만 대의 차량이 서울과 수도권을 빠져나가고 고속도로 전체 통행량은 350만여 대에 이른다고 한다. 이 정도의 차량이 줄어도 명절연휴 때이면 도심의 풍경은 한가하기까지 하고, 심하게 막히던 거리의 차량흐름도 한층 여유 있게 보인다. 평소 대도시의 인구집중과 교통흐름이 이 정도이면 얼마나 좋을까하는 생각을 해 본적도 있다.

외국인들이 한국에 처음 발을 들여놓으면 가장 인상적으로 눈에 보이는 것들 중의 하나가 거리의 간판이다. 필자도 외국여행을 하고 귀국하면 새삼 대단위의 아파트 밀집지역에서 묻어나는 시멘트의 잿빛이 눈에 들어오고 도심의 상가들이 밀집된 거리를 지나노라면 무질서한 간판들이 어지럽다. 약국, 각종 음식점, 편의점, 병원, 학원 등의 조잡한 원색간판들은 경쟁적으로 점점 대형화되어 빈 여유

공간이 없이 건물 벽과 창문까지 도배질 하고 있다. 모두가 먹고살기 위한 생업현장의 아우성이다.

원래 간판이란 상품의 구매자들이나 접객업소의 이용자들에게 알리기 위한 광고와 홍보의 수단이다. 그러나 간판이 크면 클수록 사람들에게 미치는 소구력(訴求力)도 클 것 같지만 주변의 모든 간판이 원색적이고 대형화된다면 간판이 크다고 광고와 홍보의 효과를 갖는 것이 아니다. 오히려 무질서와 시민들로 하여금 피로감만 쌓이게 해주는 공해가 될 수밖에 없다. 거리의 간판들이 조화롭게 조형될 수는 없을까? 거리의 간판문화는 그 사회의 얼굴이고 문화양식을 읽을 수 있게 해주는 척도이다. 거리의 간판들이 모두가 일정하게 규격화할 수는 없어도 최대 규격제도를 도입해서 모든 간판들이 작아지게 하는 행정당국의 규제가 필요할 것으로 생각된다. 강남일대 큰 도로변의 간판들은 많이 정화되고 있다. 그러나 이러한 모습들이 전국적으로 정착되는 것을 아직은 기대할 수는 없을 것 같다.

거리의 무질서에서도 아우성의 문화를 읽는다. 시장이나 상가 밀집지역을 지나노라면 예외 없이 상점들과 노점상들이 공유 공간인 인도나 도로변에는 마구잡이로 물건들을 쌓아놓고 음식점과 각종 오락실이나 유흥업소들의 입간판들이 점거하고 있다. 특히 시장주변의 도로에는 인도와 차도가 구별되지 않을 정도로 상품들과 지나는 사람들 그리고 차량들이 뒤엉켜서 무질서의 극치를 이루고 있다. 여기에 육교의 행간에는 각종 행사와 공연 현수막을 바람막이 삼아 각종 노점상들이 어지럽게 널려 있고, 사람이 많이 몰리는 지하도 출입구 부근에는 예외 없이 각종 광고전단 물을 돌리는 아주머니들이 길을 막는다. 출근을 위해 집을 나서면 승용차의 창틈에 꽂혀 있는 각종 광고물을 발견하게 되고, 이를 함부로 버릴 수 없어 쓰레기통을 찾노라면 바쁜 출근시간을 지체시키기 마련이다.

방송광고에서도 아우성의 문화를 보고 듣는다. 우리의 생활세계가 광고로 식민화되었다면 지나친 말일까? 우리는 광고의 홍수 속에서 광고를 산소처럼 마시고 광고와 함께 생활하고 있는지도 모른다. 우리나라에는 구체적인 통계가 없어서 미국의 이야기를 해야겠다. 미국의 어린이들은 취학 전 6세까지 평균 5,000시간을 텔레비전 수상기 앞에서 보내고, 고등학교를 졸업하기까지는 1만 9,000시간을 시청하며, 20세에는 거의 100만 번의 텔레비전 광고를 시청한다고 한다. 뿐만 아니라 1억 5000만 명이 매일 황금시간대에 텔레비전을 시청하며, 텔레비전 수상기는 평균적으로 가정에서 매일 7시간 반 동안이나 켜져 있다. 미국 청소년들이 텔레비전 시청보다 더 많은 시간을 할애하는 유일한 일은 오직 잠자는 일뿐이라는 이야기이다. 이밖에도 미국에는 많은 시각적 그리고 시청각적인 미디어들이 있다. 즉, 26만 개의 포스터 판, 2만 1,000개의 영화관, 2만 7,000개의 비디오방, 4억 대 이상의 라디오가 있다. 이는 자동차 라디오가 포함되지 않은 수치이다. 매일 약 4100만 장의 사진을 찍고, 매년 대부분 그림들로 이루어진 약 600억 개의 광고우편물들이 편지함에 배달된다고 한다.[18]

우리의 경우도 인구비례로 따지면 미국에 못지않을 것이다. 간판과 광고 그리고 교통의 흐름이 건물들과 아우러지는 도시의 모습은 그 사회의 문화양식을 말해주는 상징성을 갖고 있다. 아우성이 묻어나는 무질서의 도시문화는 개선되어야 한다.

아우성의 디지털사회

미국의 보도전문채널 CNN은 세계에서 109번째로 면적이 큰 한국이 세계의 어떤 나라보다 뛰어난 10가지를 보도한 바 있다.[19] 세계 제일의 인터넷·스마트폰 사용, 세계 최고로 많은 신용카드 사용자, 한국인 특유의 일중독, 인구 98%의 중등교육률과 63%나 되는 대학 진학률, 폭탄주문화, 남성 사이에서도 열풍인 화장품문화, 세계무대를 압도하는 여자 골퍼들과 프로게이머들의 실력, 최고의 서비스를 자랑하는 항공기 승무원, 소개팅문화 그리고 의료여행으로까지 확산된 성형수술 등이 세계 최고로 이름을 올렸다.

가장 먼저 소개된 것은 역시 압도적인 수준의 인터넷·스마트폰 사용문화이다. 한국의 인터넷 사용률은 82.7%로 세계에서 가장 높고 80% 가까운 국민이 스마트폰을 사용한다. 또 한국에서는 카카오톡 등 메신저 앱으로 채팅을 하고 지하철에서 DMB로 텔레비전을 시청하고 세계 최초로 QR코드를 이용하여 물건을 구매할 수 있는 '가상 슈퍼마켓'이 등장했다는 것도 덧붙였다.

그동안 한국은 인터넷 기술을 적시에 활용하기도 했지만 '좁은 국토' 덕분에 초고속 통신망을 가장 먼저 구축할 수 있었다. 여기에 우리의 단점이라고 비하되던 '빨리빨리'의 국민성을 장점으로 작용할 수 있었던 것은 인터넷의 큰 선물이라 하지 않을 수 없다. 지금 한국은 인터넷선진국이다. 최고 수준의 인터넷 경제를 일으켰고 세계 최고 수준의 전자정부를 구축했다. 한국의 인터넷뱅킹과 인터넷주식 거래비율도 세계 최고 수준이다.

실제 사회적 습관의 극적 변화는 대부분 신기술과 그 기술을 잘 활용하는 아이디어가 만들어냈다. 은행의 창구대기표, 전철 승강장의 스크린도어, 승용차 블랙박스 등 그런 사례를 숱하게 찾을 수 있다. 무질서의 상징이었던 버스정류장을 GPS와 무선통신 기술을 이용한 버스 도착 안내 단말기(BIT) 덕분에 외국인들도 감탄하는 한국의 상징이 될 판이다. 이를 통해서 우리는 사회적 습관의 변화가 사회운동가의 솔선수범이나 캠페인이 아니라 기술에 의해서 이루어진다는 사실을 알게 된다.

그러나 인터넷이 먼저 활성화함으로써 얻는 혜택이 큰 만큼 우리는 디지털화된 일상에서도 아우성문화를 경험한다. 인터넷은 사생활 보호에 많은 문제를 야기하고 있다. 순식간에 많은 개인정보가 유출돼 피해자를 양산하는가 하면 소위 '악플' 댓글이 난무하면서 피해자를 양산하고 있다. 악플은 디지털커뮤니케이션의 고유한 현상으로 익명적이기 때문에 폭력적이다. 오늘날 익명적 악플의 물결은 조심성이 없고 존경심을 대대적으로 파괴하는 사회에 살고 있음을 시사한다.

한병철은 『투명사회』에서 디지털 사회에는 셀 수 없는 것은 존재하지 않는 것이라고 말한다. "디지털이라는 단어는 본래 손가락이라는 의미를 가진 라틴어 'dizitus'에서 나온 것이다. 그것은 무엇보다도 세(zählen)는 손가락이다. …. 디지털 인간은 끊임없이 세고 계산한다는 의미에서 손가락질하는 인간이다. 디지털은 수와 셈을 절대화한다. 페이스북 친구들도 무엇보다 숫자로 세어진다. 하지만 우정은 이야기이다. 디지털시대에는 가산적인 것, 셈하기, 셀 수 있는 것이 전부가 된다. 심지어 애착과 호감도 '좋아요'의 형식으로 세어진다. 서사적인 것은 급격히 의미를 상실한다. 오늘날 모든 것이 셀 수 있게 가공된다. 그래야만 성과와 효율성의 언어로 표현될 수 있기 때문이다. 셀 수 없는 것은 더 이상 존재하지 않게 된다."[20]

이제 우리는 늘 온라인 상태에서 일상생활을 한다. 디지털기기가 노동 자체에 이동성을 부여하기 때문에 여기서도 자유는 강제로 전도된다. "디지털기기는 이동성을 무기로 모든 곳을 일터로, 모든 시간을 일의 시간으로 만듦으로써 우리를 더욱 효과적으로 착취한다. 이동성이 가져온 자유는 어디서나 일해야 한다는 치명적인 강제로 돌변한다. 기계의 시대에는 기계가 한자리에 고정되어 있다는 이유만으로도 이미 일과 일이 아닌 것이 분명히 구분되어 있었다.[21]

우리의 생활 자체가 스마트폰에 종속되어 있다. 길을 걷는 젊은이들의 귀엔 어김없이 스마트폰 이어폰이 꽂혀 있다. 버스나 지하철에서도 동영상을 보고 게임도 하고 '카톡'으로 메시지를 주고받는다. 스마트폰을 놓으면 무슨 손해를 보는 느낌을 갖는다. 세상의 트렌드에 뒤처질까봐 모두들 기기값과 통신비에 쩔쩔매면서도 스마트폰을 장만한다. 취직이 안 되는 청년들은 아르바이트로 번 돈으로 스마트폰을 사고, 각종 통신비 지출로 서민들의 가계에는 부담만 대폭 늘고 있다.

그런데 정부는 첨단 신제품의 실험장이 된 이 나라가 자랑스럽고,

몇몇 신기술의 리더 그룹이 이 나라 국민들을 먹여 살릴 수 있다고 강조한다. 그러나 성장을 위해 우리 삶을 희생하는 것은 더 이상 관용될 수 없다. 사람이 중심이 되는 경제, 사람이 중심이 되는 사회를 만드는 일은 그만큼 시급하고 절실한 일이다.

저녁이 있는 삶

필자는 독일 유학 시절 여름방학을 이용하여 독일의 산업체에서 아르바이트를 한 적이 있다. 하루 8시간 3개 팀으로 24시간 가동되는 시스템에서 토요일과 일요일에는 12시간을 근무하거나 출근을 하지 않는 휴일이다. 주말근무는 두 배의 추가임금을 받지만 지루한 연장근무로 모두가 지치기 마련이다. 그러한 주말 저녁 퇴근시간이 되면 회사입구에는 지친 남편과 아버지를 마중 나온 많은 가족들로 붐빈다. 그리고 가족들이 함께 손을 맞잡고 퇴근하는 모습은 무척 행복해 보였다. 그리고 이들이 주말저녁을 어떻게 보낼까를 상상했었던 적이 있었다. 독일 노동자들이 자기의 직업에 자부심을 갖고 생활하는 모습이나 노동과 가정생활이 조화를 이루어 저녁이 있는 삶을 누리는 모습은 우리 사회의 근로문화와는 많은 비유가 된다는 생각을 하게 해주었다.

'저녁이 있는 삶'은 2012년 민주당 대선후보 경선에 참여했던 손학규 후보의 출사표였다. 당시 손 후보가 선출되지 못했지만, 이 말은 그동안 개발독재와 신자유주의적 경제정책이 지금까지 이어지면서 먹고 살기 위해 '저녁'을 포기할 수밖에 없는 한국인들의 삶을 한 마디로 응축해서 표현한 정치적 메타포였다. '저녁이 있는 삶'은 근로시간을 단축해 일자리를 늘리고 여가와 일상을 중시하는 방향으로 삶의 구조를 바꾸자고 하는 구체성이 있고 시의성과 세련미가 두드러진 정치적 슬로건이다.

'저녁이 있는 삶'의 구호는 이후에도 우리의 삶의 질을 되짚어보는 계기를 되었다고 생각된다. 근로시간과 가정생활의 균형을 맞추어 더 많이 쉬고 가족과 더 많이 소통할 수 있는 '저녁이 있는 삶'이 직장에서의 업무수행이 효과적으로 이루어지게 하고 국민의 행복지수도 높일 수 있다는 자각이 자주 제기되기 시작한 것이다. 극히 일부기업에 극한된 것이지만 초과근무 제로를 선언하고 칼퇴근문화를 정착시키는 기업들도 조금씩 늘어나고 심지어 소등을 하거나 전산시스템을 통제하여 야근을 원천 차단하는 기업도 생기게 되었다.

그러나 우리 국민은 여전히 행복하지가 않다. 한국인의 연간 총근로시간(2,090시간)은 멕시코 다음으로 긴 반면 지난해 소득, 일자리, 공동체 생활 등 11개 영역에 대한 행복지수를 살펴보면 한국은 조사대상 36개국(OECD 34개국과 브라질, 러시아) 중 27위였다. 문제는 우리는 오래 일하면서도 생산성이 그리 높지 않다는 것이다. 노동생산성은 한국을 100으로 봤을 때 미국이 168.9로 나타나 노동생산성이 가장 높았고 이어 독일 127.6, 영국127.3, 일본 114.2 등의 순으로 나타나 우리나라와 주요 선진국과의 노동생산성 격차가 큰 것으로 확인되었다.[22]

실제로 한국인들은 오래 일할 뿐 열심히 일하지는 않는다. 한국의 직장인들은 10명 중 8명(76.6%)이 야근을 하고 야근 시 직장인의 평균 연장 근무시간은 약 2시간 40분으로 나타났다. 야근 후 퇴근시간은 대략 8시 40분대(퇴근시간 6시 기준)인데, 퇴근 시 이동시간을 1시간 내외로 계산해보면, 집에 도착하는 시간은 대략 9시 40분 전후가 될 것이다. 이같이 한국 직장인들은 저녁을 빼앗긴 삶을 살면서 업무성과도 떨어지고 가족과의 관계도 끊어지는 '이중불행'을 겪고 있는 것이다.[23]

그러나 미국에서는 특정 직원이 야근을 일삼으면 그 직원을 해고하든지 관리자를 해고해야 한다고 한다. 능력이 없어 업무시간에 주어진 일을 완수하지 못하면 해당 직원을 해고해야 하고, 반대로 실력이 있는데 야근을 계속하면 업무분담이나 권한위임이 제대로 안 되었다는 증거이니 관리자를 바꿔야 한다는 것이다. 조디 켄터가 2010년 펴낸 『오바마 가족*The Obamas*』에 따르면 미국의 오바마 대통령은 특별한 경우가 아닌 이상 저녁 일정을 잡지 않고 일주일에 5회 정도 가족과 함께 저녁을 먹는다고 한다. 그리고 저녁 식사 뒤에는 두 딸들의 숙제를 봐준다. 상식적으로 생각해도 우리보다 훨씬 많은 업무량에 시달릴 것 같은 미국의 대통령도 이렇게 저녁에는 가족과 시간을 보내는 것이다.[24] 매일 야근과 이어지는 술자리로 '가족과 함께하는 저녁'을 빼앗긴 한국 직장인들에게는 꿈같은 이야기다.

'이스털린의 역설'이란 개념이 있다. 미국의 경제학자 리처드 이스털린(Richard Easterlin) 교수의 1974년 「경제성장은 인간의 운명을 개선하는가?」라는 논문을 통해 발견한 개념이다. '이스털린의 역설'이란 소득이 일정 수준을 넘어서면 소득이 증가해도 행복이 정체된다는 의미다. 소득이 높아진다고 해서 반드시 행복도 상승으로 연결되는 것은 아니라는 것이다. 경제적으로 안정기에 들어서면 이제 먹고 사는 것이 행복의 기준이라 생각하는 사람은 그리 많지 않다. 보다 나은 삶의 질이 행복의 척도가 되는 것이다.[25]

지난 20년 동안 우리나라의 경제성장은 눈부시게 발전했다. 1인당 국민소득도 증가하고 문화와 교육의 수준 또한 선진국 못지않은 발전을 보였다. 이제 저녁이 있는 삶은 가족들과 저녁 먹기, 책 읽기, 운동하기, 취미활동과 자기계발을 위한 정시퇴근문화가 안착해야 할 시점이 왔다.

4
플라스틱 테러리즘

카드 발행 남용은 경제테러

필자는 독일 대학을 자주 방문하는 편이다. 독일통일 이후에는 주로 라이프치히대학을 방문하는데 그곳 대학 미디어연구소장이 필자와 함께 공부했던 나의 오랜 친구이기 때문이다. 그는 내가 방문할 때마다 필요한 자료수집에 도움을 주고 도심에 위치한 대학의 게스트하우스를 사용할 수 있는 편의를 제공해준다. 또한 그는 매번 바다요리 음식점에 나를 초대해준다. 대단한 것이 아니어도 그들 방식대로라면 '더치페이'(Dutsch Pay)를 하겠지만 나를 초대한다며 자기가 음식값을 지불해준다. 물론 내가 한국으로 돌아올 때면 한국 음식점에 그를 초대하여 그동안의 호의에 감사를 표한다.

성실함과 절약생활에 익숙해져 있는 독일 사람들이지만 대학교수에 연구소장이라는 직함에도 그의 지갑에는 딸랑 체크카드 하나밖에 없다. 그러나 나는 5개의 신용카드를 소지하고 다닌다. 참으로 대조적이다. 변명이 될지 모르지만 독일인의 근검절약에 익숙해져 있는 나도 어쩔 수 없이 여러 장의 신용카드를 소지하는 경우가 되었다. 교수생활을 하다 보면 여러 제자들을 접하기 마련인데 한때는 은행에 취업한 제자가 찾아와 신입사원에게 신규 신용카드회원 모집의 책임배당량이 주어져 가입을 부탁해오면 거절을 할 수 없다. 인척이 이러한 이유로 부탁해 와도 마찬가지이다. 물론 자기가 원해서 가입하는 경우도 있지만 많은 사람들이 금융사들 간의 경쟁으로 수단과 방법을 가리지 않는 무리한 마케팅전략에 할 수 없이 카드를 발행받는 경우도 많다.

2011년 상반기 기준으로 금융업계에 따르면 BC카드, 하나SK카드, KB국민카드, 신한카드, 롯데카드, 삼성카드, 현대카드 등 7개 대형 카드사가 발급해 운영 중인 카드 종류는 1만 557개였다고 한다. 실제로 국민 1인당(경제활동인구 2543만 명 기준) 보유하고 있는 카드 수는 4.9장에 이른다. 그러나 이 중 70% 정도는 고객들이 거의 쓰지 않는데도 카드를 발급하고 이를 관리하는 데만 연간 2000억~3000억 원 가까이 소요되는 것으로 추정됐었다.[26]

한때는 카드발급 회사들 간의 경쟁으로 갚을 능력이 없는 사람들에게도 마구잡이로 카드를 발행해줬고, 길거리에 좌판을 깔아놓고 경품까지 주는 호객행위로 신용카드를 남발하였다. 그 결과 신용불량자가 양산됐고, 가계부채도 급증했으며 카드사의 부실이 누적되어 급기야는 2003년 신용카드 대란이 왔었던 것이다.

특히 우려스러운 것은 카드사들의 지나친 신용카드 남발이 외상 문화를 확산시켜 가계대출을 늘리는 주범 노릇을 해왔다는 사실이다. 한 사람이 카드 5장을 쓸 경우 외상으로 쓸 수 있는 돈이 2750만 원이나 되고 카드론 한도까지 합치면 1인당 5000만 원까지도 외상으로 쓸 수 있다고 한다. 더구나 한국경제의 가장 위험한 뇌관이 가계부채인데 신용카드가 남발되면서 카드론과 현금서비스 등 카드대출이 더 늘어나게 됐고 가계부채의 증가로 이어지게 되었다. 2004년 494조 원이었던 가계부채는 2013년에는 두 배 이상 커진 1,000조 원을 돌파했다.[27]

가계부채의 질도 더욱 나빠졌다. 언제부터인가 '돌려막기'를 하지 않을 수 없는 일부 가장들에게는 월급날의 기쁨이 사라진 지 오래다. 이들에게 월급날은 신용카드 결제일일 뿐이고, 다음 날부터 다시 신용카드 빚으로 살아가고 있는 것이 일상화되었다. 물론 신용카드 사용으로 발생하는 이자 비용은 고스란히 가맹점의 수수료 부담으로 돌아간다. 한국은행에 따르면 상호저축은행·상호금융 등 '제2금융권'으로 불리는 비은행 금융기관에서 돈을 빌리는 대출이 급격히 늘고 있다. 2013년 말 비은행 금융기관의 대출은 543조 6326억 원으로 총 가계대출의 절반을 넘는 수준이다. 눈덩이처럼 커져버린 빚에서 헤어나지 못한 사람들이 늘면서 개인회생 신청자 수가 사상 최고인 10만 명을 넘어선 것으로 알려지고 있다.[28]

정부도 다급한 나머지 2014년 2월 '가계부채 구조개선 촉진 방안'을 내놓았는데 박근혜 정부에서만 벌써 세 번째 대책이라고 한다. 그러나 정부 방안은 가계대출을 줄이기보다는 대출의 질을 개선하겠다는 의미인 것 같다. 대출 규모는 그대로 둔 채 제3금융권에서 제2금융권으로, 제2금융권에서 제1금융권으로 대출을 갈아타는 걸 돕고, 만기도래시한을 연장해주고, 변동금리는 고정금리로 유도하고 그래도 안 되면 개인회생을 돕겠다는 것이다. 이를 위해 그동안 연달아 쏟아져나온 대출상품들이 바로 '공유형모기지', '보금자리론', '디딤돌대출', '바꿔드림론', '햇살론', '미소금융', '국민행복기금', '전세자금대출' 등이다. 여기다 한국장학재단의 학자금 대출까지 더해져 젊은이들도 학교를 졸업하자마자 빚을 안게 되는 현실이 됐다.

이러한 와중에서 2014년 초 또다시 NH농협카드, 국민카드, 롯데카드의 개인정보 1억여 건이 유출되는 사건이 일어났다. 개인정보 유출은 처음이 아니다. 2008년 이후 매년 1~2건 씩 금융기관의 신용정보 유출 사건 등이 이어져왔다. 지금도 나의 개인정보가 어디로 돌아다니는지 알 길이 없고 누군가의 2차, 3차 사이버범죄 대상이 될 수가 있다. 이 같은 신용 카드의 보급과 신용정보 유출사건은 디지털시대의 '플라스틱 테러리즘'이라고밖에 말할 수 없게 됐다.

소비자가 봉인 나라

외출하는 아내의 핸드백에는 꽤나 두툼한 '카드첩'이 들어있다. 백화점과 마트는 물론이지만 하다못해 카페를 들려도 할인카드의 사용이 일상화되어 있기 때문이다. 버스나 지하철을 이용하는 교통카드에서부터 금융사들이 발행한 각종 신용카드들은 물론 각종 회원

카드, 호텔, 백화점, 마트, 주유소, 음식점, 영화관, 빵집, 피자집, 놀이터 등 기존 카드사들과 제휴를 맺은 업소들을 이용할 때 할인을 받지 못하면 바가지를 쓴 기분이 들 정도로 할인카드 사용이 보편화되어 있다.

또한 카드를 사용하여 할인만 받는 것이 아니라 고객을 묶어두기 위한 소위 포인트 제도라는 것이 있다. 매일 가계부를 적으며 한 푼이라도 아끼려는 주부들은 열심히 포인트를 모은다. 이는 카드 사용금액에 따라 포인트가 쌓이고, 연말 소득공제 시 세금혜택도 받을 수 있기 때문이다. 제휴카드가 없이 커피를 마시면 포인트를 적립하지 못하는 것이 후회된다. 연말에는 1만 2,000원인 스타벅스의 다이어리를 공짜로 받기 위해 12개의 스티커를 열심히 모으기도 한다.

이런 현상은 한 카드사에서 여러 개의 카드를 발급 받은 고객의 충성도가 높은 것으로 판단, 카드사들이 부가서비스별로 여러 종류의 카드를 만들었고, 소비자들이 다양한 서비스를 모두 이용하려면 여러 장의 카드를 발급 받아야 하는 구조로 전략이 짜여 있기 때문이다. 포인트는 쓰임새가 한정되어 있는 가상의 현금으로 또 다른 소비를 유혹하는 '미끼'이다. 그리고 한 푼이라도 아낀다며 모으는 각종 쿠폰과 마일리지, 포인트는 결코 공짜가 아니다. 기왕이면 포인트 적립되는 곳을 찾고, 차곡차곡 모아 공짜로 먹을 수 있는 기회를 포기할 수 없어 하는 알뜰한 소비자는 자발적으로 선택한 '체리피커'(Cherry picker)처럼 보일지 모른다. 그러나 자신의 동선과 날짜, 구매내역이 시스템에 차곡차곡 등록됨으로써 소비자들의 정보들은 은행, 신용카드사, 대형마트, 대기업 계열의 각종 프랜차이즈 등등을 종횡무진 넘나든다. 결국 소비자는 쿠폰과 각종 마일리지의 유혹에 놀아나는 꼭두각시들이다.

오늘날 내가 적립하고 아꼈다고 생각하는 그 몇 천원은 정말 절약한 것일까? 우리가 착실히 포인트를 쌓는 사이에 진짜 부자가 된 건 신용카드 회사다. 택시기사들의 경우에도 카드회사에 1만 원당 200원꼴로 수수료를 내야 한다. 기본요금도 싼 편인데 여기서도 또 48원이 빠진다. 한 달 단위로 치면, 적은 액수가 아니다. 우리가 10만 원짜리 물건을 사면, 카드회사는 장사꾼에게 9만 8,000원을 주고 카드사는 2,000원을 챙기고, 손님에겐 서비스로 500~1000포인트를 주는 것이다. 3000만 원짜리 자동차를 카드로 사면, 수수료만 60만 원이다.[29]

이러한 현실을 두고 생각하지 않을 수 없는 것은 카드 할인과 포인트 제도를 없애면 그만큼 가격을 내릴 수도 있고 모든 국민에 혜택을 주면서 간편하게 살게 할 수도 있겠다는 것이다. 그리고 이 모든 것들이 고객서비스라는 이름으로 포장된 마케팅으로 소비자를 우롱하는 처사일 수밖에 없다는 것을 소비자교육을 통해서 국민들이 계몽되어야 한다. 우리는 저항할 수 없는 순진한 소비자일 뿐이다. 그리고 이러한 현상은 우리나라에서 직불카드 하나만 들고 다닐 수 없게 만드는 원인이기도 하다.

필자는 아내와 함께 백화점에 가는 일을 그리 좋아하지 않는다. 필요한 것만 구매하고 바로 되돌아오는 과정이 아니기 때문에 무엇보다 시간이 아깝고 화려한 백화점의 모습과 그 안에서 근무하는 직원들의 모습들이 어쩐지 나에겐 조화롭게 다가오지 않기 때문이기도

하다. 먼저 백화점에 들어서자마자 화장품가게들은 고객을 상대로 많은 사람들이 지켜보는 가운데 화장을 해주는 모습이 인육시장 같았고, 지하의 식품매장이나 의류파트의 호객행위는 너무 불편하게 느껴지기도 한다. 또한 점원들이 여유롭게 의자에 앉아 있다가 고객을 맞아야 서로가 편할 수 있을 터인데 하루 종일 서 있는 점원들의 모습이 안쓰러워 보이기까지 한다.

필자가 백화점을 이용하고 싶은 생각이 없는 더 큰 이유는 백화점에 지불하는 입점상인들의 판매수수료율의 내막을 알게 되면서 부터이다. 입점상인들이 백화점에 지불하는 가장 비싼 판매수수료는 셔츠·넥타이 34.9%, 여성정장 32.3%, 아동·유아용품 31.8% 등으로 수수료율이 높다. 이는 백화점의 물건값이 비싼 이유를 알게 해주는 대목이며 결국 그만큼 더 비싸게 상품을 구매하는 소비자가 지불하게 되는 것이다. 그나마 일정금액 이상을 구매하면 사은품을 공짜로 받을 수 있는 것은 비싼 판매수수료를 받는 백화점 측의 마케팅 차원의 고객서비스인가? 물론 그것도 해당 백화점이나 계열사의 신용카드 아니면 최소한 포인트 카드라도 있어야 가능한 경우이다.

또한 소비자를 '봉'으로 만드는 또 다른 경우는 100% 카드로 지불해야 하는 텔레비전홈쇼핑의 판매수수료이다. 텔레비전홈쇼핑 판매수수료는 의류품목이 평균 36~40% 수준으로 가장 높았으나 개별 상품별로 들여다보면 많은 품목의 수수료율이 40%를 넘기도 하고 최고 수수료율이 50%에 달하는 경우도 있는 것으로 알려지고 있다. 납품업체가 홈쇼핑사의 높은 수수료율을 감수하는 이유는 그래도 '홈쇼핑 대박'을 기대하기 때문이다. 시청률이 높은 '프라임 타임'

에 상품을 편성시키기 위해 납품업자가 MD(구매담당자)와 임원을 상대로 로비를 벌인다는 사실은 업계의 공공연한 비밀이다. 텔레비전 홈쇼핑업계의 2013년 매출액 합계는 총 4조 5000억 원에 이른다고 한다.

우리가 뉴욕 월가의 도덕성 시비를 넘어 런던의 금융가로 번진 모럴 해저드까지 들먹이지 않아도 오늘날 한국 사회의 벌거벗은 탐욕의 자화상은 금융자본주의가 뿌리째 부패하고 있음을 말해주는 것이다.

상징소비에서 가치소비로

제러미 리프킨(Jeremy Rifkin)은 그의 저서 『소유의 종말』[30]에서 근대 경제의 중요한 특성이었던 판매자와 구매자의 재산교환이 네트워크 관계로 이루어지는 접속으로 바뀐다고 주장했다. 즉, 시장은 네트워크에 자리를 내주며 소유는 접속으로 바뀌고 있다는 것이다.

또한 레이철 보츠먼(Rachel Botsman)도 2010년 그의 저서 『위 제너레이션』[31]에서 향후 10년을 지배할 머니 코드로 '공유경제'를 지목하였다. 베이비붐 세대의 자녀들이 과시형 소유가 아닌 공유로 향후 시장을 주도할 것으로 예측한 것이다. 소비 역시 미(ME) 제러네이션의 개인시대에서는 개인소비가 이루어지지만 위(WE) 제너레이션의 협업시대에서는 '협동소비'가 이루어진다고 하였다.

이러한 예측들대로 시장의 반란은 이미 시작되었다. 미국과 유럽에서는 정보에 바탕을 둔 산업이 전체 경제 규모의 20~30%대에 이른다. 그리고 '디지털노마드'(디지털유목민)인 젊은 층은 더 이상 '한 곳에 머물러 있는 것보다 흘러가는 것'에 의미를 부여하고 적은 비용으로 실속 있는 소비 패턴을 지향하고 있다. 전통적 시장의 기능이 온라인화한 네트워크로 옮겨가는 접속의 시대가 그리고 젊은 세대를 중심으로 소유에 집착하지 않고 공유하는 경제 행위가 주목을 받는 시대가 현실화되고 있는 것이다.

대한상공회의소가 국내 유통 및 소비트렌드를 조사·발표한 내용에 의하면 약 40%의 소비자가 온·오프라인을 넘나드는 '크로스오버적 소비행태'(Cross-over Shopping)를 보이고 있었다.[32] 즉, 10대 소비키워드로 ① 합리적 소비, ② 저가 선호, ③ 모바일쇼핑, ④ 다양한 채널, ⑤ 소량구매, ⑥ 근거리쇼핑, ⑦ 몰링소비, ⑧ 건강·웰빙, ⑨ 쇼핑편의성, ⑩ 친환경을 선정하였다.

신세계유통산업연구소의 '2013년 유통업 전망' 보고서[33] 역시 ① 저가형, ② 소량근린형 소비트렌드가 더욱 확산되고, ③ 글로벌소비가 증대될 것으로 전망하였다. 이러한 소비와 유통 트렌드에서 공통적으로 나타는 것은 '가치소비'로 결론을 지을 수 있다. 여기에서 가치소비란 명품 브랜드와 광고에 의존하는 '상징소비'가 줄어들고 온라인 전문쇼핑몰이나 '소셜커머스'를 통한 구매[34]가 이루어지는 소비트렌드인 것이다.

이러한 소비트렌드를 혹자는 경기불황이라는 경제적 문제 때문으로 보지만 필자는 오히려 소비자를 지나치게 봉으로 생각하는 유통의 불합리성에 대한 역반응이 중요한 원인 중의 하나라고 생각한다.

SNS가 발달함에 따라 최근에는 소셜커머스 사이트가 폭발적으로 성장하고 있다. 소셜커머스 사이트는 공산품을 할인된 가격으로 제공하는 일반적인 공동구매 사이트와는 차별되는 서비스를 제공한다. 하루에 단 하나의 상품이 기본 50% 할인 가격으로 소개되고, 자정 12시까지 구매자가 일정 숫자가 넘지 않으면 자동 소멸된다. 현명한 젊은 소비자들은 동일한 명품 백을 백화점보다 40%나 싸게 소셜커머스를 통해 구입하고, 수입 전기면도기도 온라인을 통해 백화점가보다 44%나 싸게 구입한다. 백화점이나 전문점 등 오프라인에서 모델을 선정하고, 가격을 확인하여, 그 제품을 온라인쇼핑몰이나 소셜커머스를 통해 저렴하게 구입하는 것이다. 이 중 대부분이 실속을 중시하는 20~30대의 젊은 소비자들이다. 30대 초반의 직장 맘은 퇴근 후 아이를 재우고 대부분의 아기용품들을 전문 쇼핑몰을 통하여 주문하고 일부 장난감들도 해외쇼핑몰을 통해서 더 싸게 구입하기도 한다.

최근에는 소셜커머스를 넘어 공유경제(Sharing Economy)가 화제이다. 경제 위기가 한참 확산되던 2008년, 미국에서 파산 위기에 처했던 창업자들이 자신들의 아파트를 대여해주고 돈을 모으면서 바로 공유경제 활동이 시작되었다. '에어비앤비'(AirBnB)라는 공유기업으로 발전해 현재도 전 세계 192개국 3만 3,000여 도시의 빈방을 SNS를 통해 중개하면서 이익을 나눠가지고 있다.

이후 물건이나 지식, 경험까지 공유하며 이익을 나누는 공유업체들이 등장하면서 당시 하버드대 로스쿨 교수였던 로렌스 레식(Lawrence Lessig)이 이를 '공유경제'라고 이름 붙여 처음 사용되었다.

일주일에 몇 번 타지 않는 자동차부터 아이들이 크면서 금방 필요 없어지는 장난감, 쌓여 있는 책들, 일 년에 몇 번 입지 않는 정장, 아무도 사용하지 않는 빈방, 캠핑 용품 그리고 눈에 보이지 않는 우리의 지식과 경험들까지도 모두 공유할 수 있다. 집 앞에 남는 공터가 있다면 주차장으로 공유할 수도 있다. 이렇게 공유경제의 대상이 되는 범위는 무척 다양하고 넓다.

이미 독일 국민의 절반 이상은 공유경제의 수혜자라고 한다. 공유경제는 더 이상 틈새시장이 아닌 중요한 소비문화의 흐름으로 자리 잡았다는 것이다. 예를 들어 2000년대 중반부터 도입된 독일의 카셰어링 이용자 수는 2013년 12월 기준 약 75만 7000명으로 지속적으로 급증하였고 2020년까지 340만 명에 이를 것으로 예상되고 있다.[35]

우리나라 역시 공유경제에 대한 인식이 확산되면서 여러 기업들에서 비즈니스 모델을 만들어내고 있다. 서울시에서도 '공유허브(http://sharehub.kr)' 플랫폼을 후원하고 유휴시설을 공유하는데 동참하고 있다. 이러한 공유경제는 '아나바다'와 벼룩시장과는 다르다. 아나바다 운동은 IMF 구제금융 요청 사태가 발생한 이듬해인 1998년 등장한 한국 국민들이 불필요한 지출을 줄이자고 만든 운동으로 '아껴 쓰고 나눠 쓰고 바꿔 쓰고 다시 쓰자'의 준말이다. '벼룩시장'은 내게 사용가치가 없는 물건을 타인에게 파는 것이다. 하지만 공유경제에서는 이제 내게 필요 없는 물건을 타인에게 양도하는 것이 아니라 '함께 공유하는 것'이다.

체크카드와 국가재정건전성

40대 초반의 프랑스 경제학자 토마 피케티(Thomas Piketty)가 펴낸 『21세기 자본론』이 최근 미국과 유럽 대륙에서 선풍적인 인기를 끌고 있다.[36] 칼 마르크스의 『자본론』을 연상시키는 이 책의 주제는 불평등이다. 저자는 1700년 이후 300여 년간의 사료(史料)를 분석해 "돈이 돈을 버는 속도가, 일해서 돈을 버는 속도보다 훨씬 빨랐다"는 걸 증명한다. 그래서 피케티는 지금 세계가 상속 엘리트들이 물려받은 부에 의해 세상을 지배하는 '세습자본주의'(patrimonial capitalism)로 회귀하고 있다고 말한다. '세습자본주의'는 민주주의와 기회의 평등과 복지국가를 근본적으로 위협하는 사악한 체제다.

그러나 이러한 피케티의 주장은 우리 사회에서는 새롭게 느껴지지는 않는 엄연한 사실이다. 최근 재벌 총수와 임원 등 한국 슈퍼리치들의 연봉이 화제가 됐었다. 한 회장님의 연봉이 300억 원이라는 사실에 믿기질 않았다. 올해의 최저임금인 시간당 5,210원을 받는 노동자가 이 정도를 벌려면 2315년(월 209시간 근무 기준)을 죽어라 일해야 한다. 최저임금도 못 받는 209만 명(2013년)의 노동자들에게 대기업 CEO의 연봉이 하늘의 별처럼 아련하기만 할 것이다.[37]

여기에 정부는 부유층으로부터 세금을 더 걷는 대신 서민들로부터 세금을 더 받아내느라 바쁘다. 서민들이 더 많은 빚을 져서 부동산 시장을 떠받치도록 독촉한다. 금융업계는 이들에게 체크카드 대비 신용카드를 9:90으로 발급하여 외상으로 살아갈 수 있는 기회를 제공함으로써 가계부채 1000조 원 시대를 만든 것이다.

유럽 국가들의 신용카드 대비 직불형 체크카드 사용 비율은 독일이 92.7%, 영국 74.4%, 이탈리아 52.9%, 스페인 41.9%에 이르고 한국은 9% 수준이다. 한국은 반대로 신용카드 사용 비율이 90% 수준이다.[38] 독일인들이 외상으로 결제하는 신용카드보다는 예금 범위에서 결제하는 직불형 체크카드의 사용 비중이 높은 것은 그들의 검소한 생활 태도와 지출 습관에 기인한 바가 크다.

이러한 신용가드 대비 체크카드의 사용 비율은 국가재정건전도와 직결된다. 즉 체크카드 사용 비율이 높을 국가일수록 제정건전도가 높고 체크카드 사용 비율이 낮을수록 재정건전도가 낮다. 우연의 일치인지는 몰라도 국가부도설이 나돌던 이탈리아와 스페인 그리고 그리스 등은 신용가드 대비 체크카드의 사용 비율이 현격하게 낮은 것을 알 수 있다. 그러나 한국의 신용카드 대비 체크카드의 사용 비율이 9:90에 지나지 않은 것을 어떻게 설명되어야 할까?

세계에서 직불형 체크카드를 가장 많이 사용하는 독일이 우리에게 주는 교훈을 배워야 한다. 독일 생활을 오래해본 필자는 우리나라와 같이 다양한 종류의 신용카드들이나 회원카드와 포인트카드를 사용하는 독일 사람들을 보질 못했다. 그들은 마케팅이란 이름으로 소비자를 유혹하는 잔꾀를 부리질 않는다. 독일이 경제 강국이 된 것은 EU통합의 최대 수혜자이면서 막강한 수출 경쟁력과 탄탄한 산업구조를 갖고 있기 때문이지만 무엇보다도 건전한 국가재정 건전도 때문이라고 한다.

우리의 경우에도 과소비와 충동구매를 억제하는 직불형 체크카드가 주요 결제 수단으로 자리 잡아야 많은 서민 가계가 카드빚의 사슬에서 벗어날 수 있고, 가맹점의 수수료 부담도 대폭 낮출 수 있다. 물론 우리나라에서도 금융당국의 확대정책에 힘입어 체크카드가 신용카드를 빠르게 대체해왔던 것이 사실이다. 그러나 2013년에 들어서면서부터 체크카드 지급결제금액이 둔화되고 5만 원권 사용이 급증하였다. 이는 신용카드에서 체크카드로 전이되는 소비심리가 조성되지 않고 있다는 것을 의미한다. 그리고 카드업체들로서도 체크카드가 신용카드보다 가맹점 수수료가 낮고 현금서비스 기능을 갖고 있지 않기 때문에 적극적 마케팅을 하지 않는다.

한국이 선진국이 됐다고 생각하는 사람이 많다. 그러나 한국은 세계 13위 경제대국인지는 몰라도 국가브랜드지수에서는 50개국 가운데 겨우 33위에 지나지 않는다. 우리의 사회갈등 수준은 OECD 회원국 가운데 둘째로 심각하며, 사회갈등에 따른 경제적 손실이 연간 최대 246조 원에 이른다. 최근 한국 경제는 세계 평균에도 미치지 못하는 성장률을 기록하고 있다.

이젠 당장의 물질적 풍요보다 눈에 보이지 않는 정신의 가치를 더 중요시하는 사회를 만들지 못하면 우리의 미래는 없다. 이제는 "신용카드가 결코 공짜가 아니며, 높은 비용이 따르는 결제 수단이라는 진실을 이야기할 때가 되었다. 그리고 처음부터 신용카드에 편향된 국내 카드시장 구조를 바꿔야 했었다.

5

제5의 에너지 근검절약

절약하는 부호상(富豪像)

매스컴이나 책을 통해서 우리는 전설적인 부자들의 미담들을 많이 듣고 본다. 그들의 미담은 한마디로 요약하면 큰 부자일수록 근검절약하는 서민상을 담고 있다. 특히 미국의 철강왕 카네기(Andrew Carnegie)는 우리에게 그의 미담으로 잘 알려져 있는 거부들 중 하나이다. 대충 다음과 같은 이야기들이다. 어느 날 초등학교 교장 선생님이 기부를 요청하기 위해 카네기를 방문하였다. 마침 카네기는 서재에서 두 개의 촛불을 켜놓고 책을 읽고 있었는데 방문객이 들어오자 촛불 한 개를 끄면서 손님을 맞았다. 교장선생님은 이 모습을 보고 카네기에게 기부금을 받기가 어려울 것으로 예상했다. 그러나 카네기는 예상 밖으로 선선히 교사신축 기부금을 내놓았다. 교장 선생님이 궁금해서 물었다. "어째서 내가 들어오자 촛불 한 개를 꺼버렸습니까?" 이에 카네기는 "책을 읽을 때는 두 개가 필요하지만 이야기할 때는 한 개만으로도 충분하지 않습니까?"라고 대답한다.

이런 유형의 미담은 많다. 카네기가 어느 날 호텔에서 가장 작고 값싼 방을 예약하였다. 이에 호텔매니저가 화려하고 비싼 방에 투숙하기를 권했다. 이에 카네기는 "값싼 방이 좋소. 내가 가난하던 시절에 살던 방식으로 사는 것이 좋거든요"라고 대답하였다. 호텔 매니저는 지난 주 카네기의 아들이 이곳에 머물면서 아주 넓고 호화로운 방에서 묵어 간 사실을 말했다. 이에 카네기는 "내 자식은 부자 아버지를 두었으니까 그렇게 해도 되겠지요. 그러나 나의 아버지는 가난뱅이인걸요".

이러한 근검절약하는 부자들의 미담들은 매스컴을 통하여 국민들에게 감동으로 전달되고 사회로부터 정당한 대접을 받기 위해서는 자신이 누리는 명예만큼 의무를 다해야 한다는 소위 노블리스 오블리제(noblesse oblige)를 강조하는 사회교육적인 효과도 갖는다. 그러나 이러한 미담은 바로 그 주인공이 경영하는 기업과 상품의 이미지를 소비자들에게 긍정적으로 부각시켜 시장경쟁에서 이길 수 있는 전략적 가치를 갖는다. 따라서 부자의 미담들은 기업의 중요한 마케팅 전략의 하나로 관리되어야 할 필요가 생긴다. 또한 PR이론서에 단골로 등장하는 내용이고 보니 이 역시 전문 PR인(人)들의 작품으로 사전 시나리오에 의해 연출된 것이 아닐까 하는 의문이 들게 한다. 그러나 근검절약의 생활은 국가적인 캠페인을 통해 국민들의 의식적인 결단으로만 이루어질 수 있는 것이 아니라 무의식적인 일상의 습관으로 생활세계에 배어들어야 한다.

독일인의 절제된 생활

독일인들의 일상에서 지금까지 변하지 않는 것은 근검절약이다. 대표적인 예가 주말이면 도심의 크고 작은 광장에서 열리는 벼룩시장이다. 물건을 정리하고 잠깐의 여유를 찾아 커피타임을 즐기는 상인들은 장사와는 거리가 먼듯하다. 시골 아줌마들도 있고 어린 아희들도 보인다. 벼룩시장에서 거래되는 물건들은 가정에서 어린이들이 보던 동화책부터 일상생활에서 사용하던 생필품과 아주 비싼 골동품, 전문가용 기계류까지 다양하다. 꼭 필요한 물건을 조금이라도 싸게 구입하기 위해 이것저것 꼼꼼히 살펴보는 손님들의 모습들이나 물건을 팔기 위해 열심히 설명하는 상인들의 모습은 진지하게 보이기까지 한다.

일상의 슈퍼마켓에서 독일인들은 남녀노소 없이 공통적으로 비닐봉지 대신에 천으로 만든 주머니를 갖고 장을 본다. 거의 모든 길에는 자전거 전용도로가 있어서 장보기와 출퇴근에는 자전거 이용을 생활화하고 있다. 자전거 전용도로를 달리는 사람들은 어린 학생들에서부터 정장을 차려 입은 남녀 직장인은 물론 나이가 지긋한 노인네에 이르기까지 아주 다양하다. 일상생활에서 이들이 자전거를 이용하려는 이유는 부족한 운동량을 보충하려는 목적도 있겠지만 어릴 때부터 몸에 밴 절약 습관 탓이 더 크다.

독일에서 쓰레기 수거통은, 도시 지역과 농촌 지역을 불문하고, 일반쓰레기(Restmüll), 화학제품(Bio), 종이(Papier), 재생가능품들(Wertstoffe) 그리고 유리병도 흰색유리와 청색유리 그리고 혼합유리류로 나누어 각기 다른 색깔로 분리되어 있다. 병만 모으는 커다란 통들을 열어보면 병마개로 사용했던 플라스틱류나 코르크 같은 것은 전혀 찾아볼 수가 없다.

플라스틱 용기를 사용하는 상품의 경우 기업이 쉽게 썩는 용기를 개발하여 사용하면 세금혜택을 받을 수 있고, 소비자들도 호화롭게 과대 포장한 상품들을 싫어할 만큼 환경문제에 인식이 높아졌다. 또한 독일가정은 수도꼭지를 틀어놓은 채 설거지를 하지 않는다. 물의 낭비를 막기 위한 것이지만 의식적인 행동이 아니라 무의식적으로 생활에 배어 있는 절약행위이다. 이 같은 절약습관은 모두 초등학교에서부터 철저하게 배우고 이웃이나 공동체, 나아가 사회 전체로 확산되어 오늘날의 독일발전에 근간이 되었던 것 같다.

필자의 절약습관도 독일생활에서 배어든 것으로 생각된다. 밥상이 지나치게 푸짐할 때는 아내의 성의에도 불구하고 근검절약할 것을 주문한다. 내가 좋아하는 고등어조림이 밥상에 올라와도 일단 손을 댄 토막만을 먹고 나머지 생선토막들은 온전하게 남겨둔다. 그때그때 깨끗이 비우지 못할 반찬은 아예 젓가락을 대지 않는 나의 습관을 아는 터라 어떤 때는 아내가 아예 생선토막들을 조각조각 발라서 밥상에 올리기도 한다. 집에서 빈방의 전깃불을 소등을 하지 않고 화장실에 가는 식구들은 여지없이 나에게 야단을 맞는다. 빈 강의실에 소등이 되어 있지 않으면 반드시 소등을 하고 지나간다. 공중목욕탕에서도 비누칠할 때 나는 물을 잠근다. 물을 틀어놓고 딴짓하는 사람이 있으며 괜히 화가 난다. 그러나 필자의 이러한 습관은 절약캠페인에 충실한 시민의식에서 나온 행위가 아니라 일상의 생활에 무의식적으로 배어든 소심한(?) 습관이라는 판단에 스스로가 놀라곤 한다.

그러나 결론은 역시 독일인의 일상처럼 우리도 절약을 생활화해야 한다는 것이다. 서울연구원의 연구결과에 따르면 서울 시민은 물을 하루 286L 소비한 반면 워싱턴은 50L, 뉴욕 140L, 런던 160L에 불과했다(2012년 기준). 이는 서울 시민의 하루 물 소비량이 뉴욕·워싱턴·런던 같은 주요 도시의 2~6배에 이른다는 이야기다. 가정에서 가장 많은 물을 쓰는 곳은 변기로 물을 한 번 내릴 때마다 10L 이상 물을 소비한다고 한다. 그리고 서울 시민이 세면할 때 수도꼭지 밸브를 잠그지 않는 비율은 26%였고, 샤워 때는 19.8%, 양치질할 땐 12.9%가 밸브를 잠그지 않는다.[39] 이는 절약생활이 체질화 되지 않았기 때문이다. 참고로 우리나라는 에너지의 96%를 수입한다.

사회적 어젠다 에너지절약

우리는 매년 여름의 폭염 때에는 전력의 과소비로 전력 공급이 중단되는 것을 우려하여 에어컨도 제대로 켜지 못한다. 전력수요의 급증으로 한전이 '순환정전'에 나서 전국 곳곳에서 전기 공급이 끊기는 초유의 사태가 벌어지기도 했다. 이를 통해서 새롭게 인식하게 된 것은 새로운 에너지 자원의 개발정책이 조기에 이루어져야 하지만 또한 에너지의 96%를 수입하는 우리나라에 에너지 절약에 대한 인식이 정착되어 있지 않았다는 사실이었다.

에너지 절약은 정보화시대 이후 도래할 '절약시대'의 대표적인 아이콘이 되고 있다. 지난여름 에너지를 아끼는 국민은 '5000만 개의 발전소'라는 에너지 절약의 공익캠페인을 보면서 절약시대를 대비할 '제5의 에너지'인 절약은 일상의 사회적 논제가 되어야 한다는 생각을 했다. 이제 에너지 절약 및 효율 향상이 생존의 문제로 떠오르고 있기 때문이다.

전기를 마음껏 쓰기 위해 대규모 원전을 짓겠다는 생각은 시대착오적이다. 독일은 후쿠시마 원전사고 이후 2020년까지 17개 원전 모두를 폐기하기로 이미 결정했으며 낡은 원전 8기의 운영도 정지된 상태다. 스위스도 오는 2034년까지 5기의 원전을 중단하기로 했고, 이탈리아는 체르노빌 원전 사고 이후 지금까지 유지하고 있는 원전 포기 정책을 계속 이어가고 있다.[40]

사고가 발생한 일본에서는 54기의 원자로 가운데 현재 2기만 가동하고 있다. 일본은 나머지 2기도 가동을 중단할 계획이어서 사실상 일본에서 원전은 '올스톱'된 것이나 마찬가지이다. 태국과 인도네시아, 말레이시아 등 동남아 등의 개발도상국들도 급증하는 전력 수요를 충당하기 위해 원전 도입을 계획 중이었으나 현재는 건설계획을 연기하거나 재검토하고 있다.[41] 이같이 원전 의존도를 낮추거나 아예 없애려는 에너지 정책의 배경에는 지난 1986년 체르노빌 원전 사고에다 후쿠시마 원전 사고 이후 원자력에 대한 거부감이 커졌기 때문인 것이다.

그러나 이와는 반대로 미국과 프랑스 그리고 중국과 인도 등 원전 정책을 고수하고 있다. 미국은 전체 에너지의 20%를 원전에 의존하고, 세계 최고로 원전 의존 비중이 75%에 이르는 프랑스는 미국 다음으로 원전 보유수가 많다(58기). 중국과 인도 등도 급격하게 성장하는 에너지 수요에 대응하기 위해 원전건설을 계속한다는 방침이다. 원전의 위험성에 대한 의문은 여전히 제기되고 있지만 화석 연료를 대체할 수 있는 현실적인 대안이 없기 때문이다. 한국도 원전 비중을 현재 26%에서 2035년 원전 비중(설비용량 기준)을 제1차 계획(2008~2030년) 당시 목표로 삼은 41%에서 훨씬 낮춘 22~29%로 줄이는 방향으로 전환하고 있다.[42] 우리나라 최초의 원전 고리 1호기는 2007년 6월 설계수명 30년을 다했지만 10년간 원전 수명이 연장된 첫 사례다.

원전은 영구 폐쇄 결정을 내린다고 일이 끝나는 게 아니다. 원전을 폐쇄하면 해체되어야 하는데 그 사업비가 천문학적이다. 산업통상자원부는 2012년 기준 원전 1기당 해체 비용을 6033억 원으로 책정해놓았는데, 이는 원전 1기를 새로 짓는 데 드는 비용(3조 원가량)의 5분의 1이나 된다.[43]

우리에게 당장 필요한 것은 에너지 공급확대만이 아니라 '에너지 절약'이다. 전문가들은 점차 고갈되어가는 화석연료와 기후변화에 대응해야 하는 지금, 에너지 부족을 이유로 발전소를 더 짓고 송전선로를 늘리는 공급위주의 정책에서 수요를 관리하는 쪽에 집중을 하는 것도 중요하다고 말한다. 결국엔 에너지 소비습관에 문제해결의 키가 있다는 것이다.

정부는 정전사태 이후 시민단체와 함께 전력 수급 위기에 대응하기 위해 절전캠페인 추진협의회를 발족시켰고 '국민발전소 건설주간'의 선포와 4대 실천요령 등을 발표했었다. '국민발전소'란 국민들의 절전이 발전소를 건설하는 것과 같은 효과를 갖는다는 의미다. 그러나 당국이 아무리 절전캠페인을 열심히 해도 국민들이 자발적으로 절전하려는 마음이 없으면 아무 소용이 없다. 에너지 절약에 대한 국민들의 관심과 참여가 그 어느 때보다 요구되고 있다.

제5의 에너지―절약

미국 「타임」은 제1의 에너지 '불', 제2의 에너지 '석유', 제3의 에너지 '원자력', 제4의 에너지 '재생'(Recycling)에 이은 제5의 에너지로 '에너지 절약'을 보도한 바 있다. 이는 수요에 따르지 못하게 될 미래의 에너지공급에 대한 우려에서 나온 아주 착한 발상의 전환이다. 세계적인 에너지기업 로열더치셸에 의하면 2050년에는 전 세계 에너지 수요를 석유나 원자력 등 기존 자원의 개발만으로는 감당하기 어렵다 한다. 그리고 대체에너지의 대량생산도 아직은 어려운 실정이다. 따라서 제5의 에너지로서 '에너지 절약'은 정보화 시대 이후 도래할 '녹색성장'의 아이콘이 되었다.

그러나 제5의 에너지로서 에너지 절약은 단지 소극적으로 에너지 사용량을 줄이는 것에 머물지 않고 점 더 적극적인 절약정책을 통해서 이루어지고 있다. 바로 우리나라에서는 처음으로 시도되는 '스마트그리드(Smart Grid)' 시스템의 개발과 '제로 에너지 주택'의 시범 프로젝트가 그것이다. '스마트그리드'란 기존의 전력망에 정보기술을 접목하여 전력 공급자와 소비자가 양방향으로 실시간 정보를 교환하여 에너지 효율을 최적화하는 차세대 지능형 전력망이다. 즉, 스마트그리드 기술을 이용하여 전력 공급자는 전력 사용 현황을 실시간으로 파악함으로써 공급량을 탄력적으로 조절할 수 있으며, 전력 소비자는 전력 사용 현황을 실시간으로 파악함으로써 이에 맞게 요금이 비싼 시간대를 피해 사용 시간과 사용량을 조절할 수 있다. 또한 스마트그리드 기술이 도입되면 가정 내에서 태양이나 풍력 등을 이용해 스스로 전기를 생산할 수 있어서 송전 등으로 발생되는 에너지 낭비를 막을 수 있고 전기를 판매할 수도 있게 된다. 우리나라는 IT 강국답게 세계최대의 스마트그리드 단지를 조성하여 추진 중이다. 2030년까지 제주도에 완공 예정인 스마트그리드가 구축되면 총 2억 3000만 톤의 온실가스가 감축되고 연평균 5만 개 일자리와 74조 원가량의 내수시장이 창출될 전망이다.[44]

'제로 에너지 주택'은 한마디로 외부로부터의 에너지 공급이 필요 없는 주택을 말한다. 필요한 에너지를 신재생 에너지 기술로 주택 내에서 자체 생산해, 화석 에너지 사용을 0으로 낮추는 것이다. '제로 에너지 주택'도 서울시 노원구 하계동에 2016년까지 국내 최초로 건립된다. 122세대 규모의 제로에너지주택 단지는 건물 지붕과 벽, 바닥 등을 두꺼운 단열재로 시공하고 유리창은 가스가 들어간 3중 겹유리로 시공하여 내부와 외부의 열을 최대한 차단하는 '패시브 기술'을 통해 필요한 에너지의 50%를 절감하고, 나머지 50%는 태양광

등 신재생에너지를 사용하여 충당한다는 것이다. 이는 국내에 처음으로 시도되는 것이지만 이미 영국의 베드제드, 독일의 프라이브루크 주거단지 등 유명한 제로 에너지 주택이 주목을 받고 있다.[45]

6

디지털사회의 교회

21세기의 질병

'디지털사회의 교회'라는 제목에서 독자들은 인터넷의 실시간 중계로 가능한 재택예배 또는 필요한 때에 예배를 드릴 수 있는 디지털교회의 예배를 상상했는지 모르겠다. 그러나 여기에서는 독일의 철학서 『피로사회』[46]에서 필자가 중요하게 생각하는 일부 내용을 인용하여 디지털시대의 교회공동체의 중요성을 강조하고자 한다. 한병철 교수가 쓴 이 책은 독일의 사회철학계가 가장 주목하는 논제가 되었다. 이 책이 독일 언론들의 극찬을 받으면서 베스트셀러가 된 이유는 무엇일까? 이는 이책의 번역자가 표현했듯이 '이 시대의 뇌관'을 건드렸기 때문이다. 이 책이 이 시대의 어떠한 뇌관을 건드렸는지를 요약해보자.

노르웨이의 화가 에르바르트 뭉크 「절규」

21세기는 신경증적 질병의 시대이다. '피로'란 사전적 의미로 정신이나 몸이 지치고 힘든 상태를 말한다. 그런데 저자 한병철은 '긍정성의 과잉'이 피로라는 질병을 일으킨다고 했다. 이 말은 무슨 의미일까? 그에 의하면 시대마다 그 시대에 고유한 질병이 있다. 박테리아 시대가 있었으나 항생제의 발명으로 종식되었고, 아직은 인플루엔자의 확산이 두렵기는 해도 우리가 바이러스 시대에 살고 있다고 말할 수도 없다는 것이다. 이는 면역학적 기술의 발달되었기 때문이다. 박테리아나 바이러스 시대의 면역학의 본질은 아무런 위험을 초래하지 않는 타자를 이질적이라는 이유만으로 제거하였다. 예방 접종은 부정성의 변증법을 따르는 것이다. 즉 면역은 부정의 부정을 통해서 관철되는 것이기 때문이다.

그러나 21세기는 박테리아나 바이러스성도 아닌 신경성 질병으로 시작되었다. 이를테면 우울증, 주의력결핍과잉행동장애, 경계성성격장애, 소진증후군 등의 신경성 질병이 지배적인 사회가 되었다는 것이다. 이러한 21세기형 신경성 질병들은 부정의 변증법이 아니라 긍정의 변증법에 따른다. 이러한 긍정의 폭력은 면역 저항을 유발하지 않고 박탈하기보다 포화시키며, 배제하는 것이 아니라 고갈시키는 긍정성 과잉의 징후로서 소진, 피로, 질식의 현상으로 나타난다.[47]

같은 맥락에서 보드리야르도 자신의 마지막 저서 『사라짐에 대하여』에서 '과도함'이 근대문명을 낳았지만 완성된 문명은 오히려 과도함으로 인해 소멸의 길에 접어들었다고 했다. 그는 "과잉 생산된 이미지는 모든 것을 삼켜버리면서 현실의 실재적 본질을 사라지게 하는 폭력을 휘두른다" 했고, "미디어는 폭력을 특수하게 현대적인 형태로 만들고 그로 인해 폭력의 진짜 원인을 성찰하지 못하게 한다"고 분석했다. 미디어에 의해 매개되는 전쟁을 두고 보드리야르는 실제 전쟁의 현실은 참혹했지만 사람들은 텔레비전 뉴스 화면을 통해 이를 마치 게임처럼 접한다. 실재를 느낄 수 없는, 미디어에서 다루는 이미지에 불과한 것으로 받아들이기 때문이다. 그의 주장은 미디어에서 중개되는 '시뮬라크르'로서의 전쟁이 "전쟁의 실제를 감추고 사라지게 만든다"는 사실을 통렬하게 지적한 것이다.[48]

지방(脂肪)이 어떤 면역 반응도 일으키지 않듯이 보편화된 커뮤니케이션과 정보의 과잉이 초래하는 긍정의 폭력은 바이러스적이 아니기 때문에 인류 전체의 저항력을 떨어뜨릴 위험으로 작용한다. 긍정성의 폭력은 우리가 사랑하는 것이 우리를 파멸케 하고, 자신들에 대한 억압을 사랑하며, 자신들의 사고력을 황폐화시키는 기술숭배가 이루어지며, 정보들이 너무 넘쳐흘러서 정보 앞에 우리가 수동화되어 매몰되고, 바다와 같이 수많은 사소한일들에 의해서 진실이 묻혀버리는 시대의 도래를 의미하는 것이다.

예방접종이 더 이상 면역저항(부정의 변증법)을 일으키질 않는 새로운 신경성 질병은 어떠한 사회의 특성에서 나타나는가? 한병철은 21세기는 이미 푸코적 규율사회에서 성과사회로 변모되었다고, 병원, 정신병자수용소, 감옥, 병영, 공장의 자리에 피트니스 클럽, 오피스 빌딩, 은행, 공항, 쇼핑몰, 유전자 실험실 등이 들어섰다고 말한다.[49] 성과사회에서는 능력, 자기 주도, 타자성의 소멸 등 긍정의 과잉이라는 성과사회의 질병을 면역학의 패러다임으로 치료하는 것은 시대착오에 불과하다.

그러나 규율사회나 성과사회는 모두 생산성을 최대화하고자 하는 열망에서는 연속성을 갖는다. 다만 성과사회의 시스템 폭력이 심리적 경색을 야기한다는 사실을 인식하지 못할 뿐이다. 오히려 성과 주체의 자기착취는 자유롭다는 느낌을 동반하기 때문에 착취자와 피착취자는 더 이상 분리되지 않는 것이다.

사색적 주의(注意)가 실종된 사회

멀티태스킹(다중 작업)은 동물들이 야생에서 생존을 위해 필수적인 기법이다. 먹이를 획득한 동물은 다른 경쟁자의 접근을 막아야 하고, 잡아먹히지 않기 위해서 경계를 늦추어서는 안 되고 새끼들도 보호하면서 짝짓기 상대도 시야에서 놓치지 않아야 한다. 컴퓨터와 각종 스마트기기들에 포위된 정보사회는 인간의 주의구조를 점점 더 야생동물의 경계태세와 크게 다르지 않게 만들어간다. 멀티태스킹의 환경에서는 사색적 몰입을 할 수 없다. 이는 문명의 진보를 의미하지 않고 오히려 퇴보라고 할 수 있다. 인류의 문화적 업적은 깊은 사색적 주의에 힘입은 것이다. '귀 기울여 듣는 재능'은 깊은 사색적 주의를 기울일 수 있는 능력에서 나오는 것이다. 지나치게 활동적인 자아에게 그런 능력은 주어지지 않는다.[50]

기계의 활동은 잠시 멈출 줄을 모른다. 사색적 삶이 쇠퇴하는 사회의 사유는 계산으로 변질된다. 컴퓨터는 엄청난 연산능력을 가지고 있지만 어리석다. 인간의 뇌보다 더 빨리 계산할 수 있고 엄청난 데이터를 받아들일 수 있는 것은 컴퓨터에 어떤 종류의 이질성도 들어설 여지가 없기 때문이다. 컴퓨터는 '머뭇거리는 능력'이 없다.[51]

정보사회에서 개인도 사회도 자폐적 성과기계로 변신한다. 무엇인가를 할 수 있는 힘만 있고, 하지 않을 힘이 없다면 우리는 치명적인 활동과잉 상태에 빠지고 말 것이다. 한국 사회는 그 어느 나라보다도 짧은 기간에 성장을 이룬 성과사회이다. 특히 한국은 세계에서 가장 비옥한 ICT의 토양을 갖춘 나라이다. 그러나 세계 제일의 자살률과 가장 낮은 출생률은 '평온의 결핍'과 '활동하는 자들', '부산한 자들' 만이 높이 평가받는 극단적 피로와 탈진 상태의 산물이 아닌가?

우리는 그 어느 때보다도 자아의 내면을 관조할 수 있는 '머묾'이 요구되는 사회에 살고 있다. 또한 가속화와 활동과잉의 흐름 속에서 우리는 '머뭇거림'뿐만 아니라 '분노'하는 법도 잊어가고 있다. 분노는 현재에 대해 총체적인 의문을 제기하고 현재 속에서 중단하며 잠시 멈춰 서는 것이다. 이 점에서 분노는 '짜증'과 구별되는 것이다. 오늘의 사회를 특징짓는 '멀티태스킹'의 산만한 주의구조는 강렬하고 정력적인 분노가 일어날 여지를 없애버렸다. 분노는 어떤 상황을 중단시키고 새로운 상황이 시작되도록 만들 수 있는 능력이다. 오늘날은 분노 대신 어떤 심대한 변화도 일으키질 못하는 짜증과 신경질만이 점점 더 확산되어간다.

무위(無爲)의 부정은 사색의 본질적 특성이기도 하다. 예컨대 참선하는 사람은 자신에게 들이닥쳐 오는 것에서 스스로를 해방함으로써 무위의 순수한 부정성, 즉 공(空)에 도달하려 한다. 참선은 자기 안에서 어떤 주권적 지점에 도달하기 위한 연습이다. 이에 반해 긍정적 힘만을 지닌 사람은 대상에 완전히 내맡겨진 신세가 된다. 역설적이게도 활동과잉은 극단적으로 수동적인 형태의 행위로서 어떤 자유로운 행동의 여지도 남겨놓지 않는다.[52]

성과사회의 피로는 사람들을 개별화하고 고립시키는 고독한 피로다. 페터 한트케(Peter Handke) 따르면, "분열적 피로는 인간을 볼 수 없고 말할 수 없는 상태로 몰아넣는다." 오직 자아만이 시야를 가득 채우고, 심한 분열적 피로 때문에 우리에게서 말할 수 있는 능력이,

영혼이 다 타서 사라져버린 것이다. 그것은 모든 공동체, 모든 공동의 삶, 모든 친밀함을, 심지어 언어 자체마저 파괴한다. 이런 의미에서 피로는 폭력이다.[53]

'사색적 삶의 부활'을 무엇을 통해서 가능할까?

성과사회는 서서히 도핑사회로 발전해간다고 하였다. '브레인도핑'은 '성과 없는 성과'를 가능하게 하는 것이지만 '신경 향상'이라는 긍정적인 의미로 받아들여지기도 한다. 최근에는 과학자들까지 외과의사가 신경 향상제의 도움으로 좀 더 정신을 집중하면서 수술을 할 수 있다면 실수도 줄어들고 더 많은 사람들이 목숨을 구할 수도 있다면서 도핑을 금하는 것은 무책임한 태도라고까지 말한다. 그러나 브레인 도핑은 성과 없는 성과의 '자아 피로'에 불과한 것이다.

오늘날 중단·막간의 시간이 아주 적은 시대에서 '머뭇거리는 능력', '분노하는 법', '깊은 심심함' 그리고 '돌이켜 생각하기'는 우리가 피로과잉시대의 극복을 위한 사색적 삶의 지혜가 될 것이다.

여기에 머무름의 공간으로서 현대사회의 종교의 의미를 찾을 수 있지 않을까? 원래 그만둔다는 것을 뜻하는 안식일은 모든 목적 지향적 행위에서 그리고 모든 염려에서 해방되는 날이다. 그것은 '막간의 시간'이다. 하나님은 창조를 마친 뒤 일곱째 날을 신성한 날로 선포했다. 그러니까 신성한 것은 목적 지향적 행위의 날이 아니라 무위의 날, 쓸모없는 것의 쓸모가 생겨나는 날인 것이다. 한트게는 이러한 막간의 시간을 평화의 시간으로 묘사한다.

한트케는 '피로의 종교'를 구상한다. '근본적 피로'는 자아의 논리에 따른 개별적 고립화 경향을 해소하고 친족관계에 의존하지 않는 하나의 공동체를 만들어낸다. 피로는 흩어져 있는 개개인을 하나의 박자 속에 어울리게 한다. 무위를 향해 영감을 불어넣는 '오순절의 모임'은 활동사회의 반대편에 놓여 있다. 한트케는 거기 모인 사람들이 '언제나 피로한 상태'라고 상상한다. 그것은 특별한 의미에서 피로한 자들의 사회이다. '오순절사회'가 미래사회와 동일시하면 도래할 사회 또한 피로사회라고 부를 수 있을지도 모른다.

"하나님은 나의 목자시니 내게 부족함이 없으리로다. 그가 나를 푸른 풀밭에 누이시며 쉴 만한 물가위로 인도하시는 도다(「시편」 23장 1~2절)." 오늘날 성과사회에 내몰린 지친 영혼을 회복시켜주는 것이 교회의 중요한 존재이유의 하나이어야 한다. 피로는 무장을 해제한다.

소진된 영혼의 안식처

짧은 기간에 근대화를 이룬 한국 사회는 그 어느 나라보다 심각한 사회갈등을 겪고 있다. 특히 양극화현상이 뚜렷한 우리 사회는 '힘있는 자가 힘없는 자를, 가진 자가 못 가진 자를, 배운 자가 못 배운 자를, 자본가가 노동자를, 대기업이 하청기업과 동네 상인을, 정규직 노동자가 비정규직 노동자를, 수도권이 지방을, 한국인이 외국인 노동자를 "추노하고 흡혈하는 사회"(조국 교수)가 되었다. 이는 지도층의 부도덕성, 부의 편중과 세습, 고용과 복지의 불평등, 교육기회의 불평등에 대한 불감증과 맞닿아 있다.

우리는 치열한 경쟁 속에 살고 있다. 부모들의 욕심이 아이들을 어려서부터 경쟁의 궤도에 뛰어들게 만든다. 경쟁은 경제기적을 이룬 한국의 핵심 파워이지만 심각한 사회문제를 수반하기 마련이다. 한국 사회의 양극화 현상과 무한경쟁의 상황은 하루 평균 40여 명이 자살로 삶을 마감하는 자살공화국으로 만들었다. 특히 핵가족화의 진행에 따라 노인층의 소외로 증가되는 노인자살은 사실상 현대판 고려장이고, 입시지옥에 내몰린 청소년들이 스트레스와 우울증으로 자살하는 것은 구조적 타살인 것이다.

교육은 계층이동의 통로이다. 그러나 우리나라와 같이 양극화 현상이 뚜렷하고 사교육에 의존율이 높아진 나라에서는 균등한 교육 기회가 주어질 수 없다. 한국의 사교육비용은 무려 21조 원에 이른다. 이는 만 3세 이상 취학 전 유아 대부분(99.8%)이 받고 있는 사교육의 비용이 포함되지 않은 것이다. 빈익빈 부익부 현상이 뚜렷한 사회에서 교육격차의 심화는 사회적 불평등을 재생산하는 동시에 결국 교육이 특권계급의 전유물이 되는 '교육의 재봉건화'가 이루어지게 된다.

공동체의식도 사라진 지 오래이다. 최근 통계청의 '인구주택 총조사'에 따르면 현재 우리나라 1인 가구 수는 전체 가구의 약 25%에 달한다. 이 수치도 해마다 급증하고 있어 약 20년 뒤에는 1인 가구가 4인 가구를 제치고 표준 가구 유형이 될 것이라는 전망도 잇따른다.[54] 노인·청년·장년층을 가리지 않고 늘어나는 1인 가구의 문제는 부유층과 비교해 소외계층으로 갈수록 사회적 네트워크가 약해지는 인맥양극화 현상이 급격하게 진행되고 있다. 아파트나 오피스텔에서 벽 하나를 사이에 두고 붙어 살지만 전통적인 '이웃'의 개념이 사라진 지 오래다. 아파트나 오피스텔에 주거하는 사람들은 이웃과 말 한 번 섞어본 경우가 거의 없다. 이는 구태여 이웃을 알아야 할 이유도 없고, 나를 알리고 싶지도 않기 때문이다. 우리도 일본의 경우처럼 '혼자 살다 혼자 죽는 사회'를 맞게 되었다. 일본에서는 죽음을 슬퍼해줄 이웃도 친지도 없는 사람들이 늘어 전통적인 장례식 대신 곧바로 화장하는 '직장'(直葬)이 대도시를 중심으로 30%까지 급증한 것은 우리의 가까운 미래모습이 아닐 수 없다.

한국 교회는 우리 사회가 직면하고 있는 이러한 사회문제들에 정면 대응해갈 수 있도록 '교회적 영성'이 아니라 '사회적 영성'을 자각해야 할 때가 되었다. 이는 어쩌면 기독교가 식민지시대엔 독립운동을, 독재시대엔 민주화와 인권운동에 앞장서왔던 맥락에서 자각되어야 할 시대적 소명이다. 3·1운동 때 민족대표 33명 중 16명이 기독교(개신교)인이었다. 당시 기독교인은 20여만 명에 불과했었던 시대였다. 그러나 오늘날 한국 교회는 양적성장을 이루어왔으나 자각이 없다. 신앙생활은 그 자체가 패션이고 이웃을 돕는 것도 선교도 패션이며 열심히 자신을 반추하며 신앙을 고백하는 기도 또한 자기위안과 합리화의 수단이 된 것 같다. 그렇다고 존재에 대한 심오한 방황과 번민의 절박함도 없이 어제와 같은 오늘의 '평범성'에 늘 감사할 따름이다. 이것 또한 나를 교회 주변에서만 서성거리게 만든다.

지난여름 프란치스코 교황의 한국 방문은 우리들에게 진한 감동을 주었다. 극도로 양극화된 한국 사회에서 가장 높은 자리에 있는 교황이 가장 낮은 자와 동행하는 검소함이 우리사회의 비루한 현실을 뒤돌아보게 해주기 때문이다. 영국의 「텔레그래프」는 "사회적 지위나 부(富)를 드러내놓고 과시하기를 좋아하고, 경쟁이 극심한 한국에서 교황의 겸손하고 절약하는 행보는 많은 사람을 놀라게 했다"고 보도했었다.

교황의 모습에 천주교인들만이 아니라 일반 국민 모두가 감동하게 된 것은 권위를 버린 그의 낮은 자세가 소외된 자들의 상처를 치유할 수 있는 새로운 힐링이 될 수 있었기 때문이다. 교황은 8월 15일 대전월드컵경기장에서 열린 성모승천대축일 미사 강론에서 "올바른 정신적 가치와 문화를 짓누르는 물질주의의 유혹에 맞서, 그리고 이기주의와 분열을 일으키는 무한 경쟁의 사조에 맞서 싸우기를 빈다. 새로운 형태의 가난을 만들어내고 노동자들을 소외시키는 비인간적인 경제 모델들을 거부하기를 빈다"고 말했다. 광화문에서 있었던 시복식에서도 "막대한 부와 풍요 곁에 비참한 가난이 소리 없이 자라는 사회"를 바꿔야 한다고 강조했다. 교황은 세월호 유족, 쌍용차 해고노동자, 용산참사 피해자, 밀양 송전탑 건설지역 주민, 제주 강정마을 주민 등을 위로했다. 이러한 약자를 향하는 교황의 메시지는 기득권을 지키려 이웃의 고통에 귀 기울이지 않는 우리의 정치인들과 지도자들에게 어떻게 해석되고 받아들여질까? 이들은 세월호 참사를 '교통사고'로 규정한다거나, "국가유공자보다 더 많이 보상받으려 한다"는 말을 퍼뜨리고, 광화문에서 농성과 단식을 하는 유가족에게 "노숙자 같다"거나 "제대로 단식했으면 벌써 탈이 났을 것"이라는 모욕까지 주었다. 우리의 정치인들은 '화성에서 온 사람'인 것 같다.

이젠 프란치스코 교황이 전한 치유의 메시지를 어떻게 실천해야 할지를 고민해야 할 차례이다. 박종화 경동교회 목사는 이번 교황의 행보가 개신교에 주는 메시지를 "이 백성의 아픔을 함께 지고 희망을 함께 실현해야 하는 사명에 충실한 진정한 프로테스탄트 개신교로 거듭나는 것"이라고 했다. 이는 "신·구교와 우리 종교들이 화이부동(和而不同)의 자세로 각자의 신앙과 신념에 충실하되 이 땅의 평화, 정의, 생명을 실현하는 일을 위해서는 협력하며 연대하는 영적, 정신적 공동체로 거듭나자"는 것이다.[55]

필자에게는 오랫동안 변치 않는 이러한 기도제목이 있다.

온유의 주님! 오늘도 일상의 작은 것에 감사할 줄 아는 온전한 생활인이 되게 하소서. 항상 낮은 곳에 임하시는 주님! 모든 부정의에 함께 공분(公憤)하며 스스로 변해가는 진정한 신앙의 동반자가 되게 하소서.

항상 기도를 들어 주시는 주님! 모범적인 생활 자세를 가진 신앙인이 되게 하소서. 아멘을 크게 외치지 않는 조용한 교회, 기적을 갈구하지 않고 일상에 감사하며 기도하는 교회, 자기도취의 열광 대신 어두운 곳에 빛이 되는 교회, 불의와 갈등의 세상에 정의와 생명, 평화를 이야기하는 교회, 언제나 조용히 묵상으로 주님과 대화를 할 수 있는 생활 속의 교회들이 늘어나게 하소서.

사랑의 주님! 우리의 교회가 '디지털 사회'의 분열적 피로에 소진된 영혼이 위로받고 회복되는 사랑의 공동체가 되게 하여 주소서. 아멘.

주

1장. 유비쿼터스의 세상

1) Pelton, N. Joseph(1983) : "Life in Information Society", In: Salvaggio, Jerry L.(eds), 『Telecommunications: Issues and Choices for Society』, New York, Longman, pp.51~68.

2) "2013년 스마트폰 출하대수 사상 첫 10억대 돌파"-김태현(이데일리, 20140128)

3) '디지털 치매 왕국'이 될 것인가-김욱동(서울신문, 20131227)

4) 세르, 미셸(2014, 양영란 역) : 『엄지세대 두 개의 뇌로 만들 미래』 갈라파고스.

5) 와인버거, 데이비드(2014, 이진원 역) : 『지식의 미래』, 리더스북.

6) 위의 책, p.129

7) 한병철(2012, 김태환 역) : 『피로사회』, 문학과 지성사, pp.30~31.

8) 클나스, 리포드/코리나 옌(2011, 방영호 역) : 『관계의 본심』, 푸른숲.

9) 한병철(2012, 김태환 역) : 앞의 책 p.32.

10) "IT시대의 겸손"-김대식(조선일보, 20140501)

11) 코흐, 크리스토프(2012, 김정민 역) : 『아날로그로 살아보기』, 율리시즈.

12) "휴대전화 없이 살기"-박해현(조선일보, 20120202)

13) 보드리야르, 장(2012, 하태환 역) : 『시뮬라시옹』, 민음사.

14) Hadley, Cantril(1985) : "Die Invasion vom Mars", In: Prokop, Dieter: 『Medienforschung』, Band2. Frankfurt a.M..

15) Gabriele, Werner(1997) : "Das Lächeln der Diana, Vom Verschwinden des Realen im Mythos", (In: 「Jungle World」34 (http://www.ftz.org/nadir/periodika/jungle_world/37/258htm)

16) Garbanyi, Anneli Ute(1990) : 『Die unvollendete Revolution』, München.

17) Baacke, Dieter(1973) : 『Kommunikation und Kompetenz, Grundlegung einer Didaktik der Kommunikation und ihrer Medien』, München.

18) Habermas, J.(1971) : "Vorbereitende Bemerkungen zu einer Theorie der kommunikativen Kopetemz", In: Habermas, J., Luhmann, N.(eds.) : 『Theorie der Gesellschaft oder Sozial Technologie. Was leistet die Systemforschung?』, Frankfurt a.M..

19) Baacke, D,(1973) : 앞의 책.

20) "한국인을 질식시키는 '속도전쟁'"-강준만(한겨레, 20100329).

21) "'도박 중독률 세계 1위' 汚名 벗을 단속 대책 나와야"(조선일보사설, 20131113)

22) "최재동 美 자살예방 전문가"(인터뷰)-노지현(동아일보, 20140303)

23) "청소년 스마트폰 중독, 사회 환경 개선부터"(중앙일보사설, 20130615)

24) "게임중독 뇌, 마약중독처럼 변해…"-이영환(조선일보, 20120203).

25) "'내가 혹시?' 인터넷에 중독되기 쉬운 성격은"-김충렬(크리스찬투데이, 20110121)

26) "4대 중독물질을 능가하는 4대 맹독"-지미 스트레인(한겨레, 20131118)

27) "게임 셧다운 합헌"-정성희(동아일보, 20140426)

28) "'셧다운제' 논란의 주범은 여성가족부가 아니다"-양선희(중앙일보, 20140331)

29) "게임 업계, 청소년 피해 위에서 컸다는 자각부터 해야"(조선일보사설, 20131111)

30) "컴퓨터 핸드폰 모르는 실리콘밸리 2세들"-권태호(한겨레, 20111025)

31) "日 소도시의 실험… 초 · 중생 휴대폰 밤 9시부터 '부모가 보관'"-차학봉(조선일보, 20140320)

32) 위의 기사.

33) 존슨, 스티븐(2006, 윤명지/김영상 역) : 『바보상자의 역습』, 비즈앤비즈.

34) 위의 책, pp.135~150.

35) 위의 책, pp.154~159.

36) Virilio, P.(1984) : 『Der Reine Krieg』, Berlin. p.45.

37) 이는 캐나다에 기반을 둔 '전 세계 비판이론가들의 온라인 공론장' 〈비판이론 CTheory〉의 편집자들이 지어준 별명이다.

38) Virilio, P.(2001) : "Not Words, But Visions!: Interview with Nicholas Zurbrugg," 『Virilio Live: Selected Interviews』, ed. John Armitage, London: Sage. p.162.

39) Virilio, P.(1993b) : 『Revolution der Geschwindigkeit』, Berlin, p.20.

40) Virilio, P.(1978) : 『Fahren, fahren, fahren...』, Berlin, Merve Verlag, p.74ff.

41) "'속도'는 어떻게 희망서 악몽으로 바뀌었나"-고명섭(한겨레, 20040313)

42) Virilio, P.(1994) : 『Die Eroberung des Körpers. Vom Übermenschen zum überreizten Menschen』, München, Wien, p.128.

43) 위의 책, p.142.

44) 비릴리오, 폴(2004/이재원 옮김 : 『속도와 정치』, 그린비.

45) 김성민·박영욱(2004). "디지털 매체 혹은 가상현실에서 이미지의 문제". 「시대와 철학」,제15권 1호. pp.26~27.

46) 비릴리오, 폴(2004/김경온 역) : 『소멸의 미학-시간과 속도의 여행』, 연세대학교 출판부, p.188쪽.

47) 위의 책, pp.56~59.

48) 비릴리오, 폴(2004/권혜원 역) : 『전쟁과 영화-지각의 병참술』, 한나래. pp.108~110.

49) 비릴리오의 1977년도 저작 「속도와 정치」의 독일어판(1980) : 『Geschwindifkeit und Politik, Ein Essay zur Dromologie』, Berlin. 서문 참조.

50) Virilio, P.(1993) : 『Krieg und Fernsehen』, München, Wien. p.117.

51) 위의 책, p.134/135.

52) 비릴리오, 폴(2004/권혜원 역) : 『전쟁과 영화-지각의 병참술』, 한나래, p.114.

53) 리펜스탈(Berta Helene Amalie Riefenstahl)은 독일 출생의 배우·제작자·사진작가이다. 그녀의 작품 '의지이 승리'(Triumph des Willens)가 성공하년서 영화감독의 길을 걷는다. 미국에서는 그녀의 작품을 1950년대까지 미군이 보지 못하게 하였다.

54) Virilio, P.(1993) : 『Krieg und Fernsehen』, München, Wien, p.171.

55) 이정춘(2004) : 『미디어 교육론 미디어시대에 살다』, 집문당. pp.176~177.

56) Virilio, P.(1994) : 앞의 책, p.84.

57) Manovich, Lev..(2004/서정신 역) : 『뉴미디어의 언어』, 생각의 나무, p.224.

2장. 미디어 룩키즘

1) "성형 공장의 속도전"-정성희(동아일보, 20140314)

2) "'표정'을 도려내고 '미모'를 이식하는 성형공화국"-유인경(경향신문, 20091005)

3) 비릴리오, 폴(2004, 이재원 역) : 『속도와 정치』, 그린비.

4) "고현정은 겸임교수, 김완선은 초빙교수…"-김신영(조선일보, 20140308)

5) 김주현(2009) : 『외모 꾸미기 미학과 페미니즘』, 책세상.

6) "On Language"-Safire, W.(The New York Times(20000827)

7) 해머메시, 대니얼(2012, 안규남 역) : 『미인경제학』, 동녘사이언스.

8) Bourdieu, P.(1978), "Sport and social class", In: 「Social Science Information」, 17. pp.819-840.

9) 부르디외, 피에르(2002, 최종철 역) : 『자본주의의 아비투스』, 동문선.

10) 부르디외, 피에르(2005, 최종철 역) : 『구별짓기』 상 · 하, 새물결.

11) "TV 출연 미인들 다들 비슷비슷한 얼굴 앞으로는 '역성형' 유행할지도"-노재현(중앙일보, 20120727)

12) "얼굴성형과 마음성형"-이상수(한겨레, 2013020).

13) "시대의 씁쓸한 자화상 … '상류 1%'와 '4억 명품녀' 논란"-고승희(헤럴드경제, 20100910)

14) 포스트만, 닐(1997, 정탁영 역) : 『죽도록 즐기기』, 참미디어.

15) 김난도(2007) : 『사치의 나라 럭셔리 코리아』, 미래의창.

16) 메슬로, 아브라함 H.(2005, 정태연/노현정 역) : 『존재의 심리학』, 문예출판사.

17) 보드리야르, 장(1992, 이규현 역) : 『기호의 정치경제학 비판』, 문학과 지성사.

18) "인구 70억"-정영무(한겨레, 20111023)

19) "미셸 오바마의 '레츠 무브' 같은 비만 대책 왜 없나"(중앙일보사설, 20140307).

20) "권위적인 부모일수록 자녀 비만율 높다"-구자윤(파이낸셜뉴스 20140321)

21) "동일본 대지진 이후 후쿠시마현 비만 어린이 급증"-김기범(경향신문, 20121216)

22) Tuckler, L.A./Friedman, G.M.(1989) : "Television viewing and obesity in adult males", In:「American Journal of Public Health」, 79(4), pp.516~518.

23) "비만도 흡연 못잖게 나빠"-권석림(아세아 경제, 20140630)

24) Signorielli, Nancy(1995.) : "Ungesunde Botschaften, Medieneinfluesse auf das Gesundheits- und Ernährungsverhalten von Kindern", In: Bodo Franzmann, u.A.(eds.), 『Auf dem Schultern von Gutenberg, Medienökologische Perspektiven der Fernsehgesellschaft』, Berlin-München, Quint,

25) "테러보다 무서운 적, 비만"-이상복(중앙일보, 20120519)

26) "뚱뚱할수록 더 내라?"-피터 싱어(한겨레, 20120320)

27) 삼성경제연구소 :「비만의 사회, 경제적 위협과 기회」, 20120216.

28) "체중 양극화"-오상우(동아일보, 20121121).

29) Gerbner, G., L. Gross, N. Signorielli, M. Morgan(1980) : "The Mainstreaming of America : Violence Profile No.11.", In :「Journal of Communication」, Vol. 30.

30) "눈에 띄는 미래 유망직종…IT·에너지·헬스케어가 '노다지'"-노승욱(매경뉴스, 20140210).

31) "일자리 문제 해결, 빅데이터를 주목하라"-셜리 위-추이(중앙일보, 20140214).

32) "직장인 10명 중 6명 '두 번째 직업 준비 중'"-이슬기(헤럴드경제, 20140324).

33) "도시의 3040이 몰려드는 곳… 고창엔 특별한 네 가지가 있다"-신정선(조선일보, 20140405)

34) "한국 청년일자리 창출 경쟁력 꼴찌수준"-특별취재팀(동아일보, 20120927).

35) "지난해 광고업계 가장 핫한 이슈는"-배규민(머니투데이, 20140113).

36) "왜 사회적 기업인가"-방하남(중앙일보, 20130629).

37) 이정춘(2004) :『미디어 효과론』, 나남. pp.56~60.

38) 보드리야르, 장(2012, 하태환 역) :『사라짐에 대하여』, 민음사.

39) "학생들 나눔활동 생활화…젊은이가 미래다"-조동성(동아일보, 20120111)

40) 리프만, 월터(2013, 이동근 역) :『여론』, 아카넷. Lippmann, W.(1922) :『Public Opinion』, N.Y., McMillan.

41) 간햄, 니콜라스(1983) : "커뮤니케이션의 정치경제학", p.100~101. In: 이상희 편 :『커

뮤니케이션과 이데올로기』, 한길사 pp. 83~122.

42) 이정춘(1984) : 『커뮤니케이션 사회학』, 범우사, p. 180

43) 그레엄 머독/피터 골딩(1983) : "커뮤니케이션과 이대올로기", In : 이상희 편 : 앞의 책, pp.153~193.

44) 이정춘(1984) : 앞의 책, p.151~152.

45) 방정배(1985) : 『자주적 말길이론 – 언론구조변동의 변증법』, 나남, pp. 143~151.

46) "서울시민 휴일 여가활동 1순위 'TV 시청'"-디지털뉴스팀(경향신문, 20130828).

47) Müller-Doohm, S.(1972) : 『Medienindustrie und Demokratie』, Frankfurt a.M.

3장. 디지털시대의 독서

1) "한국의 2193시간과 그리스의 2109시간"-김기천(조선일보, 20120613)

2) "공휴일과 쇼핑"-이원복(중앙일보, 20140807)

3) "근로시간 단축, 노사합의가 우선이다"(중앙일보사설, 20140414)

4) 경총플라자/http://www.kefplaza.com/labor/cm/news_xview.jsp?idx=2748&pageNum=3

5) "핀란드 일 때문에 살맛…한국 일 때문에 죽을 맛"-오현석(조선일보, 20110118)

6) "'핀란드화'라는 이름의 유령"-문정인(중앙일보, 20140609)

7) "디지털 디스토피아"-민병선(동아일보, 20140117)

8) "문화융성 시대, 지식산업 초라한 성적표"-이영희(중앙일보, 20140428)

9) Wember, Bernward(1983) : 『Wie informiert das Fernsehen』, München.

10) Peirce, K.(1983) : "Relation between Time Spent Viewing Television and Childerns Writing Skills," In: 「Journalism Quarterly」 Nr.3. pp.445-448.

11) Singer, Jerome L.(1995) : "Die Entwicklung der Phantasie: Spielen und Geschichtenerzählen als Vorstufen des Lesens". In: Bodo Franzmann, u.A.(eds.), 『Auf dem Schultern von Gutenberg, Medienökologische Perspektiven der Fernsehgesellschaft』, Berlin-München, Quintessenz,. PP.98~112)

12) 참고 : http://www.dvv-vhs.de/themenfelder.html

13) Bonfadelli, Heinz/Saxer, Ulrich(1986) : 『Lesen, Fernsehen und Lernen』, Zug.

14) Peirce, K.(1983) : 앞의 논문.

15) "아침 독서시간만은 빼지 말자"-한원경(每日新聞, 20100406)

16) "다섯 수레 책 읽기"-김태익(조선일보, 20110201)

17) "기적의 작은 학교 만든 독서교육의 힘"-송민섭(세계일보, 20071023)

18) Bonfadelli, Heinz(1987) : "Die Wissenskluftforschung," In : Scheric, M. : 『Medienwirkungs- forschung』, Tübingen, pp.305~323에서 재인용.

19) Noelle-Neumann, Ellizabeth(1988) : "Das Fernsehen und die Zukunft der Lesekultur," In : W.D. Fröhlich et. all. 앞의 책, pp.9~22.

20) Singer, Jerome L./Singer, Dorothy G.(1988) : "Wider die Verkümmerung der Phantasie. Fermsehen, Lesen und Entwicklung der Vorstellungskraft." In: W.D. Fröhlich et. all. 『Die Verstellte Welt, Beiträge zur Medienökologie』, Frankfurt, a.M.

21) Salomon, Gavrie(1987) : "Psychologie und Medienerziehung." In: L. J. Issing(ed.), 『Medienpädagogik in Informationszeitalter』, Weinheim.

22) Postman, Neil(1995) : "Die Bedrohung des Lesens durch die elektronischen Medien -und was die Verleger dagegen tun können", In : Bodo Franzmann u.A. : 앞의 책, pp.220~228.

23) Moser, Heinz(1999) : 『Einführung in die Medienpädagogik, Aufwachsen im Medienzeitalter』, Leske+Budrich.

24) Charlton, Michael(1995) : "Rezipientenaktivitäten beim Lesen, Zuschauen und Zuhören." In; Bodo Franzmann, u.A.(eds.), 앞의 책, pp.113~117.

25) Schneider, S.(1992) : 「Handlungskoordination beim gemeinsamen Bilderbuch Lesen」. Referat, 38. Kongreß der Deutschen Gesellschaft für Psychology, Trier.

26) Charlton, Michael, Neumann Klaus(1990) : "Rezeptionsanalyse als Strukturanalyse", In: Charlton Michael/Bachmair Ben(Hrsg.), 『Medienkommunikation im Alltag』, München.

27) Moser Heinz(1999) : 앞의 책.

28) Moser, Heinz(1999) : 위의 책.

29) 헉슬리, 올더스(2010, 이경직 역), 『아름다운 새로운 세계』, 동서문화사.

30) 니콜라스 카(2011, 최지향 역) : 『생각하지 않는 사람들』, 청림출판.

31) 플라톤(2008, 조대호 역) : 『파이드로스』, 문예출판사.

32) 김학주(2009) : 『論語』, 서울대학교 출판문화원(3版).

33) Sparrow, B. et al.(2011) : "Google effects on memory : Cognitive Consequences of having information at our Fingertips", 「Science」 333. pp.776~778.

34) Greenfield, Susan(2008) : 『The Quest for Identity in the 21st Century』, Hodder & Stoughton, London.

35) 스피쳐, 만프리드(2013, 김세나 역) : 『디지털 치매』, 북로드.

36) "'스마트'한 문명 속에서 '퇴화'하는 현대인들"-김철중(조선일보29121218)

37) Draganski, B./Ch. Gaser/V. Busch/G. Schuierer/U. Bogdahn/A. May(2014) : "Neuroplasticity : Changes in grey matter induced by training -Newly honed juggling skills show up as a transient feature on a brain-imaging scan", In: 「Nature」, 20040122/ http://www.nature.com/nature/journal/v427/n6972/full/427311a.html

38) 김성벽(2002) : 「웹미디어경험과 커뮤니케이션능력에 대한 연구 -미디어 生態學的 연구관점을 중심으로」, 중앙대학교 대학원 박사학위논문.

39) "책의 진화와 디지털 출판의 미래"(서점신문 227호, 20091210).

40) Postman, Neil(1995) : 앞의 책.

41) Groner, Rudolf(1995) : "Vom Wörterstrom zur Biderflut. Gedanken zur Interaktion von Print- und Bildmedien zur der interdisziolinären Perspektive der Sehwissenschaften." In : Bodo Franzmann외, 앞의 책. P.64-73.

42) Baacke, Dieter(1973) : 「Kommunikation und Kompetenz, Grundlegung einer Didaktik der Kommunikation und ihrer Medien」, München.

43) Wember, Bernward(1983) : 앞의 책.

44) "스피치라이터 소렌슨"-박해현(조선일보, 20101101)

45) "힐러리 회고록 첫 주에 10만부 이상 팔려"(연합뉴스, 20140619)

46) "녹슨 戰車' 독일을 유럽 최강으로 이끈 '부드러운 뚝심"-이성훈(조선일보, 20130924)

47) 위의 기사.

48) 한병철(2013, 김대환 역) : 『투명사회』, 문학과 지성사. pp.115~123.

49) 위의 책. p.124~125.

50) 위의 책, p.119.

51) Kelman, H. C.(1961) : "Processes of Opinion Change", In : 「Public Opinion Quarterly」, Vol. 25.

52) Mettler-Meibom, Barbara(1987) : 『Soziale Kosten in der Informationsgesellschaft : Überlegungen zu einer Kommunikationsökologie』, Frankfurt a.M.

53) 가드너, 하워드(2014, 이수경 역) : 『앱 제너레이션-스마트 세대와 창조지능』, 와이즈베리.

54) "길을 잃은 적 없는 앱세대〈App Generation〉 길을 만든 적도 없다"-오윤희(조선일보 weekly biz 2014215~16) http://biz.chosun.com/site/data/html_dir/2014/02/14/2014021402016.html

55) 포스트만, 닐(1997, 정탁영 역) : 『죽도록 즐기기』, 참미디어.

56) 포스트만, 닐(2005, 김균 역) : 『닐테크노폴리』, 궁리.

57) 포스트만, 닐(1987, 임채정 역) : 『사라지는 어린이』, 분도출판사.

58) Kozol, Jonathan(1985) : 『Illiterate America』, Garden City, N.Y. : Anchor Press/Doubleday.

59) Boorstin, Daniel J.(1992) : 『The image : a guide to pseudo-events in America』, Vintage Books.

60) Bonfadelli, Heinz(1995) : "Lesen und Fernsehen -Lesen oder Fernsehen?" In: B. Franzmann u.A. : 앞의 책. pp.229~240.

61) 퍼거슨, 니얼(Niall Ferguson)(2011) : 『시빌라이제이션』, 21세기북스.

62) Wember, Berward(1983) : 『Wie informiert das Fernsehen』, München.

63) Postman, Neil(1995) : "Die Bedrohung des Lesens durch die elektronischen Medien und was die Verleger dagegen tun können". In: Franzmann, B. u.A.(Hrsg.) : 앞의 책. pp.220~228.

64) Mettler-Meibom, Barbara : 앞의 책. pp.70~73.

65) 엔데, 미하엘(1999, 한미희 역) : 『모모』, 비룡소.

66) 한병철(2013, 김태환 역) : 『시간의 향기 : 머무름의 기술』, 문학과 지성사.

4장. 미디어와 사회갈등

1) "국회의원 '진짜 특권"-정우상(조선일보, 20120216)

2) "국회의원 '생활 만족도' 89%"-신효섭(조선일보, 20140214)

3) "이중 삼중으로 보수와 자리를 챙기는 의원들"(동아일보사설. 20130121)

4) "독일의 국회의원, 그리고 한국"-조효제(한겨레, 20110108)

5) "김영란法과 관피아 근절 해법"-주병철(서울신문, 20140705)

6) "우리가 건축을 만들고, 그 건축이 우리를 만든다"-승효상(경향신문, 20140327)

7) 참고: 교육부(www.moe.go.kr),「2013년도 전국대학 모집단위별 입학정원」

8) "'대학'에 다 거는 나라"-정희준(경향신문, 20120103)

9) "서울대의 문제"-고건혁(한겨레, 20120712)

10) 통계청,「2013년 사교육비조사 결과」,
http://kostat.go.kr/portal/korea/kor_nw/3/index.board?bmode=read&aSeq=311887

11) "대학서열이 없는 나라들" http://durl.me/6tsmh

12) "대학등록금에 생활비까지 주는 나라"-김누리(한겨레, 20131202)

13) "EUA Rankings Seminar : Presentation of EUA Rankings Review"(Presentation of the EUA Review of International Rankings, 17. June 2011, The Bibliothèque Solvay, Belgium) http://www.eua.be/rankings-seminar.aspx

14) "영혼 없는 수재"-오세정(중앙일보, 20140427)

15) Watzlawick Paul u.A.(1969) :『Menschliche Kommunikation, -Formen, Störungen, Paradoxien』, Bern(영문원본-Jackson, Don De Avila/Bavelas, Janet Beavin/Watzlawick, Paul(1967) :『Pragmatics of human communication : a study of interactional patterns, pathologies and paradoxes』, New York ; London : W. W. Norton, cop.

16) "疏通(소통), 不通(불통), 電通(전통)"-박용성(조선일보, 20130619)

17) Rust, Holger(1977) :『Massenmedien und Öffentlichkeik, Eine Soziologische Analyse』, Berlin, p.116~18.

18) Ronneberger, Franz(1974) : "Die politischen Funktionen der Massen Kommunikation", In : Wolfgang Langenbucher(ed),『Zur Theorie der politischen Kommunikation』, München, p.200

19) Popper, Karl R.(1970) : 『Die Offene Gesellschaft und ihre Feinde』, Bern.

20) Habermas, Jürgen(1963) : 『Zwischen Philosophie und Wissenschaft: Maxismus als Kritik, Theorie und Praxis』, Neuwied und Berlin, p.179ff.

21) 위의 책, p.179f.

22) 위의 책, p.37.

23) Habermas, Jürgen(1968) : 『Strukturwandel der Öffentlichkeit』, Neuwied/Berlin, P.38~41/P.141.

24) 위의 책. p.141.

25) Negt, Oskar/Alexander Kluge(1972) : 『Öffentlichkeit und Erfahrung』, Frankfurt a.M.

26) Dahrendorf, Ralf(1992) : 『Der moderne soziale Konflikt: Essay zur Politik der Freiheit』, DVA, Stuttgart.

27) 윤태범(2008) : "시민단체에 대한 신뢰와 불신", In: 한국행정학회, 「한국행정포럼」 126호.

28) OECD : 「Better Life Index 2014」 -http://www.oecdbetterlifeindex.org/countries/korea/

29) 벡, 울리히(2010, 박미애-이진우 역) : 『글로벌 위험사회』, 길.

30) "우익 이데올로기 '첨병'…열린사회의 '적'"-이봉현(한겨레, 20110828)

31) 라인골드, 하워드(2003, 이운경 역) : 『참여군중』, 황금가지.

32) 박영숙/제롬 글렌/테드 고든(2009) : 『미리 가본 2018년 유엔미래보고서』, 교보문고.

33) 한병철(2014, 김태환 역) : 『투명사회』, 문학과 지성사. pp.131~132.

34) "SNS 역할 논쟁이 시사하는 변혁의 조건"-박찬구(서울신문-20140124)

35) "축구의 나라 브라질, 월드컵이 속썩이네!"-윤승민(주간경향 1071호, 20140415)

36) 한국언론연구원(1996) : 「한국 언론의 재난보도 준칙과 보도시스템 구축에 관한 연구」. (연구보고서 96-1) P.69.

37) Lau, Ch.(1989) : "Gesellschatliche Auseinandersetzungen um die Definition von Risiken", In : 「Soziale Welt」, Jg.40(1989). Heft 3. pp.418~436.

38) Evers, A./H. Nowotny(1987) : 『Über den Umgang mit Unsicherheit. Die Entdeckung der Gestaltbarkeit von Gesellschaft』, Frankfurt a.M.

39) 벡, 울리히(1997, 홍성태 역) : 『위험사회 -새로운 근대(성)을 향하여』, 새물결.

40) 벡, 울리히(2010, 박미애·이진우 역) : 『글로벌 위험사회』, 도서출판 길.

41) Wildenmann, Rudolf/Werner Kaltefleiter(1965) : 『Funktionen der Massenmedien』 Frankfurt/Bonn.

42) Peters, H. P.(1990) : "Warner oder Angstmacher? The Risikokommunikation", In: 「Funkkollege, Medien und Kommunikation, Studienbrief 9. Konstruktionen von Wirklichkeit」, pp.74~108/ p.74~75. 참조.

43) 위의 교재.

44) Renn, O.(1984) : 『Risikowahrnehmung der Kernenergie』, Frankfurt a.M./New York. p.151.

45) Peters, H. P.(1991) : 앞의 교재, pp.13~17.

46) Peters, H. P.(1991) : 위의 교재.

47) Peters, H. P.(1991) : 위의 교재, P.16 재정리.

48) 한국언론연구원(1996) : 앞의 연구보고서, P.70.

49) 벡, 울리히, "한국은 아주 특별하게 위험한 사회다"(조선일보, 20080401)

50) 백선기/이옥기/(2013) : "재난방송 보도에 대한 국가별 채널 간 보도태도의 비교연구 -KBS, NHK, CNN의 일본 대지진 방송보도에 대한 내용분석을 중심으로", 「韓國言論學報」, 제57권1호. pp.272~304.

5장. 디지털시대에 살다

1) 요시모토 바나나(1999, 김난주 역) : 『키친』, 민음사.

2) "한국, 세계 최장 노동국가"-남보라(한국일보, 20130103)

3) 포스트만, 닐(1987, 임채정 역) : 『사라지는 어린이』, 분도출판사.

4) 버트런드 러셀(2005, 송은경 역) : 『게으름에 대한 찬양』, 사회평론.

5) Mitscherlich, Alexander(1963/2003), 『Auf dem Weg zur vaterlosen Gesellschaft, Ideen zur Sozialpsychologie』, Weinheim: Beltz.

6) "사회자본으로서의 아버지"-여현호(한겨레, 20140602)

7) 한병철(2014, 김태환 역) : 『투명사회』, 문학과 지성사, p. 115.

8) "Lkw-Maut Deutschland, Infos und Preise der neuen Lkw-Maut"/ (http://www.kfz-auskunft.de/info/lkw_maut.html)

9) "LKW-Maut in Deutschland"(http://de.wikipedia.org/wiki/Lkw-Maut_in_Deutschland)

10) "고속도로 통행료 2조8천억원 초과징수"-류재복(http://blog.daum.net/yjb0802/4038)

11) "민자도로의 저주"-김선교(세계일보, 20120411)

12) "부채 25조원 한국도로공사...2,389억 '성과급 잔치'"-이청원(폴리뉴스, 20131021)

13) "대중교통의 혁명 -자유, 평등 그리고 무료!"-목수정(경향신문, 20140103)

14) "경춘고속 민자사업 공사비 8850억원 부풀려"-우경희(머니투데이, 20131016)

15) 아렌트, 한나(2006, 김선욱 역) : 『예루살렘의 아이히만』, 한길사.

16) 통계청 : 「장래인구추계 시도편 : 2010-2040」/국토해양부 : 「지적통계」.

17) '대한민국=서울'로는 세계 일류 국가도, 나라 통합도 어렵다-정철환/김경화(조선일보, 20110812)

18) Postman, Neil(1995) : "Die Bedrohung des Lesens durch die elektronischen Medien und was die Verleger dagegen tun können". In: Franzmann, B. u.A.(Hrsg.) : 『Auf der Schultern von Gutenberg, -Medienökologische Perspektiven der Fernsehgesellschaft』, Berlin-München. p.220~228.

19) "CNN '한국이 세계에서 가장 잘하는 10가지'"-이순홍(조선일보, 20131129)

20) 한병철(2014) : 앞의 책, pp.164~165.

21) 위의 책, p.163.

22) "한국 노동 생산성 하락"-김성원(파이낸셜 뉴스, 20120916)

23) "저녁이 있는 삶을 사는 오바마"-김인수(매일경제, 20140317)

24) "저녁이 있는 삶 살고 있습니까?"-맹순영 외(매경이코노미 제1756호(220140507~13))

25) Richard A. Easterlin : "Happiness and the Easterlin paradox", interviewed by Romesh Vaitilingam, 10 Apr 2009/http://www.voxeu.org/vox-talks/happiness-and-easterlin-paradox

26) "카드 종류만 1만 개…70%는 무용지물"-심재훈(조선일보, 20120312)

27) "가계부채 해결 의지나 있긴 한가"(한겨레사설, 20140228)

28) "제2금융권 대출 비중 상승…가계부채 질 저하 우려돼"(증권일보, 20140219)

29) "포인트 모으는 당신, 정말 알뜰?"-박은주(조선일보, 20111014)

30) 리프킨, 제레미(2001, 이희재 역) : 「소유의 종말」, 민음사.

31) 보츠먼, 레이철(2011, 이은진 역) : 「위 제너레이션 -다음 10년을 지배할 머니 코드」, 모멘텀.

32) "보도자료 : 온·오프라인 쇼핑 융합에 따른 소비행태 조사"(대한상공회의소(20120803)

33) "신세계유통산업연구소 내년 유통업 사실상 제로성장 전망"-이상범(매경뉴스, 20121227)

34) '소셜'(social)은 소셜 네트워크 서비스 분야에서 온라인상의 사회관계망 또는 그 미디어를 뜻하며, '커머스'(commerce)는 상업, 즉 상품을 판매하기 위한 모든 사업 활동을 의미한다.

35) "독일은 지금 '공유경제 붐'"-정미나(전자신문, 20140713)

36) Piketty, Th.(2014) : 『Capital in the Twenty-First Century』, Harvard Univ Pr..

37) "기업임원 연봉 공개의 다음 숙제"-이병훈(한국일보-20140404)

38) "세계에서 직불형 카드 가장 많이 쓰는 독일"-서태종(조선일보, 20120201)

39) "서울 시민 물 소비 뉴욕 2배, 워싱턴 6배 펑펑 쓴다니"(조선일보 사설, 20140325)

40) "AKW-Betreiber wollen während Atom-Moratoriums fünf weitere Reaktoren abstellen"/http://www.techfieber.de/green/2011/03/20/

41) "일 원전 54기중 현재 2기만 가동…증설계획 전면 재검토"-정남구(한겨레, 20120311

42) "산업부 '2035년까지 원전비중 29%는 돼야'"-조미현(한국경제, 20131107)

43) "황금알 낳는 원전 해체 시장"-정장열(주간조선 〈2300호〉, 20140331)

44) "'차세대 성장동력' 스마트그리드에 투자를"-유준상(동아일보, 20140708)

45) "화석에너지 없는 '제로에너지 주택단지' 첫 선"- 지영호(머니투데이, 20131014)

46) 한병철(김태환 옮김, 2012) : 『피로사회』, 문학과지성사.

47) 위의 책, pp. 11~13/p.21.

48) 보드리야르, 장(하태환 역, 2012.) : 『사라짐에 대하여』, 민음사.

49) 한병철(2012) : 앞의 책, p.23.

50) 위의 책, pp.30~33.

51) 위의 책, p.49.

52) 위의 책, p.53.

53) Handke, Peter(1992) : 『Versuch über die Müdigkeit』, Frankfurt a.M..

54) "1인 가구 시대의 TV"-김선영(경향신문, 20140222)

55) "改新教에 던지는 프란치스코 교황의 낮은 행보"-박종화(조선일보,20140819)

생각이 사라지는 사회

1판 1쇄 인쇄 2014년 12월 5일
1판 1쇄 발행 2014년 12월 10일

지은이 이정춘
펴낸이 고영수

경영기획 고병욱 **책임편집** 최두은, 문여울 **편집** 윤현주, 문미경, 김진희, 이혜선
외서기획 우정민 **마케팅** 이원모, 이미미 **디자인** 공희, 진미나
제작 김기창 **총무** 문준기, 노재경, 송민진 **관리** 주동은, 조재언, 신현민

펴낸곳 청림출판
등록 제406-2006-00060호
주소 135-816 서울시 강남구 도산대로38길 11(논현동 63)
413-120 경기도 파주시 회동길 173(문발동 518-6) 청림아트스페이스
전화 02-546-4341 **팩스** 02-546-8053

www.chungrim.com
cr1@chungrim.com

ISBN 978-89-352-1025-1 93300

잘못된 책은 교환해 드립니다.